KB269180

평신도, 성전을 헐다

정의평화를 위한 기독인연대 엮음

이 도서의 국립중앙도서관 출판시도서목록(CIP)은 e-CIP홈페이지(http://www.nl.go.kr/ecip)
에서 이용하실 수 있습니다. (CIP제어번호 : CIP2009000264)

평신도 예수를 따라 살기

우리는 신자유주의 세계화와 반평화적인 세계 체제, 사회 양극화라는 현실에 내맡겨진 채 살고 있다. 기대와 희망은 남의 일이라고 생각하는 것도 전혀 어색하지 않다. 잠시 진전이 있었던 민주주의의 퇴행을 보고 있으며, 삶의 벼랑 끝에 내몰린 사람들의 수는 전혀 줄지 않았다. 세계와 인간이 처한 절박한 상황 가운데서, 우리나라 기독교가 이 현실을 바꿔 하느님 나라로 만드는 방향과 정반대로 나가는 것이 비록 어제 오늘의 일은 아니지만 점점 돌이킬 수 없는 절망적인 상황으로 치닫고 있어, 이제 기독교에 더 이상 희망은 없는 것처럼 보인다.

'정의평화를 위한 기독인연대'는 이런 위기적 삶의 상황을 예수 운동을 대안으로 삼아 극복하려고 조직되었다. 평신도 운동은 지난 2000년 시작되어 10년 동안 이 시대의 문제에 응답하려고 계획하고 활동했다. 특히 평신도아카데미를 통해 교회의 대다수를 차지하는 평신도의 현실을 살펴보고, 우리의 신앙적 고민과 갈등을 나누고, 진보적이며 실천적

인 삶을 함께 가꾸며, 평신도 운동의 이론적 기반과 실천 방안을 모색해
왔다. 평신도아카데미는 평신도들의 신앙과 신학, 삶의 가치를 일치시
키며, 시민 사회와 민중적 과제에 대해 연대하며, 기독교 운동의 사회적
연결과 실천을 조직하고 참여하게 하는 의미 있는 신앙 훈련의 장이었다.

이 책은 2001년부터 시작된 평신도아카데미가 지난해까지 진행한
일곱 번의 강좌들 가운데 기독교와 교회의 현실에서 평신도의 신앙과
삶에 초점을 맞춘 강의들을 모은 것이다. 이 책은 평신도를 목회(사역)의
대상으로 보거나 목회자와 신학자들과는 구분된 교회 구성원으로 보는
일반적인 시각에서 벗어나, 평신도들이 일상적인 생활이 영위되는 삶의
현장, 곧 역사·사회·정치·경제 등 삶의 모든 영역에서 이 세계를
바로 보고 신학과 신앙의 관점에서 해석하여 실천적 신앙을 찾을 수
있도록 안내하고 있다. 강의와 함께 귀중한 원고를 주신 필자들에게
감사드리며 필자들의 사상과 고백이 한국 기독교와 평신도들에게 큰
울림이 되고 변화의 자양분이 될 것을 기대한다.

여러 가지 문제와 한계는 있지만 우리의 평신도 운동과 활동은 조금씩
나아가고 있고 그 지평을 넓혀가고 있다. 새로운 세계와 대안을 찾아가
는 긴 여정에 예수 운동이 차지해야 할 몫을 감당하기 위해, 오늘 우리를
성찰하고 내일을 기획하려는 우리의 기도와 실천은 계속될 것이다.

2009년 1월

정의평화를 위한 기독인연대

공동대표 김동한, 김종원, 최영숙

거짓을 찍는 도끼가 되어

정의평화를 위한 기독인연대의 『평신도, 성전을 헐다』 발간을 종교인의 한 사람으로서 진심으로 축하드립니다.

종교는 어느 일부의 전유물이 아니라, 종교인 모두가 이 땅에 자비와 사랑을 올바르게 실현하기 위해 현실을 제대로 인식하는 것이 그 첫째이며, 올바른 인식 위에서 현실의 고통을 해결하기 위해 실천하는 것이 둘째이며, 고통의 문제를 해결하는 과정에서 생긴 또 다른 고통의 문제를 보살피는 것이 그 마지막이라 할 수 있겠습니다.

이 책은 그동안 진행되어왔던 교육의 성과를 기반으로 한국 사회 현실 속에서의 기독교 신학을 살피고 한국 사회 문제의 핵심이 되는 자본 · 제국주의 · 기술과학의 탐욕의 문제를 기독교 신학의 관점에서 살피면서, 한국 사회 현실을 올바르게 인식하게 하는 내용과 이 땅의 고통받는 이들을 보살펴야 하는 종교의 사회적 역할을 삶 속에서 실천하도록 도와주는 내용을 잘 담았습니다.

옛말에 "글을 쓸 때는 붓 끝을 도끼 삼아 거짓된 것들을 찍어버릴 각오로 글을 써야 한다"라고 했습니다.

이 책이 이 사회의 거짓되고 왜곡된 부분을 찍어내고 이 땅에 올바른 기독교를 정립하기 위한 평신도 신학의 정립과 확산, 기독교 운동의 이론적 토대 제공, 교회 갱신을 위한 실천적 역량 강화에 기여하기를 기원합니다.

마지막으로 이 책과 평신도아카데미의 교육을 통해, 일하는 평신도가 사회 변혁의 주체로 서고 불교인과 기독교인을 비롯한 모든 종교인들이 신앙의 양심으로 이 땅에 정의와 평화를 일구어가는 연대의 시발점이 되는 원(願)이 원만히 성취되기를 다시 한 번 기원합니다.

참여불교재가연대 상임대표

김동건 드림

이 시대에 십자가를 진다는 것

하느님을 향한 믿음으로 말미암아 우리는 우리를 얽매던 모든 속박에서 자유로워지고 옛것에 붙들려 사는 우리 존재가 새로워집니다. 이 세상에서 살아가지만 하느님의 백성으로 여정을 시작하며 변화가 생깁니다. 하느님의 구원 역사입니다. 하느님께서 예수 그리스도 십자가 위에서 이 역사를 시작하셨고, 모든 사람에게 이 은혜를 주셨습니다. 하느님 안에서 일어나고 있는 자유와 새로움, 변화를 세상에 전하고 이루어가도록 주님을 따르는 사람들로 하여금 교회 공동체를 이루도록 하셨습니다. 각자가 하느님으로부터 받은 은사에 따라 이 세상을 섬기는 것이 교회와 교인들의 사명입니다.

정의평화를 위한 기독인연대는 이 역사 속에서 좀 더 철저하게 주님의 종으로 살고, 더 분명하게 하느님께서 맡기신 사명을 감당하고자 활동해 왔습니다. 우리 사회에 정의와 평화를 실현하고, 창조 질서를 보전하며, 교회 갱신을 이루고 실천하는 일에 관심을 가져왔습니다. 더욱이 교회와 기관의 활동이 목회자 중심으로 되어 있는 현실에서 평신도들이 자발적으로 참여하고 활동하고 있습니다. 이런 점에서 기독인연대는 120년이 넘은 한국 교회 믿음에서 나온 다양하고 풍성한 열매 중 하나이고 한국 교회의 자랑입니다.

믿음은 바라는 것들의 실상이요, 보이지 않는 것들의 증거입니다. 기독인연대는 그런 믿음을 가지고 2001년부터 평신도아카데미를 해왔습니다. 지나치게 보수적인 우리 신앙 풍토에서 기독교인이 믿음의 사람답게 책임 있게 일하기 위한 노력의 일환이라고 생각하여 지난 8년 동안 꾸준히 모였습니다. 여기서는 죄악의 문제를 구조적으로 파악하고, 기독교와 교회 자신에 대한 반성, 또 우리 사회 약자에 대해서 신앙인들이 실천해야 할 과제, 끊임없이 개혁되어야 하는 교회를 주제로 다뤘습니다. 일방적인 강의에 그치지 않고 참석한 사람들이 같이 듣고, 토론하고, 결론과 결단을 내렸습니다.

이 책은 그 결실입니다. 우리 시대에 하느님 구원 공동체가 되기 위해서 신앙인들과 교회가 무엇을 해야 하는지 한국 교회에 도전하고 있습니다. 어떤 점이 한국 교회가 취해온 입장과 같거나 다른지 확인하고, 또 그리스도의 십자가를 이 시대 속에서 지고 가기 위해서 무엇을 노력해야 할지에 대해 새로운 눈을 열어주는 글들입니다.

이 책을 통해 기독교인들의 믿음이 더 바르게 서고 한국 교회의 지평이 더 넓어지고 서로 다른 지체를 가진 그리스도의 몸 된 교회가 더 건강해지기를, 그리고 이 책을 많은 분들이 읽을 수 있게 되기를 바랍니다.

한국기독교교회협의회 총무

권오성 목사

❖ 목적

1. 교회에서 평신도의 역할과 사역의 중요성을 인식하고 교회 갱신을 위한 실천적 역량을 강화한다.
2. 우리 사회의 시민이며 일하는 사람으로서 평신도의 가치와 역할을 이해하고 사회변혁의 몫을 담당할 수 있도록 결단하게 한다.
3. 아카데미를 통해 깨어 있는 평신도들의 연대와 공동활동 네트워크를 형성하여 기독인 연대를 중심으로 하는 기독교 운동을 활성화한다.
4. 미국의 패권 전략의 본질을 파악하고 한반도와 세계 반전·평화 운동의 중심에 설 수 있도록 한다.
5. 지금까지 기독교가 회피해왔던 문제들에 대한 정직한 답변을 통해 금기를 넘어섬으로써 기득권이 된 기독교의 높이 둘러친 울타리를 허문다.
6. 올바른 평신도 신학을 정립하고 확산시켜 교회를 갱신한다.

❖ 역사

제1기

제1강 | 2001. 5. 28 | 현대 신학의 흐름 | 김준우 교수(감신대, 한국기독교연구소)
제2강 | 2001. 6. 4 | 에크하르트 영성 | 길희성 교수(서강대)
제3강 | 2001. 6. 11 | 종교 간의 대화와 실천적 연대 | 변진홍 교수(인천 가톨릭대)
제4강 | 2001. 6. 18 | 신자유주의 구조조정과 노동 | 강수돌 교수(고려대)
제5강 | 2001. 6. 25 | 기독교 운동과 사회 변혁을 위한 토론회

제2기 기독인과 실천적 평화운동

제1강 | 2003. 5. 22 | 전쟁터에서 전해온 평화의 메시지 | 임영신 님(평화활동가)
제2강 | 2003. 5. 29 | 이웃 종교가 들려주는 평화이야기 | 이주화 이맘(한국이슬람 중앙회)

제3강 | 2003. 6. 5 | 실천적 영성과 해방 | 최대광 목사(정동교회 부담임)
제4강 | 2003. 6. 12 | 기독인과 실천적 평화 운동 | 홍근수 목사(향린교회 원로)

제3기 평신도, 대상에서 주체로!

제1강 | 2004. 6. 1 | 평신도 예수를 찾아서 | 정연복 집사(한국기독교연구소)

제2강 | 2004. 6. 8 | 평신도와 만인사제직 | 권진관 교수(성공회대)

제3강 | 2004. 6. 15 | 평신도의 목회, 그 가능성은? | 최형묵 목사(천안살림교회)

제4강 | 2004. 6. 22 | 일하는 평신도가 변혁의 주체들! | 하종강 소장(한울노동문
　　　　제연구소)

제5강 | 2004. 6. 29 | 평신도와 목회자의 토론 | 발제: 김경호, 김종원, 토론: 백찬홍,
　　　　이근복, 박후임)

제4기 평신도! 금기에 도전한다.

제1강 | 2005. 6. 7 | 자본주의와 기독교, 공존이 가능한가? | 김규항 님(칼럼리스트,
　　　　≪고래가 그랬어≫ 발행인)

제2강 | 2005. 6. 14 | 성경! 신화와 해석 사이? | 정진홍 교수(한림대 과학원)

제3강 | 2005. 6. 21 | 친일·친미 기독교의 죄책 고백은 가능한가? | 김승태 목사
　　　　(세움교회, 한국기독교역사연구소)

제4강 | 2005. 6. 28 | 예수는 어떻게 하나님이 되셨는가? | 한인철 교수(연세대)

제5강 | 2005. 7. 5 | 생명윤리! 교회는 어떻게 대답하나? | 박병상 소장(인천도시
　　　　생태환경연구소)

제5기 평신도, 성전을 헐다!

제1강 | 2006. 6. 8 | 다른 종교에서 구원을 얻을 수 없을까? | 류상태 목사(새길기독
　　　　사회문화원)

제2강 | 2006. 6. 15 | 자본주의 이후의 사회 | 박성원 교수(영남신학대)

제3강 | 2006. 6. 22 | 기독교, 개혁해야 하나, 새 판 짜야 하나? | 정강길 님(세계와
　　　　기독교변혁연구소)

제4강 | 2006. 6. 29 | 이단 속의 정통, 정통 속의 이단 | 이찬수 원장(종교문화연구원)

제6기 평신도와 함께하는 도올의 열린 성서마당

제1강 | 2007. 6. 8 | 복음서의 출현 | 김용옥 교수(중앙대)

제2강 | 2007. 6. 15 | 요한복음의 다원적 성격 | 김용옥 교수(중앙대)

제3강 | 2007. 6. 22 | 세계 종교 속의 기독교 | 김용옥 교수(중앙대)

제4강 | 2007. 6. 29 | 열린 기독교를 위한 평신도들의 대토론 | 류상태 목사(새길
기독문화연구원)/성기문 교수(국제신학대)

제7기 평신도! 차별을 말하다

제1강 | 2008. 6. 10 | 장애인, 기쁜 소식이 올까? | 박김영희 공동대표(진보신당)/
박경석 교장(노들야학)

제2강 | 2008. 6. 17 | 이주노동자, 인권은 평등한가? | 장형철 연구원(한국국제이
주연구소)/신성은 간사(외국인이주노동자대책협의회)

제3강 | 2008. 6. 24 | 비정규직, 같은 품삯을 받을 수 있는가? | 유경동 교수(감신대)/
홍윤경 사무국장(이랜드일반노조)

제4강 | 2008. 7. 1 | 성소수자, 치유받아야 할 존재인가? | 이상원 교수(총신대)/
조순애 목사(사회적 소수자를 위한 모퉁이의 돌 교회)

차례

발간사 _ 3

추천사 1 _ 5

추천사 2 _ 7

평신도아카데미 소개 _ 9

제1부 그분은 먼저 갈릴래아로 가셨다 기독교 신학의 파괴와 재정립

제1강 현대 신학의 흐름 / 김준우 _ 16

제2강 영성에 대한 비판적 소고와 창조 영성 엿보기 / 최대광 _ 36

제3강 신화와 현실 / 정진홍 _ 52

제4강 다른 종교에서는 구원을 얻을 수 없는가? / 류상태 _ 63

제5강 정통 속의 이단, 이단 속의 정통 / 이찬수 _ 81

제2부 맘몬이냐 하느님이냐 예수가 꿈꾼 세상을 향하여

제6강 아래로부터의 구조조정을 시작하라 / 강수돌 _ 94

제7강 자본주의와 기독교, 공존은 가능한가? / 김규항 _ 115

제8강 자본주의 이후의 사회 / 박성원 _ 120

제9강 친일 · 친미 기독교의 죄책 고백은 가능한가? / 김승태 _ 149

제10강 평화 군축과 올바른 한미 관계 / 홍근수 _ 157

제11강 생명공학과 종교의 도리 / 박병상 _ 161

제12강 배아 복제에 따른 생명윤리 판단 근거 / 박병상 _ 183

제3부 하느님은 고아와 과부의 하느님이시다 우리 사회 소수자와 교회

제13강 장애여성의 역사는 차별의 역사다 / 박김영희 _ 196

제14강 장애인 문제 바라보기 / 박경석 _ 201

제15강 이주노동자, 인권은 평등한가? / 장형철 _ 214

제16강 이주노동자의 실태와 한국 사회가 준비해야 할 과제 / 신성은 _ 235

제17강 비정규직, 같은 품삯을 받을 수 있는가? / 유경동 _ 250

제18강 거듭나는 기독교 공동체를 위해 / 조순애 _ 266

제4부 제2의 종교개혁을 모의하라 삶은 목회로, 목회는 삶으로

제19강 예수 운동, 교회, 평신도 / 정연복 _ 298

제20강 평신도와 만인사제직 / 권진관 _ 313

제21강 평신도의 '목회', 그 가능성은? / 최형묵 _ 336

제22강 일하는 평신도가 변혁의 주체들! / 하종강 _ 347

제23강 토론: 교회와 기독교 운동의 새로운 패러다임을 위하여 _ 363

기독인연대 소개 _ 387

기독인연대가 하는 일 _ 387

기독인연대의 발자취 _ 388

정의평화를 위한 기독인연대 정관 전문 _ 390

제1부　　　　　　　　　　　기독교 신학의 파괴와 재정립

그분은 먼저 갈릴래아로 가셨다

제1강 현대 신학의 흐름 김준우

제2강 영성에 대한 비판적 소고와 창조 영성 엿보기 최대광

제3강 신화와 현실 정진홍

제4강 다른 종교에서는 구원을 얻을 수 없는가? 류상태

제5강 정통 속의 이단, 이단 속의 정통 이찬수

현대 신학의 흐름

최근의 역사적 예수 연구를 중심으로

김준우 한국기독교연구소 소장

최근 들어 미국의 부시 정권은 또다시 자국의 경제 위기를 해결하기 위해 국가미사일방어계획을 강요하며 남북한 화해 분위기를 악화시키고 있다. 또한 국내적으로는, 소위 "연고자본주의"[1]라 불리는 국가-기업-은행의 유기적 협조 체제로 인한 국가 부도의 위기 속에서 IMF 구제금융을 받은 지 3년이 지났지만, 김대중 정권의 신자유주의 정책으로 빈부 격차는 더욱 악화되고 있으며, 공기업을 민영화하고 부실기업뿐 아니라 우량기업까지 해외에 매각함으로써 산업 기반이 붕괴되고 민족 자본은 위기를 맞고 있다.[2] 경제의 주인이 바뀌면서[3] 민초들의 고난은 더욱

---

1 이종태, "위기의 원인은 구조조정 그 자체", ≪말≫(2000년 12월호), 43쪽.

2 이교관,『누가 한국 경제를 파탄으로 몰았는가?: 3자 복합체의 정체와 그 음모』(서울: 동녘, 1998), 151쪽.

3 이미 핵심 상장기업 가운데 외국인 보유지분이 30%가 넘는 기업이 47개다. 외국인

심화되고 있다. 이로써 한국 경제에는 "IMF와 김대중 정부가 합심해서 끌어온 앵글로아메리카형 구조 개혁의 경제적 귀결로서 금융 종속, 산업 주권 상실, 자본 해외도피의 3중고가 중첩돼 나타날 전망"[4]이다.

IMF 위기의 근본적인 원인은 "초국적 자본의 냉혹한 수익성 추구와 정부의 부패와 실정, 재벌의 부실 경영의 결과일 뿐 아니라 영적이며 도덕적인 적자(赤子)의 결과"이기 때문에, "법적인 개혁과 경제적인 조치들뿐 아니라 영적이며 도덕적인 갱신이 이루어지지 않고서는 이 위기를 근본적으로 해결할 수 없으며, 앞으로도 제2, 제3의 경제 위기를 맞이할 수밖에 없다".[5] 그러나 이러한 경고에도 한국 교회를 비롯한 한국의 종교들은 한국 사회의 도덕적 갱신에 실패했다. 대학생들의 67%가 해외 이민을 희망할 만큼 취업난뿐 아니라 빈부 격차, 부정부패와 연고주의가 얽힌 절망적 현실[6] 속에서 한국 교회는 어떻게 한국 사회의 도덕적 갱신에 공헌할 수 있을 것인가? 아니, 교회가 가르치는 개인 구원의 사회적 병폐에 대한 비판, 즉 "'나만 잘 살면 된다'라는 아집과 이기적인 사고가 이 사회의 대표적인 병폐라면, 그 병폐를 심화시키는 데 앞장서

이 최대 단일주주인 은행은 외환, 국민, 한미, 하나, 제일 등 5개며, 주택, 국민, 신한은행의 외국인 지분율은 50%에 이르러 외국인이 한국 경제의 주인이 되어가고 있다. 유용주, "한국 경제의 주인이 외국인으로 바뀌고 있다", ≪월간조선≫ (2000년 11월호), 120~133쪽. 또한 2001년부터 외환 거래가 완전히 자유화될 경우, 부유층이 갖고 있는 "약 200조 원의 시중 부동자금 중 10%만" 해외로 빠져나간다 해도 "20조 원 혹은 200억 달러 상당의 자금이 유출된다". 이찬근, "한국은 중남미로 가고 있는가", ≪한겨레≫, 2000년 11월 8일자.

4 이찬근, 같은 글.

5 한국기독교연구소 편, 『IMF 시대의 목회와 설교』(한국기독교연구소, 1998), 11쪽.

6 ≪한겨레≫, 2000년 11월 16일자.

온 집단이 종교 집단이고 그 가운데서도 기독교인들의 배타적 행태는 극에 이르고 있다"[7]라는 비판은 예수 자신의 가르침에 그 책임이 있는가, 아니면 한국 교회가 예수를 배반했기 때문인가? 세계화에 대항할 수 있는 한국 사회의 도덕적 갱신이 시급히 요청되는 가운데 역사적 예수와 기독교의 기원에 대한 탐구는 무슨 의미가 있는가?

현대 신학의 상황(1) 세계 자본주의가 초래한 위기 현실
― 죽임의 체제와 죽임의 문화

종족 학살: 빈익빈 부익부[8]의 결과

현재 전 세계 60억의 인구 가운데 10억의 인구가 절대 빈곤 상태로서 매일 4만여 명이 아사하고 있다. 이것은 식량 부족 때문이 아니라 식량 독점 때문이다. 전 세계 곡식 총생산량의 47%를 사료로 사용하기 때문이며 이것은 25억의 인구를 먹여 살릴 수 있는 양이다.[9] 또한 전 세계적인 빈익빈 부익부의 근본 원인은 제3세계 국가들이 외채 상환으로 매년 500억 달러를 선진국에 송금하기 때문이다.[10] 이처럼 초국적 자본을

---

7 《한겨레》, 2000년 12월 8일자.

8

	1960년	1989년	1998년
전 세계 상위 20%	70.2%	82.7%	86%
전 세계 하위 80%	29.8%	17.3%	14%

9 소고기 600g을 생산하기 위해서는 곡식 7.2kg이 필요하다. Ronald Sider, *Rich Christians in an Age of Hunger* (1977), p. 43.

10 UN 통계에 따르면 1980~1992년 개도국은 1조 6,600억 달러를 상환했는데, 이 금액은 1980년 빌린 원금의 3배에 달한다. 이론적으로 북반구의 6억 시민 개개인은 한 달 평균 2,242달러를 받는 셈이다. 수잔 조지, 『외채 부메랑』, 이대훈 옮김

머리로 하는 세계 자본주의 체제가 세계화라는 이름으로 제3세계를 재식민지화하면서 신자유주의라는 새로운 리바이어던이 "히틀러보다 더욱 잔인하게"[11] 전 세계 민중들을 학살하고 있다.

종자 학살: 남획과 환경 파괴의 결과

1992년 리우회의에 보고된 바에 따르면, 지난 20년 동안 지구상에서 100만 종 이상의 생명체 종자들이 멸종되었으며, 매일 136종, 매년 3~5만 종씩 멸종하고 있어 2030년에는 200만 종, 전체 동식물의 20%가 멸종될 것으로 예상된다.[12] 한국의 경우, 전체 생물종 2만 8,462종 가운데 매년 500종씩 멸종하고 있는 것으로 조사되었다.[13] 이런 속도로 멸종이 진행될 경우, 50년 뒤에는 한반도 대부분의 생물종이 멸종된다는 계산이 나온다. 이런 멸종 속도는 고생대 이후 5억 7,000만 년 동안의 평균 멸종 속도의 12만 배에 달하는 것[14]으로, 사실상 인류는 브레이크가 고장 난 기차를 몰아 대멸종이라는 종착역을 향해 질주하고 있다.[15]

지구 학살

삼림 파괴, 지표면토의 유실, 사막의 증가, 토지·하천·바다·대기의

(서울: 당대, 1999), 21쪽.

11 제3세계 국가들이 외채 상환을 위해 보건 예산을 삭감하는 바람에 지난 1981년 이후 매년 1,500만 명에서 2,000만 명이 사망하고 있다. ≪한겨레≫, 2000년 4월 13일자.

12 ≪타임(Time)≫, 1992년 6월 1일자.

13 ≪조선일보≫, 2000년 5월 22일자.

14 리처드 리키·로저 르윈, 『제6의 멸종』, 황현숙 옮김(서울: 세종서적, 1996), 301쪽.

15 김준우, "대멸종(大滅種) 시대의 목회 윤리", ≪세계의 신학≫, 47호(2000년 여름).

오염으로 지구 자체가 학살당하고 있다. 자본주의의 대량 소비와 대량 생산은 환경을 파괴하고 이는 기후 변화와 홍수, 가뭄, 태풍의 증가를 가져오고 있다.[16]

죽임의 문화

우리의 다음 세대들은 유치원도 들어가기 전부터 장난감의 복음, 즉 "죽이고 즐겨라!(Kill and Enjoy!)"라는 죽임의 원칙을 체득하고 있다. 이것이야말로 이 시대의 "악마의 음모"다. 사이버 시대라는 악마는 얼굴도 알지 못하는 상대방을 가장 빠르게 많이 죽일수록 신바람 나는 세상이라고 세뇌시키고 있다. 마치 일제 강점기에 천황 군대에 들어가 전사하여 자신의 위패가 야스쿠니 신사에 봉헌되는 것이 개인의 삶의 목표라고 세뇌시켰던 것처럼 말이다. 하느님의 창조와 구원 역사를 정면에서 파괴하며 가로막는 세계 자본주의의 죽임의 체제와 죽임의 문화가 만연하고 있는 것, 이것은 현대 신학이 직면한 가장 중요한 상황 중 하나다.

현대 신학의 상황(2) 기독교의 쇠퇴와 그 원인

한국갤럽의 「1997년 한국인의 종교와 종교의식」에 따르면, 한국의 비종교인(18세 이상 전체 인구의 53.1%) 가운데 과거에 개신교 신자였다가 비종교인으로 이탈한 경우가 73%에 달하는데(불교 23.6 %, 천주교 12%), 가장 큰 이유는 종교단체(목회자)가 "참 진리를 추구하기보다는

---

16 김준우, "기후변화 문제와 세계 교회의 대응", ≪세계의 신학≫, 37호(1997년 겨울).

교세 확장에 더 관심이 있기 때문"(79.6%)이었다. 그리고 비종교인이 종교를 택할 경우 선호하는 종교는 불교 40%, 천주교 37%인 반면, 개신교를 택하겠다는 경우는 22%에 불과한 것으로 나타났다. 이런 사실은 한국 교회가 21세기에 유럽과 미국의 많은 교회처럼 심각한 쇠퇴의 위기에 직면할 가능성이 매우 높다는 우려를 자아낸다. 더욱이 어려서부터 컴퓨터를 만지며 성장한 다음 세대들이 얼마나 종교적 욕구를 지닐 것인가에 대한 전망은 부정적이다.[17] 가정의 신앙교육은 실패하고 있으며 가정에서 부모와 함께 기도한 기억이 있는 대학생은 소수에 지나지 않는다.[18]

기독교의 핵심적 교리들(예컨대 동정녀 탄생, 기적, 예수의 피의 공로로 인한 대속, 육체 부활, 재림)에 대한 믿음은 위기에 직면했다. 교회는 "믿을 수 없는 것을 무조건 믿는 것이 믿음이다"라는 논리로 교인들의 지적인 정직성을 억압하여 설득력을 상실하고 있다.

기독교인의 비윤리성과 무책임성이 사람들의 신뢰를 잃게 하고 있다. "믿음으로만 구원받는다"라는 개신교 원리의 역사적 상황을 무시함으로써 비역사화라는 결과를 초래하고 있다. 오늘날 사도 신경의 예수 그리스도에 대한 고백은 알맹이(예수의 생애, 교훈, 실천)가 없으며 모두 피동

---

17 2000년 1월 런던 ≪선데이 타임스≫가 발표한 영국인들의 종교관에 대한 여론조사에 따르면 영국인들은 70%가 하느님을 믿으나 18세의 연령층에서는 77%가 아무런 종교적 믿음도 갖고 있지 않은 것으로 조사되었다. Don Cupitt, "Christianity After the Church", *The Fourth R,* vol. 13, no. 6 (Nov-Dec. 2000), p. 3.

18 가톨릭 신학자 프랜시스 맥넛에 따르면, 미국 대학생 가운데 아버지와 함께 기도한 기억이 있는 사람은 전체의 3%에 불과하며 어머니와 함께 기도한 기억이 있는 경우는 전체의 20%에 지나지 않는다. Francis MacNutt, *Prayers that Heals* (avemaria press, 1981), p. 9.

태로 되어 있을 뿐이다.

결국 세계 자본주의 체제의 죽임의 질서에 맞서서 하느님의 창조와 구원 역사에 동참해야 하는 교회는 일반적으로 교회의 내부적·교리적 문제로 인해 설득력과 신빙성, 윤리성, 사회적 신뢰성을 상실하여 쇠퇴의 위기를 맞고 있다.

현대 신학의 상황(3) 포스트모던 세계의 출현[19]

근대 이전의 세계에서 기독교 신학의 우주론은 특히 토마스 아퀴나스(Thomas Aquinas)의 업적 아래 아리스토텔레스 철학과 결합했다. 사람들은 천상과 지상이 분리된 수직적 세계관을 갖고 살았다. 우주는 신의 뜻을 표현하는 하나의 거대한 은유였고, 신으로부터 특별히 선택된 인간이야말로 우주의 중심이었다.

17세기 이후 이러한 세계관에 균열이 갔다. 갈릴레오와 코페르니쿠스의 등장, 생물학과 물리학의 발전, 데카르트, 칸트와 같은 이성을 중시하는 철학자들의 등장으로 세상은 수직 구조가 아니라 물질과 정신이 분리된 수평 구조로 이해되기 시작했다. 물질세계는 신의 뜻이 아니라 과학 원리에 의해 정확하게 움직이는 기계였다.

그러나 상대성 원리와 양자역학이 과학을 대표하는 오늘날의 포스트모던 세계관은 이러한 기계적 세계관을 벗어나 세계를 계속적인 창조로 이해하기 시작했다. 세계는 상대적이고 비결정적이며 신비로운 속성을

---

19 프레데릭 번햄 편, 세계신학연구원 역, 『포스트모던 신학』(서울: 조명사, 1990). 23쪽 이하.

가진 것으로 이해된다. 이러한 세계관 아래서 절대적 객관성이라는 명제는 설 자리를 잃고 있다.

현실 상황에 대한 신학적 대응 성서의 언어에 대한 세 가지 입장

자유주의

자유주의는 현실의 문제에 대해 인간의 능력과 도덕적 가능성을 신뢰하는 '인간화'의 방법을 따르며 인식론적으로는 경험과 관찰을 통해 검증할 수 있는 것이 아니면 모두 거짓이라는 실증주의의 입장을 따른다. 성서의 언어 가운데 '사실의 언어'가 아닌 것은 진리로 믿기를 거부하는 입장이다.

근본주의

근본주의는 현실의 문제에 대해 하느님의 능력을 신뢰하는 '복음화'의 방법을 따르며, 성서의 언어는 '사실의 언어'라고 믿는 문자주의를 주장함으로써 이성을 마비시키고 복고주의를 초래한다. 진리는 "절대 불변한다"라고 주장한다. 세계의 문제들이 복잡해지고 삶의 질이 악화될수록 현실의 불안에서 도피하여 절대적 진리를 주장하며 객관적 권위를 내세우고 흑백 논리 속에서 심리적 안정과 확실성을 추구하려고 한다. 이러한 근본주의는 세상이 악해지고 살기가 어려워질수록 더욱 기승을 부릴 것으로 예상된다.

포스트모던 신학

포스트모던 신학[20]은 첫째, 기독교 전통이 인간 이성의 보편성에 기초한 유일무이한 보편적 진리라는 주장을 중심부의 기득권을 유지하기 위한 제국주의라고 비판한다. 모든 지식과 언어, 종교와 윤리는 근본적으로 특정한 공동체적 전통과 연관된 것으로서, 그 특정한 공동체에 의한, 그 공동체를 위한, 그 공동체의 진리이지 모든 인간과 모든 공동체를 위한 보편적 진리일 수는 없다는 것이다. 이처럼 중심의 다양화를 통해 기독교 전통의 특수성을 회복할 수 있다.

둘째, 기독교는 참된 종교, 완성된 종교인 반면 다른 종교는 거짓 종교, 미완성의 종교라는 이분법적 사고를 거부하고 종교 전통의 다원성을 적극적으로 긍정한다.

마지막으로 포스트모던 신학은 지배와 정복과 착취와 억압에 저항하는 해방적 신학이다.

근대 기독교에 대한 포스트모던 신학(해방신학, 여성신학, 생태신학, 다원주의신학)의 비판과 반성

① 서구의 백인 중심, 남성(가부장) 중심, 이원론적 신학은 하늘/땅, 영/육, 신/세계, 남/여, 문화/자연, 인간/비인간, 이성/감성, 백인/유색인을 이원론적으로 '분할'하고, 가치 있는 전자가 무가치한 후자를 '지배'하는 것을 정당화하고, 하늘의 보상을 강조하는 식민주의 신학을 가르쳐 결과적으로 여성, 유색인종, 제3세계에 대한 억압과 착취의 도구가 되었으며 빵, 물질, 자연, 몸에 대한 가치를 부정하는 경향을 초래했다. 따라서 신학은 억압받는 사람들, 즉 여성, 유색인, 제3세계 민중의 해방을

---

20 한인철, 『종교다원주의의 유형』(서울: 한국기독교연구소), 215쪽 이하.

주제로 하고 그 운동의 경험을 신학화해야 한다.

② 서구 기독교 신학은 근대적 세계관, 즉 17세기 갈릴레오-데카르트-베이컨-뉴턴의 과학에 근거한 철학적 기계론에 입각하여 인간중심주의에 사로잡힌 채 자연을 기계로 인식하고 그 본래 가치를 부정하며 대신 도구적 가치만 인정함으로써 자연에 대한 정복과 파괴를 초래했으며 우주론을 상실했다. 따라서 신학은 원죄(original sin)와 원복(original blessing)의 균형을 찾아야 하며 우주론을 회복해야 한다.

③ 근대 기독교 신학은 개인주의, 자본주의와 결탁하여 종교의 사사화(私事化)를 초래했으며, 개인의 영혼 구원에 초점을 맞춤으로써 하느님의 구원 활동 영역을 인간의 영혼에만 국한시켰고 공동체와 우주를 배제했다. 따라서 기독교 신학은 개인주의, 개체성이 아니라 관계성, 공동체성, 연대성, 연관성, 유기체성을 회복해야 한다.

④ "전적 타자"(바르트)인 초월적 하느님 이해는 결국 하느님을 이 세상으로부터 추방하고 이 세계는 무신론적 과학자의 손에 맡겨지게 되었다. 결과적으로 "하느님은 실직했다"(마이클 고울더). 또한 이 세상은 타락하고 저급한 죽은 물질로서 '저 세상'을 향한 간이역이며 미워해야 할 대상이라는 풍조를 만들었다. 따라서 기독교는 초자연적 유신론의 간섭하는 하느님이 아니라, 하느님의 초월성과 내재성을 동시에 강조하는 범재신론(모든 것이 하느님 안에 있다)을 회복해야 한다. 이 세상은 "하느님의 몸"이다(샐리 맥페이그).

⑤ 근대 기독교는 하느님의 아들 그리스도에 대한 믿음만 강조하여 예수는 우리와 질적으로 다른 존재로만 인식되었으며 우리 삶의 모델이 아니었다. 역사적 예수의 실천을 강조함으로써 예수가 우리의 삶의 모델이 되어야 한다.

⑥ 근대 기독교는 사후세계로서의 천당을 강조했지 현재적 하느님 나라를 위한 실천을 간과했다. 신학은 이 땅 위에서 하느님 나라가 도래하는 데 이바지해야 한다.

비사회적 · 비정치적 예수상의 원인

약 200년 전에 이미 라이마루스(H. S. Reimarus, 1694~1768)는 예수의 하느님 나라 메시지가 "이 세상의 나라"에 대한 것으로서 로마로부터의 해방과 직결된 것이며 예수의 처형도 성공적인 반란을 일으킬 수 있으리라는 소박한 기대 때문이었다고 주장했지만, 지난 200년 동안 대부분의 신약 성서 학자들은 예수가 정치적 인물이었다는 사실을 부인했다.[21] 그 첫 번째 이유는 '정치적'이라는 말을 좁은 의미로 사용하여 정부의 정책에 영향을 미치거나 권력을 장악하거나 정부를 전복하려는 시도와 관련된 것으로 이해한 것이었다. 둘째는 예수를 종말론적 인물, 즉 이 세상이 하느님의 초자연적 행동에 의해 곧 끝나고 마지막 심판이 올 것을 예상했던 인물로 간주하여 그가 사회적 혹은 정치적 물음들에 관심이 없었다는 입장 때문이다. 셋째는 현대 신약학이 개인주의적 입장을 견지하여 예수가 개인과 하느님과 이웃과의 관계에 대한 종교적 문제들에 관심을 기울였지 구체적인 사회정치적 문제들에는 관심을 갖지 않았다고 주장했기 때문이다. 오늘날 그리스적인 견유철학자 전통에 서서 예수를 개인의 생활방식에 관해 말한 현인으로 간주하는 입장도

---

21 Marcus Borg, *Jesus in Contemporary Scholarship* (Valley Forge, PA: Trinity Press Int'l, 1994), p. 97.

이런 개인주의적 이해의 연장선상에 있다. 넷째, 현대 신약학자들이 주로 유럽과 북미의 백인 남성 중산층 출신으로 교회와 관련된 기관에서 교수직에 있던 학자들이었다는 사실로 인해 예수의 메시지가 정치적으로 체제전복적인 것이었음이 간과되었기 때문이다.

그러나 해방신학과 여성신학의 '아래로부터의' 시각, 학자들의 현장이 신학대학에서 일반대학으로 바뀌었다는 점, 그리고 학제 간 연구와 교차문화적 관점의 등장으로 인해 예수의 사회적 세계에 대한 종합적 분석이 가능하게 되어 예수 전승을 재조명한 결과, 오늘날 예수는 넓은 의미에서 '정치적' 인물, 즉 사회적 생활에 대한 비판과 대안적 사회적 비전을 제시한 '정치적' 인물로 인정받게 되었다.[22] 최근에 학자들이 제안한 예수상들[23]은 정치적 혁명가로서의 예수(S. G. F. Brandon), 주술사로서의 예수(Morton Smith), 갈릴래아의 카리스마적 인물로서의 예수(Geza Vermes), 갈릴래아의 랍비로서의 예수(Bruce Chilton), 힐렐 학파 혹은 최초의 바리사이파로서의 예수(Harvey Falk), 에세네파 예수(Harvey Falk), 그리고 종말론적 예언자로서의 예수(E. P. Sanders) 등이 있다. 여기에 마커스 보그(Marcus Borg)의 "종교적 달인", "카리스마적 존재로서 병 고치는 자", "지혜의 스승", "사회적 예언자", "운동의 촉매자"와 리처드 호슬리(Richard Horsley)의 예수상도 덧붙일 수 있다.

---

22 Ibid. 100~101.

23 존 도미닉 크로산, 『역사적 예수』, 김준우 옮김, 46쪽.

역사적 예수 연구의 간략한 역사[24]

옛 탐구(Old Quest)

18세기 중엽과 19세기 독일 합리주의의 영향 등으로 중세의 권위에서 벗어나 기독교 신앙의 '참된 근거'를 추구하려는 경향이 나타나기 시작했다. 교회가 가르쳐주는 신격화된 '그리스도'가 아니라, 성서와 역사와 이성이 가르쳐주는 '진짜 예수'를 찾기 시작한 것이다.

라이마루스는 네 복음서에 기록된 사건들의 순서가 서로 다르다는 점, 즉 복음서들의 불일치 문제를 지적했다. 그에 따르면 예수는 실패한 유대인 혁명가였다. 그는 예언자적 · 묵시적 성격의 유대인이었지만 사도들에 의해 새로운 기독교가 만들어진 것이다. 예수의 정치적 · 메시아적 메시지와 사도들의 그리스도 선포 사이의 불일치는 사기 때문이다.

슈트라우스(D. F. Strauss)는 『예수전』에서 예수를 위대한 종교적 천재 가운데 한 사람이자 기적적인 종말을 기대하다가 비극적 최후를 맞이한 '열광적인' 유대인으로 그렸다. 그에 따르면 복음서들은 역사가 아니라 "신화적 진술"이다. 예수 전승이 신화적으로 변형된 것은 사도들의 사기 때문이라기보다는 신화적 상상력의 무의식적 과정 때문으로 설명했다.

예수전 연구 시대

18세기 말부터 100년 동안 수많은 '예수전' 연구가 이루어졌고 르낭(J. E. Renan), 슐라이어마허(F. E. D. Schleiermacher), 슈트라우스 등은 교회

---

24 게르트 타이센 · 아네테 메르츠, 『역사적 예수』, 손성현 옮김(다산글방, 2001), 31쪽 이하.

의 선포와 역사적 예수를 대치시켰다.

역사적 예수 탐구에 대한 자유주의 신학의 낙관론은 예수의 '도덕적 가르침'만으로도 사람이 충분한 기독교인이 될 수 있다고 주장했다. 이렇게 기독교의 신빙성을 예수의 도덕적 가르침에서 찾는 경향은 이후 자유주의 신학의 기본 노선이 되었다.

르낭은 예수가 초기에는 많은 사람들의 마음을 사로잡았으나 차츰 너무 높은 수준의 것을 요구함으로써 배척받은 사상가로 그렸다.

홀츠만(Holtzmann)은 무시간적인 윤리적 진리를 설파하는 교사의 모습으로, 요하네스 바이스(Johannes Weiss)는 임박한 종말을 선포한 예언자로 그렸다.

슈바이처(A. Schweitzer)는 예수를 "철저한 종말론자", 곧 가까운 장래에 하느님의 기적적 간섭에 의해 종말이 일어날 것이라고 기대한 인물로 그렸다. 즉, 자신의 선교 중에 사람의 아들이 도래하리라는 기대를 갖고 사역했으나 이런 기대가 빗나갔음을 알고 자신의 백성을 구하겠다는 일념으로 메시아적 고난을 스스로에게 체현하기 위해 자발적 죽음을 선택했지만 종말은 일어나지 않았다는 것이다. 슈바이처는 역사적 예수 찾기를 포기하고 다시 '신앙의 그리스도'로 돌아가게 된다.

이러한 예수전 연구는 역사적 예수의 참 모습이 아니라, 각 저자의 시대정신과 이상이라는 의상을 예수에게 덧입힌 현대적 예수를 그린 것에 그쳤다는 한계를 안고 있었다.

역사적 예수 안 찾기 시대

신정통주의로 대표되는 이 흐름은 역사적 예수를 찾는 일은 역사적으로 불가능하며 신학적으로도 불필요하다는 주장을 전개했다.

양식비평 사조는 복음서의 전승들이 직접 반영하는 것은 초대교회의 삶의 모습이지 역사적 예수의 모습이 아니라고 주장했다.

켈러(M. Kälher)는 진짜 예수란 역사가가 발견할 수 있는 예수가 아니라 처음 신앙인들이 믿었던 케리그마의 그리스도임을 밝혔으며 바르트(K. Barth)는 『교회교의학』(1932)에서 예수의 삶과 존재 자체의 의미는 그의 죽음에서만 발견할 수 있다고 주장했다.

불트만(R. K. Bultmann)은 『예수』(1926)와 『신약 성서와 신화론』(1941)을 통해 "역사적 예수에 대해서는 거의 아는 바가 없다"라고 단언했다. 그에게 예수의 가르침은 지금 여기에서의 결단을 촉구하는 실존주의적 도전이었다. 예수의 인성을 발견하는 일은 불가능하며 필요하지도 않다. 필요한 것은 그가 십자가에서 죽었다는 사실뿐이라는 것이다.

또한 초기 기독교는 유대교가 아니라 헬레니즘에서 유래한 것이라는 점도 강조되었다.

이러한 흐름은 세상의 역사를 최고의 왕좌에 앉히는 이른바 역사절대주의라는 우상숭배로부터 탈출하면서 극단적 역사회의주의라는 불안의 늪에 빠지지 않도록 보호하는 역할을 했다. 종교개혁의 "오직 믿음"이라는 신앙 우선의 정신을 재생시킨 것이다. 그러나 케리그마 신학과 실존론적 해석학의 결합은 성서의 구원의 메시지를 극단적으로 사사화, 내면화, 정신화, 추상화시키는 엄청난 폐단을 야기했다(김창락).

새로운 탐구(New Quest)

이에 역사적 예수 연구는 방법론적으로 가능하며 신학적으로 필요하다는 입장이 대두되기 시작했다. 역사적 예수의 독특한 언동 속에서 그리스도 케리그마의 근거를 찾으려 한 것이다. 이것은 예수의 가르침

속에 내포된 자기 이해를 초기 기독교 선포 속에 드러난 자기 이해와 비교함으로써 새로운 탐구를 이룩할 수 있으리라는 믿음에서 비롯한다.

케제만(Käsemann)의『오늘의 신약 성서 문제』, 보른캄(G. Bornkamm)의『나자렛 예수』(1956), 로빈슨(J. A .T. Robinson)의『역사적 예수에 대한 새로운 탐구』(1983)는 신정통주의의 틀 속에서 복음서 속의 예수와 바울로서신 속의 그리스도 사이의 연속성 찾기에 주력했다.

예레미아스(J. Jeremias)는 예수를 모든 세대의 사람들을 향한 하느님의 부르심이 육화된 존재로 묘사했다.

그러나 신정통주의는 예수의 중요성을 단지 그의 죽음과 부활에만 국한시키기 때문에, 부활절 이전의 예수의 생애는 기독교 신앙의 출발과 연관성이 없는 것으로 만들고 말았다는 비판에서 자유로울 수 없었다(펑크).

세 번째 탐구(Third Quest): 예수 르네상스

나그함마디 문서와 사해 두루마리의 발견을 통한 비유 및 지혜 전승에 대한 재발견, 그리고 종교사학, 문화인류학, 사회과학 등으로부터 배운 모델들을 적용한 학제 간 연구를 통해 신정통주의는 붕괴하기 시작하고 '세 번째 탐구'라고 불리는 새로운 흐름이 일어나게 되었다. 이 흐름은 근본주의자와 복음주의자들이 똑같은 존재라고 주장하는 역사적 예수와 복음서의 예수를 구별하며, 마찬가지로 근본주의자와 복음주의자들은 경원시하거나 배척하는 외경들도 적극적으로 이용했다.

또한 그동안 신성시되어오던 교회의 모든 교리들도 역사적 탐구에서 제외시키지 않았으며 신조의 그리스도에게 종속되어 있던 역사적 예수를 해방시키게 된다.

그뿐 아니라 그동안 성서에 쓰인 그대로 받아들여지던 예수의 말씀과 행적들을 비판적으로 조사하며 그중 진정한 것이 무엇인지를 가려내기 시작했다.

예수는 샌더스(E. P. Sanders)에게서는 유대 민족 복권의 신학 전통에서 파악되는 종말론적 예언자로, 피오렌자(E. S. Fiorenza)에게는 지혜의 예언자로, 버튼 맥(B. Mack)에게는 방랑하는 견유학파적 현자이자 전복적인 지혜의 교사로 이해되었다. 이제 예수는 종말론적이지도 않으며 그다지 유대적이지도 않다. 예수 이야기 속에 묵시적 틀을 도입한 이는 마르코로 판명되었다.

마커스 보그는 예수를 카리스마적 치유자, 성인, 전복적 현자, 사회적 예언자, 이스라엘의 재활성화를 추구한 운동의 창시자로 묘사했다. 당대의 유대 사회는 "너희 하느님이 거룩하니, 너희도 거룩한 사람이 되어라"(레위 19 : 2)라고 요구했지만, 예수는 "너희의 아버지께서 자비로우신 것같이 너희도 자비로운 사람이 되라"(루가 6 : 36)라고 말씀하시는 분이었다. 리처드 호슬리(Richard Horsley)는 예수가 정치적 혁명이 아니라 밑바닥에서부터의 사회적 혁명을 꿈꾼 혁명가였다고 주장했다.

최근 역사적 예수 연구의 새로운 발견들

① 요하네스 바이스-알베르트 슈바이처-루돌프 불트만 이후의 종말론적 합의는 1980년대에 와해되고, 1세기 팔레스타인의 사회적 세계에 대한 연구가 중심 논제로 자리 잡았다.

② 로마 제국의 브로커 체제와 농경 사회의 구조, 성전 체제에 대한 학제 간 연구를 통해 식민지적 압제와 착취 구조 속에서 팔레스타인

농민과 연계된 사회적 혁명가로서의 예수가 부각되었다. 예수는 무상의 치유와 개방적 공동식사의 결합으로 형제애의 대안 공동체를 형성하기 위한 계산된 전략을 구사했다.

③ 예수는 교사, 특히 전통적인 사회적 지혜를 전복시키는 대안적 지혜의 교사, 시인, 자생적 견유철학자로 이해되며 그의 종교 비판은 브로커 노릇을 하고 있는 성전이 열매 없는 무화과나무처럼 파괴되어야 한다는 데 초점을 두고 있었다.

④ 성서의 언어에 대해서는 계몽주의의 비판정신과 합리주의를 계승하지만 '사실근본주의'라는 과학적 세계관을 극복하여 언어의 두 차원, 즉 '사실의 진술'과 '신앙의 진술'을 구별한다.

⑤ 예수의 삶을 개인주의와 자본주의의 개인 중심, 서구 중심, 인간 중심을 극복하는 총체적 해방을 위한 삶의 모델로 이해한다.

⑥ 비유·경구에 대한 재발견, 예수의 수사학, 비유의 반전을 통해 하느님 나라를 새롭게 이해한다. 중개자 없는 하느님 나라는 천민들, 성가신 자들의 현재적 하느님 나라다.

한국 사회의 변혁을 위한 역사적 예수 연구의 의미

정직한 역사적 예수 연구는 기독교 교리에 대해 지적으로 정직한 해명을 함으로써 교회의 게토화를 방지하며 다음 세대를 위한 선교의 문을 열 수 있다. 또한 기독교 신앙의 기초를 그리스도 케리그마에 두지 않고 역사적 예수에게 두는 것은, 하느님의 아들 예수 그리스도를 구세주로 믿음으로써 우리가 구원을 수동적으로 얻는 것이 아니라 식민지의 아들 예수의 행적과 전략을 적극 따르게 하고 그가 우리의 삶의 모델이 되게 한다.

예수는 사회적 모순들을 외면하고 은폐시키는 허위의식으로서의 신앙을 가르치지 않았다. 예수가 바라본 희망은 하느님의 권능에 의한 해방을 수동적으로 기다리는 것이 아니었다. 예수의 복음인 하느님 나라는 지배 체제의 폭력 및 착취와는 대조되는 정의와 나눔의 나라였다. 진정한 예수 연구와 예수 운동은 사람이 사람으로 대접받는 세상을 위해 민중이 하느님의 은총 앞에 새롭게 서는 주체성과 연대성의 회복을 목표로 한다.

결론

기독교인은 하느님의 드라마를 구경하는 관객으로 객석에 앉아 있다가 갑자가 부르심을 받아 무대 위로 올라가 배역을 맡은 사람들이다(버나드 앤더슨). 우리의 배역을 위해 주어진 대본은 이제까지 펼쳐진 하느님의 드라마에 나타난 플롯(plot), 즉 죽임과 저주의 세상(창세 3~11장)을 생명과 축복의 세상(창세 12장 이하)으로 바꾸어나가는 창조와 구원의 플롯이 전부다. 기독교인의 소명은 이 플롯에 따라 하느님의 창조와 구원의 역사 과정에 참여하는 것이다. 이 역사 과정에 효과적으로 참여하기 위해서는 첫째, 하느님의 심정을 헤아릴 수 있어야 한다. 부부가 되는 것은 배우자의 심정을 헤아릴 줄 알게 되는 것이며 자녀가 크면서 부모의 심정을 헤아릴 줄 알게 되는 것과 마찬가지로, 하느님의 자녀가 된다는 것은 하늘 아버지의 심정을 헤아릴 수 있어야 한다는 말이다. 둘째, 성서와 교회 전통을 정확하게 이해해야 한다. 특히 성서와 교회 전통이 각 시대마다 지배 체제와 지배 문화에 대한 대안 체제 및 대안

문화를 형성한 과정임을 인식할 필요가 있다.[25] 셋째, 우리가 부름받아 올라온 무대 위에서 펼쳐지는 상황을 정확히 판단해야 한다. 정확한 현실 분석을 통해 효과적인 전략을 찾을 수 있기 때문이다. 교회는 기관이나 조직이기 이전에 운동이다. 예수를 본받아 하느님의 창조와 구원의 역사 과정에 공동체적으로 참여하는 예수 운동이며 하느님 나라 운동이다. 나눔과 섬김을 통한 용서 운동, 사랑 운동, 화해 운동이다.

오늘날 죽임의 체제 속에 수많은 사람과 생명체들이 무고하게 죽어가는 현실에서 기독교인들은 과연 '하느님의 분통터지는 목소리'를 듣고 있는가?[26]

---

25 U. 두크로, 『성서의 정치경제학: 자본주의 세계경제의 대안』, 손규태 옮김(한울, 1997).

26 도날드 E. 메서, 『새 시대 새 목회: 현대의 목회상 탐구』, 이면주 옮김(기독교대한 감리회보출판국, 1997).

영성에 대한 비판적 소고와 창조 영성 엿보기

최대광 정동교회 부담임목사

우리나라에 '영성'에 대한 관심이 높아진 것은 약 20년 전쯤으로 거슬러 올라가지만, 사실 서구에서도 영성신학이라는 학문이 하나의 '학(學)'으로 구성된 역사가 그리 길지는 않다. 하지만 '신앙'은 종교와 같이 출발하는 것이기 때문에(사실 영성은 곧 신앙생활이다), 어떠한 신학적 학문적 체계보다도 오래되었다고 이야기할 수 있다. 그런데 필자가 관심을 갖는 부분은 왜 우리나라에서 갑작스럽게 영성에 대한 담론이 넘쳐나기 시작했는가이다. 필자는 '분열된 정체성으로부터 출발한 불안'이 그 원인이라고 본다.

다양한 상품 생산과 이를 광고하는 이미지 메이킹은 항상 여타 상품과의 '차이'를 중심으로 한 상품 '정체성'을 드러낸다. 그 이미지를 받아들이며 상품 정체성에 참여했을 때, 우리는 그 '차이'에 동참하는 것이고 집안 구석구석에 놓여 있는 상품들은 파편화된 우리의 정체성을 대변하고 있다. 지역적 차이, 성별적 차이, 교육적 차이 등등, 우리의 정체성은 항상 어떤 '차이'성을 바탕에 두고 형성되고 있다. 이러한 '차이'를 통한 자아 정체성의 해체를 요구하는 것이 포스트모던적 비평이라고 할 수 있다. 기왕에 형성된 분열적 정체성, 그러나 그 분열이 기대고 있는 '차이' 역시 해소하려는 비평이 사회 구석구석으로 퍼지면서, 흔들리는 자아는 어떤 움직이지 않는 절대 진리 같은 것을 요구하게 된다. 이것이 바로 현대 문화에서 '영성'을 요구하게 된 근본적인 원인이라고 할 수 있다. 그래서 명상을 통한 내면의 '확실성'으로 가든지 아니면 '진리'라고 여겨지는 담론을 거침없는 확실성으로 몰아가는 카리스마적 목회자 밑으로 들어가서 확실성을 찾으려고 하는 것이다.

《조선일보》의 초청으로 우리나라에 틱낫한 스님이 왔을 때, 언론과 일반인들이 보여준 관심은 대단한 것이었다. 그런데 당시 《주간조선》의 글[1]을 보면, 《조선일보》가 틱낫한 스님을 왜 모시고 왔으며 그들이 생각하는 영성의 실체가 결국은 무엇인지 알 수 있다. 《주간조선》에 따르면 이라크 침공에 반대하며 평화 강연을 하기 위해 온 틱낫한 스님에 대한 사람들의 열광은 "북한 핵문제와 이로 인한 전쟁 불안감, 경기 침체 우려, 정부·정치권의 미숙함, 우리 사회 내 이념 갈등, 서열 파괴 등으로 인한 불안감"을 표출하는 것이라고 한다. 정부에 대해 그리고 북한에 대해 불만을 토로하고, 영성을 자신들의 우익적 이데올로기를 강화하기 위해 악의적으로 '이용'하는 것을 볼 수 있다. 즉, 사람들의 불안에 대해 정부와 북한을 엮어 자의적 해석을 내린 뒤, 설문 조사하고

---

1 《주간조선》(2003), 1747호.

수치화하여 이를 읽는 이들이 '불안'을 정부 탓으로 돌리게 한 후 '마음 산업 = 수구'라는 등식을 암암리에 성사시키려는 전략인 것이다. 즉, 불안을 극복하기 위해 부동자(不動者)로 회귀하려는 심리를 수구 세력으로의 복귀로 몰아가고 있는 셈이다. 그래서 그들은 틱낫한을 초청한 것이고, 카리스마 운동을 펼치는 교회들이 이미 수구 세력으로 분류된 것을 볼 때, 명상과 카리스마 운동을 아우르는 정치적 보수 연대를 계획하고 있는지도 모르겠다. 이는 이미 미국과 서구 유럽에서 우파 정권이 득세한 이유를 설명할 수 있는 현상이기도 하다.

이러한 종류의 '영성'이 나타나게 된 원인은 우리가 영성과 종교에 대해 가지고 있는 선입관에 기인한다. 1960년대 토머스 머턴(Thomas Merton)에게 매료되어 수도사적 삶을 살려고 시도했던 파커 파머(Parker J. Pamer)는 결국 관상적 삶에 실패한 자신을 돌아보면서 이렇게 말한다.[2]

분주한 현실 속에서 수도원의 규범을 따르기란 쉽지 않다. 그 규범을 따르고자 하는 사람들은 금세 인내심의 한계를 느끼고 만다. "하루에 한 시간 정도 명상할 시간을 갖는 것도 쉽지 않아"라고 토로하면서 말이다. 그러다가 '영적이지 않은' 삶을 사는 것에 죄책감을 갖게 된다. 수도원적 가치와 현실의 요구 사이에서 갈등하는 사람들은 때때로 너무 쉽게 영적인 탐색을 포기한다. 반면 영혼을 중시하고 그것을 따르는 사람들은 실천을 지나치게 과소평가함으로써 수동적인 삶을 살게 되는 경향이 있다.[3]

---

2 파커 J. 파머, 『예수가 장자를 만날 때』, 한희지 옮김(서울: 다지리, 2001), 5~6쪽.
3 같은 책, 6쪽.

사람들은 밖으로 드러나는 행동보다 사색을, 소리 내는 것보다 침묵을, 상호 간의 교감보다 고독을, 참여하고 맞서 싸우기보다 조화를 이루는 것을 '영적'이라고 생각하는 경향이 있다. 이러한 기준을 가지고 어떤 이미지가 사색적인 것으로 분류되면 그것을 권장하지만, 똑같은 이미지라도 실천적인 것으로 판단되면 그 가치를 박탈한다. 왜냐하면 사람들은 실천적인 삶의 가치는 무시하고 사색의 가치만을 강조하는 경향이 있기 때문이다. 즉, 영성생활과 활동을 이분화하여 영성이 수동적인 내면화로의 복귀를 시도하는 어떤 것이라고 이해하고, 이것이 우익적 정치이데올로기를 만나 인간 인식과 의식의 외연적 확대보다는 수구적 안정성으로 회귀하려는 경향을 보이기 때문이다.

사실 이러한 인식은 이미 15세기경 서구에서 출현했다. 12세기부터 아리스토텔레스의 철학은 기독교계에 들어온 이후 성서와 신학을 엄밀한 논리성으로 구체화시키려고 했고, 여기서 출현한 사상운동이 스콜라 철학이었다. 기존의 신앙적 기반이 위협을 받자 'devotio moderna(내면의 헌신)'이 급속도로 번져나가기 시작했고, 이러한 운동의 한복판에 있었던 사람이 유명한 토마스 아 켐피스(Thomas a Kempis)였다. 영성과 지성의 분리는 곧 내면과 활동의 분리로 이어졌고, 이 어거스틴적 내면성은 후에 개신교와 연결되어서 토미즘적 중세를 재단하는 구조가 되었다. 그래서 아직도 한국에서는 "따지지 말고 그냥 믿어라" 등의 반지성주의가 신앙의 척도인 것처럼 여겨지고 있는 것이다.

그렇지만 기독교 영성은 항상 그런 것일까? 이렇게 질문하는 이유는 그렇지 않다는 대답을 하기 위해서다. 우리는 활동적 삶과 영성을 하나로 아우르고 새로운 문화를 끊임없이 창조하려는 영적 전통들을 가지고 있다. 사실 삶과 영성을 분리하려는 것은 플라톤주의에 의해 해석된

힐데가르트의 환상

영성 체계이고, 성서는 완전히 다른 이야기를 한다. 하느님은 '영'만을 창조하신 것이 아니라, '흙'으로 인간을 창조하셨고, 그 인간은 하느님을 닮은 '형상'이라는 것이다. 모세의 출애굽은 히브리인들의 영만을 구원한 사건이 아닌 삶의 '총체적 해방'이었고, 이스라엘 인들이 타락했을 때 하느님은 항상 '역사'에 개입하셨다. 십자가 사건은 영의 구원이 아닌 육도 부활하는 사건이었다. 영과 육, 내면성과 활동성을 둘로 나누어 보는 패러다임은 사실 성서적 시각과는 거리가 먼 것이다.

이러한 성서적 전통을 삶의 원리로 살아나갔던 몇몇 사람들을 생각해 보자. 첫째, 빙엔의 힐데가르트(Hildegard von Bingen)가 있다. 힐데가르트가 본 환상에 의하면 세상은 하느님 안에 있다. 하느님에 대한 환상은 항상 '원'으로 표현된다. 첫째 그림은 하느님의 몸인 세상, 둘째 그림은 우주적 틀 안에 있는 십자가 사건, 셋째 그림은 만물을 치유하시는 사랑으로 가득 찬 그리스도를 말한다.

재미있는 점은 12세기 사람인 힐데가르트가 우주의 에그(egg), 즉 현대 과학에서 말하는 대폭발 이전의 에너지 덩어리를 환상으로 보았다는 것이다. 이 역시 타원의 형태로 이루어져 있다. "성부는 말씀 하시는 동작이요, 성자는 말씀 그 자체이다",[4] "하느님께서 말씀하시나(말씀의 모든 내용은) 하느님 안에 있다",[5] "하느님께 들어가는 문과 나오는 문은 같다."[6] 말씀하는 동작과 말씀 자체가 분리되어 있지 않고 세상이 모두 하느님의 말씀으로 창조되었다는 기독교의 고백은 결국 모든 피조물과 하느님과는 분리되려야 분리될 수 없음을 말하는 것이다. 모든 말씀의 내용, 곧 피조물은 모두 하느님 안에 있다는 것이다. 하느님께 들어가는 문과 나오는 문이 같다는 것은, 피조물은 하느님으로부터 출발하여 결국 하느님으로 회귀한다는 것이며 하느님과 피조물이 원형적 구조로 순환한다는 범재신론적 고백이다. 즉, 탈문명적 초월이 아닌 하느님의 창조적 에너지를 받은 '재창조'가 하느님을 향한 회귀의 과정이라는 것이다. 이를 에크하르트식으로 말하면 "영혼 속의 그리스도의 탄생"이다.[7] 하느님의 '말씀'의 창조를 본받아 우리가 재창조하는 작업은 곧 하느님의 '말씀'이신 그리스도의 역사가 우리를 통해 활동한다는 의미인 것이다. 이 원을 평화라는 형태로 이해한 미클레시 얀초(Miklós Jancsó) 감독의 〈붉은 시편〉은 폭력과 지루함을 '직선'으로 묘사했고, 평화와 창조성을 '원'으로 묘사했다.

하느님과 우리가 '원'으로 연결되어 있으면서 "영혼 속의 그리스도의 탄생"처럼 하느님께 동참한다는 것은 우리 역시 끊임없는 재'창조'의 과정을 걸어야 한다는 것이다. 그러니까 전통적인 영성이 세속에서의

---

4 Meister Eckhart, *Breakthrough: MeisterEckhart's Creation Spirituality in New Translation*, Matthew Fox(eds.)(New York: Image Books, 1980), p. 57.

5 Ibid, p. 65.

6 Ibid. p. 67.

7 Ibid. p. 350.

탈출을 시도하고 부동자로의 복귀를 통해 불안을 떨치며 '안정'을 희구하는 것과는 달리, 하느님으로부터 창조의 에너지(말씀)를 받아 새로운 문화를 재창조하는 것이 영성적 삶(사실은 이것이 성서적인 영성이다)이라고 할 수 있다. 이를 학문적으로 틀 지운 사람이 미국의 영성신학자 매튜 폭스(Matthew Fox)인데, 그에 의하면 에크하르트나 힐데가르트와 같은 류의 영성을 '창조 영성'이라고 한다. 우리가 하느님 안에 있고 하느님이 우리 안에 있는 밀접한 연관 속에서, 하느님의 창조에 우리가 '재창조'로 동참하는 영성이라는 것이다.

타락/구속 전통에서 나타나는 하느님과의 연합적 방법은 '부정-비춤-연합'이다. 이 방법이 이미 플로티누스(Plotinus)에 의해서 제창된 것이고 언더힐 여사(E. Underhill)의 신비주의 연구에 빼놓을 수 없는 분석 틀이 이러한 형태로 이루어져 있었다는 것을 미루어볼 때, 신플라톤주의가 서구 기독교에 끼친 영향력을 짐작해볼 수 있다. 이미 이야기했듯이 타락/구속 전통은 활동적 삶과 관상적 삶을 분리하기 때문에 세상과 자신의 육을 부정하고 내면화로 향하여(부정) 하느님의 말씀인 성서의 가르침에 따라(비춤) 육과 세상은 버리고 하느님과 연합하여 세상을 '초월'한다(연합)는 논리다. 그런데 이 방법이 기독교인이 아닌 플로티누스에 의해서 만들어진 것이고 보면, 이는 성서가 헬레니즘으로 전이되면서 문화화되어 서구인들에게 고착화된 신앙생활의 틀이라고 볼 수 있는 것이다. 또한 말과 웃음이 거의 없었던 금욕주의적인 플로티누스의 삶과 같이 이 틀에서는 '기쁨'이 존재하지 않는다. 하느님이 창조하신 세상은 "좋았다"였는데도 말이다.

하지만 창조 영성은 하느님의 창조를 긍정하는 데서 출발하기 때문에 '기쁨'과 '축복'을 강조한다. 폭스가 히브리어 "창조(*bara*)에서 파생된 언어가 축복(*berakah*)"[8]이라고 하듯이, 창조는 이미 '축복'이며, 이로써 하느님의 말씀, 곧 그리스도는 하느님의 축복의 언어가 되는 것이다. 그렇다면 이 축복은 창조의 가장 작은 '양자' 단위에서부터 가장 거대한 우주적 단위에 이르기까지 생태계 전반에 울려 퍼지는 축복과 기쁨의 진동인 셈이다. 이 부분에 대해 빼어난 표현을 하고 있는 영화들이 있다.

먼저 〈스핏파이어 그릴〉에서는 '퍼시'라는, 감옥에서 막 출소한 여자가 '길리아드'라는 곳에 정착을 시도한다. 계부에게 성적 학대를 당하고 결국 아이를 갖게 된 퍼시는 뱃속에서 꿈틀대는 아이를 사랑하여 무슨 일이 있어도 지켜주겠다고 약속한다. 그러나 아이를 밴 상태에서 계부에게 겁탈당한 퍼시는 결국 낙태를 하게 된다. 이 과정에서 그녀는 계부를 살해하고 감옥에 가게 된다. 길리아드에서 '스핏파이어 그릴'이라는 식당에서 일하게 된 퍼시는 그 집주인의 아들 일라이가 베트남전 이후 자폐환자가 되어 뒷산에서 살고 있다는 사실을 알게 되면서 그와 대화를 시도한다. 매일 밤 부대 자루에 깡통 음식을 넣어서 그루터기 위에 도끼를 찍어 뒷마당에 놔두면, 일라이는 새벽에 몰래 내려와 자루를 가지고 가면서 도끼를 다시 제자리에 놓는다. 도끼는 세상과 분리된 일라이의 모습을 상징하고, 일라이는 그 '분리'를 원치 않아 도끼를 뽑아놓지만 누구도 그에게 말을 걸지 않았던 것이다. 항상 문학적 감수성과 자연에 대한 사랑이 풍부했던 퍼시는 매일 일라이에게 주던 깡통 음식 대신에 빵과 같은 다른 음식을 제공해주고, 그에게 그녀가 좋아하는 폭포수 사진을 보내준다. 그때 일라이는 그 폭포수 사진을 산 속 아름다운 폭포

---

8 Matthew Fox, *Original Blessing* (Santa Fe, New Mexico: Bear & Co., 1982), p. 46.

앞 나무에다 붙여놓고 퍼시의 말 붙이기에 응답한다. 그들은 '자연'에서 서로에게 대화하는 법, 말없이 대화하는 법, 그리고 그 안에서 울려 퍼지는 하느님의 축복을 알게 되었던 것이다.

로버트 레드포드(C. R. Redford Jr.)의 〈흐르는 강물처럼〉은 목사 집안의 이야기다. 주인공이 어릴 적에 아버지는 "하느님께서 인간에게 문자를 주신 후에는 성경을 통해서 말씀하셨지만, 그전에는 이렇게 말씀하셨단다" 하면서 두 아들에게 시냇가에 귀를 기울이라고 한다. 그 말을 깨닫지 못한 주인공은 노년이 되어서 이를 깨닫는다. 창조 영성은 '부정'이 아니라 이렇게 '경외'에서 출발한다.

전체적인 삶의 틀로 살펴볼 때 창조 영성은 '긍정의 길-부정의 길-창조의 길-자비의 길'로 구성된다. 여기서 '부정의 길'이라는 것은 타락/구속의 전통처럼 자아를 상실시키기 위한 방법이 아니고, 긍정의 길로 우리에게 다가온 하느님의 말씀, 곧 축복과 그리스도의 창조적 에너지를 우리가 재창조해나갈 때 어쩔 수 없이 통과해야 할 어둠과 고통이다. 성서적으로 본다면 예수 그리스도가 인간들을 축복하고 부활하기 위해서 거쳐야 했던 예루살렘 입성과 십자가 사건을 예로 들 수 있다. 또한 우리의 삶의 자리에서 볼 때는 새로운 예술적 감흥을 글이나 그림으로 표현해야 하는 시인과 화가의 고통을 예로 들 수 있다. 그들은 창조를 위해서는 어쩔 수 없이 고통을 겪어야 한다는 사실을 잘 알고 있다. 〈취화선〉에서 장승업은 새로운 창조를 위해 끊임없이 걷고 자신을 단련한다. 우리나라에 장승업이 있다면 프랑스에는 한곳에 머무르지 않고 세속의 윤리와는 완전히 반대로 산 반항시인 랭보(A. J. N. Rimbaud)가 있었다. 프랑스에서 〈취화선〉이 대히트를 기록했다는 것에는 아마 이러한 문화적 배경이 있었을 것이다. 폭스는 에크하르트를 인용하면서 이를

"신성으로의 돌파(breakthrough)"[9]라고 한다. 에크하르트는 '돌파'라는 말을 창안했는데, 이는 사실 "다시 태어남"[10]이라는 의미다. 앞에서 이를 "영혼 속의 그리스도의 탄생"이라고 한다 했는데 이 두 말을 연결시켜보면 하느님의 '말씀'이 우리에게 임하여 말씀이 다시 태어남, 곧 우리가 재창조한다는 것이다. 에크하르트가 "하느님에게는 들어가는 문과 나오는 문이 같다"라고 했듯이 만상에 깃들어 있는 말씀이 들어오는 문과 우리가 말씀을 통해 재창조하는 작업이 곧 신성으로의 돌파라고 할 수 있겠다.

그런데 이 '창조'의 과정에는 항상 전제가 있다. 그것은 곧 '자비'의 길이다. 인간의 창조성에는 하느님을 닮은 것이 아닌 악마적 형태를 띤 것이 수없이 많다. 지구상에 존재하는 수많은 핵무기, 생화학 무기, 폭력에 대한 미화, 생태계에 대한 '예술적' 파괴 같은 타자에 대한 기술적·예술적 통제가 그렇다. 이러한 악마적 창조성이 나타나는 이유는 '자비의 길'이 존재하지 않기 때문이다. 폭스가 말한 바, 자비는 사랑과 정의의 결합이다. 이로 인해 사랑과 정의를 전제로 한, 그리고 사랑과 정의를 통한 창조성이라는 논리가 가능해지며, 이것이 결국 하느님이 말씀으로 창조하신 것을 우리가 재창조하는 작업의 완성이라고 할 수 있다. 우리의 삶에 다양한 삶의 형태와 직업과 생각이 존재한다면, 하느님의 창조적 에너지인 말씀을 성서와 자연을 통해서 습득하고(긍정의 길) 자신의 삶 속에 결합하는 고뇌를 거쳐(부정의 길) 생태계와 이웃에 대한 정의와 사랑을 전제로(자비의 길) 하느님으로부터 힘을 받아 새로

9 Ibid. p. 302.
10 Ibid.

운 문화와 반경을 재창조하는 것(창조성의 길), 이것이 활동적 삶과 관상
적 삶의 이분법을 허락하지 않는 창조 영성의 골자라고 할 수 있다.

현대에 이러한 창조 영성 운동은 교회에서보다는 예술가, 혁명가들이
훨씬 더 잘 이해하고 있었다고 할 수 있다. 이러한 창조 영성을 온몸으로
보여준 빈센트 반 고흐(Vincent van Gogh)에 대해 생각해보기로 하자.
우리는 대체로 고흐를 천재라면 항상 그렇듯이 괴팍한 성격의 소유자,
자기 잘난 맛에 사는 희한한 성격의 소유자로 생각해왔을 것이다. 그러
나 그는 사실 삶에서 진리를 찾으려고 몸부림쳤던 사람 중 한 명일
뿐이었다. 그는 하느님을 찾기 위해, 진리를 찾기 위해 목사가 되기를
결심했으나 그에 따르지 못하는 자신을 발견하고 그림이라는 수단을
통해 내면의 외침을 표현하려 했다.

인상파라는 운동은 사물을 있는 그대로 표현하기보다는 자아에 의해
포착된 사물을 그림으로 재구성하는 운동이었다. 사물을 기계적으로
'찍어내는' 기술인에서, 사물을 자신의 인식 체계로 보려는 '인간'의 운동
이었던 것이고, 이러한 보편적 운동의 과정 속에 고흐가 있었던 것이다.
일본 목판화, 즉 동양적 '선'의 단순성이 신(新)인상파에게 영향을 미쳐서
점과 단순한 선을 통해 색감을 복합하여 사물을 자신의 주관적 시각에
의해 재구성하는 것, 이 과정 속에 고흐가 있었다. 고흐의 색감에서
'붉은색'은 그의 영혼을, 노란색은 '희망'을 상징한다고 한다. 그의 그림
에서 노란색이 특히 자주 등장하는 것은 자신의 삶의 비참함을 극복하려
는, 그리고 그 속에서 희망을 발견하려는 몸부림을 보여준다. 그리고
〈커피 주전자와 그릇과 과일이 있는 정물화〉에서 보듯이, 자기 자신과
동생을 붉은색, 곧 자신의 영혼으로 엮어내려는 외침을 찾아낼 수 있다.

보통 화가들이 그렸던 고위층 사람들의 삶과, 지배자였던 교회에 대한

커피 주전자와 그릇과 과일이 있는 정물화

감자를 먹는 사람들

피에타

예찬 역시 고흐의 그림 속에는 없다. 〈감자를 먹는 사람들〉처럼, 그의 그림은 대부분 낮은 사람들, 힘없는 사람들, 그리고 그들의 희망과 삶의 역정을 다루고 있다(자비의 길).

예수의 죽음을 뜻하는 〈피에타〉에서 예수의 얼굴은 붉은 수염의 고흐다. 그리고 마리아의 얼굴은 고흐의 어머니를 닮았다. 이미 고흐는 역사적인 십자가의 사건을 자기 자신의 삶으로 받아들이고 있다. 그를 이해해주지 못하는 세상, 그 속에서 정신병 증세로 고통받는 그는 그렇게 죽어가지만 다시 부활한다. 나자로 역시 붉은 수염의 고흐 모습이고, 그를 깨우는 사람은 다름 아닌 주인집 아주머니다. 세상이 다 그에게 등을 돌렸을지라도, 항상 그에게 친절을 베풀었던 아주머니의 모습은 고흐의 부활을 가능하게 했다.

고흐가 본 사물은 우리가 보는 것과 달랐다. 자신의 인물화를 그릴 때 나타나듯이, 그의 그림 공간에는 어떤 영적인 역동성이 넘실대고 있다. 그의 〈자화상〉을 보자. 고흐가 이러한 작품을 낼 수 있었던 것은 그의 '가난'과 '고통' 때문이었다. 고흐는 가난과 고통을 바로 그의 운명으로 받아들였다. 고통이 깊어가면서, 자화상에 비추어진 그의 눈처럼 그의 영은 항상 진리를 향해서 이글거리고 있었다. 그것은 창작을 위한 운명이었다. 고흐가 본 세상은 영과 영이 만나는 곳, 그리스도의 말씀과 말씀이 만나는 곳이었다.

가난한 자들의 아픈 현실을 외면하는 교회, 그러나 말없고 아름다운 자연, 하늘을 향해 치솟아 오르는 자작나무는 고통 속의 창조성을 보여준다. 평생 외로웠던 그의 걸작 중 하나인 〈별이 빛나는 밤〉에서는 그의 영혼을 상징하는 사이프러스 나무가 하늘로 치솟는 모습, 하늘의 해와 달과 별이 하나로 뭉쳐져서 커다란 아우라, 즉 성령의 흐름에 둘러

나자로의 부활

자화상

사이프러스와 밀밭

싸여 있는 것을 볼 수 있다. 외롭게 살고 있는 삶에 대한 한탄과, 하늘로 향하려는 자신의 영혼과, 성령의 역사하심이 한데 어울리는 전혀 다른 세상을 본 고흐의 위대함을 알 수 있다.

그는 항상 약했다. 말이 많은 성격도 아니었고 미래에 대한 걱정, 이를 잊기 위한 과도한 음주, 성병의 고통으로 인한 정신착란, 이것들이 결합되어 죽음에 이른다. 〈까마귀 나는 밀밭〉에서는 노란색 희망이

별이 빛나는 밤

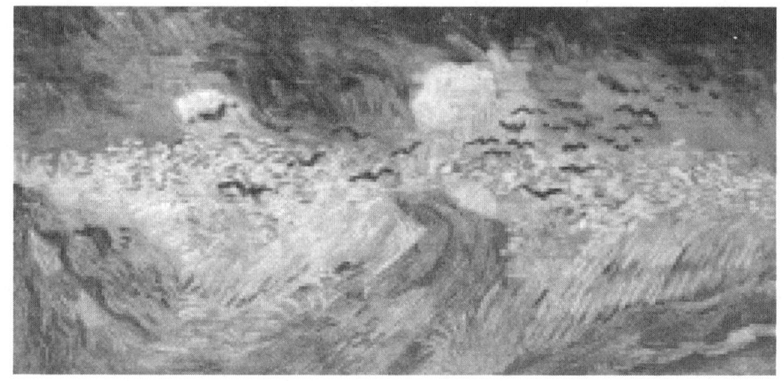

까마귀 나는 밀밭

검은색 먹구름과 까마귀에 뒤덮이며 사그라지는 듯이 보인다. 그러나 그가 죽은 지 100년도 더 지난 지금, 그의 그림은 현대의 명화로 완전히 자리매김하고 있다. 살아서 단 한 장의 그림을 판 것이 전부였는데, 화가로서 성공하려는, 당시까지의 고생을 보상받으려는 찰나에 그는 가고 말았던 것이다. 아마 유명해지고 그림이 고가로 팔렸다면 이글거리던 그의 영혼은 혼탁해졌을지도 모르겠다. 아마 그는 영혼의 순수와 창작의 열정을 죽음으로 지키려고 했을지도 모르겠다.

창조 영성의 길은 이런 예술가적 삶과 동일하다. 그것은 하느님과 자연에 대한 사랑(긍정), 자신의 고통을 창작을 위한 어쩔 수 없는 운명으로 받아들임(부정), 순식간에 수십 점의 그림을 그리게끔 하는 창작의 열정(창조성), 그러면서도 부유층이 아닌 서민의 고통과 영적 갈구를 위한 행위(자비의 길)다.

현실을 떠나 하느님께 회귀하려는 영성보다는 하느님의 말씀인 영적 에너지를 가지고 세상에 돌아와 공동체를 개혁하는 창조영성적 영성 운동이 앞으로 우리의 현실에 맞게 새롭게 재창조되어야 할 것이다.

신화와 현실

정진홍 한림대학교 과학원 종교학 교수

옛날이야기 / 오늘의 이야기

신화는 이야기다. 옛날이야기다. 그것은 옛날에 있었던 어떤 사실을 전해준다. 더 구체적으로 그 이야기는 어떤 사건이 일어났음을 전해준다. 그것이 사실인지 아닌지 확인할 길은 없다. 아득한 때 일어난 일이기 때문이다. 다만 그렇다는 것을 전해들을 수 있는 것이 신화인데, 그 이야기는 대체로 처음의 비롯함과 연결되어 있어 실증이 불가능하다. 무릇 기원은 실증의 대상이 아니다. 그것은 형이상학적인 전제이거나 지금 이야기를 운위하기 위한 논거로서 요청된 것, 그러한 것으로서의 사실성만을 지니기 때문이다. 따라서 그 사실 여부는 인식의 논리에 담기지 않는다. 고백의 논리에 담길 뿐이다.

그러나 그러한 이야기가 있다. "옛날 옛적에"로 시작되는 이야기들이라고 말해도 좋을 신화의 현존은 옛날과 지금과의 거리만큼 오늘과 그때와의 현격한 괴리를 전제한다. 그러나 그렇다고 하는 사실이 그 이야기의 비현실성을 가리키는 것은 아니다. '옛날에'는 어떻게 말해야 좋을지 알 수 없지만 설명할 수 없는 규범성을 지니고 오늘 우리에게 온다. 처음 이야기, 태고의 이야기, 옛날이야기는 시간을 벗어날 수 없는 우리를 주눅 들게 한다. 시간의 맥락에서 그 이야기는 나의 뿌리를 이루고 있을 것이 틀림없기 때문이다. 내 존재의 주형(鑄型)이라고 해도 좋다. 그러므로 처음 이야기의 음조(音調)는 내 의식의 심층에서 늘 물결 치는 파동(波動)으로 있다. 살아 있는 것이다. 신화는 분명히 옛날이야기 를 하고 있지만 그 옛날이야기가 오늘 우리에게 들려지고 또 음송되고 이야기되는 한, 그리고 그렇게 묘사할 수 있는 한, 그 옛날이야기는 지금 여기 우리의 이야기, 곧 지금의 이야기이기도 하다. 신화의 현존을 이야기하는 이야기 속에서, 신화는 오늘의 이야기로 자기 자리를 확보한 다. 그렇지만 그러한 신화를 이야기하는 이야기가 또 다른 신화일 것인 가 하는 것은 아직 모호하다.

신의 이야기 / 인간의 이야기

신화에는 주인공이 있다. 사건 속에 뚜렷한 캐릭터가 등장한다. 그러 한 주인공이 있다는 것은 이야기의 구성상 당연하다. 그렇지만 흥미로운 것은 대체로 그 주인공이 인간이 아니라는 사실이다. 많은 경우 신이라 고 일컬어지는 존재들이다. 신이 아닌 경우도 있다. 그러나 물론 그냥 인간은 아니다. 반신반인(半神半人)이라고 해도 좋을 것이지만 그 속성 을 그렇게 묘사하여 밝히기는 너무 어색하다. 때로 그 인간다움을 강조하여 '영웅'이라고 말하기도 하지만 그 호칭도 어색하기는 다르지 않다. 문제는 끝내 인간과 동질화할 수 없는 그 주인공의 특성인데, 생멸(生滅)의 불분명함이 그 으뜸일지도 모른다.

이러한 다름에도, 신화를 겪는 문화는 신화를 '사람들의 삶을 서술하는 이야기'로 받아들인다. 우리는 그 이야기가 담고 있는 사실보다 의미가 주는 직접성과 현실성에 놀라곤 한다. 내 운명에 대한 언급이 거기 있음을 확인한다. 내 삶의 전형이 거기에서 제시되고 있음도 터득한다. 마침내 삶의 일정한 지향이 지녀야 할 목표와 구체적인 규범이 그 이야기로부터 도출될 수 있다는 확신에 이른다.

신의 이야기를 인간의 이야기로 받아들이는 태도는 적어도 논리적으로 정연하지 못하다. 서로 두 다른 이야기여야 할 이야기 전개의 맥락에서 둘은 하나로 합치할 수 있는 어떤 접점도 내장하고 있지 않다. 인간에 대한 신의 간섭이 신화라는 이야기 속에서 끊임없이 등장하는 것은 사실이다. 신의 세계에 인간이 간섭하는 일도 적지 않다. 그러나 그러한 간섭이 곧 신의 이야기를 인간의 이야기로 등치화(等値化)할 수 있는 것은 아니다. 그러나 많은 경우 신화는 인간의 이야기로 간주된다. 논리적인 접점이 없이 그렇게 고백된다. 아무래도 경험의 진술은 논리보다 더 큰 것인지도 모른다. 그것이 경험적인 사실인 한 이를 부정할 수 있는 논거는 없다.

신화 읊기 / 신화 읽기

이야기는 이야기되어야 한다. 그것은 구연(口演)되는 것이 본디 모습이다. 말로 하는 이야기, 그래서 소리의 높낮이, 급하고 느린 음조, 휘둥

그레 뜨는 눈과 허리를 굽히고 살금거리는 몸짓 등과 함께 전해지는
음송이다. 그것은 몸짓 삶과 떼어놓을 수 없는 것이었으리라는 상상을
하게 한다. 아마도 그 이야기는 특별한 때, 특정한 장소에서 특정한
목적을 위해 이루어진 몸짓과 마음짓의 어우러짐, 어쩌면 비일상적인
시공에서의 인간의 삶짓에서 읊어지는 그런 이야기였다고 해야 옳을지
모른다. 제의라는 몸짓에 얽힌 말짓이라고 해도 좋다. 그리고 할 수
있다면 그러한 경험을 '신화를 산다'라고 언표해도 좋을 듯하다. 그것은
반드시 지녀야 할 자기 확인의 읊조림이다. 만약 우리가 "너는 너를
이야기할 수 있는 이야기를 가지고 있니?" 하고 물을 때 "그렇다"라고
답변할 수 있다면 그때 그 답변으로 나타날 이야기를 우리는 신화라고
이름 지을 수 있을 것이다. 그것은 설명이 아니다. 그것은 실증적인
사실의 묘사도 아니다. 다만 그렇다고 하는 이야기를 하는 이야기 자체
로 충분한, 말하자면 '증언'인 셈인데, 증언의 진실성이 증언자의 진실성
여부와 관련되듯이 그 이야기를 읊는 사람의 진실성과 연계된 한에서
그렇게 그 이야기의 진실성은 확보된다.

그러나 신화가 문자로 기록되는 것을 계기로, 읊는 신화는 읽는 신화
로 모습을 바꾸었다. 몸짓과 더불어 있었던 말짓은 이제 몸짓도 말짓도
그만둔 글 읽기로 자리를 잡는다. 글 읽기는 몸짓을 그 이야기로부터
배제한다. 그리고 마음짓조차 소리 없는 차디찬 언어 질서에 유폐한다.
결국 문자는 읊음의 형해화(形骸化)다. 읽어야 하는 이야기는 읽기를
위한 문법을 요청한다. 증언자의 진실성은 아무런 의미나 기능을 갖지
못한다. 문법에 따라 읽는 읽음이 가지는 논리를 벗어난 사실들은 사실
이 아닌 것으로 간주되면서 신화는 분석되고 해체된다. 그 허구의 모습
이 백일하에 드러나고 그 비현실성이 추하게 노출된다. 미개한 문명의

흔적이 부끄러운 모습으로 거기 담겨 있고, 그렇기에 그 이야기는 오히려 오늘의 인류가 이룩해놓은 엄청난 성숙을 반증하는 것으로 비로소 그 가치를 지닌다. 읊음의 현실성 속에서 삶 자체를 담던 그 이야기는 읽음의 현실성 속에서 어서 벗어나야 할 유치한 허구로 지탄받는다. 역사 이전. 신화가 이렇게 규정될 때 신화는 더 이상 현존의 의미를 지닐 수 없는 것이 된다.

역사 / 신화

역사는 흥미로운 개념이다. 그 개념이 담고 있을 인간의 경험을 서술하는 일은 쉽지 않다. 그러나 적어도 두 가지 사실은 분명하다. 하나는 그 개념을 출현하게 한 것은 시간의 불가역류성에 대한 경험이고 또 다른 하나는 바로 그 사실로부터 비롯하는 것이 시간의 역류가능성에 대한 희구라는 점이다. 우리는 어제를 기지(旣知)의 사실로 전제한다. 그리고 내일을 미지(未知)의 사실로 전제한다. 현재란 엄밀한 의미에서 시간이 아니다. 그것은 다만 어제와 내일이 만나는 공간일 뿐이다.

그러나 기지의 사실은 이미 현존하는 사실이 아니다. 그것은 과거다. 과거를 재연하는 것은 비현실적이다. 그럼에도 우리는 과거의 현존을 부정하지 못한다. 어제가 오늘을 있게 하는 까닭이다. 그러므로 과거의 사실을 서술하는 일은 무엇보다도 절실하게 필요한 과제다. 과거를 알면 오늘과 내일을 그릴 수 있기 때문이다.

이러한 자리에서 신화는 어설프기 짝이 없는 옛날이야기다. 그것은 실증할 수 있는 과거가 아니다. 그런 한 신화는 철저한 허구다. 허구의 현존성은 정당한 인식의 논거가 될 수 없다. 역사 이전의 범주를 역사

이후의 사실을 서술하는 어떤 규범으로 승인하는 일은 잘못이다. 아직도 신화가 운위되는 것은 성숙의 척도에서 판단하건대 불행한 일이다. 그것은 빈곤한 역사의식이 마련하는 편리한 환상에의 감상적 도피 이외에 아무것도 아니다.

그러나 이러한 단정적인 주장에도 역사의식의 저변에는 신화적 향수(鄕愁)가 아직 서려 있다. 사실상 역사를 기술하는 일은 시간의 불가역류성에 대한 저항이고, 역사적 사실에 대한 해석은 역류가능성에 대한 확신이거나 그 가능성의 현실화라고 말할 수 있다. 모든 역사적 해석은 근원적으로 지금 여기를 준거로 한 자의적(恣意的) 언급이다. 그렇지 않다면 역사 해석의 변화를 설명할 수 없다. 그것은 사건을 사실로부터 벗어나게 하려는 것인데, 다시 말하면 역사적 사실을 신화적 범주 안에 집어넣는 것과 다르지 않다. 적어도 그러한 의미에서 역사 해석은 역사적 사건에 귀속되지 않는다. 분명히 어제에 대한 실증적 기술은 지금 여기에서의 역사 해석을 도출케 하는 근거다. 그러나 해석이 초래하는 의미는 사실을 실증하는 데서 말미암는 기계적인 귀결이 아니라 오히려 지금 여기에서 그 어제를 바라보는 시각이 지닌 상상력에 의존한다. 그러므로 특정한 당대에 대한 역사 해석의 정당성 여부는 언제나 또 다른 역사 해석에 맡겨질 뿐이다. 이 사실을 역사적 상상력이라고 말해도 좋다. 그리고 그 상상력이 쓰는 시, 어쩌면 그것을 신화라고 해도 좋을 것이다. 모든 역사는 그것이 해석인 한, 자신의 서술을 스스로 신화화한다.

신화 지우기 / 신화 지탱하기

신화를 지워버리려는 노력은 언제나 어떤 형태로든 있어왔다. 이성(理性)이라는 이름의 실재는 언제나 자신의 틀에 담기지 않는 현상을 배제하는 독선을 생리화한다. 이성주의자 또는 합리주의자의 합리성이 독선을 배태하고 있다는 사실은 지극히 역설적이지만 그것이 이성의 현실이다. 불행하게도 이성은, 그것이 복잡한 실재를 간추리려는 의도에서 비롯한 인간의 기능 중 하나를 개념화한 것임을 망각하고 있는 듯하다. 신화가 역사 이전으로 명백하게 규정되면서부터 비롯한 신화의 주변화 현상은 이성주의가 진화론과 동반하면서 극에 이르렀다. 비록 살아 있는 원시라는 자가당착적인 연대기에 집착하고 있는 것이기는 하지만 원시 문화를 범주화한 문화 인식은 신화를 효과적으로 원시에 귀속시킴으로써 신화의 현존이 낳는 뒤숭숭한 인식의 지평을 정돈할 수 있었다. 신화를 실재하는 것으로 간주하는 의식(意識)은 문화지체 현상이 가지는 특성으로 단정지어진 것이다. 신화 지우기는 바야흐로 성공적으로 수행되는 듯했다.

낭만주의가 아직 그 정서적 공감을 완전히 상실하지 않았을 동안 이러한 신화 지우기를 승인하지 않으려는 물결이 아주 가라앉은 것은 아니었다. 특히 문학에서 그러했다. 시적 상상력은 은유를 벗어나지 못하는 자기 언어의 속성 속에 마치 신화처럼 사물에 대한 비일상적인 인식을 읊었다. 처음 이야기의 현실성이나 초현실적인 화자(話者)의 실재를 은폐하지 않고는 어떤 이야기짜기도 구조적으로 불가능할 뿐만 아니라 현실적으로 아무런 호소도 담을 수 없다는 글쓰기의 실제는 신화의 퇴장이 아니라 오히려 신화의 대두를 당위적인 것으로 끊임없이 요청하는 것이기도 했다. 그들은 신화란 지워지는 것도 아니고 잊히는 것도 아니라고 하는 사실을 그것이 끊임없이 되풀이하여 음송된다는 사실을 통해 실증하려 한 것인데, 그것을 시나 소설의 현존 속에서 확인할 수 있다고 주장한 것이다. 문학적 상상력과 신화적 사유의 경험적 유사성을 부정할 수 없다면, 우리는 신화의 소멸이 아니라 신화의 끈질긴 지속을 확인하지 않을 수 없다.

신화 비우기 / 신화 채우기

이미 존재하는 것을 끝내 소멸시킬 수 없다는 사실을 아는 것은 성숙이다. 망각을 운위할 수 있을지라도 진정한 소멸은 현존하지 않는다. 역사의식은 그렇게 비롯했던, 실은 성숙한 인간의 모습이다. 그것은 지금 여기에서의 적합성을 위한 기존하는 사실의 재구성 또는 재구조화이기 때문이다. 신화를 실존적인 개념으로 재구성하여 그로부터 새로운 이야기를 들으려 하는 것은 결과적으로 신화의 수용이고 승인이기는 하지만, 근원적으로 실존적 의미를 통한 신화의 속 비우기와 다르지 않다. 초월과 신성(神聖)의 후광이 제거된 남은 이야기는 출구가 막힌 고뇌의 집적이다. 진정한 실존의 절규가 거기 현존하여, 그것은 그대로 인간의 실상을 반영한다. 그러나 그것을 읊기에는 그 질식의 농도가 너무 짙다. 비신화화는, 불가능하지는 않지만 가능한 경우, 소박한 인간성을 배신하는 어쩌면 엘리트주의의 사치일지도 모른다. 신화는 처음 이야기이다. 그리고 비롯함은 언제나 마침에서 비롯한다. 실존의 개념은 신화의 이 사실을 간과하거나 배제한다. 실존의 언어는 물음의 언어이지 해답의 언어는 아니다. 그러나 신화는 언제나 해답의 언어다. 그러므로 비신화화는 해답을 포함한 모든 언어를 물음의 언어만으로 환원시키려는 정직하지 못한 작태를 보인다. 비신화화는 신화를 구제하는 현대적 지성의 모습이기보다 신화를 철저히 공동화(空洞化)하려는 현대 지성의 참담한 빈곤과 부정직을 드러낼 뿐이다.

그러나 뜻밖에 우리는 새로운 신화의 출현을 직면한다. '옛날 옛날에'로 비롯하는 이야기의 현존이 지금 여기에서 실재하는 것들의 규범적 원천으로 기능한다는 사실은 지금 여기에 현존하는 것이 그러한 규범적 원천으로 인식되게 하기 위한 발언으로 선택되면서 새로운 문화 속에서 신화적 화법(話法)을 통한 정당화의 논리가 등장하는 것이다. 부정직한 지성에 의해 텅 비어버린 신화의 자리에 서둘러 잠입하여 그 신화로 자기를 설명하는 것은 언제나 권력이다. 권력의 출현이 신화를 동반하는 것은 이미 낡은 상식이다. 초월과 신비를 수반하지 않는 실재의 실재성은 언제나 그 실재성에 대한 회의를 지우지 못한다. 권력은 놀랍게도 그렇다고 하는 사실을 투시하고 있다. 권력의 대표적인 속성은 실재하는 것은 모두 신화적 후광을 받아야 비로소 실재한다는 사실에 대한 투철한 인식이다. 그러므로 신화 채우기는 권력의 소임이다. 비신화화(非神話化)된 신화는 힘에 의해 재신화화(再神話化)된다. 지성은 비신화화하지만 권력은 그것을 재신화화한다. 이데올로기는 다른 것이 아니다. 그것은 재신화화된 신화일 뿐이다. 그러나 그렇기 때문에 원신화(原神話)와는 다르다. 비신화화의 과정을 거쳐 재신화화된 신화는 처음 비롯함의 무한한 열려짐이 아니라 지금 여기에서의, 닫힌 열림의 절대성을 주장하기 때문이다. 그러므로 원신화와는 달리 관용하지 못한다. 이견(異見)에 대한 정죄(定罪)는 재신화화된 이데올로기의 자기 한계다. 그것은 이데올로기의 불가피한 운명이다.

신화 만들기 / 신화의 운명

대중문화의 출현은 엘리트주의의 종언을 주장한다. 엘리트주의는 소멸하지 않는다. 그러나 그 전횡은 더 이상 지속할 수 없다. 반(反)엘리트주의는 공공연한 신화적 속성의 노출로 특징지어진다. 합리적 지성의 분석적 비판이나 실존적 고뇌를 절대화하지 않는다. 삶은 언제나 시작하고 언제나 끝난다. 지금 여기는 시작과 마침이다. 그것이 가지는 시간의식은 흐름의 시간을 거절하는 비롯함이나 마침의 시간에 머무른다. 초월과 신비는 다른 어떤 것이 아니다. 그것은 지금 여기의 삶이 수반하는 당연한 일상이다. 거기 등장하는 캐릭터는 인간성을 공유하면서도 언제나 인간을 넘어선다. 그리고 그 플롯은 삶의 전형(典型)이 된다. 실재하지 않지만 경험이 현실적으로 가능한 가상공간은 가상이 아니라 실재하는 것이다. 그것은 신화적 플롯만이 운위할 수 있었던 것, 그래서 철저하게 부정되던 것이지만 지금 여기에서는 친근하기 짝이 없는 현실이다.

신화는 이야기된 것이다. 그렇기 때문에 신화는 이야기되는 속에만 있다. 따라서 신화의 현존을 이야기할 수 있는 것이라면 그것은 지금도 신화가 이야기되고 있음을 지적하는 것이지 않으면 안 된다. 반복이나 전승된 것의 재음송(再吟誦)을 우리는 짐작할 수 있다. 그러나 이미 문자화된 문화 속에서 옛날의 숱한 신화는 죽은 이야기로 남아 있을 뿐이다. 종교 경전에 담긴 신화가 교리화하여 나타날 때 얼마나 그 이야기가 '영성(靈性)'을 메마르게 하는지는 익히 아는 일이다. 그러나 여전히 신화는 이야기되고 있다. 지금 여기가 끝자리이기를 바라는 여느 사람들의 꿈속에서 그렇기를 바라는 이야기가 발언될 때 그것은 새로운 신화가 된다. 지금 여기가 처음자리이고 때임을 온몸으로 절규하는 외침이 이야기되어 메아리칠 때 그것은 그대로 새 신화가 된다. 역사가 강자의 논리로 기록된 부정직한 증언의 덤이라는 사실을 고발하는 여느 사람들의 분노 속에서 신화는 발언된다. 새 하늘과 새 땅이 열리리라는 소박한 꿈의 이야기는 언제나 어디서나 신화다.

신화 만들기는 그렇기 때문에 재신화화가 아니다. 신화는 불행히도 귀족적이지 못하다. 그 이야기는 언제나 여느 사람에게 속한다. 이데올로기로 태어나지도 못하고 역사의식으로 자신을 치장하지도 못한다. 현대적 맥락에서는 대중문화가 혹 그것이 있을 자리이기도 할 법하지만 거기서 전횡하는 상업주의는 견디지 못한다. 신화는 여느 사람에게 속한 이야기지만 자기가 서식할 자리를 찾아 언제나 자기 몸주를 쉽게 떠난다. 사실상 신화를 전유하는 어떤 주체도 없다. 접신(接神)의 체험만이 공수를 낳듯 그렇게 신화는 삶 속에 현존한다.

빙의(憑依) 현상이 없으면 신화도 없다. 신화의 운명은 그러하다. 그러나 인간의 역사, 그 긴 망각의 흐름 속에서 사람은 단 한 번도 접신의 기회를 잊었거나 놓쳐본 적이 없다. 신화를 위해 다행한 일이다. 그리고 그것은 인간을 위해서도 또한 다행한 일이다.

다른 종교에서는 구원을 얻을 수 없는가?

류상태 새길기독사회문화원 신학연구원

먼저 '평신도[1] 아카데미'를 열어 구원론과 관련한 민감한 문제를 회피 (?)하지 않고 정면으로 맞이해주신 교우님들께 마음 깊이 감사드린다. 한국 교회가 복음의 원형을 회복하고 주님께서 제자들에게 처음에 가르쳐주셨던 복음의 원형을 회복하여 참 생명의 종교로 거듭나기 위해서는, 제도나 윤리 개혁도 필요하지만 그보다 먼저 구원론과 관련된 독선적이고 배타적인 교리를 재검토하지 않으면 안 된다고 생각하기 때문이다.

---

1 사실 '평신도'라는 말은 적절한 표현이 아니다. '성직자'에 대한 대비 개념으로 사용되는 계급적 용어이기 때문이다. 엄밀히 말해서 개신교에 성직자란 없다. 신학이나 목회학을 전공하여 목회자로 사역하는 사람들도 모두 주 안에서 동등한 자매요, 형제라는 것이 개신교 정신이다. 이 용어를 대치할 수 있는 적절하고도 공유된 용어를 찾을 때까지는 그냥 '교우'님이라고 하겠다.

동양의 고등종교와 기독교의 만남

우리는 그래도 행복한 세상에 살고 있다. 만약 중세 시대에 이런
주제로 특강을 했다면 행사를 주관한 분들은 살지 못했을 것이다. 필자
또한 벌써 화형을 당했을 것이다. "예수 외에는 구원이 없다"는 교리는
물론이고, "교회 밖에 구원이 없다"는 교리도 중세 시대를 거쳐 20세기
중반에 이르기까지 1,000여 년 동안 이어져 내려온 기독교의 절대 교리였
다. 이 교리에 도전하는 개인이나 단체, 조직은 가차 없이 정죄되었다.
그러나 르네상스 이후 16세기에 들어서면서 '교회의 권위'에 대한 '이성[2]
의 도전'이 거세게 몰아쳤다. 개신교 운동이 서서히 자리를 잡아갈 무렵
에는 가톨릭에서도 스스로 돌아보고 교회 개혁에 나선 사람들이 있었다.
우리가 잘 아는 예수회의 이그나티우스 로욜라(I. Loyola)는 개신교의
태동은 가톨릭의 부패에 일부 원인이 있다고 인정하면서 교회가 해야
할 본질적 사명에 충실하자고 하여 교육과 선교 활동에 박차를 가했다.
　이렇게 하여 "하느님의 은총 밖에 사는 가련하고 불쌍한 인생들에게
복음을" 전할 사명에 불타 세계 각지로 달려간 초기 가톨릭 선교사들은
힌두교와 불교 등 동양의 심오한 종교와 만나면서 걷잡을 수 없이 시험
(?)에 들었다. 성서에 나타난 우상 종교들과는 차원을 달리하는 심오하

---

2 사람의 이성이 불완전하기는 하지만 그래도 하느님께서 사람에게 주신 가장
큰 선물 중 하나다. 지구 마을에 있는 어떤 다른 생명체도 사람만큼 발달된
이성을 가진 생명체는 없다. 그런 점에서 이성을 부정하거나 무시하는 것은 하느
님의 능력을 모독하는 것이라고 할 수 있다. 합리적이며 상식적인 하느님의 자녀
들이 되어야 한다. 그러나 종교의 세계, 믿음의 세계에서는 이성을 넘어선 초이성
적인 세계가 있음도 인정해야 한다. 그렇다고 비이성적인 것을 초이성적이라고
우기면 안 될 것이다.

고 아름다우며 우주적이고 영적인 종교를 과연 사탄에 속한 거짓 종교로 간단하게 치부할 수 있는가 하는 고민을 하게 된 것이다. 그들은 처음에 자신의 내면에서 들려오는 양심의 소리를 사탄의 목소리라 생각하기도 했고, 기독교적 신념으로 그 가치를 부정하기 위해 눈물겨운 내적·영적 사투를 벌이기도 했지만, 결국 하느님께서 그들의 양심과 이성에 심어준 선과 진리에의 갈망이 그들로 하여금 두려움을 극복하게 했고, 초기 가톨릭 선교사들은 자신을 파송한 선교 단체와 교황청에 자신들의 흔들리는 믿음과 그 원인에 대한 장문의 보고서를 올리게 되었다.

타 종교의 구원 가능성에 대한 기독교의 세 가지 태도

교황청은 이 문제에 대해 연구 기관을 두고 오랜 기간 연구를 거듭한 끝에 1960년을 전후로 수년간에 걸친 '바티칸 제2공의회'를 통해 "교회 밖에는 구원이 없다"라는 절대 교리를 수정하고,[3] 타 종교에도 구원의 가능성이 있다고 선언했다. 이때 개신교에 대해서도 '분리된 형제들'이라고 불러 더 이상 '이단'이 아니라 '형제 교회'[4]임을 인정하기에 이르렀다. 이후 가톨릭과 개신교에 종교 간 대화가 빠르게 진행되었으며, 구원론과 관계하여 타 종교를 어떻게 볼 것인가 하는 문제는 입장에 따라

---

3 제2차 바티칸공의회의 결정에 결정적인 역할을 한 신학자는 칼 라너(Karl Rahner)로, 그는 교회 밖에도 '익명의 그리스도인(anonymous christian)'이 있으며, 그들은 비록 교회 밖에 있고 그리스도라는 이름은 알지 못하지만 양심과 이성에 의해 하느님을 발견하여 그 뜻을 따르고 있으므로 그리스도의 보혈은 그들의 죄까지도 씻어준다고 주장했다.

4 그러나 개신교에서는 아직도 가톨릭을 이단이라고 단죄하는 교회와 목회자들이 적지 않다. 참으로 부끄러운 일이라 하지 않을 수 없다.

대체로 다음 세 가지 유형으로 정립되었다.

① 배타주의: 예수 외에는 구원이 없으며, 따라서 기독교만이 참 진리
의 종교요, 다른 종교는 모두 거짓종교라는 주장이다.

② 포용주의: 예수 외에는 구원이 없으나 하느님의 은총은 너무나
깊고 넓어 '익명의 그리스도인'에게도 구원을 허락하신다는 주장
이다. "예수 외에는 구원이 없지만 교회 밖에 구원이 있을 수 있다"
라는 주장으로 기독교의 절대성을 포기하지 않으면서도 타 종교
의 가치를 인정한다. 타 종교를 그리스도를 알지 못하는 구약의
단계로 인식한다.

③ 다원주의: 기독교와 이웃종교는 모두 진리를 찾아가는 길벗으로
동등하다는 입장이다. 기독교의 절대성을 주장하지 않으며, 구세
주로서 그리스도의 절대성도 포기하는 입장이다.[5]

한국의 주류 개신교회는 대부분 배타주의에 머물고 있으며, 진보적인
일부 교회만이 포용주의나 다원주의적인 견해를 취하고 있다. 그러나
아직도 다원주의라는 용어만 사용해도 이단과 동일시하는 풍토 때문에
다원주의에 대한 정직한 신학적 연구는 미미한 실정이다. 그러면 우리보

---

5 다원주의에 대해 자세히 공부하고 싶다면 연세대학교 교목실장인 한인철 박사의
『종교다원주의의 유형』을 읽어보면 도움이 될 것이다. 이 책은 배타주의의 대표
적 학자인 칼 바르트와 포용주의의 대표적 학자인 칼 라너의 이론도 소개하고
있다.

다 앞서 기독교를 접하고 혼란을 겪은 서구 교회들은 어떨까. 유럽의 경우, 한국의 상황과는 정반대로 자신을 기독교인이라고 고백하는 사람들은 대부분 포용주의를 넘어 다원주의 신앙에 동의하는 경우가 많으며, 배타적 신앙에 머무는 기독교인은 거의 찾아보기 어렵다.[6]

한국 교회에서 배타적 구원관이 주류를 차지한 역사적 배경

그렇다면 우리나라에서 이렇게 배타주의 신앙이 다수를 차지하게 된 이유에 대해 생각해볼 필요가 있다.

우선, 우리나라 선교 초기에 미국의 보수 신앙을 가진 교회에서 파송된 선교사들의 영향을 깊이 받은 결과라고 할 수 있다. 언더우드(H. G. Underwood)와 아펜젤러(H. G. Appenzeller) 등의 초기 미국 선교사들이 서울 경기 지역의 선교를 맡고, 뒤이어 한국의 예루살렘이라고 하는 평양에서도 새뮤얼 모펫(Samuel A. Moffett) 등 미국인 선교사들이 활동하면서 한국 교회는 근본주의 계열 미국 신학의 영향을 깊이 받게 된다. 상대적으로 진보적이었던 호주나 캐나다의 선교사들도 있었지만 이들은 점차 주류에서 밀려나게 되었다.

또한 우리나라가 처한 역사적 상황도 보수 기복적인 신앙이 주류를 차지할 수 있는 토양이 되었다. 한국 사회에서 기독교가 이렇게 성장할 수 있었던 동력은 역사적으로 한국 사회가 안고 있는 '한(限)' 때문이라고 할 수 있다. 현실이 고통과 질곡밖에 없다고 생각될 때, 현실에서 도저히

---

6 이에 대해서는 오강남 교수의 『예수는 없다』와 필자의 『한국 교회는 예수를 배반했다』를 참고.

희망을 찾을 수 없을 때, 사람들은 고개를 들고 저 하늘을 쳐다보게 된다. 현실은 고통스러워서 어쩔 수 없지만 나중에 저 세계에서는 이런 모든 고통을 다 싸매주고 풀어주고, 하느님이 눈물을 다 닦아줄 것이라는 희망이나 꿈을 기독교의 내세중심적인 교리는 갖고 있었다. 조선 말기 우리 사회가 갖고 있던 '한'을 기복적으로 풀어줄 수 있는 아주 적절한 교리였던 것이다.

한국에 개신교가 들어온 지 120년 정도 된다. 그때는 구한말, 한국 사회가 절망으로 치닫던 시기였다. 특히 1907년은 한국 교회사에서 매우 중요하게 여긴다. 한국 교회 대부흥운동이 일어난 이 해는 역사적으로는 절망의 질곡을 겪을 때였다. 1905년에 을사조약이 있었고 1910년에는 한일합방이 있었다. 그 중간, 국가적 절망감에 젖어 있을 때, 한국 역사에서 교회가 크게 부흥한다. 우리 한국 교회의 새벽기도회나 수요기도회 같은 독특한 집회 형태는 다른 나라에는 거의 없다. 한국 교회에만 있는 독특한 이 현상이 바로 1907년도부터 만들어졌다. 절망적인 역사 현실에서 농한기에, 혹은 농사지을 때 새벽에 일찍 일어나서 부흥회와 사경회를 열었다. 현실은 희망이 없는데, 질곡뿐인데, 그때 사람들이 "저 높은 곳을 향하여" 희망을 바라본 것이다. "저기에는 희망이 있네. 여기서는 우리가 눈물을 흘리나 저 하늘에 가면 고통이 없네. 주님께서 내 눈물 다 닦아주고 씻어주시네……." 이런 기도와 찬양을 드리면서 한국 교회는 크게 부흥했다. 평양은 한국의 예루살렘이 되었고, 북에서는 평안도, 남에서는 호남 지역을 중심으로 크게 부흥했다.

한국 교회는 일제 강점기를 겪으면서 또 한 번의 질곡을 겪는다. 해방이 되고 북쪽이 공산화되면서 이념적인 문제가 발생했다. 북쪽이 한국 기독교의 중심이었는데, 이 사람들이 대거 남쪽으로 내려오게 되었던 것이다. 남으로 피난 온 기독교인들은 고향과 땅을 잃어버리고 척박하게 살았는데, 이럴 때 박정희 독재와 어우러지면서 "하면 된다"라는 논리가 교회에 스며들었다. 개발 독재와 함께 보수적인 신앙을 가지고 1970~1980년대에 한국 교회가 수직상승을 했던 것이다.

현대 신학의 예수 재발견

그러나 한국 교회가 기복적인 보수 신앙에만 젖어 있었던 것은 아니다. 류영모 선생이나 김교신, 함석헌 등 토착화 신앙 내지는 무교회주의 신앙도 면면히 이어져 왔고, 김재준 목사에 의해 뿌리내린 진보신학은 민중신학을 낳아 세계적인 이론으로 자리 잡기도 했다. 때맞춰 1980년 미국에서 시작된 '역사적 예수' 탐구 작업이 궤도에 오르면서 한국 교회에 새로운 예수 찾기 운동, 기독교 운동이 꽃피는 듯했다. 감리교신학대학에서는 변선환 학장이 다원주의 신학을 본격 도입했다. 그러나 박정희 정권의 소멸과 더불어, 수직상승하던 한국 교회는 1980년대에 하강세로 접어들었고, 보수 교회의 지도자들은 새로운 신학, 새로운 예수 찾기 운동을 이단으로 정죄하여 급기야 변선환 학장과 홍정수 교수를 탄핵하고 학교에서 쫓아내는 현대판 종교재판을 열어 세계를 놀라게 했다.

그러면 보수적인 교계 지도자들이 심각한 위기를 느낄 수밖에 없었던 진보신학의 예수 이해는 어떤 것이었을까. 지금부터 그들이 광범위한 탐구와 연구를 통해 도달한 역사적 예수는 누구인지 함께 들어보자.[7]

---

7 역사적 예수를 연구하는 모임을 〈예수 세미나〉라고 하며, 그 작업에 참여하는 '예수 세미나 사람들'을 이끄는 지도자로 존 도미닉 크로산, 로버트 펑크, 마커스 보그 등을 들 수 있다. 이들의 저서에는 역사적 예수에 대한 연구 결과가 자세히

예수는 그리스도(구세주)이며 전능하신 하느님의 아들이고 본질상 신의 성품을 가진 '삼위일체 하느님의 한 인격'이라는 고백은 기독교의 본질에 해당하는 것으로 오랫동안 해석되어왔다. 그러나 현대 신학자들 중에는 예수에 대한 해석을 근본적으로 달리하는 경우가 있었다. 그들에 의하면, 예수님은 어떤 이념이나 교리도 인간을 억누르고 통제할 권리가 없다며 '자유와 해방의 권리를 선언'한, 또한 자신은 물론 자연을 비롯하여 존재하는 모든 이웃을 하늘 아버지의 딸아들로 인식하고 무한한 자유를 구가하던 멋지고 호방한 청년이었다. 청년은 깊고 사색적이며 따뜻하고 섬세한 성품과, 불의를 보면 참지 못하고 독하게 분노를 쏟아내며 거친 욕설을 난사하는 불같은 성격을 함께 가진 혁명가였다. 그러나 청년은 안타깝고 불행하게도 사회 질서를 뒤흔들었다는 죄목으로 잔혹하게 처형당했다.

청년은 죽었지만 그의 빼어나고 아름다운 삶은 죽을 수 없었다. 그를 사랑하고 따르던 그의 친구(제자)들의 마음과 삶 속에 부활한 '청년의 아름다운 삶의 이야기'는 입에서 입으로 전승되는 과정에서 조금씩 전하는 사람의 생각과 해석이 첨가되었다. 전승을 타고 되살아난 청년은 어느새 영웅이 되었으며 그를 흠모하고 따르던 사람들의 모임은 조직을 갖추게 되었다. 청년처럼 살고 싶어 하는 사람들의 마음속에는 (청년이 그랬던 것처럼) 현실의 어떤 벽에도 굴하지 않는 용기가 스며들었다. 예수를 따르는 제자들에게는 신분에 대한 차별, 사람을 억누르는 모든 전통과 압제를 돌파하는 역동적이고 신나는 삶이 보상으로 주어졌다.

정리되어 있다. 존 도미닉 크로산은 『역사적 예수』, 『예수는 누구인가』 등을 저술했고, 로버트 펑크는 『예수에게 솔직히』를, 마커스 보그는 『내가 만난 하느님』을 저술하여 자신의 연구 결과를 소개하고 있다.

청년이 죽은 뒤 20~30년이 지난 후, 사람들은 청년의 아름답고 신비로운 삶의 이야기를 영원히 간직하기 위해 기록으로 남기고 싶어 했다. 청년의 이야기가 '전승 과정'을 거쳐 '기록'의 단계로 들어선 것이다. 그러나 기(록)자들은 수많은 전승 가운데 어느 것이 참이고 어느 것이 거짓인지 그 진위를 가려내기가 어려웠다. 어떤 자료는 그의 영웅담에 치중한 나머지 도덕적으로 상당히 문제가 되는 부분이 있었다. 또한 어떤 자료는 영웅이라기보다는 너무도 인간적인 연약한 모습으로 묘사된 것도 있었다. 그러나 기자들은 이미 신의 아들로, 한 종교의 숭고한 창시자로 고백되기 시작한 인물에 대한 자료를 자기의 주관적인 판단에 의해 무시하기가 어려웠다. 기자들은 서로 모순되는 자료들이라도 대중의 공감을 얻는 내용은 기록에 담았다.

한편, 청년이 죽은 뒤 20년이 채 지나지 않아 매우 영리하고 독특한 학자가 청년에 대한 새로운 해석을 내리게 되었다. 유대인의 피와 로마인의 시민권을 아울러 갖고 있던 그 학자는 유대 전통과 그리스 철학에 근거하여 청년을 새롭게 해석하기 시작했다. 사람과 세상을 사랑한 진정한 휴머니스트이자, 불의한 세계를 개혁하고 모두가 함께 잘사는 아름다운 세상을 꿈꾸는 혁명가에 가까웠던 청년은, 그 학자에 의해 '매우 다른' 모습으로 재해석되었다. 학자에 의하면, 청년의 죽음은 억울하고 안타까운 비극이 아니라 인간의 죄를 대속하기 위해 하느님께서 예정하신 구속사의 정점이며 죄와 악에 대한 영원하고 궁극적인 승리였다.

학자의 해석은 일반 대중이 받아들이기에 더없이 쉽고 만족스러운 것이었다. 청년처럼 처절하게 살지 않아도 되었고, 다만 그를 바라보며 그에게 기대는 것으로 충분했기 때문이다. 청년은 이제 사람들이 '따라야 할 모범'이 아니라 '믿어야 할 대상'이 되었다. 그를 믿기만 하면 모든 죄가 사함받고 구원을 받으며 죽음에서 부활하여 영원히 살게 될 것이었다. 이 얼마나 신나는 일인가? 학자의 가르침은 사람들의 마음을 점차 사로잡게 되었다. 사람이 죽지 않고 영원히 살 수 있다니……. 현실은 어두우나 저 하늘나라에서 주님 품에 안기면 그 모든 고통과 애곡과 눈물이 다시는 없다니……. 그의 가르침은 가난하고 힘없으며 체제에 눌리고 착취당하며 살아가던 연약하고 가난한 대중으로서는 현실의 질곡을 넘어 삶에 소망을 불어넣어 주는 최상의 복음(Good News)이 되었다.

학자의 가르침이 보편적인 호응을 얻게 될 즈음, '전승의 과정'을 넘어 그동안 여기저기 전해져 오던 '단편적인 기록들'이 모아지기 시작했다. 전승 자료들이 모아져 오늘날 신약 성서에 수록된 형태의 복음서로 탄생한 것이다. 4개의 복음서를 살펴보면, 제일 먼저 기록된 마르코복음에서는 '비교적 가장 인간적인', 그리고 '복음의 원형에 비교적 가까운' 예수를 만날 수 있다. 그 예수는 '심령이 가난한 자'가 아니라 그냥 '가난한 자'에게 복을 선포하신 예수였다. 영성이나 초월성보다는 현실성, 사회성, 역사성을 강조한 예수의 이미지가 마르코복음에는 강조된다. 그러나 마르코복음과 또 다른 자료(Q문서)를 토대로 쓰인 마태오복음과 루가복음에 그려진 예수는 '인간적인 면'보다는 '신적인 예수'의 모습이 조금 더 많이 그려지고, 가장 늦게 쓰인 요한복음에는 '태초부터 있었던 말씀으로서의 하느님'으로 그려지게 되었다.

이후의 교회 역사에서 예수는 그때까지 형성된 예수의 이미지로, 혹은 사람들의 비의도적인 무지로, 혹은 교회의 필요에 의해, 혹은 정권(특히 콘스탄티누스)의 유지와 창출을 위해 '신의 아들'을 넘어 '신 자체'가 되었으며 결국 삼위일체 하느님으로 고백되었다. 그 이후 오늘에 이르기까지 교회 내에서 예수는 그의 의도와는 달리 세상을 창조하신 전지전능한 신의 아들이며 인류의 유일한 구원자인 삼위일체 하느님의 한 위(인격)로 고백되고 있지만, 오늘날의 신학은 예수를 2,000년 전에 살았던 참 자유인으로, 진정한 휴머니스트로, 압제에 저항했던 혁명가로 재발견하고 있다.

예수님의 구원관

그렇다면 우리는 교리의 벽을 돌파하여 예수께서 처음 전하신 복음의 원형에 접근할 필요가 있다. 2,000년 역사에서 기독교 교리가 덧칠한 부분을 벗겨내고, 기록자의 오류와 고의적인 의도도 벗겨내고, 전승 과정의 오류와 의도도 벗겨내는 작업을 거치면 예수께서 처음 전하신 복음의 원형에 어느 정도 접근할 수 있을 것이다. 다행히 우리는 현대 신학의 도움으로 상당 부분 신화화된 껍질을 벗겨낸 '역사적 예수'에 접근할 수 있게 되었다.

그러면 예수께서 가르쳐주신 구원의 길은 무엇인가? "구원받아야 한다"라고 말할 때, 그 말은 우리가 무언가 잘못된 삶의 자리에 놓여 있음을 의미한다. 예를 들어, 우리가 물에 빠졌을 때 구원을 받는다는 것은 물에서 건져져 안전한 땅으로 옮겨지는 것을 의미한다. 달려오는 기차에 치일 위기에 처했다면 그 사람은 구원받아야 할 상황에 놓인 것이며, 자신의 힘에 의해서든 타인의 힘에 의해서든 레일 바깥 안전한 곳으로 옮겨지는 것이 구원이다. 그렇다면 구원이란 우리의 삶을 왜곡시키거나 해치는 위험하고 불안정한 상태에서 안정되고 유쾌하며 정상적인 삶의 자리로 회복하는(되는) 것을 의미한다. 이런 관점에서 볼 때,

사람이 마땅히 살아가야 할 정상적인 삶의 자리를 이탈하여 자신과 타인의 삶에 위험을 가져오는 상황에 처해 있다면, 그 사람은 구원받아야 할 사람이 된다. 그러니까 사람으로서의 도리를 다하지 못하고 늘 사람 사이에 갈등을 심는 사람이 있다면, 그래서 궁극적으로 자신의 삶과 이웃의 삶을 해치거나 훼손하는 사람이 있다면, 그 사람은 분명 구원받아야 할 사람이다. 좀 더 자세히 예를 들자면, 부모로서 자식을 온전히 돌보지 못하는 사람, 자식으로서 부모를 공경하지 못하는 사람, 더불어 살아갈 줄 모르고 이웃의 삶의 자리를 부정하는 사람, 이런 사람들이 바로 '올바른 삶의 자리에서 이탈한(된) 사람'이며 '구원받아야 할 사람'이다.

그러나 오늘날 보수적인 개신교회는 이런 구원의 이치를 지나치게 교리적으로 해석하여 독선적이고 배타적인 개념으로 만들어놓았다. 부모 역할 제대로 못 해도, 자식으로서 부모 공경 제대로 못 해도 예수님만 잘 믿으면 천국에 가고, 아무리 선하고 바르며 하늘을 우러러 부끄러움 없이 살아가는 사람도 예수님을 알지(믿지) 못하면 지옥에 간다고 한다. 안타깝게도 이런 교리적 신앙은 사람을 있는 그대로 존중하지 못하고 사람 사는 세상을 갈등상태로 몰아간다. 예수는 바로 그런 생각을 가진 사람들이야말로 올바른 삶의 자리에서 이탈하여 자신과 이웃의 삶을 파괴하는 위태로운 자리에 서 있는 것이며 구원을 받아야 할 사람들이라고 생각했던 것이다.[8]

---

8 예수의 이런 구원관은 종교적 삶, 특히 유대교와는 거리가 멀었던 이방인에게 즉석에서 "네가 구원을 받았다"라는 선언으로 나타나기도 하고, 구원의 중심에 있다고 생각했던 종교 지도자들에게 강한 비판을 가한 데서도 드러난다. 이런 종교 지도자들과 예수와의 갈등은 십자가 사건으로 이어지고, 이런 갈등 구조는

현대 신학, 특히 예수 세미나 사람들이 해석하는 예수의 구원관에 의하면, 하느님은 악인과 선인에게 똑같이 햇볕과 비를 내려주시는 분이다. 우리가 믿는 하늘 아버지, 우리 주님께서 가르쳐주신 사랑의 하늘 아버지는 교회에 안 간다고 벌주시고 정직하게 의문을 제기한다고 벌주시는 분이 아니라, 아무 조건 없이 모든 사람을 하늘 아버지의 형상(인격)을 닮은 고귀하고 존귀한 자녀로 품어주시는 분이다. 어느 누구도 사람의 자유와 삶을 제한하고 구속할 권리가 없고, 모든 사람을 그 종교적 신념이나 외적 조건에 관계없이 유쾌하고 행복하게 살아갈 자유와 권리를 가진 존엄하신 하느님의 딸아들로 회복시키는 것, 그것이 예수의 구원관이었음을 복음서에서 발견할 수 있다.

하늘 아버지를 무서운 교리 속에 가두어놓는 그런 교회라면 차라리 그 교회에는 다니지 않는 것이 좋다. 기독교라는 특정 종교 단체에 속해야만 구원을 받고, 이웃종교에 속한 사람들, 혹은 종교가 없는 사람들은 아무리 훌륭하고 아름다운 삶을 살아도 구원받지 못한다고 믿는다면, 그것은 우주 만물을 창조하신 하느님을 사람이 만든 종교 시스템 안에 가두는 것이며 우리 하느님을 하찮은 하느님, 속 좁은 하느님으로 만드는 것으로 결국 하느님을 모독하는 것이다.

성서적 신앙의 재정립

여기까지 이르면 한 가지 질문을 던질 수 있다. "그것은 비성서적이 아닌가, 성서는 그렇게 말하지 않지 않는가?" 하는 질문이다. 그러나

오늘날에도 여전히 계속되고 있다.

성서의 언어는 '객관적 진술'이 아니라 '고백의 언어'다.[9] 예를 들어 요한복음 14장 6절에 기록된 말씀을 생각해보자.

> 나는 길이요 진리요 생명이다. 나를 거치지 않고서는 아무도 아버지께 갈 수 없다.

이 말씀은 불교에서 부처님이 탄생 시에 하셨다는 "천상천하 유아독존"[10]이라는 말을 연상시킨다. 부처님께서 태어나자마자 한 손으로 하늘을, 다른 한 손으로는 땅을 가리키며 이 말씀을 하셨다는 것이다. 그러나 이 말씀을 의미적으로 받아들이지 않고 문자 그대로 받아들이는 사람은 순진한 불교인 이외에는 거의 없다. 마찬가지다. "내가 곧 길이요 진리요 생명이다"라는 말씀이나 "천상천하 유아독존"이나 모두 (우리 기독교 용어로) 하느님과 합일된, 혹은 (불교 용어로) 해탈에 이른 위대한 성인에 대한 후대의 찬사로 고백되었다고 보는 것이 합리적이다. 게다가 "나를 거치지 않고서는 아무도 아버지께 갈 수 없다"라는 표현은 바로 앞의 말씀, 즉 "나는 길이요 진리요 생명이다"라는 말씀에 덧붙여진 말씀으로 보는 것이 타당할 것이다.[11]

만약 이런 가정이 맞다면, 우리는 '성서적'이라는 말을 새롭게 이해할

---

9 성서뿐 아니라 종교의 언어는 본래 고백의 언어다. 그 주관적 신앙고백을 객관화시켜 글자 그대로 진리라고 믿는 신앙이 역사적으로 수많은 갈등을 만들어냈으며 헤아릴 수 없이 많은 생명을 앗아갔다.

10 "온 우주에 나 홀로 존재한다"라는 뜻으로 부처님으로 대표되는 한 생명의 비교할 수 없는 존엄함을 뜻하는 표현이다. 예수께서 말씀하신 "생명이 천하보다 귀하다"라는 말씀과 맥을 같이한다고 볼 수 있다.

11 이 부분은 '교회의 교리적인 필요'에 의해 첨가되었을 가능성이 있다.

필요가 있다. '성서적'이라는 말은 '성서에 쓰인 그대로'가 아니라 '성서가 기록된 의도대로'라고 이해해야 한다. 그러니까 성서에 문자적 오류가 있다면 그 오류의 가능성을 인정하면서 원래의 뜻을 찾기 위해 연구하는 것이 진정 성서적인 것이며, 교리적인 필요에 의해 덧붙여진 부분이 있다면 그것을 연구하여 원래의 뜻을 찾아내어 읽는 것이 '성서를 성서적으로 보는' 것이다. 교리적 전제에 의해 성서를 문자 그대로 절대시하여 읽는 것은 성서를 죽은 책으로 만드는 것이다. 그런 교리적 전제는 하느님도 죽이고,[12] 예수님도 죽이며,[13] 진실하게 믿고자 하는 신앙인의 영적 생명도 죽이는[14] 결과를 가져올 수 있기 때문이다.

기독교 선교 정책에 대한 제언

한국 교회가 진정 예수님께서 전하신 복음의 원형을 되찾고, 기독교가 인류에게 희망과 생명을 주는 종교로 거듭나기 위해서는 선교 정책이 크게 바뀌어야 한다. 우리나라의 기독교인 대부분은 예수께서 전하신 복음을 올바로 이해하고 있다고 생각하지만, 사실은 예수께서 그토록 비난하셨던 바리사이파적 패러다임에 지배당하고 있다. 한국 교회가 21세기에도 살아남으려면 우리 사회의 양식 있는 지성인들이 기꺼이

---

12 성서를 문자적으로 읽으면 구약의 하느님은 사람을 가차없이 죽이는 무자비한 신이 되고 여자와 어린아이, 이방인의 인격을 무시하는 신, 차별을 일삼는 하느님이 된다.

13 문자적 신앙은 모든 경계를 허물며 대자유를 선언하신 예수의 복음을 기독교 도그마 안으로 위축시키며, 또 다른 경계를 만드는 교리 신앙으로 전락시킨다.

14 역사적으로, 그리고 오늘날에도 여전히 자행되는 기독교의 독선과 배타성은 지구마을에 수많은 갈등을 만들어내고 있다.

동의할 수 있는 상식을 갖추어야 한다. 한국 교회는 갱신을 위해 뼈를 깎는 고통을 감내해야 하며, 그 과정을 통해 '목사와 장로 등의 기득권자를 위한 교회', '제도와 교리에 의해 지배당하는 교회'에서 벗어나 진정 주님이 원하시는 교회, 교우들과 이웃을 행복하게 하는 교회, 그리고 사회의 존경을 받는 교회로 거듭나야 한다. 그렇지 않으면 한국 교회는 세상의 빛은커녕 세상과 사회에 갈등을 빚어내는 문제 집단으로 남게 될 것이다.

한국 교회는 지금까지 당연시해왔던 선교 정책을 전면 재고해야 하며 교리를 전하는 선교, 교회의 권세를 확장하기 위한 선교를 포기하고 진정 하느님의 뜻을 이 땅에 이루기 위한 선교로 방향을 바꾸어야 한다. 그러면 바람직한 선교를 위해서는 어떤 변화를 모색해야 할까. 이에 대해 몇 가지 제안을 하고자 한다. 이런 모습을 갖추어야 한국 교회가 사회의 존경을 회복하고 세상의 소금과 빛의 역할을 감당할 수 있다고 생각하기 때문이다.

'배타적 구원관'을 극복해야

기독교에만 구원이 있고 다른 종교로는 구원을 받을 수 없다는 배타적 구원관을 극복하지 못하면 한국 교회는 우리 사회와 세계에 끊임없이 갈등의 불씨를 퍼뜨리는 공격적 선교 정책을 펼 수밖에 없을 것이다. 그리하여 언젠가는 이 땅, 즉 작게는 아름다운 우리 강산에, 넓게는 지구 마을 전체에 종교전쟁이 일어나도록 원인을 제공할 수도 있을 것이다. 배타적 구원관은 하느님으로부터 계시된 것이 아니라, 또한 예수께서 친히 가르쳐주신 것이 아니라 초대교회의 열정과 필요에 의해 도입된 교리로 현대 사회에서는 반드시 재해석되어야 할 문제다. 이 문제가 극복되지 않으면 한국 교회는 하느님을 바로 알 수 없을 것이며, 예수께서 가르쳐주신 참 용서와 사랑의 복음을 올바로 이해하지 못한 채 수많은 갈등과 분열, 싸움을 양산해내게 될 것이다.

이웃 종교를 '있는 그대로' 존중해야

한국 교회는 타 종교, 특히 인류 역사가 인정하는 고등종교에 대해서는 진리에 도달하기 위해 함께 길을 걷는 '길벗'이자 더불어 살아가는 '이웃 종교'로 인식하여 '있는 그대로' 존중해야 하며, 자신만이 진리를 독점하고 있다는 아집에서 벗어나야 한다. 한국 주류 개신교회가 이웃 종교를 있는 그대로 인정하지 못하는 이유는 하느님께서 기독교를 통해서만 당신을 계시하셨다는 생각 때문인데, 이런 생각은 하느님이 친히 내려주신 계시가 아니라 성서에 대한 문자적 해석에 의한 것으로 오히려 하느님의 역사를 스스로 제한하는 것이다. 특히 '종교박물관'이라 할 정도로 여러 종교가 공존하는 한국 사회에서 종교인들 간의 마찰을 피하고 함께 사는 길을 찾기 위해서는 이웃 종교에 대한 진지한 대화와 연구를 통해 서로 존중하고 협력하는 단계에 이를 수 있어야 한다.

공격적인 선교 정책에서 벗어나야

한국 교회는 공격적 선교 정책에서 벗어나 하느님의 사랑과 은총을 나누는 화해의 선교 정책으로 방향을 바꾸어야 한다. 무종교인을 그리스도에게 인도하고 회심시켜 기독교인이 되게 하는 것까지는 좋으나 강요하지는 말아야 하며 그 사람의 선택을 존중할 수 있어야 한다. 또한 이웃 종교에 적을 두고 그 가르침을 따라 열심히 살아가는 종교인을 억지로 기독교인으로 개심시키려는 무모한 선교 정책은 중지해야 한다.

자칫 그 무모한 선교 정책이 지구 마을을 끊임없이 갈등상태로 몰고 갈 수 있으며 종교 전쟁의 빌미를 제공할 수도 있기 때문이다. 또한 그런 식의 공격적 선교 정책은 세상을 다양하게 창조하신 하느님의 역사를 기독교인 스스로 제한하고 파괴하며 획일화시키는 신앙적 범죄 행위다.

교리를 전하는 선교에서 사랑을 나누는 선교로

한국 교회는 슈바이처 박사와 테레사 수녀를 본받아, 교리를 전하는 선교에서 하느님의 사랑과 화평을 전하고 나누는 하느님의 선교(Missio Dei)로 선교 방향을 바꾸어야 한다. 해외 선교사를 파송하기 전에 먼저 지역 주민들의 행복과 복지를 위해 봉사해야 한다. 교회 건물은 지역 사회의 문화와 복지를 위해 개방해야 하며 정부가 정책 차원에서 하지 못하는, 혹은 정부 정책에서 제외되는 부분에 대해, 특히 소외된 이웃을 효과적으로 돕고 그리스도의 사랑으로 품을 수 있는 '나눔 센터'를 설립하고 운영하는 방안을 진지하게 검토해야 한다. 그러나 기독교 신앙을 강요하지는 말아야 한다. 교인을 만들기 위한 수단으로 운영하지 말고 순수하게 봉사만 해야 한다. 어려운 이웃을 주님 섬기듯 그렇게 섬기기만 해야 한다. 주님은 "너희가 작은 자 하나에게 한 것이 나에게 한 것"이라고 말씀하셨다. 물론 경제적인 문제가 따른다. 그러나 교인 수 1,000명이 넘는 교회는 충분히 할 수 있는 여력이 될 것이다. 그러면 동네 사람들이 교회를 존경하지 않겠는가? "이 교회가 있어서 참 좋다. 이 교회 때문에 살 맛 난다"라는 말을 동네 사람들로부터 들을 수 있다면 얼마나 좋겠는가?

정통 속의 이단, 이단 속의 정통

몇 가지 단상

이찬수 종교문화연구원 원장

'사이비'에 대하여

'사이비(似而非)'란 무엇인가? 그 한자상 의미는 "비슷하지만 아니다"이다. 당연히 사이비 종교는 겉모습은 종교와 유사하지만 알고 보니 그렇지 않은 종교일 때 쓰는 용어다. 그런데 문제는 '종교'와 '사이비 종교'를 가르는 기준이 늘 모호하다는 것이다. 왜냐하면 종교의 본성 자체가 '종교가 아님(사이비)'의 길로 나갈 가능성을 함축하고 있기 때문이다.

여러 가지로 규정할 수 있지만 종교적 경험의 핵심은 인간의 이성, 감성, 의지의 어떤 한 면보다는 이성, 감성, 의지의 총합, 그 이상에 있다. 종교학자 루돌프 오토(Rudolf Otto)는 그것을 '누멘적인 것(the nu-minous)'이라 표현한 바 있는데, 단순하게 번역하면 '신적인 것'이지만 더 근본적인 의미는 '신비'에 가깝다. 합리성의 영역 너머에서 구체적인 현실의 언어로 다 표현될 수 없는 것을 말한다. 이것은 종교 경험이 비합리적(nonrational)이기보다는 불합리한(irrational) 어떤 사태로 나아갈 가능성을 이미 함축하고 있다. 문제는 지 · 정 · 의의 총합, 그 너머에 대한 경험의 방향성이다. 그 경험이 지 · 정 · 의와 적절히 균형을 잡을 때를 건전한 의미에서의 '종교'라고 할 수 있지만, 그러한 너머의 경험이 너무 강렬하면 지 · 정 · 의의 영역은 순식간에 함몰될 수도 있다. 종교사에서 보자면 신비주의도 이러한 너머의 경험에 근거하고 있다. 그렇기에 광신으로 빠질 수 있는 가능성은 늘 존재한다.

이러한 마당에 누가 그 '비슷함'과 '아님'을 평가할 수 있을까? 또 그 기준은 어디에서 찾을 수 있을까? 흔히 사람들은 종교라는 이름을 달고 행해지는 비윤리성, 반도덕성, 혹은 사기적 행태에서 종교의 사이비성을 찾지만, 오늘날 종교적 문제의 심각성은 그 정도에 머물지 않는다. 정통의 이름을 달고 교묘하게 행해지는 모순된 현실을 볼 수 있어야 한다.

한국 교회의 한 단면

이른바 이단 종교 전문가였던 탁명환은 사이비 종교의 기준으로 다음의 일곱 가지 기준을 제시한 바 있다. ① 이중교리를 가지고 있고, ② 교주를 신격화하며, ③ 시한부 종말론을 내세우고, ④ 반사회적 내지 비윤리적 행동을 하고, ⑤ 기성종교를 비난하며, ⑥ 교리혼합적인 경향을 보이고, ⑦ 신도들에게 기복적 요행을 바라게 한다는 것이다. 얼핏 적절한 기준처럼 보인다.

역시 이단 종교 전문가라는 위고 슈탐(Hugo Sutamm)이 다음과 같이 말할 때도 마찬가지다. "사이비 종교는 교묘하고 꿰뚫어 보기 어려운 심층심리학적 수법을 사용하여 추종자들을 허구의 세계로 끌어들여서 완벽한 예속의 굴레를 씌우려 한다. 일종의 집단 암시가 빚어내는 분위기에 현혹되고, 과장된 구원 약속에 넘어가거나, 거짓 낙원에 대한 열광에서 깨어나지 못하는 사람은 능란한 선동가와 종교 이념가의 희생자가 되고 만다."[1]

하지만 이른바 정통적이라는 기성종교에서는 탁명환이 앞에서 말한 일곱 가지 일이 벌어지고 있지 않느냐 하면 그렇지 않다. 스스로 정통이라 자부하는 기독교 전통도 이상의 일곱 가지 기준에 들어맞는 경우가 많다. 사랑의 가르침과는 다르게 이기적 욕망의 충족 수단으로 이용할 때도 많고, 종교학적으로 보자면 예수의 인간적 측면보다는 신격화된 측면만 강조하며, 교회 혹은 집단에 따라 시한부 종말론을 말하는 모습도 여전하고, 목사 세습 혹은 신도 성추행 같은 불미스러운 일들도 종종 벌어지며, 타 교단 혹은 종교를 비난하고, 실상 불교나 무교(巫敎) 같은 전통 종교들의 심성과 섞여 있고, 물질적·기복적 목소리가 큰 교회일수록 대형화하는 등, 설령 정도의 차이는 있을지언정 기성 기독교회에서 사이비와 사이비 아닌 것, 더 나아가 정통과 이단을 구분하기는 사실상 힘들다. 그렇다면 이단과 정통의 관계는 어떻게 설정해야 하는가? 일단 기독교적 언어로 풀어가 보자.

---

1 위고 슈탐, 『사이비종교』, 송순섭 옮김(홍성사, 1997).

이단이라는 말

이단(異端)이라는 한자의 의미는 무언가 "옳거나 바른 것과 다른 것", 그래서 좀 기이하게 보이는 어떤 현상을 말한다. 그런데 예수는 당시 종교적 기준으로 따지자면 일종의 이단자였다. 성서에서 고대 유대교 지도자들이 예수를 따르는 초기 기독교 최대의 전도자 바울로를 가리켜 "나자렛 이단(헤레시스)의 괴수"(사도 24 : 5)라고 표현하는 부분에서 알 수 있듯이, 나자렛 출신 예수를 그리스도로 믿고 따르는 무리를 당시 유대교 원로들은 '이단'이라 불렀다. '이단'이라는 말은 초대교회 시대에 주로 다른 '당파'를 부정적으로 가리킬 때 사용되다가(1고린 11 : 18~19, 갈라 5 : 20), 점차 교회가 제도화하면서 교리 내지 신조와 어긋나는 행위를 하거나 그런 집단을 가리키는 용어로 사용되기에 이르렀다. 자신이 이단자로 불렸으면서도 거대 종교로 제도화되면서 새로운 이단자들을 만들어나간 것이 기독교 교회의 역사인 것이다. 오늘날 신학사전에서는 이단을 교회의 신조에서 이탈하는 행위 내지 흐름으로, 정통이란 교회의 신조를 성실하게 고수하는 행위 내지 흐름으로 규정하고 있지만, 중요한 것은 교회의 신조가 과연 역사적 예수의 실상과 생동하는 인간의 삶을 얼마나 담아낼 수 있느냐 하는 점이다. 교회의 신조에서 이탈한다는 것은 무엇이고 고수한다는 것은 무엇을 말하는가도 구체적으로 밝혀져야 한다. 그리고 이탈과 고수의 기준은 성서에 나타난 예수의 모습에서 찾아야 할 것이다.

거룩에서 자비로   예수의 모습

예수가 살던 사회는 "하느님이 거룩하니 너희도 거룩한 사람이 되어라"(레위 19:2)라는 계명에 따라 최선을 다하는 사회였다. 그 거룩함에 이르기 위한 여러 가지 율법이 규정되어 있었는데, 거룩하게 산다는 것은 무엇보다 불결하고 부정하고 죄 된 것으로부터 '분리'되는 것을 의미했다. 그리고 순결이나 청결, 성결과 관련된 법을 지켜야 했다. 그러한 정결을 지키는 사람을 의인이라 불렀고, 그렇지 못한 사람을 죄인이라 불렀다.

장애인이나 병자, 거지 등은 부정한 사람 취급을 당했다. 의로운 사람이라면 풍요롭게 잘사는 것이 당연했지만, 가난하다는 것은 의롭지 못하다는 반증이었기 때문이다. 병이 들어도 죄에 대한 대가로 받아들여졌고 당연히 불의한 자로 여겨졌다. 그리고 여자보다는 남자가 정결한 존재였다. 유대교의 한 랍비는 이렇게 기도했다고 한다. "여자가 아닌 남자로 태어나게 해주셔서 감사합니다!" 여자는 남자에 비해 부정하고 무지한 존재이므로 신을 알 기회도 없다고 생각했다. 다소 극단적인 듯하지만, 당시 사회는 대체로 그랬다.

정결예법을 지키지 못해 부정한 자로 판단된 이가 다시 정상적인 사람 취급을 받으려면 성전에서 제물을 바치고 제사를 드린 후 제사장으로부터 정결해졌다는 인정을 받아야 했다. 그래야 "하느님이 거룩하니 너희도 거룩한 사람이 되어라"라는 율법이 지켜지는 것으로 생각했다. 사회 전체가 이런 식으로 거룩함을 제도적으로 추구했다.

그런데 예수는 이러한 사회를 거부했다. 소수만이 거룩해지고 다수가 부정해지는, 소수만이 의롭고 다수가 죄인이 되는 사회 제도를 예수는 용납하지 않았다. 그러한 예수의 가르침은 "아버지께서 자비로우신 것 같이 너희도 자비로운 사람이 되어라"(루가 6 : 36)라는 식으로 나타났다. 물론 자비하다는 것은 본래 거룩하다는 것과 반대되는 말이 아니다. 당연히 하느님은 거룩하신 분이다. 그러나 그 거룩함을 실천한다는 명분 하에 생긴 분리와 차별의 병폐가 심했다. 예수는 그런 병폐를 해결하는 것은 죄인을 자비로운 마음으로 용납하는 길뿐이라고 생각했다. 당연한 말 같지만, 그럼에도 이것은 당시로서는 혁명적인 삶의 방식이었다. 거룩함을 중심으로 이루어져 온 고대 이스라엘인의 삶, 특히 지도자들의 삶의 방식에 정면으로 도전하는 형태로 나타났으니 말이다.

그런데 아이러니가 있다. 오늘날 그리스도인들이 다시 신을 거룩하신 분[聖父]으로 부른다는 사실이다. 성부, 성자, 성령, 성전, 성당, 성경/성서, 성도, 성물, 성구 등 모든 곳에 거룩할 성(聖)자를 붙여놓는다. 또 성서에서는 예수의 모습을 구체적으로 그리지 않지만, 후세 기독교인들은 아주 깨끗하고 거룩해 보이는 얼굴로 탈바꿈시켰다. 예수는 자비를 가르쳤지만 제자들은 다시 거룩을 강조했다. 그 거룩을 실천한다며 잘 지은 건물, 잘 만든 물건 등 외양에 신경 쓰고, 그래서 교회 열심히 짓고 남부럽지 않게 치장하는 일이 다반사였다. 이른바 종교의 제도화와 형식화가 진행된 것이다. 자비의 이름으로 사람을 '포용'하지 못하고, 거룩의 이름으로 다시 사람을 '분리'시키는 일이 생겨나게 된 것이다. 특히 종파가 다르거나 다른 종교에 소속되어 있다면 그 이유만으로 차별하고 분리시키는 것이다.

그러나 유감스럽게도 그러한 거룩지향적 제도화·형식화는 종교의 본질과는 거리가 멀다. 스스로 예수에게서 비롯된 정통의 길을 간다지만, 그럴수록 자기도 모르는 사이에 그 정통의 길에서 멀어져 가게 되는 것이다. 정통의 이름으로 예수를 죽인 길로 들어서는 것이다.

이단자 예수, 성전 질서에 도전하다

또 하나 중요한 것은 당시 예수는 이단자였다는 것이다. 바울로를 법정에 세운 유대교 지도자들이 바울로에게 "성전을 더럽힌 자"라는 죄명을 씌워 고발하는 모습(사도 24 : 6~8)에서 볼 수 있듯이, 예수를 따르는 무리는 기존 유대교 성전의 질서와는 무언가 부합하지 않는 일들을 행했다. 이것은 예수 자신이 기본적으로 유대인의 성전 질서에 도전하다가 십자가에서 죽은 사건과 연결되어 있다. 예수는 어떻게 기존의 유대교적 질서, 특히 성전 질서에 도전했는가?

요한복음에 의하면 예수는 공생애를 시작하던 초기에, 다른 복음서에 의하면 공생애를 마칠 즈음에 예루살렘 성전으로 올라갔다. 그때는 과월절이었다. 과월절은 이스라엘이 이집트에서 노예생활을 하다가 모세와 더불어 탈출했던 놀라운 사건을 기념하는, 현재의 이스라엘에서도 가장 큰 절기다. 그런데 예수 당시 이스라엘은 로마의 지배를 받고 있었다. 마치 옛날 이집트 땅에서 노예생활을 하던 때와 상황이 크게 다르지 않았던 것이다. 전 민족이 모처럼 모여 하느님께 제사를 드리다 보면, 자연스럽게 자기들에게 해방을 가져다준 과월절의 본래 의미를 떠올리게 되었을 것이다. 당연히 과월절에 모인 군중을 이용해 민족의 독립을 도모하는 일들이 벌어지기도 했다. 과월절에 모인 이스라엘인들이 헤롯왕의 아들이었던 아켈라오스의 군대에 도전하다가 성전 부근에서 3,000명이나 살해되었다는 역사적 기록도 있다. 과월절은 겉으로는 고대 이스라엘 민족이 모여 제사 드리는 절기였지만, 실상은 정치적 긴장관계

속에서 언제 무슨 일이 터질지 몰라 지도자들을 긴장하게 만드는 그런 날이었다. 그래서 로마 군인들을 성전 주변에 배치하기도 했다. 그런데 바로 그 과월절에 예수는 성전에 대한 비판의 목소리를 높였던 것이다.

당시 성전은 나라의 회복을 도모하기는커녕 로마와의 타협 속에 정치의 배후 세력으로 행세하면서 상당한 권력을 휘두르고 있었다. 율법의 정신을 따르지 못한 채, 로마인과 헤롯 왕실의 꼭두각시 노릇을 하고 있었던 것이다. 물론 종교 지도자의 입장에서는 그렇게 해서라도 성전을 유지하는 것이 좋다고 생각했을 수도 있겠지만 말이다.

과월절을 맞아 많은 사람이 성전에 제사를 드리기 위해 모여들었다. 성전 주변은 복잡했다. 멀리서 제물을 들고 오기가 어려웠기 때문에 성전 주변에는 제물을 파는 사람들이 있었다. 또 보통 때는 로마 화폐를 사용했지만 성전에서만큼은 이스라엘 돈을 사용해야 했기에 제삿날 성전 주변에는 로마 돈을 이스라엘 돈으로 바꿔주는 환전상들도 즐비했다. 음식 파는 사람들도 제법 있었을 것이다. 성전이 시장통처럼 변한 것이다.

예수는 이러한 상황을 대하고 분노가 폭발했다. 장사판을 뒤집어엎으면서 이사야 예언자의 말을 인용했다. "내 집은 만민이 기도하는 집이라" 되어 있거늘 당시 종교 지도자들이 그 집을 "강도의 소굴"로 만들어버렸다며 강도 높게 비판했다. 강도는 남의 것을 빼앗는 사람이다. 그렇다면 유대교 지도자들이 무엇을 빼앗았다는 말인가? 하느님의 것을 빼앗았다는 말이다. 하느님의 것을 사람의 것인 양, 아니 자기 것인 양 빼앗아 행세했다는 것이다. 그래서 예수가 보기에 그들은 강도였다.

교회에서 그저 바자회 같은 것을 해서 어수선해졌다는 정도를 말하는 것이 아니다. 아마 예수도 사람들이 그것을 정말 하느님을 위하는 마음으로 했더라면 그 정도로 반응하지는 않았을 것이다. 그런데 종교 지도자들은 하느님의 일을 한다는 미명하에 자신을 위한 일을 했으며, 더 중요한 것은 그것이 로마의 식민 지배를 더 공고하게 하고 그에 대항하는 사람들을 도리어 억압했다는 것이다.

당시 제사장의 권력은 로마를 배후 세력으로 하는 정치적 권력이었으며, 상당한 기득권을 가지고 대다수 민중을 억압했다. 당시 대부분의 사람들이 문맹이었고 따라서 율법을 모르는 것도 당연했다. 하지만 율법 전문가들은 율법을 모르는 대다수 사람들을 죄인 취급하고 가난은 죄 탓이라며 그들을 더 가난하게 만들었다. 물론 의식적으로 그랬던 것은 아닐 것이다. 하지만 사회적·종교적 관례, 즉 '정통'을 고수하려다가 그렇게 된 셈이다.

당시는 성전의 질서를 떠나서는 사람대접 받기가 힘든 사회였는데, 바로 여기에 비판의 화살을 쏘았으니 실상 그것은 죽음을 각오하지 않고서는 할 수 없는 일이었다. 우리나라 군부 독재 시절에 청와대 앞에서 노골적으로 독재자를 비난하던 것 이상의 행위였다. 하느님 집의 '주인'들에게 도리어 하느님의 것을 빼앗은 강도라며 비난했으니, 죽기를 각오하지 않고서야 할 수 없는 일이었다. 예수는 다른 곳에서 그들이 하느님 나라로 들어가는 문을 닫고 자기들만 들어가지 않는 것이 아니라 남도 들어가지 못하게 한다고 비판하기도 했다.

예수는 율법의 정신은 실종된 채 형식만 난무하며, 하느님은 어디로 가고 기득권에 편승한 인간의 심판만 난무하며, 생명의 하느님은 어디 가고 신의 이름을 빙자해 사람들을 죄인 취급하고 도리어 성전 안으로 들어가지 못하게 하는 당시의 부패한 성전 관행을 그대로 보아 넘길 수 없었다. 한마디로 예수는 성전의 질서, 이른바 종교적 관례에 도전했던 것이다.

동시에 "안식일이 사람을 위하여 있는 것이지 사람이 안식일을 위하여 있는 것이 아니다"라는 것이 예수의 입장이었다. 안식일에는 무조건 쉬어야 했지만 쉴 수 없는 사람들도 있었다. 유대교 질서는 쉴 수 없는 사람들을 죄인으로 규정했지만, 예수는 쉼의 의미를 새로 규정하고 안식일이 정말 사람을 쉴 수 있게 해주는 날이어야 한다고 보았다. 그것은 피치 못하게 기존 안식일 법을 위반하는 형태로 나타났다. 그런 점에서 예수는 당시 관례에 충실한 이들 편에서 보면 이단자였다. 그리고 성전에 대한 도전은 고대 유대교에서는 가증스러운 죄악이었다. 한마디로 사형감이었던 것이다.

물론 예수가 옳은지 유대교 지도자들이 옳은지를 판단하는 기준은 역사적 사실 자체라기보다는 그 역사적 사실에서 무엇인가 절대적 가치를 읽어낸 신앙이다. 예수의 행동이 옳다고 믿는 이들이 그리스도인들이라면, 어쩔 수 없이 오늘날 그리스도인들은 예수를 이단자로 낙인찍어 사형에 이르게 한 그 길을 따라 걸어야 한다. 2,000년이 지난 오늘 한국에서 예수를 따르는 편에 선다는 것은 무엇을 말하는가? 그것은 예수가 당시 죄인을 양산해내는 성전의 견고한 질서에 도전했듯이, 오늘날 교회의 현실을 되돌아보는 데서 출발해야 한다.

창조적 이단

오늘날 교회가 처한 심각한 문제의 근본은 교회의 왜곡에 있다. 사람들이 착각하는 것과는 달리 교회는 건물을 말하는 것이 아니다. 교회는 그리스어로 '에클레시아'이며, 그 뜻은 '불러냄을 받은 사람들의 모임'이다. 하느님의 모습을 드러내면서 사는 '사람들'이 교회이지 건물은 결코 교회가 아니다. 산이 교회일 수 있고, 들이 교회일 수 있으며, 시장통이 교회일 수 있고, 거리가 교회일 수 있다. 그런데 사람들은 건물을 교회라고 생각한다. 예배당과 교회를 구분하지 못한다. 그러다 보니 생기는 현상이 교회 크게 짓기, 화려하게 짓기, 상류층을 공략하여 헌금 많이 거두기, 그래서 교회의 양적 성장에 재투자하기 등으로 이어진다. 자본주의 사회의 전형적인 모습을 오늘날 교회가 보여주고 있는 것이다.

예수가 그런 교회를 환영할 리 만무하다. 하느님이 어찌 건물에 제한되시는가? 하느님이 어찌 사람들의 신분을 보고 차별하시는가? 하느님이 어찌 교회 제도와 교리를 보고 계시는가? 하느님은 그저 사람들을 살리는 곳에 계실 뿐이다. 종교라는 이름도, 교회라는 건물도, 교리라는 진리도 그분 앞에서는 헛된 것일 수 있다. 어찌 손으로 하늘을 가릴 수 있을까? 어찌 우물 안 개구리가 바다를 알 수 있을까? 예수가 보기에 성전은 유대교 제사장들만 들어갈 수 있는 공간이 아니다. 오늘날 식으로 말하면 기독교인들에게만 한정된 공간이 아닌 것이다. 비즈니스 장소도 아니고 개인적 권력의 생산지도 아니다. 그저 '만민', 즉 모든 사람이 기도하는 공간이다. 모든 이들이 하느님을 만나는 공간인 것이다. 그것을 가려버리는 당시의 행태에 예수는 목숨을 각오하고 정면으로 도전한 것이다. 그것도 가뜩이나 지도자들이 긴장하고 있던 과월절에 말이다. 예수는 전혀 정치지향적이지 않았지만 정치가를 긴장시키는 사람이었다. 권력에 도전하는 것으로 비춰지면서 예수는 죽게 된 것이다. 그런데 그 길이 옳은 길이라고 믿는 이들이 기독교인이라면, 정통의 길은 명백하다. 예수와 같은 이단의 길을 걷는 것이다. 그것은 생명을 살리는 길이다. 신앙의 이름으로 정죄하고 위협하는 것이 아니라 풍성하게 하고 살리는 것이다. 그 행위면 충분하다. 교리나 신조는 달을 가리키는 손가락과 같다. 달을 보아야 하는 것이다. 예수의 말처럼 들에 피는 백합화, 공중 나는 새를 보아야지, "공중 나는 새를 보라"는 문자를 들여다보는 것으로 멈춰서는 안 된다. 생명의 실상을 가려서는 안 되는 것이다. 안식일이 사람을 위해 있는 것이고 그 반대는 아니다.

殺佛殺祖

살불살조(殺佛殺祖), 즉 "부처를 만나면 부처를 죽이고 조사를 만나면 조사를 죽이라"라는 선불교의 격언이 있다. 아무 데도 집착하지 말라는 것이다. 우리의 언어로 표현하면 이른바 정통이라는 데도 매이거나 집착하지 말라는 것이다. 우리는 무언가 굳어진 어떤 것에 집착하지 말고 끝없이 새로워야 한다. 정통에 대한 굳어진 개념이 정통을 비정통으로, 이단으로 만든다. 더 나아가 그렇게 매이지 않고 본래 정신을 실현하려고 하는 것이 진정한 의미의 정통이 된다. 그런 점에서 적극적으로 말하면, 기독교인에게 이단이란 추구의 대상이다. 예수가 이단이었고 붓다도 당시의 이단이었다. 그 이단성은 단순한 비도덕적·반윤리적 이기주의를 말하는 것이 아니라, 제도에 매이지 않고 끝없이 깊은 진정성을 추구하되 결국은 사람들을 창조적으로 변혁시키는 움직임이다. 기독교적 정체성을 고백하는 이라면 스스로 영원한 이단자의 길, 그런 의미의 정통의 길을 걸어가야 한다.

제2부   예수가 꿈꾼 세상을 향하여

맘몬이냐 하느님이냐

제6강 아래로부터의 구조조정을 시작하라 강수돌

제7강 자본주의와 기독교, 공존은 가능한가? 김규항

제8강 자본주의 이후의 사회 박성원

제9강 친일·친미 기독교의 죄책 고백은 가능한가? 김승태

제10강 평화 군축과 올바른 한미 관계 홍근수

제11강 생명공학과 종교의 도리 박병상

제12강 배아 복제에 따른 생명윤리 판단 근거 박병상

아래로부터의 구조조정을 시작하라

강수돌 고려대학교 경영학·노사관계 교수

1997년 12월 국제통화기금(IMF)으로부터 구제금융을 받게 된 이후 우리 사회는 환란을 극복했다고 공식 선언했음에도 지금까지 IMF식 신자유주의 구조조정의 소용돌이로부터 자유롭지 못한 상태에 있다.

2001년 3월, 김대중 대통령은 미국을 방문하여 미국 경제인들을 만나 '노동시장 유연성 강화와 지속적 개혁'이라는 주문을 받았다. 미국 방문 전인 3월 2일에는 기업·금융·공공·노동 등 '4대 부문 개혁 점검회의'를 주재했고 이어 재경부 등 6개 경제부처 장관이 공동기자회견을 열어 '향후 개혁 과제'를 밝혔다. 'IMF 체제'가, 그리고 '국민의 정부'가 출범한 후 3년 동안 우리 사회 최고의 화두는 단연 구조조정 혹은 개혁이었다. 2001년 3월 1일, 김대중 대통령이 '국민과의 대화'를 통해 3년간의 국정을 공개 평가받고자 했던 것도 그 핵심에는 구조조정이나 개혁에 대한 사회적 정당성을 확보하려는 의도가 깔려 있었다. 이러한 중간 평가들은 어찌 보면 그간 구조조정의 내용과 방향, 방식에 대한 사회적 논의를 진지하게 펼칠 수 있는 좋은 계기였다. 그러나 이런 평가조차 '위로부터만', 그것도 '언론 플레이'를 통해 이뤄진 것은 대단히 안타까운 일이다.

김대중 정부는 기업·금융·공공·노동 등 4대 부문 개혁에 대해 완성되지는 않았지만 큰 테두리는 잡았기에 '절반의 성공'으로 평가했다. 나아가 앞으로는 정부가 직접 나서서 챙기기보다는 시장 원리에 걸맞게 '상시적인' 구조조정이 이뤄져야 한다고 강조했다. 데이비드 코(David Coe) IMF 한국사무소장도 그간의 개혁에 90점을 줄 수 있다고 했다. IMF가 원하던 신자유주의적 구조조정 프로그램들(개방화, 탈규제화, 민영화, 유연화 등)이 대체로 잘 진행되고 있다고 본 결과일 것이다. 이런 평가들은, 앞으로 정부의 4대 부문 개혁 및 구조조정 프로그램이 시장 원리에 따라 더 철저히 이뤄지기만 한다면 우리 사회가 그간의 '위기'를 극복하고 희망적인 나라로 발돋움할 것 같은 인상을 준다.

바로 여기서 우리는 구조조정을 둘러싼 여러 차원의 담론들을 조심스레 들여다보고 지금까지의 문제를 극복할 수 있는 대안적 구조 개혁 방향을 모색할 필요성을 느끼게 된다.

구조조정의 개념적 차이들

우선 분명히 해야 할 것이 있다. 그것은 바로 구조조정이라는 개념이 누구의 입장에서 어떠한 시각으로 접근하는가에 따라 달라질 수밖에 없다는 점이다. IMF가 우리에게 강제한 구조조정 외에도 재벌이나 정부가 이야기하는 구조조정, 시민단체나 노동자들이 원하는 구조조정 사이에는 매우 중요한 차이가 있다. 따라서 우리는 이것을 엄격히 구분해서 써야 할 것이다.

우선, IMF가 요구한 것과 같이 보호주의적이고 규제 위주의 경제 구조를 개방적이고 자유주의적인 구조로 바꿔야 한다는 의미의 구조조정이 있다. 이는 정경유착의 표본인 재벌을 개혁하여 계열사 간 상호지급보증을 폐지하고 내부 거래를 금지하며 경영과 소유를 분리한다는 것이다. 나아가 부실 금융기관을 정리하고 금융기관의 대출 행위를 철저히 시장 논리에 맡기며, 세계 금융자본에 활동의 자유를 확대한다는 것이다. 모든 분야에 철저히 시장 논리, 그것도 세계시장의 논리를 관철하는 것이다. 이것은 자본과 상품의 자유로운 이동을 원하는 IMF나 세계은행(IBRD) 등 시장자유주의자들이 '세계화'의 물결 속에서 범지구적으로 적극 주창하고 요구한 바다. 이 과정에서 수십 개의 후진국이나 개발도상국은 기존의 자급자족적 경제 구조나 생활 방식을 급속도로 파괴당하고 이른바 선진국 모델을 추종하도록 강제되었다. 그리하여 모든 가치 판단의 기준이 세계시장에서의 상품 경쟁력으로 환원되었다. 경제적 효율성이 있는 것은 무조건 바람직한 것이고 그렇지 못한 것은 무조건 쓸모없는 것이 되어버렸다. 한국의 주식 시장도 1/3가량을 세계 자본이 차지했으며, 한국의 주요 은행이나 많은 기업들도 인수 및 합병을 통해 이들에 의해 장악되었다. 일각에서는 국부의 해외 유출과 한국 경제의 식민화를 우려할 정도였다.

둘째, 노동집약적이고 저부가가치형의 경제구조를 자본집약적이고 고부가가치형의 경제구조로 전환한다는 것이다. 이것은 특히 개발도상국 정부가 경제 정책을 추진하면서 기존 경공업 등 값싼 임금을 이용한 경쟁 전략이 일정한 한계에 부딪히자 이러한 한계를 극복하기 위해 그 돌파구로 제시하고 있다. 그러나 이 과정에서 노동을 배제하는 자동화나 정보화가 가속화되고 따라서 인간 노동력이 실업자나 임시직의 형태로 가차 없이 길거리로 내몰려, 오로지 소수의 고급 기능인력만이 상대적으로 좋은 대접을 받게 되었다.

셋째, 재벌이나 대기업들이 많이 쓰는 의미로, 경쟁력 있고 고이윤이 나오는 분야(핵심·주력업종)는 살리고, 경쟁력 없고 이윤이 낮은 분야(주변·한계업종)는 과감하게 정리한다는 것이다. 예전에는 같은 그룹 안에서 이윤이 많은 분야는 적자를 보는 분야에 지원을 해주어 서로 보완적인 관계를 유지했는데, 세계화 물결과 더불어 이제 비효율적인 부분은 비록 그것이 자기 몸의 일부라 할지라도 과감히 잘라내게 되었다. 이것은 기업이 만들어내는 재화와 서비스가 사회적인 필요에 맞는 것인지 아닌지와는 상관없이, 단지 더 많은 이윤을 가져다주는 분야만을 계속 유지하거나 확장하겠다는 뜻이다. 물론 자본주의 사회의 기업은 이윤을 좇아 부단히 움직인다. 바로 이것이 자본주의의 구조적 한계를 드러내기도 한다. 즉, 기업들이 아무리 '고객 만족 경영'을 외치고 다닌다 하더라도 그것이 높은 이윤을 보장하지 않는 한, 인간의 사회적 욕구를 충족하는 데 필요한 것을 만들어 공급한다는 이상적 목표는 '빛 좋은 개살구'일 뿐이다. 따라서 시장 경쟁을 통해 사회적 자원의 효율적 배분과 삶의 질 향상을 도모하겠다는 발상은 현실화되기 어렵다.

넷째, 일부 시민단체의 요구처럼 재벌 위주의 구조를 중소기업 위주의 구조로 바꾸자는 의미의 구조조정이 있다. 이러한 구조조정은 지금까지 재벌이 혈통과 친족을 매개로 경제적 합리성이 아닌 전근대적 비합리성과 정경유착이라는 의혹 속에서 급성장해왔기 때문에 냉혹한 세계화의 물결을 헤치고 국제경쟁력을 획득하려면 재벌을 과감히 해체하고 소유와 경영을 분리해야 한다는 시각에 바탕을 두고 있다. 나아가 대만이나 독일, 이탈리아 등의 경우에서와 같이 중소기업체들이 그 고유의 유연성과 기술력을 바탕으로 충실하게 성장한 나라의 국제경쟁력이 강하다는 사실에 착안, 우리나라도 그렇게 중소기업 위주의 경제 구조로 전환해야만 국제경쟁력을 높일 수 있다는 입장에서 여러 시민단체들이 이런 식의 구조조정을 요구해왔다. 이것은 일정 부분 합리적인 측면이 있기는 하지만 다음과 같은 점에서 한계를 가진다. 즉, 중소기업도 경쟁력을 획득하고 자본을 축적하면 얼마든지 독점대자본으로 클 수 있어 재벌의 전철을 밟을 수 있다는 점을 간과하고 있고, 다른 한편으로는 이 시각도 세계시장과 국제경쟁력을 강화하려는 틀 속에 갇혀 있기 때문에 부단히 사라지고 생기는 수많은 중소기업 뒤에서 고통을 당하는 민중의 삶은 별로 고려하고 있지 않다는 것이다.

마지막으로 진정으로 일하는 사람들이 원하는 구조조정으로, 이것은 인간의 사회적 필요와 삶의 질 향상에 도움이 되는 경제 분야나 경영 방식은 계속 살려나가고 적극 장려하되, 그렇지 않은 것은 과감하게 잘라내는 것을 말한다. 따라서 군수 산업이나 공해 산업, 사치품 산업, 퇴폐·향락업, 열악한 노동환경을 강요하는 분야, 중복 투자된 분야, 사람들의 민주적 의견에 반하는 투자 등은 과감하게 척결하며, 인간적 필요를 충족시키고 삶의 질을 높이는 데 기여하는 분야는 적극적으로 촉진하는 것이다. 그리고 경제 과정이나 노동 과정을 일하는 사람들의 소망과 욕구에 부합하도록 고쳐나갈 수 있는 생산 조직은 계속 살리고 그렇지 못한 조직은 과감하게 제거해야 한다는 것이다. 인간과 자연을 파괴하는 기술이 아닌 지속가능한 기술의 개발과 적용, 에너지와 자원의 재활용과 절약, 온갖 차별과 관료주의·부정부패·낭비의 타파 등, 바로 이런 것들이 '아래로부터의' 구조조정이 될 것이다.

세계화 물결이나 IMF 체제하의 구조조정은 물론, 시민운동권에서 주장하는 구조조정 방식은 마지막 내용과는 거리가 먼 방향으로 치달아 왔다. 이러한 구조조정 방식은 '삶의 위기'를 치유하기는커녕 오히려 더욱 심화시킬 것이다.

신자유주의 구조조정의 결과와 저항

선진 강대국 주도로, 그리고 선후진국 막론하고 지배층 및 독점 자본가에 의해 주도되는 신자유주의 세계화의 결과는 그들의 선전과는 달리 한마디로 '절망의 세계화'이다. 그것은 제3세계의 빈곤화 및 희망의 상실, 실업의 급속한 증대와 임금 저하, 소규모 생산자들의 도산, 교육과 의료 체계의 약화, 자립성과 자율성의 파괴, 공동체와 생태계의 훼손, 범죄와 이민의 증가, 북반구 납세자들에 대한 수탈과 사회적 공격(사회보장의 후퇴), 마약의 증가, 온실효과 등 기상 이변의 촉발, 일부 세계적 기득권층의 사치와 낭비, 자본 과잉으로 인한 경제의 투기화, 부자들의 재산 보호를 위한 방범·보안·감시 장치의 고도화, 사회적 위화감의 확산 등으로 나타난다. 이를 보다 구체적으로 살펴보자.

아프리카의 경우, 사하라 사막 이남의 47개 정부 중 30개 정부가 국제 기구들이 차관을 매개로 강제하는 구조조정 프로그램에 종속된 결과 빈민의 삶이 유린당했다. 이들 나라의 평균 국민총생산은 1980년대에 해마다 2.2%씩 하락했으며 1990년 1인당 국민소득은 1960년대 독립 당시 수준으로 후퇴했다. 이미 1988년에 유엔은 "가장 취약한 인구 그룹들, 특히 여성과 아동, 장애인, 노인들이 가혹하고 치명적인 영향을 받았

다"라고 결론내린 바 있다. 대다수의 부르주아 경제학자들이 이들 나라
의 부채가 구조조정으로 줄어들 것이라 선전했으나 1992년까지 아프리
카의 외채는 1980년보다 2.5배 이상 증가한 2,900억 달러에 이르렀다.
나아가 이들 나라는 산더미처럼 불어나는 이자 때문에 외화벌이를 위해
삼림을 대대적으로 벌목하며 자연 자원들을 강도 높게 개발(?)해야 했고
결과는 생태계 파괴, 삶의 터전 파괴, 농업 파괴로 이어졌다. 이러한
종속적 외채 구조 속에서 가뭄과 홍수, 온 국토의 사막화 현상, 기아와
가난, 국내적·국제적 대량 이민 행렬 등은 우리 눈에 익숙한 풍경이
되었다. 따라서 열대지방 사람들 혹은 후진국 사람들이 게을러서 가난하
다는 이야기는 새빨간 거짓말이다.

　남미의 경우도 예외는 아니다. 남미 사람들은 외채를 통한 부의 유출
을 두고 멕시코의 정복자인 "코르테스 이후 가장 악랄한 약탈자"라고
비판하며 1980년대를 '상실의 10년'이라 불렀다. 예컨대 1990년의 1인당
국민소득은 1980년과 동일한 수준이었다. 심각한 영양 결핍과 그에 이은
콜레라가 이들 나라를 괴롭혔다. 세계의 지배자들은 칠레 같은 나라를
구조조정의 성공 사례로 제시했지만 칠레는 1970년대 초반 이후 실질임
금이 40% 이상 하락했고 굶주림이 만연했으며 영양결핍으로 수많은
사람들이 고통받아왔다. 민중지향적인 아옌데 정권을 쿠데타로 무너뜨
리고 폭압적인 내정을 펼친 피노체트 정권의 구조 개혁을 성공 사례로
꼽는다는 것은 우습기 짝이 없는 일이다. 또 멕시코도 성공적인 위기
극복 국가라고 하지만 2001년 인구의 50%가 실직이나 불완전고용 상태
에 있었으며 최저임금의 실질구매력은 1970년의 2/3 정도밖에 되지 않았
다. IMF에서 일하다가 1988년에 그곳을 혐오하며 뛰쳐나온 데이비슨
버드후(Davison Budhoo)는 1980년대에 들어 멕시코에서 실질임금이

75% 이상 줄었다고 고발했다. 2001년, 임금노동자의 60% 이상이 최저임
금을 받았는데 이들 네 가구 중 한 가구는 생필품의 25%밖에 구입할
수 없었다. 치아파스 농민군의 반란은 이러한 사회적 파괴의 당연한
귀결이다. 존 거시먼(J. Gershman)은 남미 사람들의 생활이 대부분 30년
전 수준으로 추락했는데도 세계은행과 IMF가 멕시코나 칠레 등을 성공
사례로 여기고 있다고 비판했다.

　세계은행이 자랑하는 '동아시아의 기적'들도 사실은 세계은행이나
IMF의 개발 프로그램이나 시장 중심적 경제 운용, '충격 요법' 등에 따른
것이 아니라 강력한 정부 보조와 감독에 힘입은 바가 크다는 반론도
있다. 즉 일본, 한국, 말레이시아, 싱가포르, 대만, 홍콩 등은 영미 식의
자유시장 모델이 아니라 국가가 강력하게 경제개발을 추동하는 모델에
의해 성공할 수 있었다는 것이다. 물론 이러한 사례가 그 개발(독재)의
사회적 정당성을 보장하는 것은 아니나 최소한 IMF나 세계은행 등의
아이디어가 만병통치약이 아님을 반증하기에는 충분하다.

　'위로부터의' 개혁을 강요받은 사회들은 모든 사회적 자원을 부채
상환에 동원하고 자본의 자유를 위해 민영화와 개방화를 유도한 결과
민중의 삶을 파탄에 빠뜨렸다. 유엔개발계획(UNDP)도 1993년에 "많은
나라에서 민영화 과정은 민간 투자를 장려하는 것이 아니라 특정 개인과
집단에게 (공공부문을) '염가판매'하는 과정"이라고 비판했다. 인도의
저명한 운동가 반다나 시바(Vandana Shiva)는 북반구 기업들이 차관과
'기술 이전'을 통해 후진국에 폐기물 생산 기술과 폐기물 자체를 팔아먹
고 있다고 고발한다. 이데무디아와 셰티마에 따르면, "아프리카 대륙에
유해한 쓰레기를 덤핑 처리하는 것은 아프리카 국가들의 채무 상환을
위한 외환 획득 경쟁과 무역의 자유화로 인한 것인데, 이 두 가지는

모두 구조조정 계획이 규정한 조건들이다".[2] 서바이벌 인터내셔널(Survival International)은, 해마다 250개씩 추진되는 세계은행의 "프로젝트들이 원주민들의 땅을 빠르게 인수했고 그들의 정체성과 자치를 파괴했으며 심지어 어떤 프로젝트들은 브라질의 수루이와 남비쿠아라에서처럼 사실상 사회 전체의 소멸로 이어지기도 했다"라고 고발했다. 유니세프에 따르면, 구조조정 프로그램의 반민중성 때문에 아프리카, 아시아, 라틴아메리카에서 1982년 이후 해마다 5세 이하의 아동 중 적어도 600만 명이 사망했다. 또 UNDP는 현재 제3세계의 12억 인구가 절대 빈곤에 처해 10년 전보다 두 배로 늘었고, 사하라 이남 아프리카 아동의 절반 이상이 굶주리거나 영양 부족을 겪으며, 16억의 인구가 식수난으로 고통 받고 20억이 넘는 인구가 실업이나 불완전고용에 시달린다고 했다. 오늘 날 세계에서 가장 부유한 1/5은 가장 가난한 1/5에 비해 150배나 더 많은 소득을 번다. 게다가 멀 하지(Merl Hodge) 교수에 따르면 세계 노동 여성들은 수출자유지역에서 저임금, 장시간 노동으로 혹사당하면서도 "구조조정으로 좌절당한 남성들이 주로 여성과 아이들한테 분풀이를 하고 있기에 이중, 삼중으로 억압받고 있다"라고 고발했다.

결국 세계 어느 나라 가리지 않고 대량 실업의 고통, 노동력의 일회용 품화, '20 대 80 사회'로의 분열, 갈수록 낮아지는 노동 조건, 높아지는 노동 소외, 삶의 토대인 생태계의 가혹한 파괴, 민초들의 삶의 자율성 상실, 공동체의 파괴, 민주주의와 삶의 질 파괴 등으로 몸살을 앓고 있다. 바로 이것이 우리 사회도 빠지고 만 '세계화의 덫'이 아닐까?

이러한 현실에 대해 세계 민중의 저항 또한 거세게 일고 있다. 이미

---

2 케빈 대나허 · 월든벨로 외, 『50년이면 충분하다』(아침이슬, 2000), 179쪽.

1994년부터 풀뿌리 저항을 조직해온 멕시코의 사파티스타 농민군이 그러하고, 1999년 12월 미국 시애틀에서의 WTO 각료회담 저지를 위한 세계 민중 저항 이후 다보스, 워싱턴, 멜버른, 프라하, 서울 등지로 이어진 저항의 세계화가 그러한 예다. 우리 사회에서도 비록 획기적인 돌파구는 열지 못했지만 정리해고 및 신자유주의에 대한 분노와 저항의 물결은 꾸준히 조직되어왔다.

구조조정과 실업대란

1997년 12월 IMF 구제금융을 받은 이후 우리 사회는 전례 없는 대량 실업의 소용돌이에 빠졌다. 정리해고를 포함한 구조조정 와중에 1998년 중반에는 공식 실업자만도 160만 명에 이르러 사회적 위기감이 고조되기도 했다. 통계에 빠졌거나 감춰진 실업자들을 고려하면 실질 실업자 수는 300만 명이 넘는다는 보고도 나왔다. 동시에 계약직이나 파트타이머 등 비정규직 노동자 수도 급증하여 절반을 훌쩍 넘겼다.

이러한 상황에서 정부가 내놓은 대책들의 이면에는 실업률이 예상외로 급상승하는 현실이 자리하고 있다. 정부는 국민적 불안감의 제거와 위기관리라는 차원에서 효과적인 실업 대책을 강구할 뿐만 아니라 실업률 수치 자체를 관리해야 하는 이중의 부담을 안고 있다. 즉, 실질 실업자를 실체적으로 줄이기 위한 대책을 마련하기도 하지만, 다른 한편으로는 수치상으로 나타나는 공식 실업자 수를 효과적으로 떨어뜨리는 형태로 실업률을 관리해야 한다는 '무언의' 압력을 받고 있는 셈이다. 가장 대표적인 것이 (진정한 고용창출이 아니라) 사실상의 저소득층 빈곤대책인 '공공근로사업'이다. 이는 공공근로사업이 비교적 적은 비용으로 단기간에 실업자 수치를 줄일 수 있기 때문이다. 또한 많은 '직업능력개발사업'도 일과 사람의 결합이 효과적으로 이뤄지는가와는 크게 상관없이 단지 실업자 집단을 비경제활동인구로 편입시킴으로써 실업 수치를 떨어뜨리는 데 상당 정도 기여한다. 나아가 임금 등 근로조건 면이나 노동권 측면에서 열악하기 짝이 없는 비정규직의 확산을 통해 공식 실업자 수를 줄이는 노동시장 유연화 정책은 새로운 측면에서 노동의 불만을 높이고 있다. 실업자의 재취업과 생계 지원을 꾀하는 고용보험조차 '부익부 빈익빈' 현상을 부채질한다는 비판을 거세게 받기도 했다.

곰곰이 생각해보면 '경쟁력이 있어야 생존이 가능하다'는 것을 근본 원리로 하는 자본주의 경제에서는 아무리 완벽한 실업 대책을 세우려 해도 실업이 늘 존재할 수밖에 없다. 특히 자본 입장에서는 노동력의 유연한 투입을 위해, 그리고 취업자의 노동 통제를 쉽게 하기 위해서라도 실업자는 늘 많을수록 좋다. 게다가 경기 순환 과정은 호황과 불황을 거치면서 과잉된 부분을 조절하는 역할을 한다. 오늘날 유행어가 된 '구조조정'이라는 말도 사실은 자본이 생존을 위해 그 과잉 부분을 조절하는 과정이다. 결국 이런 사실들은 실업 정책들이 실업률 수치를 세련되게 관리하는 정책이나 단기적 임기응변으로는 결코 효과를 낼 수 없음을 시사한다. 보다 근본적이고 구조적인 접근이 필요하다는 말이다.

이런 맥락에서 우리나라의 최근 실업 사태나 노동시장 상황을 좀 더 차분히 들여다보면 다음과 같은 몇 가지 특징들이 발견된다. 첫째, 중년 실업 문제다. 예전 같으면 한창 일할 나이인 30~40대가 구조조정의 과정에서 '탈락'하여 실업자가 된다. 이들은 우리 사회의 일반적 경향대로 자신의 정체성을 일 또는 일자리 속에서 찾았기 때문에 실직 이후 심각한 정체성 위기에 빠진다. 특히 성과주의, 능력주의 인사제도가 강화되면서 1/3 정도의 우수 인력은 정규직으로 남되, 2/3 정도는 탈락하여 실업자가 되거나 비정규직으로 재취업한다. 둘째, 여성 실업 문제다. 전반적으로 여성의 경제활동 참가율이 높음에도 노동시장에서 여성은 2차, 3차로 밀린다. 반면 정리해고 과정에서는 1차로 대상자에 오른다. 셋째, 청년 실업 문제다. 해마다 20만 명 정도의 대학생들이 졸업하지만 정식으로 취업하는 이는 20%에 불과하다. 갈수록 취업 경쟁은 격화되고 일자리는 줄어드니 이들을 '상실세대'라 부르기도 한다.[3] 넷째, 비정규직 문제다. 1,200만 노동자 중 700만 이상이 비정규직인데 이들은 정규직의 절반 정도의 임금을 받는다. 비정규직의 60% 이상은 여성이다. 이들은 고용주의 뜻에 따라 수시로 취업과 실업을 반복해야 한다. 다섯째, 박사 실업 문제다. 해마다 국내외에서 박사 학위를 받는 사람은 약 8,000명인데 교원이나 연구원이 되지 못하는 사람은 3,000명 이상이다. 해마다 박사학위를 소지한 실업자가 3,000명씩 쌓인다는 말이다. 취업을 하더라도 박봉에 신분 불안까지 감수해야 하는 경우가 많다. 여섯째, 노동시장의 언저리에서 고통받는 이주노동자 문제다. 현재 25만에서 30만 명 정도의 이주노동자들이 있으나 60% 이상은 미등록(불법) 노동자이고 합법 연수생들은 국내 임금의 50% 수준과 무노동권을 받아들여야 한다.

그렇다면 이런 문제들을 제대로 해결하려면 어떻게 접근해야 하는가? 간단한 해답은 결코 없다. 문제의 표면이 아니라 본질을 짚어야 한다. 2001년 대우자동차의 대량 정리해고 및 그 이후의 사태에서 보듯 실업과의 전쟁이 실업자 내지 해고자와의 전쟁이 되어서는 곤란하다.

---

3 2000년대 후반에 이르면 청년 실업 문제와 비정규직 문제가 결합하여 '88만 원 세대'로 불리는 세대가 출현하기도 한다.

나아가 실업률 수치를 줄이기에 급급한 위기관리 대책의 한계도 극복해야 한다. 진정한 실업 대책은 실업을 낳는 구조 자체를 뿌리 뽑는 그런 노력이어야 한다. 이는 평화와 인권을 위한 운동이 전쟁터에서 쏟아져나오는 부상자들을 병원으로 실어 날라 정성껏 치료하는 정도에서 그치는 것이 아니라 전쟁 자체가 일어나지 않게 하는 운동이 되어야 하는 것과 마찬가지다. 따라서 지금까지의 실효성이 의심되는 제반 정책들을 반복하지 않으려면 과감한 발상의 전환이 일어나야 한다.

가장 먼저, 경제 운용의 원리를 경쟁과 이윤으로부터 연대와 삶의 질로 이동시켜야 한다. 그래야 시장에 맡길 분야와 민주적 정책 또는 풀뿌리의 판단에 맡길 분야들이 정해질 것이고, 일과 사람의 결합이 효과적으로 이뤄진다. 경쟁과 이윤의 원리는 정치가와 기업가들의 의지와는 무관하게 실업자를 갈수록 많이 만들어낸다. 따라서 이 원리를 바꾸지 않은 상태에서 나오는 실업 대책은 근본적으로 실효성이 없다. 그리고 이러한 노력이 실효성을 갖기 위해서라도 우리나라뿐만 아니라 모든 나라들이 이러한 원리로의 전환을 공동으로 도모해야 한다. 이러한 전환은 현실적으로 기득권을 계속 유지하려는 세력과의 싸움을 동반할지 모른다. 그러나 이를 두려워하거나 피해가서는 안 된다. 근본 원리의 전환에 공감하는 사람들이 지역이나 국적을 떠나 광범위하게 연대해서 돌파해야 한다. 즉, '아래로부터의 구조조정', '아래로부터의 세계화'를 만들어나가야 진정한 변화가 온다.

둘째로는 노동시간 단축을 통한 일자리 나누기 전략이 필요하다. 그동안 우리가 피와 땀과 눈물을 흘리며 증진시켜온 생산성 향상의 성과를 우리 모두가 골고루 향유하기 위해서는 모두가 갈수록 적게 일하되 남녀노소 차별 없이 고르게 일하는 것이 필요하다. 이렇게 하면 사회적 불평등을 해소하는 것은 물론 삶의 여유를 증진시켜 사람들의 창의성과 동기부여를 촉진할 수 있다. 이는 진정한 생산성을 향상시킬 것이고 다시 노동시간 단축의 토대로 작용해 삶의 여유가 늘어나게 된다. 악순환이 아니라 선순환이 가능하다는 얘기다.

셋째로 필요한 것은 소위 '제3섹터(시민사회적 영역에서의 사회봉사 부문이나 NGO 활동 부문)' 등 새로운 일자리를 적극적으로 발굴하고 인정하는 것, 그리고 새 일자리로 가는 사람들을 위한 다양한 교육 프로그램 등이다. 지금까지는 그것이 사회적 필요에 맞느냐 아니냐와는 무관하게 돈벌이가 되는 일자리라면 무한히 팽창해왔다. 반면 사회적으로 꼭 필요한 일이라 하더라도 돈벌이와 무관하거나 경쟁력이 없다면 아예 일자리로 만들어지지 않거나 있더라도 사회적 인정을 받지 못했다. 따라서 이제부터는 기준을 과감하게 바꿔나가야 한다. 돈벌이나 경쟁력이 아니라 사회적 필요나 삶의 질 차원에서 꼭 있어야 한다면 이를 일자리로 인정하고 그에 걸맞은 교육훈련을 실시해야 한다. 제레미 리프킨(Jeremy Rifkin)이나 울리히 벡(Ulrich Beck) 등이 말하는 제3섹터·시민노동에 속하는 일자리는 비록 근본적인 문제점이 있긴 해도 잠재적 가능성이 상당하다. 그뿐 아니라 제1섹터인 시장 부문이 양산한 문제들, 예컨대 환경 파괴, 공해 산업, 건강하지 못한 건축물, 퇴폐·향락 산업, 음식이나 의류에 가득한 각종 화학물 등을 완전히 청산하고 새로운 대안을 만들어 나가는 일들은 실로 무궁무진하다. 제2섹터인 국가 부문도 크게 보면 마찬가지다. 관료주의와 획일주의로 얼룩진 국가 부문도 창의성과 다양성, 그리고 자율성이 가득 찬 새로운 영역으로 바꾸려면 무수한 일자리가 필요하다. 진정한 의미에서 '창조적 파괴'가 이뤄지고 진정한 의미의 '대안'이 창조되는 노력이 이뤄진다면 우리는 실업 문제의 질곡으로부터 점차 해방될 뿐만 아니라 노동의 즐거움을 진정으로 만끽하게 될 것이다.

　요컨대 진정한 실업 대책은 한편으로 경제 정책과 산업 정책, 고용 정책의 유기적인 통일물이어야 하고, 다른 편으로는 제도 개혁과 의식 개혁, 그리고 패러다임 개혁의 통일물이어야 한다. 그래야 지금까지의 오류와 실패를 극복하고 진정으로 희망이 넘치는 새로운 사회를 건설하게 될 것이다. 우리는 우리 자신은 물론 자라나는 후세대들에게 치열한 경쟁 사회와 대량 실업, 삶의 스트레스를 안겨다 줄 것인가, 아니면 나날이 삶의 의욕이 넘치고 삶의 기쁨이 샘솟아 오르는 그런 사회를 물려줄 것인가? 우리는 우리 모두가 이렇게 중차대한 역사적 선택의 갈림길 위에 있음을 지혜롭게 꿰뚫어보아야 한다. 용기와 결단, 통찰력이 그 어느 때보다도 절실히 필요하다.

빈부 격차 심화

　'부익부 빈익빈' 현상은 갈수록 심화되고 있다. 2000년 5월 25일 발표된 LG경제연구원의 「외환위기 이후 소득 격차의 현황과 과제」라는 보고서에 따르면, 외환위기 이후 경기가 회복되었음에도 소득 분배 구조는 거의 개선되지 않았다. 일례로 소득불평등 지표인 지니계수가 1997년의 0.283에서 1998년 0.316, 1999년 0.320, 2000년엔 0.317로 커짐으로써 불평등이 심화되었다. 이에 따르면 빈부 격차가 커진 주요인은 노동시장 유연화로 인한 학력·직종 간 임금 격차 확대다. 1997년에 사무직은 생산직에 비해 임금을 1.56배 받았으나 1998년엔 1.63배, 1999년엔 1.7배 받았다. 또 외환위기 이후 비정규직은 정규직에 비해 (전에는 90%를 받았으나) 80%를 받는다고 한다. 실제는 더 적을 것이다. 한편, 실업률이

10% 늘었을 때 소득불평등도는 1.4% 증가하나 학력 간 소득 격차가 10% 증가할 때 불평등도는 3% 증가하여, 학력 변수가 소득불평등에 큰 영향을 끼치고 있음을 알 수 있다.

1997년 외환위기 이후 우리 사회는 급속도로 신자유주의 세계화의 물결을 탔다. 개방화·탈규제화·민영화·유연화 등으로 표상되는 신자유주의 구조조정 프로그램은 대외적으로는 자주성 상실과 국부 유출, 대내적으로는 대량 실업과 '20 대 80 사회'라는 부정적인 결과들을 초래했다. 물론 그간의 개혁 과정에서 부분적이나마 '사회안전망'의 구축 시도가 있었고 재벌 체제의 폐해를 고치려는 노력도 있기는 했다. 그러나 그 작업들이 너무 불충분하거나 핵심을 비껴간 나머지 긍정적인 결과보다는 부정적인 결과들이 더 많이 나왔다. '부익부 빈익빈'의 심화도 그중 하나에 불과하다. 앞의 보고서가 지적한 문제 외에도 소득불평등과 관련하여 몇 가지를 더 생각해보자.

첫째, 실업자와 비정규직 등이 노동력의 80%를 차지하고 정규직 노동자가 20%를 차지함으로써 사회 양극화가 급속히 진행되었다. 이러한 '20 대 80 사회'에서는 20%의 소수가 사회적 부의 80%를 차지하게 되고 80%의 다수가 그 나머지인 20%를 가지고 아귀다툼을 해야 한다.

둘째, 주거비·육아비·교육비·의료비 등 필수적 생활 비용들이 급상승했다. 이러한 비용들은 빈부층을 막론하고 모두에게 닥치는 것인데 같은 부담이라도 가난한 층에게는 그 부담이 더 크다. 이런 생활비 상승은 빈부 격차를 심화시키는 데 큰 역할을 했다.

셋째, 소득재분배 기능을 수행해야 할 조세 정책의 실패가 소득불평등을 강화했다. 조세 정책은 원래 한편으로는 정부 재정의 확보, 다른 편으로는 소득재분배의 기능을 수행한다. 그러나 소득세와 상속세의 누진제 시행이 불철저하고 나아가 탈세, 누세가 더욱 교묘한 형태로 이뤄짐에 따라 '유리 지갑'을 가진 근로자들은 더 많은 세금을 내고 '철의 장막' 뒤에 가려진 자영업자나 자유업자들은 더 적은 세금을 냈다. 게다가 그 세금은 가난한 자들에게 쓰이기보다는 부실기업 구제와 자본 수익 향상에 더 많이 쓰였다.

넷째, 교육 기회나 정보 접근의 불균등도 빈부 격차 심화에 기여했다. 대학 진학에 사교육비 지출을 더 많이 할 수 있는 부잣집 자녀들이 더 좋은 대학에 갈 확률이 높다. '수십억 기여입학제' 안이 나오는 것은 차라리 우리 사회 속에 감춰졌던 '계급 사회'의 면모를 솔직히 인정하는 것이다. 또 '정보화'와 관련해서도 컴퓨터 구입이나 사용 능력의 차이, 지적재산권 효과 등으로 빈부 격차는 더 커졌다.

요컨대, 앞으로 소득불평등을 완화하고 사회 양극화를 극복하기 위해서는 교육 및 노동 기회 균등화, 학력 차별 타파, 기본 생활비의 사회보장화, 조세 정책 민주화 등 여러 과제를 다각적으로 해결해야 한다.

경쟁력 중심의 구조조정과 삶의 질 중심의 구조조정

신자유주의 구조조정은 한마디로 '경쟁력 중심의 구조조정', '소외된 구조조정'이라 할 수 있다. 대개 파산 직전의 배를 예로 들며 "배가 침몰하기 전에 일부라도 배에서 내리게 한 뒤 배가 온전히 수리되면 그제야 물에 빠진 사람도 구할 수 있다"라는 논리를 펴는 것이 경쟁력 강화를 위한 정리해고 불가피론이다. 그러나 이런 입장은 근본적으로 모순을 안고 있다. 이는 우리가 대개 지극히 당연시하는 경쟁 패러다임 이 갖는 본질적 한계인데, 현재 지구촌 차원에서 일어나는 '경쟁의 한계

(limit of competition)'에 대해 명확히 인식할 필요가 있다. 크게 세 가지 측면을 들 수 있다.

첫째, 범지구적 경쟁의 격화는 모든 참여자들의 승리를 보장하는 것이 아니라 일부의 승리자와 대다수의 패배자를 만들어낸다. 우리는 20%의 승자와 80%의 패자가 나올 수밖에 없는 게임, 승자가 모두 갖는 게임 (Winner takes all)을 하면서도 '모두가 이긴다'라고 스스로를 속이면서 계속 앞만 보고 달려가야 하는가?

둘째, 비록 우리가 한 번 20%의 승리자에 속하게 된다 할지라도 과연 자자손손 승리할 수 있을 것인가? 그렇게 되려면 경쟁자의 추격을 물리치기 위해 계속 허리띠를 졸라매야 하고 갈수록 편안한 생활보다는 고달파지는 생활을 해야 한다. 과연 우리는 로봇처럼 지치지 않고 허리띠를 계속 졸라맬 수 있을 것인가?

셋째, 범지구적 경쟁에 돌입하는 모든 참여자들은 그 경쟁력을 높이기 위해 인간(자기, 동료, 여성, 외국인 등)의 건강이나 인격은 물론 자연 생태계를 지속적으로 파괴해야 한다. 인건비와 원료비를 절감하기 위해서다. 그러나 경쟁을 통해 우리가 돈을 아무리 많이 번다 할지라도 나중에 몸은 병을 얻고 오염된 공기와 물을 마시면서 살아야 한다면 과연 행복할까? 바로 이러한 점들이 본질적인 '경쟁의 한계'다.

이러한 경쟁의 한계를 극복하고 진정한 대안을 찾으려면 크게 두 가지 측면에서 '패러다임의 전환'이 일어나야 한다. 하나는 인간과 인간 사이에 더 이상 '20 대 80의 형태'로 '경쟁과 분열'이 일어나는 것이 아니라 오히려 범지구적으로 모두가 '연대와 협력'을 할 수 있는 경제 구조를 만드는 것이다. 다른 하나는 자연을 개발과 이용의 대상으로만 보는 '오만과 남용'의 패러다임이 아니라, 인간이 자연의 일부로 태어나 그

품 안에서 고맙게 살다가 조용히 그 속으로 돌아간다는 '겸손과 외경'의 패러다임을 가져야 한다는 것이다. 이러한 패러다임 전환에 중요한 실마리를 제공하는 것은 '지역화(localization)'다. 이것은 유럽연합(EU)이나 북미자유무역협정(NAFTA), 아태경제협의체(APEC)와 같은 경제 블록화를 통한 신보호주의, 신민족주의 창출과는 다른 논리다. 이 개념은 각 지역사회의 경제 및 경영 단위가 자율적으로 움직인다는 점에서 지역 자치(local autonomy), 지역 경제(local economy), 분권화된 공동체(decentralized community)를 지향한다. 나아가 이러한 자율과 자치 공동체 사이의 촘촘한 네트워크를 통해 서로 유기적으로 협동하고 연대하여 삶의 문제를 함께 해결하는 방향으로 나아가야 한다. 이러한 자율적인 지역 공동체들이 범지구적으로 퍼져야 한다.

과연 우리는 이러한 근본적인 대안에 대해 그 어떤 조급함이나 두려움도 없이 차분히 논의를 계속할 수 있을까? 그렇다면 그러한 근본 대안에 이르기 위한 과도기적 대안으로 어떤 밑그림을 그릴 수 있을까? 앞서 나온 '경쟁력 중심의 구조조정'에 대비하여, 이를 '삶의 질 중심적 구조조정'이라 부를 수 있을 것이다.

우선 시장에 맡겨야 할 부문과 정책에 맡겨야 할 부문의 구분이 필요하다. 예컨대 기간산업, 필수 공익서비스업, 농업, 교육, 토지와 주거, 의료와 복지 부문 등은 시장 경쟁이 아니라 민주적인 정책에 맡겨야 한다.

둘째, 노동시간 단축을 통한 일자리 나누기 전략이 필요하다. 필시 사회적 저항을 불러일으킬 노동배제형이 아니라 자발적 협력을 유도하는 노동참여형 구조조정을 이루기 위한 핵심 전제 조건으로, 모두가 일을 조금씩 하되 남녀노소 차별 없이 적성과 능력에 따라 골고루 일하도록 하는 것이 필요하다.

셋째, 노동시간 단축으로 불가피한 일부 임금 수입 감소 부분은 임금 지출을 대폭 공동체적으로 해결함으로써 풀어야 한다. 최소한 3대 비용, 즉 주거비용, 육아/교육비용 및 의료비용은 개인이 부담하지 말고 공동체적으로 해결해야 한다.

넷째, 이를 위한 재원 조달을 위해 조세를 개혁하고 예산 편성을 민주적으로 해야 한다. 각종 부정부패의 고리를 차단하고, 각종 비자금을 회수하며, 탈세 및 누세를 방지 및 추적하고, 국방비용을 절감하고, 상속세 및 소득세 누진제를 철저히 실시하며, 불요불급한 공공투자를 절감함으로써 재원을 확충할 수 있다. 이러한 개혁과 더불어 민중에게 가시적인 변화가 느껴지고 미래에 대한 희망적인 청사진이 제시되면 재원을 더 키우는 것은 시간문제다. 왜냐하면 개념과 전략이 올바르다면 범민중적인 참여와 협조가 촉진되어 모두가 열심히 동참할 것이기 때문이다.

다섯째, 일자리의 내용을 바꿔야 한다. 일자리의 수와 양에 연연해할 것이 아니라 건강 증진, 차별 철폐, 인격 발전, 공동체와 생태계의 발전에 도움이 되는 일자리는 확대하고 그렇지 못한 것은 축소 내지 폐지해야 삶의 질도 높아진다.

여섯째, 경제경영 분야도 마찬가지의 논리로 구조를 개혁해야 한다. 부정부패가 만연하고 관료주의가 팽배한 분야, 낭비와 과잉으로 가득 찬 분야, 건강·인격 증진·공동체·생태계의 건전한 발전에 해를 끼치는 분야는 과감히 척결해야 민주주의가 발전하고 삶의 질이 높아진다.

일곱째, 민주 정치(정부, 의회, 사법 등)의 진정한 자기 역할을 재정의해야 한다. 그 역할은 이러한 과도기적 구조조정을 겸허한 자세로 측면 지원하는 것이다. 동시에 역사를 거꾸로 돌리려는 자들로부터 이 과업을 수호해내는 일도 중요하다. 궁극적으로, 근본적 대안인 건강한 자율자치 공동체들이 제자리를 잡기 시작한 뒤에는 정치 집단 스스로 겸허하게 풀뿌리로 돌아가야 한다. 이런 프로그램에 철저히 공감하는 사람들이 정치를 할 때만 풀뿌리의 참여와 협력은 확보될 것이다.

맺는 말

모든 인간적 노력의 궁극적인 목적은 더불어 건강하고 여유롭게 사는 사회를 건설하는 것이다. 이것이 행복 사회다. 구조조정 역시 그러한 길을 가기 위한 과정으로 자리매김해야 하며, 그러기 위해서는 내용과 방향성을 근본적으로 다시 토론해야 한다.

경쟁과 분열, 지배와 억압이 없이 '모두가' 더불어 건강하고 여유롭게 살기 위해서는 세계 질서와 사회 질서, 그리고 우리 내면 욕구의 질서가 근본적으로 변화해야 한다.

우선 세계의 정치경제 질서 자체가 지배와 경쟁이 아닌 연대와 협력의 방향으로 변화해야 한다. 현재 세계정부적 기관들(예컨대 WTO)이나 세계자본의 이해대변 기구들(IMF, 세계은행), 혹은 각종 자유무역, 자유 투자협정들은 지배와 경쟁을 전제로 하므로 지양되어야 하며, 대신 자발적인 풀뿌리 모임이 활성화되어야 한다.

나아가 현재 전 세계 200개 정도의 국가들이 200만 개 이상의 자율자치 공동체로 다양하게 분화·발전해야 한다. 풀뿌리 공동체들이 주도하는 지역별 협의체 또는 범세계 협의체가 전지구적 차원의 문제 해결과 공존을 위해 상호 협력해야 한다. 이를 위해서 민초들이 행동 역량을 자주적으로 강화하고, 삶의 자율성을 강화하며, 살아 있는 연대를 하는 것이 그 어느 때보다도 필요하다.

자본주의와 기독교, 공존은 가능한가?

김규항 칼럼리스트, ≪고래가 그랬어≫ 발행인

자본주의와 교회, 그 밀월의 시작

서양 봉건시대에 교회는 봉건 지배 체제의 일부였다. 프랑스에서 전체 인구의 0.5%가량인 성직자는 토지의 약 50%를 소유했다. 교회는 평민에게서 십일조를 걷고 사법권의 상당 부분을 갖고 있어서 실제적으로 귀족과 정치권력을 양분하고 있었다. 교회의 설교는 그 자체로 봉건체제의 지배 이데올로기였다. 교회는 "하느님이 준 권력인 국왕과 하느님의 대리인인 교회에 복종해야 한다"라고 설교했고 "현실은 죄로 물든 고통스러운 것이며 인생의 진정한 목적은 천국에 가는 것"이라 가르쳤다.

교회의 설교에 따르면 모든 현실적 욕망ㅡ물질적 탐욕뿐 아니라 인간적 해방의 욕망 같은ㅡ은 사악하고 부질없는 것이며 현실은 개선되어야 할 아무런 이유가 없었다. 성직자와 귀족을 제외한 전체 인구의 95%에 해당하는 사람들이 그런 신앙에 묶여 수입의 대부분을 귀족과 교회에 바치며 평생을 아무런 희망도 없이 일만 하다 죽어갔다. 그러나 교회의 설교와 교회의 실천은 전혀 달랐다. 현실적 욕망을 사악한 것이라 가르치는 교회는 현실적 욕망에 가장 충실했다. 토지와 돈에 대한 교회의 탐욕은 끝이 없었고 민중의 원성을 샀으며 스스로 저항의 불씨를 키워나갔다.

상인이 나타나고 도시가 생기면서 상황이 변하기 시작했다. 도시의 상공업자들이 세력을 키워갔다. 중세 사회는 제1신분인 성직자와 제2신분인 귀족과 제3신분인 평민들로 이루어졌지만 평민들 가운데 일부인 상공업자들이 새로운 중간계급을 이루기 시작했다. 이른바 부르주아가 출현한 것이다. 부르주아는 저술가, 의사, 교사, 변호사, 판사들이었고 상인, 제조업자, 은행가들이었다. 경제에서 자유방임, 사회적으로는 이성의 지배를 표방하며 빠르게 성장한 부르주아는 자신들에게 마지막 남은 제약, 신분을 해결하기로 한다. 그 결과가 바로 시민혁명이었다.

종교개혁은 타락한 교회에 대한 정당한 저항이지만 본질적으로는 부르주아가 세상의 주인이 되는 과정의 일부, 즉 시민혁명의 전주곡이었다. 종교개혁은 봉건체제의 이데올로기를 뒷받침하던 교회가 세상의 새로운 주인인 부르주아의 이데올로기를 뒷받침하는 세력으로 바뀌는 사건이었다. 종교개혁을 통해 교회는 달라졌지만, 교회가 지배 체제의 이데올로기를 대변한다는 사실은 달라지지 않았다. 봉건시대의 교회는 돈이나 부를 더러운 것이라 설교했지만 종교개혁가들은 돈이나 부는 하느님의 축복이라 설교했다.

칼뱅은 최초로 기업정신을 규정했다. "사업으로 얻는 소득이 토지

소유로 얻는 소득보다 많아서는 안 되는 이유가 뭔가? 상인의 이윤이 그 자신의 근면과 성실에서 오는 게 아니라면 대체 어디에서 온단 말인가?"

독재와 세계화의 홍위병, 한국 교회

한국 사회에서 교회가 지배 체제의 이데올로기로 정착하는 과정은 세계 교회사에서 유례가 없다는 한국 교회의 부흥사와 일치한다. 한국 교회의 놀라운 부흥은 대개 박정희 개발 파시즘 기간의 일이다. 물론 그건 시간상의 우연한 일치가 아니다. 한국 교회는 개발 독재의 가장 충직한 홍위병이자 안전판이었다.

"믿으면 받는다"라는 한국 교회의 설교는 "하면 된다"라는 개발 파시즘 구호의 종교적 변주일 뿐이었다. 철저한 반공주의로 무장한 한국 교회는 모든 민주주의적 의견을 빨갱이로 몰아붙이려는 파시즘에 봉사했다. 또한 교회는 인민들의 자연스런 저항의식을 배설하는 공간이었다. 관제 행사가 아니라면 여럿이 모이는 일조차 불편하던 시절, 인민들이 마음껏 소리치고 교제할 수 있는 유일한 공간이었다. 특히 파시즘과 전근대적 가부장제의 이중적 억압에 시달리던 여성들에게 교회는 해방의 공간이 었다. '아줌마'들은 교회 부흥의 돌격대였다.

한국 교회와 군사 파시즘은 서로를 필요로 했고 언제나 밀월 관계에 있었다. 이른바 '한국 교회의 놀라운 부흥사'는 그렇게 이루어졌다. 결국 오늘 한국 교회는 세계에서 가장 저급한 신앙관을 자랑하게 되었다. 기독교인이 1,000만 명이 넘고 특히 지배 계급에서 기독교인 비율이 훨씬 높은 한국에서 그런 저급한 신앙관은 다시 가장 반동적인 사회의식으로 작동한다. 오늘 한국 사회에서 가장 반동적인 사회의식을 생산하는 곳은 '수구 신문'이 아니라 교회다.

자본주의의 현재 상태, 즉 1970년대 중반 이후 시작된 신자유주의 세계화는 인류를 나락으로 떨어뜨리고 있다. 나라와 나라 간의, 나라 안에서 계급과 계급 간의 빈부 격차는 급속하게 벌어지고 무한경쟁은 대량 학살과 침략 전쟁에 이르는데, 그 경쟁에서 승리한 극소수는 존경과 찬미의 대상이 된다. 그런 계급적·제국주의적 착취와 비인간적 행태의 중심에 기독교 정신이 있다. 자본주의 이데올로기의 대변자 교회는 갈수록 인류의 평화와 정의를 파괴하는 주범이 되고 있다.

기독교인, 반자본주의자 예수의 제자들

예수가 가르쳐준 정신, 즉 기독교 정신의 기초는 하느님 앞에서 모든 사람이 형제자매라는 것이다. 이 정신보다 급진적인 이념은 없다. 사회주의가 분배의 공정함을 말한다면 기독교 정신은 분배의 공정함을 이룬 다음에도 남는 '내 형제에 대한 염려'를 말한다. 기독교인에게 남보다 더 좋은 것을 입고 먹는 일은 내 형제에 대한 배신이다. 그 정신은 어떤 형태의 차별이나 착취도 불가능하게 한다. 제 아무리 평화로운 세상이라 해도 이역만리 어느 곳에 고통받는 사람이 단 한 명이라도 있다면 기독교인은 잠을 이룰 수 없다. 그는 바로 '내 형제'인 것이다.

기독교인에게 이기심과 사적 소유를 기반으로 한, 땀 흘려 같이 일하고도 남보다 수천수만 배의 돈을 벌어들이는 사람이 찬미되는, 계급적 착취와 제국주의적 착취가 공공연한, 사랑이나 존경, 영혼까지도 돈으로 매매되는 자본주의는 악마의 사회체제다. 그 체제의 이데올로기가 되어

남보다 잘살게 해달라고 기도하고 내 새끼가 동무들을 물리치고 성공하게 해달라고 기도하며, 그렇게 될 때 하느님의 응답을 받았다고 가르치는 교회는 교회를 가장한 악의 소굴일 뿐이다. 자본주의는 온 인류가 형제자매임을 회복하라는 하느님의 뜻을 거스르는 기독교인의 적이다. 기독교인은 사회주의자가 아니다. 그러나 기독교인은 당연히 반자본주의자이며 사회주의자 이상의 사회주의자다.

기독교인이 진지한 신앙적 실천을 위해 되새겨야 할 일은 오늘의 자본주의 체제가 2,000년 전 유대 사회처럼 단순하지 않다는 것이다. 차별과 착취는 언뜻 알아보기 어려운 복잡한 구조로 되어 있고, 주류 미디어와 여론을 가장한 온갖 이데올로기 공작, 특히 체제의 손바닥 안에서 놀아나는 네티즌의 활약은 그 복잡한 구조를 한 번 더 덮고 있다. 깊고 뜨거운 신앙심이, 영적 신령함이 그걸 자동으로 보여주는 건 아니다. 자본주의를 들여다볼 수 없다면 "네 이웃을 네 몸처럼 사랑하라"라는 예수의 가르침도 실천할 수 없고, 하느님의 나라가 오게 하는 운동에 참여할 수도 없다. 오늘 기독교인에게 자본주의에 대해 공부하는 일은 성경 공부만큼이나 중요하다.

기독교인은 예수가 정치적 박해를 받았다는 사실, 예수가 당대 지배 체제와 대결했다는 사실에 정직해야 한다. 그 대결의 방식에서 나타나는 비폭력성만을 편의적으로 발췌하여 예수의 정치적 급진성을 모호하게 만들어서는 안 된다. 정치적 급진성이 신앙을 말하진 않는다. 그러나 기독교인이 신앙을 드러내려면 정치적으로 급진적일 수밖에 없다. 자본주의라는 악 속에서 정치적으로 급진적이지 않으면서 충분히 영적인 신앙은 가능하지 않다.

자본주의 이후의 사회

예수가 꿈꾼 세상

박성원 영남신학대학교 석좌교수, WCC 중앙위원

시대의 징조

21세기에 들어와서 인간의 삶에 판이하게 달라진 점이 있다면 경제가 삶의 중심적 위치에 섰다는 것이다. 몇 년 전에 일본을 방문했을 때 본 일이다. 요코하마 어느 주일학교에서 선생님이 10명의 아이들에게 "인생에서 무엇이 제일 중요하지?"라고 질문했더니 8명이 "돈"이라고 대답했고, 1명만이 "사랑", 나머지 1명은 "모른다"라고 대답했다.

2005년 TV에서 추석 특집으로 〈돈〉이란 프로그램을 방영했는데, '20대에 억만장자가 되는 길'이 주제였다. 20대 중 여러 사람을 인터뷰했고, "인생에서 무엇이 중요한가?"란 질문에 하나같이 "돈"이라고 대답했다. 그래도 "사랑 같은 것이 더 중요하지 않느냐?"라고 했더니 "사랑도 돈이 있어야 한다"라며 돈의 중요성을 더 우선시했다. 아직 진정한 가치가 무엇인지 잘 정리되지 않는 나이에 "인간의 삶은 돈이 좌우한다"란 생각

을 하고 있고, 젊은 세대인 20대조차 돈을 사랑에 우선하는 가치로 인식하는 현장을 보면서 여러 가지 생각이 교차했다.

경제는 지금 개인의 삶뿐만 아니라 세계의 정치, 사회, 문화, 가치관, 심지어 영성에까지 절대적 영향을 끼치는 삶의 축(axis of life)이 되어 있다. 특히 신자유주의에 의해 추진되고 있는 경제세계화는 세계인의 삶에 절대적인 이념이 되어왔다.

경제의 3요소인 땅, 노동, 자본 중 자본이 경제의 모든 것을 쥐면서 국가의 의무나 인간의 영성까지도 그 아래에 종속되고 있는 상황이다. 국민의 재산과 생명을 보호해야 하는 국민국가와 그 정부도 이제는 자본의 눈치를 살핀다. 한국 정부도 그렇지만 지금 세계의 모든 정부는 자본의 동향에 생사를 걸고 있고 역사의 의미니 삶의 본질이니 정신적 가치니 하는 모든 것들도 생사의 운명을 가르던 로마 황제의 엄지손가락을 보듯 자본의 손가락만 쳐다보고 있다. 아프가니스탄 전쟁이나 이라크 전쟁이 강대국의 경제시장 제패 전략과 연결되어 있음은 삼척동자도 다 아는 사실이다. 두 전쟁을 일으킨 부시도, 그를 앞세워 미국의 역사적 제국화를 추진한 네오콘도 결국 신자유주의 경제세계화를 추진하는 에이전트였을 뿐이다.

신자유주의 경제세계화

신자유주의 경제세계화란 무엇인가? 세계화란 넓은 의미에서 현 세계의 체제를 구성하고 있는 국가·사회 공동체 간의 급속한 연결을 의미하는데, 세계화는 두 가지로 구분해서 이해해야 한다.

첫째는 일반적 의미의 세계화로 전 세계가 하나의 세계로 밀접하게 연결되어간다는 '과정(process)으로서의 세계화'다. 인터넷, 이동전화, 사이버 공간 등 정보망과 교통망이 가져오는 세계화인데, 이것은 자연스러운 현상이며 우리 모두가 그 혜택을 받고 있다.

그러나 또 다른 세계화가 있는데 이것은 소수의 초국적 기업과 G8 등 세계 강국들이 IMF나 세계은행 같은 국제금융기구와 WTO 같은 세계무역기구를 앞세워 세계의 시장을 하나로 통합하고 세계의 부를 장악하려는 '프로젝트(project)로서의 세계화'다.

이 세계화는 강대국, 특히 미국이 세계 시장을 지배하기 위한 지경학(地經學)적 전략으로서 지난 수십 년에 걸친 집요한 시도로 두 개의 세계 경제체제를 무너뜨리고 유일 체제로 등극해왔다.

첫 번째로 무너뜨린 것이 사회주의 경제체제다. 동구권의 붕괴는 자연스러운 것이 아닌 신자유주의 경제세계화의 집요한 공격에 의한 붕괴다. 둘째는 국가 주도의 자본주의인데 한국이 그 전형적 예다. 신자유주의 세력은 1980년대 말 사회주의를 붕괴시키고 곧 국가 주도 자본주의에 대한 공격을 시작했다. 1997년 한국을 비롯한 인도네시아, 태국 등 아시아의 용들이 잇따라 경제 위기를 맞은 것은 바로 이들 나라가 유지하고 있던 국가 주도 자본주의에 대한 경제세계화의 공격 때문이었다. 이 공격에 의해 더 이상 국가는 자국 경제를 보호할 수 없게 되었고 개인의 자본이 이를 마음대로 유린할 수 있게 되었다.

국가 주도 자본주의와 완전자유주의 자본주의의 차이를 극명하게 보여주는 예는 은행이다. 박정희 대통령 시대에는 국민에게 저축을 하도록 장려하고 은행에 돈이 모이면 정부가 강제로 기업, 특히 재벌에 투자하게 했다. 이렇게 자금을 받은 재벌은 정치 자금을 십일조처럼 내고 그 돈으로 기업을 운영했다. 정경유착의 문제가 있기는 했지만 국가는 경제의 혈맥인 자금을 국가 경제성장이라는 목표를 향해 돌게 했다.

그러나 지금 외국 기업에 팔려나간 은행에 국가는 개입할 수가 없다. 이에 은행이 부실기업에는 투자하지 않고 안정된 투자인 신용대부 위주로 자금을 돌리니까 경제 성장은 이뤄지지 않고 소비주의만 창궐하게 되었다. 이 때문에 무수한 신용불량자가 양산되고 자금이 투입되어야 할 기업은 자금이 부족하여 도산을 하는 것이다. 외국 자본이 은행의 소유주가 된 지금은 과거처럼 국가가 개입할 수 없다. 심지어 한국인 고용사장이 잉여자금을 기업에 투자하면 그날로 해고된다. 이것이 지금 국가 주도 경제가 해체된 한국 경제 위기의 한 단면이다.

신자유주의 경제의 핵심적인 문제가 무엇인지에 대해 다음과 같이 몇 가지를 지적할 수 있다.

빈부 격차의 심화

세계 인구 1%의 연간 수입이 절반이 넘는 57%의 연간 수입과 맞먹는다. 또한 '샴페인 글라스의 경제'에서 볼 수 있듯이 세계 인구의 20%가 세계의 부의 대부분인 83%를 차지하고 있고 그다음 20%가 11%, 그리고 세계 인구의 대부분인 60%가 고작 6%의 부를 나눠 가지고 있다. 빈익빈 부익부 현상은 해가 갈수록 심화되고, 이것은 지금 글로벌 테러리즘의 중요한 원인이 되고 있다.

무자본가 혹은 저자본가의 배제

신자유주의 경제세계화의 가장 큰 문제 중 하나는 배제성(Exclusiveness)이다. 시장의 논리는 철저한 자본의 논리다. "오너라. 돈 없이 양식을 사서 먹어라. 값없이 술과 젖을 사서 마셔라"(이사 55 : 1)라는 성서의 초청과는 달리 시장의 모든 것에는 값이 매겨지며 자본이 없는 자는 시장에 절대 들어올 수 없다. 시장에는 은총이 없다. 자본이 절대적으로 부족한 아프리카는 세계 경제구조에서 아예 배제되고 있다. 세계 인구의 80%가 소위 제3세계에 살고 있는데, 이들은 무한경쟁에서 완전히 권역 밖으로 밀려나 있다.

생태계의 침식

신자유주의 경제세계화는 경제 성장을 하면 인간 문제의 대부분이 해결된다고 믿기 때문에 경제 성장 앞에서 모든 것을 희생시킨다. 민주주의의 가치도, 공동체의 가치도, 의미 있는 삶의 가치도 다 희생된다. 그런데 가장 처참하게 희생되는 것은 생태계다. 우리나라도 그렇지만 세계의 자연 자원은 지금 완전히 고갈 상태에 있고 대기 오염, 물의 오염은 물론, 온난화 같은 기후 변화로 인한 피해는 이제 우리가 직접 보고 있다. 독일 그로밍엔대학교의 존 판 클리네큰(John Van Klinekn) 교수의 연구에 따르면, 1850년부터 1950년까지 1세기 동안 1년에 한 종의 생물이 사라졌는데, 1989년에는 하루에 한 종이, 2000년에 들어와서는 1시간에 한 종의 생물이 사라지고 있다고 한다. 그는 앞으로 50년 안에 지구 생물의 25%가 사라질 것이라고 경고했다. 영국 국립실험연구소의 로렌스 리버모어 칼데이라(Lawrence Livermore Caldeira)에 의하면, 지금 세대의 생태계 파괴는 과거 3억 년 동안의 생태계 파괴와 맞먹는다.

의식과 문화의 식민지화

경제세계화는 인간 의식에 소비주의를 마약처럼 주입시키고 있다. 대중매체는 광고를 통해 인간을 시장으로 유인하고 자유시장주의의 신봉자로 개종시키는 의식의 식민화를 조장한다. 언론을 통해 우리는 매일 필요하지도 않은 상품을 사도록 의식화되고 있다. 다국적기업의 광고로 일상용품의 획일화가 이루어지고 이는 문화적 획일화로 이어지고 있다. 경제세계화의 흐름 앞에 자신의 문화는 그 정체성을 상실한다.

무한 욕망, 무한 성장, 무한 경쟁

경제세계화는 인간의 한계를 모르는 부의 욕망에 기름을 끼얹고 있다. 사람들은 벌 수만 있다면 돈을 무한히 벌고 싶다고 한다. 성장을 위해 인간의 부에 대한 욕망을 무한대로 하고 무한대로 경쟁시키는 것, 이러한 의식을 조장하는 것이 신자유주의 경제다. 전통적으로 '무한'이란 말은 종교에서 절대자와 관련해서만 쓰였는데, 그것은 지금 신자유주의 사고의 가장 핵심적인 신조가 되어 있다. 인간은 무한하고, 인간의 경제성장도 무한하며, 인간의 기술발전도 무한하고, 이렇게 무한한 인간은 신의 영역에 진입할 수 있다는 것이다.

카지노 경제

하루에 외환시장에 돌아다니는 약 1.5조 달러의 돈 가운데 98%가 돈 놓고 돈 먹는 투기를 위한 목적이고 2%만이 생산 경제, 서비스 경제 등에 쓰이고 있다. 과거 경제의 3요소, 토지, 노동, 자본 중 지금의 경제를 지배하는 것은 자본이고, 그 자본도 생명을 지원해야 할 경제를 투기의 대상으로 삼는 소위 경제의 카지노화가 이루어지고 있다. 가난한 사람은 뼈 빠지도록 노동을 해도 먹고 살기 힘든데, 부자들은 생산을 위해 투자하기보다는 투기에 대부분의 자본을 투자하고 있다.

국가의 무력화

경제세계화가 낳는 변화 중에 가장 심각한 변화는 국민국가(Nation State)의 약화와 자본화(Capitalization)와 사유화(Privatization)다. 오늘 전 세계의 모든 국가가 가진 경제력보다 세계의 다국적기업이 가지고 있는 경제력이 2%나 더 많다. 정치가 경제를 주장하는 것이 아니라 경제가 정치를 주장한다는 사실은 "이제 정치인들은 금융시장의 통제 아래 들어와 있다"라고 말하는 독일 연방은행 회장 헬무트 티트마이어(Helmut Tietmeyer)의 대담한 선언에서 여실히 드러난다. 국민의 재산과 생명을 보호하는 것이 국가 권력의 고유 임무인데, 이제는 그 임무를 국가가 수행하고 싶어도 수행할 수 없게 되었다.

돈의 우상화

앞에서 요코하마 주일학교 학생들, 한국의 20대 젊은이들의 증언에서 볼 수 있듯이 지금 돈은 우리의 삶을 주장하는 주인으로 군림하고 있고 사람들은 돈을 숭배하고 있다. 신자유주의자들은 가난, 갈등 등 인간의 모든 문제는 경제가 성장하면 해결될 수 있다고 하고, 경제는 시장이 자유화될 때 가장 잘 성장할 수 있으므로 국가나 개인이 시장에 개입하지 말고 믿음을 갖고 모든 것을 시장에 맡기면 모든 문제가 해결될 수 있다고 주장한다. 시장의 우상화가 이루어지고 있는 것이다.

신자유주의란 무엇인가?

신자유주의는 17세기부터 19세기까지 유럽에 풍미하던 경제사상인 자유주의가 20세기 말에 부활한 것이다. 자유주의는 국가가 국가의 이름

으로 개인의 재산과 자유를 마음대로 유린하는 봉건주의 혹은 전체주의
에 대한 반작용으로 다음과 같은 세 가지 신조를 가지고 있다.

- 개인의 자유
- 사유재산의 보장
- 국가의 기능을 개인의 자유와 사유재산을 보호하는 것으로 한정하
  여 이해

  그러나 이 자유주의는 19세기에 시작된 사회주의, 공산주의의 거센
저항을 받았다. 이에 대해 1970년대에 집권한 영국의 대처 수상과 1980년
대의 레이건 대통령이 공동전선을 펴 '사회주의'와 '국가 주도 자본주의'
라는 자유주의의 두 적을 박멸하는 작전을 감행했다. 이 두 가지 자유주
의의 적을 박멸하고 자유주의가 다시 작동하게 하는 데 적용된 이념이
신자유주의(Neo-liberalism)다.
  그러면 자유주의와 신자유주의의 차이는 무엇인가? 그것은 신자유주
의에는 ① 개인의 자유, ② 사유재산의 보장, ③ 이 두 권리를 보호하기
위한 국가 기능의 축소라는 자유주의의 세 가지 신조에 ④ 사회정의라는
개념의 폐기와 ⑤ 이것 이외에 대안이 없다라는 신조가 추가되었다는
것이다. 즉, 신자유주의의 개정된 신조는 다음과 같다.

- 개인의 자유
- 사유재산의 보장
- 국가의 기능을 개인의 자유와 사유재산을 보호하는 것으로 한정하
  여 이해

- 사회정의 개념의 폐기
- 이 이념의 절대화, 곧 신자유주의 경제세계화 이외에는 대안이 없다

또한 신자유주의 경제세계화는 다음과 같은 실천적 신념을 가지고 있다.

- 무한 경쟁, 소비주의, 무한 경제성장, 부의 축적이 세계를 위해 최선이다.
- 사유재산권에는 사회적 책임이 없다.
- 자본 투기, 사유화(민영화), 시장 자유화(혹은 탈규제화), 공적 기관과 국가 자원의 민영화, 무제한 외자 투자와 수입의 무한자유화, 저세율, 자본의 통제 없는 유통, 이 모든 것들이 부를 위해 최선의 전략이다.
- 사회적 책임, 가난한 자의 보호, 노조, 인간관계 등의 가치는 경제성장과 자본 축적의 부수적 어젠다일 뿐이다. 경제 성장, 자본 축적이 우선이다.

신자유주의의 철학적 기반을 세운 프리드리히 하이에크(Friedrich August von Hayek, 1899~1992) 같은 사람의 사상적 기조는 문화진화론에 근거하고 있다. 부자와 빈자의 생성은 아주 자연스런 과정의 산물이다. 사회는 이런 현상에 대한 책임을 질 수 없다. 하이에크는 사회란 개념은 환상의 개념일 뿐이고 인격적 실체가 아닌 사회의 이름으로 개인의 구체적인 자유가 희생되는 것은 막아야 한다고 주장한다. 그는 성서의 이웃사랑이란 개념을 문자적으로 해석하여 정말 부족국가의 이웃, 기껏

해야 확대가족(Extended family) 이상으로 해석되어서는 안 된다는 극단적인 생각을 하고 있다. 사회민주주의를 다소 신봉하고 있는 여러 유럽의 지성인들은 하이에크의 신자유주의를 자기들은 믿지 않는다고 강변하지만 기본적으로는 자유주의를 신봉하고 있다.

왜 칼뱅은 경제를 신앙의 문제로 취급했는가?

이런 경제 개념은 성서가 제시하는 하느님의 정치경제와 정면으로 위배된다. 하느님의 정치경제를 신학적으로 가장 잘 정리한 사람은 장 칼뱅(John Calvin)이다. 칼뱅이 경제를 신앙과 관련된 문제로 취급한 직접적인 이유는 목회적 관심 때문이었다. 흔히 칼뱅을 자본주의의 창시자라 하는데, 이것은 막스 베버 때문이다. 17세기, 18세기 청교도들의 경제사상에 대해 막스 베버가 정리하여 분석한 것이 마치 칼뱅의 경제사상인 것처럼 오해되었는데, 칼뱅의 경제사상은 사회주의에 가깝고 정확히 말하자면 기독교사회주의라고 하는 것이 좋으며, 굳이 자본주의와 연관시키려면 사회자본주의라고 해야 옳을 것이다. 칼뱅의 관심은 부의 창출이 아니라 공동체가 하느님의 은총 안에서 더불어 살도록 경제를 통제하는 것이었다.

칼뱅이 살던 16세기 유럽에는 인문주의의 발흥으로 인한 사상적 변화뿐만 아니라 사회경제적으로 극심한 지각변동이 일어나고 있었다. 봉건 영주들의 영토 확장 야욕 때문에 사회가 피폐해졌고 소위 "신대륙의 발견"으로 유럽에는 금이 넘쳐났다. 새로운 부의 축적이 많은 산업을 창출했고 이로 인해 상업적 교역이 극대화되었다.

이렇게 새롭게 생성된 초기 자본주의는 전혀 통제되지 않았고 이로써 엄청난 물가앙등이 나타났으며, 자본가에 의한 노동자 착취가 만연하고 자본은 고리대금업에까지 손을 대 많은 빈자들이 채무자로 전락했다. 칼뱅은 이 시대적 정황 속에서 그리스도의 몸인 교회 자체가 위협받고 있는 것을 감지했다. 자본가가 무산계급을 착취하고, 가난한 자가 고리대금에 의해 자본가에게 종속되고, 빈부의 격차가 극심해지고, 공동체가 파괴되는 징조가 교회 안에 나타나기 시작했다. 칼뱅은 경제가 그리스도의 몸을 위협하여 갈라지게 할 수도 있음을 감지하고, 경제를 신앙의 눈으로 보고 그 원리를 하느님의 복음의 입장에서 정리하기 시작했다. 이로써 최초의 경제신학이 출현했다. 칼뱅의 경제신학적 사유는 이렇듯 목회적 관심에서 그리고 선교적 관심에서 시작된 것이다.

칼뱅의 경제신학

칼뱅의 경제신학은 다음과 같은 몇 개의 신학적 선언으로 정리될 수 있다.

물질과 돈은 하느님의 은총의 도구다(신학적 경제의 물질관)

전통적으로 기독교는 이원론적 사고 때문에 물질이나 경제를 비신앙적인 것으로 생각해왔다. 물질이나 경제는 세속적인 요소로 간주했고 신앙과는 전혀 관계가 없는 것으로 인식했다. 그러나 칼뱅은 경제를 신앙과 상당히 깊은 관계가 있는 것으로 이해했다. 그는 돈과 물질을 단순히 실용적인 것으로만 이해하지 않고 하느님의 은총의 표시로 이해했다. 이스라엘 백성에게 가나안 땅을 주신 하느님의 언약이 바로 그 증거였다. 하느님은 자기 백성의 생존에 대해 책임을 지신다는 것이다.

그러나 돈은 맘몬이 될 수도 있다(신학적 경제의 정치학)

돈과 물질은 하느님의 은총의 도구지만 하느님의 뜻대로 사용하지 않으면 동시에 유혹의 도구가 될 수 있다. 돈과 물질은 인간의 영적 상태를 측정하는 측정기의 역할을 한다. 돈을 사랑하는 것이 모든 악의 뿌리가 된다(1디모 6:10)는 사도의 경고는 바로 이런 경우를 가리킨다.

인간의 타락된 본성은 경제적 규제를 필요로 한다(신학적 경제의 인간학)

칼뱅은 하느님이 인간에게 돈과 물질을 주면서 그것을 하느님의 뜻에 따라 관리하고 운영하도록 위탁했다고 보았다. 인간의 본성에 죄성이 있는 한 인간에게 돈과 물질을 주고 제대로 인도하거나 통제하지 않으면 타락한 인간의 본성은 돈과 물질을 타락의 수단으로 삼고 마침내 하느님이 은총의 도구로 주신 돈을 오히려 하느님보다 더 중하게 생각하게 되어 재물을 맘몬(Mammon)으로 섬기게 된다는 것이다. 바로 이 이유 때문에 예수는 "하느님과 재물을 아울러 섬길 수 없다(마태 6:24)"라는 경고를 하신 것이다.

그런데 지금 자유시장경제를 주창하는 신자유주의 경제세계화의 핵심적 사상은 시장을 통제하지 않고 시장이 자기 마음대로 할 수 있도록 내버려두어야 한다고 주장한다. 인간이 선하지 않은데 인간이 운영하는 경제가 항상 선한 결과만을 가지고 올 수는 없다. 유명한 국제투기금융가 조지 소로스(George Soros)도 "시장은 스스로 통제하는 힘을 지니고 있지 않다"라고 했다. 시장을 통제할 기구가 필요하다고 하면서 국가가 이 기능을 해야 한다고 주장했으므로 소로스는 칼뱅과 같은 주장을 한 셈이다.

경제는 통제를 받아야 한다는 명제와 관련하여 칼뱅의 유명한 예배학적 이해는 이러하다. 우리는 예배 중에 헌금을 드리는데 이것은 단순히 하느님이 내게 주신 부의 일부를 감사의 예물로 바치는 것이 아니라 헌금을 제단에 가지고 나갈 때 돈의 권세를 하느님의 주권 아래 종속시켜 그 돈이 하느님의 뜻대로 쓰이도록 고백한다는 의미라는 것이다.

경제는 사회의 삶을 봉사하는 것이 되어야 한다(신학적 경제의 윤리학)

상업의 일차적인 목적은 사람에게 그가 살아가는 데 필요한 것을 주선하는 것이다. 경제는 결코 투기나 부의 축적의 수단이 아니다. 경제가 삶을 위해 봉사해야지 사람이 경제를 위해 봉사해서는 안 되는 것이다. 경제란 말의 모체인 경세제민(經世濟民)은 문자 그대로 '세상을 다스려 사람을 구함'을 뜻한다. 경제의 첫째 목적은 사람을 구하는 일인데 이 목적에서 벗어나기 시작할 때 그 본질은 급속히 변질될 것이다.

투기, 매점, 시세 조작 등은 경제 질서를 오염시키는 전형적인 것들로, 칼뱅은 이런 일을 하는 투기꾼들을 살인자처럼 취급하고 그것을 가난한 이들의 목을 죄는 일로 격렬히 비난했다. 그런데 오늘 신자유주의 경제가 주로 하는 일이 바로 이런 투기다. 칼뱅이 살아 있었다면 신학적 경제관의 입장에서 현 세계경제체제를 결코 인정하지 않았을 것이다.

경제는 가난한 자와 부자 간의 연대 경제(Solidarity Economy)여야 한다 (신학적 경제의 사회학)

돈과 물질적 재화가 하느님의 은총의 표시라고 했을 때 이를 이웃과의 관계로 연관시키지 않으면 개인적인 부의 축적을 정당화하게 된다. 기복 종교에서 흔히 나타나듯이 물질적 풍요가 축복의 표시라는 등식이 성립된다. 그러나 개혁자들은 돈과 물질적 재화가 하느님의 은총의 표시라고 할 때 인간 개인과 사회적 차원을 동시에 생각하면서 말했다.

사회경제적 측면에서 종교개혁자들이 한 궁극적 시도 중 하나는 모든 인간이 그리스도 안에서 서로 하나 되는 형제애와 연대를 보장하는 것인데, 이런 형제애와 연대는 바로 경제생활을 통해 가시화된다. 칼뱅은 만나의 경제를 예로 들면서 "하느님은 우리 가운데 균형과 평등이 있기를, 즉 각 사람은 그의 가진 것의 한도에서 곤궁한 자를 위해 나누어 주어서, 아무도 너무 많이 가지거나 너무 적게 가지는 일이 없게 되는 것을 원하신다"(2고린 8 : 15)라고 했다. "빵은 내게는 물질의 문제이지만 이웃과 관련되면 영적인 문제가 된다"라고 했던 러시아의 문호 베르자예프의 말대로 인간이 경제적으로 연대하는 것은 신앙적 문제다.

경제는 가난한 자에 친화적이어야 한다(칼뱅의 경제지표)

칼뱅은 부자와 가난한 자의 사이에서 확연히 가난한 자의 편에 섰다. 그는 부자와 가난한 자의 사명에 대해 아주 과격한 주장을 했는데, 부유한 사람은 자신의 부의 일부를 자기보다 더 가난한 사람과 나누어 가짐으로써 가난한 사람이 더 가난하지 않고 부유한 사람이 더 이상 부유하지 않게 할 책임이 있다고 했다. 그는 부자를 "가난한 자들을 시중드는 자", 혹은 "예수님의 대리자", "하느님의 사무 변호사"라고 부를 정도였다. 또한 가난한 사람에게도 영적인 사명이 있는데, 그는 부유한 자에게 그의 재화를 쓰게 하여 부유한 자 자신이 돈의 노예에서 해방되는 기회를 제공하는 사람으로 예정되었다는 것이다. 그러니까 가난한 자는 부자를 구원해주는 통로이기도 한 셈이다. 부자 청년의 비유, 부자와 나자로의 비유는 그 성서적 예다.

복음적 원칙에 따르면 도둑질에는 다른 사람에게 속한 것을 가로채는 행동만이 아니라 마땅히 이웃에게 주어야 할 것을 사랑하는 마음으로 주기를 거절하는 행위도 포함된다. 루가복음 16장 19~31절에 있는 부자와 나자로의 비유는 바로 이런 점을 나타낸다. 부자가 지옥에 간 혐의는 나자로에게 어떤 잘못을 해서(sin of commission)가 아니라, 가난한 자를 돌보아야 할 것을 돌보지 않은 실패의 죄(sin of ommission) 때문이었다.

칼뱅의 노사관(신학적 경제의 정의학)

노동관에서도 칼뱅은 혁명적이었다. 칼뱅 이전의 중세 교회는 노동을 믿음이나 영적 생활과는 직접 관련이 없는 이 세상에서의 삶의 수단으로만 여겼다. 행동과 일보다는 명상에 우선권이 주어졌고 스콜라주의는 직업적 활동의 모든 영적 가치를 경시했다. 칼뱅은 그와 반대로 노동을 하느님의 일에 참여하는 그리스도인의 생활과 결부시켰다. 그래서 인간의 노동에 전에는 전혀 생각할 수 없었던 영적 품위와 가치를 부여했다.

칼뱅은 임금(Salary), 즉 생계비가 하느님이 우리에게 베푸시는 은혜라고 보았다. 다시 말하면 하느님이 생계의 은총을 고용주를 통해 노동자에게 예정해놓았다는 것이다. 따라서 고용주가 노동자의 월급을 가로채거나 지불 유예를 하는 것은 은총을 가로채는 행위이기 때문에 신성모독죄에 해당한다고 혹독하게 비판했다.

칼뱅은 노동자의 파업이 폭력을 동원하지 않는 한 야고보서 5장 4절의 "잘 들으시오. 당신들은 당신들의 밭에서 곡식을 거두어들인 일꾼들에게 품삯을 주지 않고 가로챘습니다. 그 품삯이 소리를 지르고 있습니다. 또 추수할 일꾼들의 아우성이 만군의 주님의 귀에 들렸습니다"라는 말씀을 인용하면서 비폭력적 항거와 동맹 파업에 반대하지 않았고, 오히려 하느님이 종종 노동자들의 반항을 착취자들을 심판하고 징벌하는 수단으로 사용하신다고 공언할 정도였다.

칼뱅의 현실적인 그러나 신학적인 경제관(신학적 경제의 봉사학)

칼뱅은 당시에 터부시하던 여러 가지 사상에 대해 혁명적인 전환을 시도한 개혁자였다. 예를 들면, 노동의 신성한 의미를 부각시켰고 성(性)에도 신앙적이고 적극적인 개념을 도입했다. 경제 개념에서도 가히 혁명적이었는데, 예를 들면 이자율도 신앙적 면과 인간적 면을 고려해서 정확하게 제시했다.

그는 가난한 자를 돕기 위해, 대부를 할 때 이자를 받는 것을 죄라고 규정하는 것이 원칙적으로 옳다고 보았다. 그러나 그는 대부에 대해 현실적인 해석을 했다. 이를테면 어떤 사람이 밭을 가지고 있을 때 그 밭을 소작인에게 갈게 하고 소작료를 받는 것과 돈을 빌려주어서 그 돈으로 다른 돈을 벌게 하는 것에는 차이가 없다고 보았다. 이때 돈은 농토와 마찬가지로 운영 자본(working capital)이 되고 돈은 소비 대금(consumption loan), 생산 대금(production loan)이 되는 것이다. 이것이 오늘날 금융의 기원이 된다.

그러나 칼뱅은 건전한 대부와 악질적 대부를 분명히 구분했다. 특히 가난한 자에 대한 대부에 대해서는 성서적 원칙을 고수했다. 당시 이자율이 35%에 달했는데 이것은 한번 채무자가 되면 영원히 헤어날 수 없는 살인적인 수준으로, 이를 5%로 낮추었다. 한국이 국제통화기금의 통제하에 있을 때 이자율이 40%까지 올라갔는데, 이는 칼뱅에게는 용납될 수 없는 것이었다.

사랑과 은총의 경제 원칙(신학적 경제의 목회학)

칼뱅의 경제사상에는 은총과 사랑의 원칙이 자주 적용되는 것을 볼 수 있다. 칼뱅은 부의 유통에서도 부는 부자에게서 가난한 자에게로 유통이 되어야 하는데 그 동기는 바로 가난한 자에 대한 사랑이어야 한다고 했다. 이처럼 칼뱅의 신학사상 중 중요한 은총(grace)이 경제적 균형과 평등을 이루는 데 법 이전에 적용되어야 할 원칙으로 여겨지고 있다. 이사야는 "너희 목마른 자들아, 오너라. 여기에 물이 있다. 너희 먹을 것 없는 자들아, 오너라. 돈 없이 양식을 사서 먹어라. 값없이 술과 젖을 사서 마셔라"(이사 55 : 1)라고 하며 은총의 경제를 이야기하고 있다. 이것은 오늘 모든 것이 자본화되고, 심지어 공기와 물까지 가격이 매겨지는 오늘의 세계시장화와는 정면으로 대비되는 경제사상이다.

칼뱅의 실천적 경제신학과 경제적 교회 직제(신학적 경제의 교회학)

칼뱅의 이러한 사회경제적 사고는 두 가지 특징을 가지고 있다. 첫째, 그는 이런 경제사상을 이론으로만 만들어내지 않았다. 구체적인 프로젝트로서 병원을 세우고 직조사업을 육성하며 특별한 직업이 없는 사람들에게 제조 기술을 가르치고 여기에 흥미가 없는 사람에게는 뽕나무 재배와 양잠을 도입해서 그 일을 하게 했다. 말하자면 시민의 경제인화를 시도했다. 동시에 줄기차게 가난한 자를 구제했고 노동자와 선생들의 봉급을 인상하기 위해 수차례 당국을 찾아다니며 중재하고 노력했다. 제네바 시의회가 목사들의 가족 수당 급여 지급을 가결했을 때 칼뱅은 정부가 고아들도 부양해줄 것을 요구했다. 미성년자를 노동에 혹사하지 않도록 의회는 감시반이 제네바 주권국가의 이름으로 미성년자에게 적합한 임금이 정당하게 지급되게 하는 일을 감시하도록 하는 법령을 반포했다. 경제 정의를 교회 목회와 선교의 중요한 과제로 삼은 것이다. 목사, 장로, 교사, 집사 등 직제 중에서 집사는 경제 직제로 임명되었다.

또 하나의 중요한 특징은 이와 같은 교회의 병원 설립이나 봉사가 오늘날처럼 기독교인을 증가시키기 위한 전도용이 아니라 사회봉사와 경제의 참된 쓰임이라는 차원에서 이뤄졌다는 데 있다. 이른바 '하느님의 선교' 차원에서 본 것이지, 사람들을 교회로 끌어들이는 구심적 선교의 개념이 아니었다. 칼뱅은 하느님의 주권이 교회만이 아니라 온 사회 구석구석까지 이루어지는 것이 복음의 전파라고 보았다.

결국 칼뱅의 경제는 다음과 같은 세 가지의 '우선' 위에 세워져야 한다.

- 가치의 우선
- 정의의 우선
- 연대의 (가난한 자의) 우선

칼뱅의 경제사상은 철저히 성서적 경제사상과 일치하고 있다. 구약에서 신약에 이르기까지 성경은 모든 경제와 관련하여 이 원칙을 철저히 고수하고 있다.

칼뱅의 경제신학과 오늘날 신자유주의 경제세계화의 방향을 비교해보면 이 두 경제사상이 정면으로 충돌하고 있는 것을 볼 수 있다.

① 칼뱅이 지향하던 경제는 포괄적인 반면 신자유주의적 경제는 배제적이다.
② 칼뱅이 지향하던 경제는 가난한 자에 대해 보호적인 반면 신자유

주의적 경제는 착취적이다.

③ 칼뱅이 지향하던 경제는 연대경제(economy of solidarity)인 반면 신자유주의적 경제는 경쟁경제(economy of competition)다.

④ 칼뱅이 지향하던 경제에서는 부의 유통이 부자에게서 가난한 자 쪽으로 이뤄지지만, 신자유주의적 경제에서는 가난한 자에게서 부자 쪽으로 이뤄진다.

⑤ 칼뱅이 지향하던 경제의 경제지표는 사회적 가난인 반면 신자유주의 경제지표는 국민총생산(GNP)이다.

⑥ 칼뱅이 지향하던 경제는 사랑과 은총과 봉사가 목표이지만 신자유주의 경제는 탐욕과 부의 축적, 권력의 추구가 그 목표다.

⑦ 칼뱅이 지향하던 경제는 인간의 타락성 때문에 규제가 필요하다고 하는 반면 신자유주의 경제는 인간의 무한한 가능성에 근거해 탈규제화와 자유화를 강화하고 있다.

시대의 징조를 향한 신앙고백적 응답

지금까지 살펴본 바와 같이 신자유주의 경제세계화는 자본이 없는 자들을 시장에서 배제하고 빈부의 격차를 심화시키고 생태계를 파괴하는 등 사회적 문제뿐만 아니라 이념성, 신조성, 우상성, 거짓메시아성을 띠고 맘몬사상을 조장하기 때문에 신앙적 차원에서 문제가 있다고 판단되어 세계개혁교회연맹(World Alliance of Reformed Churches)은 2004년 제24차 총회에서 신자유주의 경제세계화에 대해 "아니"라고 선언하는 신앙고백을 채택했다.

세계개혁교회연맹이 이러한 신앙고백에 이르게 된 것은 결코 우연한 것이 아니다. 21세기에 들어와서 경제가 정치나 문화, 어떠한 인문학 분야, 심지어 종교보다도 인간의 삶과 사회에 더 중요한 자리를 차지하게 되었다는 사실과, 그것이 세계 갈등의 구조, 즉 정의의 바로미터가 됨이 인식되어 경제 문제를 신앙의 문제로 보게 되었다. 이 문제가 21세기 초엽에 최대의 이슈로 다뤄지기 시작한 것이다. 이후 1995년부터 세계 각 대륙에서 경제 상황 파악과 신학적 분석이 시작되었는데, 이중 아프리카 잠비아의 키트웨에서 열린 신학협의회의 참석자들은 오늘의 세계경제구조가 자본이 없고 경쟁력 없는 개인이나 집단, 사회, 국가들은 원천적으로 시장에서 배제하는 배제성을 가지고 경제가 생명의 주권자로 등장하는 상황을 들어 세계개혁교회연맹이 이에 대해 고백신앙을 선언할 것을 검토해달라고 건의했다.

이 건의 후에 1997년 8월 헝가리 데브레첸에서 열린 제23차 총회는 당장 고백신앙을 선언하지는 않았지만 모든 교회 차원에서 이 문제에 대해 인식하고, 교육하고, 고백하고, 행동하는 '신앙고백과정(processus confessionis)'이라는 중요한 신학 선언을 했다. 이는 독일 고백교회가 나치 정권에 신앙고백으로 저항한 바르멘 선언과 남아공의 아파르트헤이트(Apartheid), 즉 백인들의 인종분리정책에 신앙고백으로 저항한 흑인 교회들의 벨하(Belhar) 신앙고백과 맥락을 같이하는 정의를 위한 신앙고백 운동이었다.

그 후 세계교회협의회(WCC)는 1998년 하라레에서 열린 총회에서 이 경제 불의에 대한 신앙고백적 저항에 환영하고 참여할 것을 결의하고, 세계루터교연맹도 여기에 가담했다. 이 세 개의 대표적인 세계 에큐메니컬 기구는 1999년 서울과 방콕을 시작으로 헝가리 부다페스트(2001), 남태평양 피지(2001), 네덜란드 수스테르베르흐(2002), 아르헨티나 부에

노스아이레스(2003), 미국 스토니포인트(2004)에서 공동협의회를 자기며 지역 경제를 분석하고 교회의 대응을 논의했다.

이 과정에서 세계개혁교회연맹의 교회들이 신앙고백을 하기 시작했다. 9개 회원 교회가 신앙고백을 한 것 외에 2003년 4월에는 경제 위기로 고통받는 아르헨티나 부에노스아이레스에서 약 30여 개의 남반구 교회들이 모여 '지구적 생명위기에 대한 신앙의 입장(Faith Stance on Global Crisis of Life)'을 천명했고 2004년 2월에는 남반구와 북반구의 교회들이 모여서 "때가 찼다"라는 신앙 입장을 천명했다. 물론 모든 교회가 다 동의한 것은 아니다. 유럽의 교회, 특히 독일과 스위스 교회는 좀처럼 움직이지 않았다.

이렇게 7년의 신앙고백 과정을 밟은 세계개혁교회연맹은 2004년 8월에 아프리카 가나의 수도 아크라에서 열린 제24차 총회에서 드디어 경제와 생태계 정의를 위한 신앙고백, 소위 아크라 신앙고백(Accra Confession)을 채택했다. 이 고백은 신앙고백의 주제를 교회적 또는 교리적 차원에서 경제 정의, 생태계 정의 같은 생명과 삶에 대한 차원으로 확대시켰다는 데, 그리고 파괴적이고 배타적인 작금의 신자유주의적 세계 자본주의에 맞서 하느님께서 모든 창조세계, 특별히 가난한 자와 맺어오신 계약에 대해 고백적 언어로 고백했다는 데 그 의미가 있다고 할 수 있다.

어디로 갈 것이며 어떻게 할 것인가?

신자유주의 경제세계화가 기여한 것이 있다면 오늘의 삶의 위기를 그 어느 때보다도 절실하게 체감하게 한 점이라고 할 수 있다. 우리나라의 경우, 박정희 시대 때 경제 성장이란 목표 아래 모든 것을 희생시키는데 아무런 주저가 없었다. 인권과 민주주의도 보류하고 문화와 전통도 과감하게 뭉개버리고 근대화라는 명목으로 농촌을 초토화시켰고 새마을운동을 통해 농촌의 얼굴을 '개발'이라는 형태로 성형수술을 해버렸다. 제네바대학의 경제신학교수 앙드레 비엘레(Andre Bieler)는 '개발'은 '미친 개발(Development Fou)'이라고 1950년대에 이미 경고했는데, 오늘 우리는 모든 삶의 영역에서 개발의 광기를 느끼고 있다.

오늘날 우리는 개발의 대가를 혹독하게 치르고 있으며 생명 자체를 위협받고 있다. 그러면 무엇이 인류를 이런 상황에 처하게 한 것인가? 그것은 우리 인류의 근대 문명에 대한 정직하고 과감한 비판에서 찾을 수 있다. 다양한 각도에서 수많은 원인이 나올 수 있겠지만 나는 세 가지 정도를 꼽고 싶다.

산업혁명 이후에 세계에는 세 가지 큰 문명 형성의 흐름이 있었다. 첫째는 산업화(Industralization)이고, 둘째는 근대화(Modernization)이며 셋째는 도시화(Urbanization)다.

이 바탕에는 다음과 같은 문제가 도사리고 있다. ① 서구 사회 주도하의 문명 발전이라는 문제, ② 서구의 사고, 즉 축소주의, 이분법적 사고, 이성주의, 합리주의 등의 문제, ③ 서구적 인간 이해, 특별히 인간의 지배 욕구, 인간중심주의적 우주관의 문제다. 그리고 일이 이 지경이 된 데는 기독교가 상당한 역할을 했음을 솔직히 시인해야 한다.

산업화는 물론 자본주의적 탐욕에서 나온 것이지만 최초에는 물건을 대량으로 생산해서 많은 사람들이 물질의 혜택을 누리게 하려던 것이었다. 산업혁명을 주도한 영국의 경우에는 세계를 경제적으로 지배할―정치적·군사적·문화적 장치도 물론 필요하겠지만―제국적 욕망도 갖고 있었다.

후일 이 산업혁명은 농경 사회에서 산업 사회로 발전하는 모델이 되었고 개발이란 이름으로 전 세계적로 확산되었다. 산업화는 인간이 편리하게 살고 잘살고자 하는 욕망에서 비롯되었으며, 기계화를 주도했고, 인간의 삶은 이로 인해 편리해졌다. 자동차와 많은 기계가 만들어지면서 인간의 노동이 쉬워졌고, 자동화되었고, 편리해졌다. 인간의 노동을 기계가 대신했다. 산업혁명 직후 한때 인간이 기계에 노동권을 빼앗기자 여기에 반발하는 사회 현상이 나타나기도 했다. 지금 인간의 노동권은 컴퓨터에 빼앗기고 있는 실정이다.

산업화는 시간과 공간이라는 측면에서도 상당한 혁명을 일으켰는데, 시간의 감각이 달라졌다. 농경 시대에는 자연의 시간에 따라 살았으나 산업화는 시간을 인간의 경제적 필요에 따라 조작하게 만들었다. 한 지역에 한정되던 공간도 세계로 확장되었다. 자기 지역이라는 공간만이 아니라 저 멀리 있는 공간도 생각하고 활용할 수 있는 차원으로 나아가게 되었다. 식민지 확장과 식민지 지배는 산업화 과정에서 여러 다른 형태로 계속되었다.

서구는 16세기에 새롭게 발견된 세계들을 산업화가 전개되는 시기에 식민지화했다. 20세기에 정치적으로는 탈식민지화가 이뤄지지만 사회적·경제적·문화적·종교적으로 식민지는 뿌리내려진 상태이고 지금은 지구경제적 식민지가 더욱 가속화되고 있다.

산업화는 도시화와 근대화를 동반했다. 도시화는 농촌 해체를 가져왔고 사회의 경제적 기반을 가분수 꼴로 만들어갔다. 삶의 근거가 되는 농업은 약화되고 다른 물질적 삶의 기반을 닦기 위한 자본의 투여가 더 극심해졌다. 심지어 먹거리도 산업화의 과정에서 만들 수 있다는 생각을 하게 되었다. 그래서 지금의 유전자 조작, 생명공학의 발달 등이 이뤄진 것이다.

도시화는 문화 체계를 바꿨고 인간의 삶의 기반, 주거 환경 등도 변화시켰다. 이 모든 것이 근대화의 이름으로 진행되었다.

산업화·도시화·근대화, 이 세 가지 기치 아래 전통은 코너에 몰렸고 새것에 대한 인간의 욕망은 무한대가 되었다. 산업화·도시화·근대화는 지금 신자유주의 경제세계화란 구조 속에서 더욱 조직적이고 정치적이고 억압적으로 진행되고 있다.

물론 개발과 산업혁명이 기여한 것도 있다. 그러나 이제는 개발로 인한 부메랑 효과가 너무 극심하게 나타나고 있다. 산업화·도시화·근대화의 폐해는 감당할 수 없는 만큼 커졌다. 환경 파괴, 지구 온난화 등 물질적 위기뿐 아니라 정보화 사회가 되면서 갈수록 심화되는 무한경쟁, 인간의 경제 종속화 등의 압박은 의미 있는 삶은커녕 정상적인 삶을 불가능하게 한다.

현대인은 지칠 대로 지쳐 있고 두려워하고 불안해한다. 당장 유전자 조작(GMO)에 의한 먹거리에, 점점 심각해지는 지구 온난화에, 자원과 시장 지배를 위한 전쟁과 테러에, 하느님을 거스르고 자연을 거스른 데서 나타날 재앙에 불안해하고 있다.

대안의 모색

지금 세계에는 산업화·도시화·현대화에 대한 인간과 문화의 부드러운 저항(velvet resistance)이 일어나고 있다. 산업화, 도시화, 근대화, 신자유주의 경제세계화에 지치고 탈진한 인간은 더 이상 이것들에게 생명과 혼을 빼앗기고 살 수 없다고 보고 영성에 몰입하고 전통적 가치관을 회복하려는 강력한 몸짓을 보이고 있다.

많은 사람이 전원생활을 꿈꾸며 가능하다면 자연으로 돌아가 생명 문화 속에 살기를 희망하고 있다. IMF 위기 때 삶의 길이 막막하니까 귀농 현상이 일어났는데, 이제는 그런 차원이 아니라 산업화·도시화·근대화가 주는 숨 막히는 삶의 현실에서 탈출하여 전원생활을 하려는 사람들이 부쩍 늘어났다.

이 흐름은 산업 사회를 넘어서 정보 사회로 돌입하는 21세기에 더욱 심화되었다. 학문과 예술, 문화에서도 서구의 한계를 넘어선 대안을 찾고 있다. 그리고 이 점에서 아시아적 가치가 자주 대두되었다. 농업에서도 아시아적 농법이 대안으로 제시되었다.

어떻게 하느님의 창조 질서를 거슬러 결국 죽음에 이르는 무절제한 인간의 오만함을 자연의 흐름과 하느님의 창조 질서에 순종하도록 할 것인가? 어떻게 하면 물질지상주의와 무한경쟁주의로 삶이 피폐해져가는 21세기 인간의 삶이 창조 속에 사는 아름다움과 평화로움과 생명의 풍성함을 느끼고 즐기게 할 수 있는가? 어떻게 하면 지난 500년 동안, 그리고 오늘날도 우리의 사고를 지배하는 서구적 가치를 극복하고 아시아적 정체성과 가치를 가지고 살 수 있는가? 이런 도전들이 우리 앞에 심각하게 다가오고 있다.

이런 상황에서 교회는 어떤 신학을 할 것인가? 목회자는 이런 생명의 위기 속에서 무엇을 하는 선한 목자가 될 것인가? 우리는 자본의 방식에 따라 운영되는 교회를 추구할 것인가, 우리를 질식시키는 도시의 교회로 갈 것인가? 죽음의 행진에 함께 끌려가는 교회에 무기력하게 나갈 것인가, 아니면 도적질하고 죽이고 멸망시키는 죽음의 세력과 맞서 생명지킴

이 목회자가 될 것인가?

지금 교회는 대안 세상의 모델을 찾아야 한다. 문제는 이런 위급한 상황 속에서 늘 우리가 이단이나 섹트라고 치부하는 그룹은 오히려 대안 세상을 찾으려는 작업에 몰두한다는 것이다. 옛날 신앙촌이 그랬고, 지금도 구원파나 이런 그룹들은 그런 활동을 한다고 한다. 그런데 우리의 전통 교회는 이런 삶의 문제에 전혀 관심을 가지고 있지 않다. 체제에 안주하고 아주 편협한 성경해석, 목회관을 가지고 교회 안에 매몰되어 산다. 새로운 세상을 만들기 위한 거시적 비전에는 전혀 관심을 두지 않는다.

새로운 성서 이해

하느님께서는 세상을 창조하실 때 인간만 창조하신 것이 아니라 모든 생명체를 함께 창조하시고 그 생명체들이 서로 조화하며 더불어 살도록 하셨다. 공중의 새와 바다의 고기와 땅 위의 식물을 만드실 때 그 종류대로 만드셨고 더불어 조화롭게 살게 하셨다. 인간의 삶도 마찬가지다. 인간 세계도 다양한 민족이 다양한 삶의 양식으로 더불어 살도록 하셨다. 모든 인간이 그 역사와 문화와 삶에서 자기가 가진 것으로 서로 조화를 이루며 살게 하셨다.

이런 도전 앞에서 우리는 창조적 생명 목회를 모색하기 위한 신학적 실천을 해야 한다. 이를 위해 생명 문제의 기본인 '농업'을 중심으로 '새로운 형태의 생명신학 목회학'을 모색해야 한다. 농업은 산업의 하나가 아니라 삶과 생명의 기반이다. 산업화·근대화·도시화에 지친 현대 사회의 틀을 하느님과 자연과 인간이 어우러지고 거기에서 풍성한 생명이 나오는 사회문화적 틀로 변혁하는 예언적 목회학을 창출해야 한다.

과거에 교회가 농촌 계몽 운동을 했을 때는 농촌 개발을 전제로 했다. 그러나 이제는 생명의 근원인 농업, 전원적 삶, 왜곡된 현대 문화를 치유하는 화해, 생명 건강, 생명 문화, 생명 예술을 추구하는 21세기형 생명신학, 실천목회학을 발전시켜야 한다.

지금까지는 '목회'하면 교인 목회, 즉 사람 목회, 그리고 교회라는 기구 목회를 머리에 떠올렸다. 이제는 이런 좁은 의미의 목회학을 넘어서야 한다. 목회자로 부름받는 그 자리의 모든 창조 세계, 즉 인간을 포함한 바람, 물, 땅, 사회, 경제, 문화, 예술 등 모든 피조물이 목회의 대상이며 그 피조물이 풍성한 생명을 누리며 하느님의 영광을 찬양하도록 주어진 창조 세계를 조절하는 신학적 기획자가 되어야 한다.

이 과정을 이끄는 성경의 명령은 새 하늘과 새 땅, 즉 생명의 하늘과 땅의 목회적 비전을 제시한 이사야 65장 17~25절이다.[4] 우리는 이 성경에

---

4 "보아라, 나 이제 새 하늘과 새 땅을 창조한다. 지난 일은 기억에서 사라져 생각나지도 아니하리라. 내가 창조하는 것을 영원히 기뻐하고 즐거워하여라. 나는 '나의 즐거움' 예루살렘을 새로 세우고 '나의 기쁨' 예루살렘 시민을 새로 나게 하리라. 예루살렘은 나의 기쁨이요, 그 시민은 나의 즐거움이라. 예루살렘 안에서 다시는 울음소리가 나지 않겠고 부르짖는 소리도 들리지 아니하리라. 거기에는 며칠 살지 못하고 죽는 아기가 없을 것이며 명을 다하지 못하고 죽는 노인도 없으리라. 백 세에 죽으면 한창 나이에 죽었다 하고, 백 세를 채우지 못하고 죽으면 벌을 받은 자라 할 것이다. 사람들이 제 손으로 지은 집에 들어가 살겠고 제 손으로 가꾼 포도를 따 먹으리라. 제가 지은 집에 남이 들어와 사는 것을 보지 않겠고 제가 가꾼 과일을 남이 따 먹는 것도 보지 아니하리라. 나의 백성은 나무처럼 오래 살겠고 내가 뽑은 자들은 제 손으로 만든 것을 닳도록 쓰리라. 아무도 헛수고 하지 아니하겠고 자식을 낳아 참혹한 일을 당하지도 아니하리라. 그들은 야훼께 복받은 종족, 후손을 거느리고 살리라. 그들이 부르기 전에 내가 대답하고 말을 마치기 전에 들어주리라. 늑대와 어린 양이 함께 풀을 뜯고 사자가 소처럼 여물을

서 '우주적 목회학'이라는 신학적 담론과 실천 방안을 모색하고 발전시켜야 한다.

요한복음 10장 10절을 한번 새롭게 읽어보자. 예수는 우리에게 풍성한 생명을 주시려고 오셨는데 온갖 도적이 생명을 도적질하고 죽이고 멸망시키고 있다고 이야기하고 있다.

이 도적은 이원론적, 혹은 초월적 영성에서는 적그리스도, 사탄으로 이해되어왔지만 현실적으로 이해하면 오늘의 도적은 과연 누구일까? 우리의 생명을 빼앗아가는 오늘의 도적은 신자유주의 경제세계화라는 가면, 경제 성장과 개발이란 이름하에 모든 생명 자원, 특히 생태계의 자원을 소진하며 인간의 이익만을 추구하는 인간중심주의라는 가면, 21세기 정보화 사회에 살아남기 위해 모든 귀한 전통 가치를 파괴하는 무분별한 현대성이라는 가면, 과학의 이름으로 모든 영성과 생명의 유기적 관계를 분리시키고 대결화하는 서구 사상의 가면, 인간은 자연의 정복자로 부름받았다는 식민사관의 가면을 쓰고 하느님이 주신 생명을 도적질하고 죽이고 멸망시키고 있다.

바벨탑은 도시화의 이야기다. 바벨탑 이야기를 오늘의 산업화, 도시화, 근대화, 신자유주의적 사고의 상황과 연결해서 읽으면 바벨탑을 지은 인간의 운명이 어떻게 되리라는 짐작을 할 수 있다. 이런 상황에서 볼 때 생명지키기, 생명살리기는 이 시대의 중요한 선교적 과제이고 복음 선포의 과제다.

유럽의 지성인들 가운데서는 각성 운동이 일어나고 있다. 그중 어떤

먹으며 뱀이 흙을 먹고 살리라. 나의 거룩한 산 어디에서나 서로 해치고 죽이는 일이 없으리라." 야훼의 말씀이시다.

이들은 오늘의 서구 사회가 당하고 있는 문제가 계몽주의·이성주의·합리주의 등 서구 사상 때문에 초월자를 인간으로부터 밀어내어버린 데서 기인한다고 보고 있다.

아일랜드 출신으로 가톨릭 사제인 디아르무이드 오 머추(Diarmuid O'Murchu)처럼 이원론적·이분법적 사고 때문에 인간이 자연과 자기를 분리시켜 자연을 파괴한 것이 문제이며 이제는 자연으로 돌아가 재연결되고 인간의 몸이 땅의 몸과 다시 하나 되고, 광기의 삶에서 고요와 명상의 삶으로 돌아가야 구원이 있다고 보는 사람들도 있다.

앞으로 30년 후에는 농토를 잘 가꾸고 보전한 나라만이 살아남는다는 이야기, 지구 인구의 70%가 농사를 지어야 지구 환경이 보존된다는 이야기는 억지 같지만 금명간 현실로 나타날 것이다.

경제의 어원은 성서에서 나왔다. 성서의 경제는 하느님의 집이란 뜻인 오이코스(*Oikos*)에 규범이란 말인 노무스(*Nomus*)가 연결되어 나온 개념이다. 오이코노미아(*Oikonomia*), 경제란 이 말의 뜻은 결국 하느님의 집안 살림살이 법칙이란 뜻이다. 이 오이코스란 말에서 경제(Economy)와 생태(Ecology)란 말이 나왔고 오이쿠메네(*Oikumene*, 지구상에 거주하는 모든 생명공동체)라는 말도 나왔다. 새로운 생명의 길을 향한 돌파구 모색에 '생명 농업'이 길잡이가 되어야 한다. 생명 농업은 단순히 우리의 삶, 혹은 경제적 영역 중 하나로서가 아니라 산업화·도시화·근대화가 가져다준 현대 문명의 딜레마를 풀어내는 대안 문명의 견인차로 제시되어야 하고 여기에 기독교가 참회하는 심정과 행동으로 투신해야 한다.

친일 · 친미 기독교의
죄책 고백은 가능한가?

김승태 세움교회 목사, 한국기독교역사연구소 연구실장

왜?

이것은 내가 말하기에는 아주 무거운 주제다. 특히 친일 문제는 내가 연구해오던 분야라 어느 정도 말할 수 있지만, 친미 문제는 버겁고 아는 것이 별로 없어서 오히려 배워야 하지 않을까 생각한다. 다만 이 문제를 서로 고민해보자는 데 의의를 두고 부족하지만 평소 생각을 몇 가지 말하도록 하겠다.

내가 친일 문제에 관심을 가지게 된 것은 1980년대 후반으로 벌써 20년이 다 되었다. 그때 내가 속해 있던 한국기독교역사연구회라는 단체에서 한국교회사를 공동으로 새롭게 집필해보자고 하여, 시기별로 나누어 맡아 공동 집필에 들어갔다. 내가 맡은 시기는 1930년대 중반부터 1945년 해방까지였기 때문에 그 기간 교회사 자료들을 수집하고 검토하다가, 한국 교회가 신사참배를 거부하여 순교자를 내기도 했지만 엄청난

부일 협력 활동을 했다는 것을 알았다. 그 책은 1990년에 기독교문사에서 『한국 기독교의 역사 II』로 나왔는데, 그 책의 제9장 「일제의 박해와 기독교의 투쟁(1936~1945년)」이 직접 초고를 집필한 부분으로 그 가운데 "기독교의 훼절"이라는 절을 설정하여 일제 말기 기독교의 변질과 부일 협력 활동, 기독교인의 부일 행각들을 개괄적으로 정리했다. 그 후에 대표적인 기독교인 부일 협력자들과 그들의 친일 논설 및 해방 후 반민특위 자료들을 정리하여 1994년에 다산글방에서 『한국 기독교의 역사적 반성』이라는 제목으로 단행본을 냈다. 따라서 기독교의 친일 문제에 관한 개괄적인 내용은 『한국 기독교의 역사 II』를, 보다 상세한 내용은 『한국 기독교의 역사적 반성』이라는 책을 참고하기 바란다.

친일 문제에 관해 이런저런 글을 쓰면서도 철저하게 자료를 근거로 해서 썼기 때문에 한 번도 항의를 받아본 일은 없다. 하지만 부탁받은 강연에서 두 번 큰 반박을 당한 기억이 있다. 공교롭게도 그것은 가장 보수적이라는 고신 측의 원로 모임에서와 가장 진보적이라는 기장인의 모임에서였다. 두 번 다 주최 측이 부탁한 주제에 따라 발표한 것이었는데도 아주 심한 반박을 받았다. 고신 측 모임에서는 "정체를 밝혀라", "빨갱이나 그런 말을 할 것이다", "지금 해야 할 일이 얼마나 많은데 쓸데없이 과거의 일을 끄집어내느냐?"라는 반박을 받았고, 기장 모임 후에는 소속된 노회에 불려가 이른바 '지도'라는 것을 받았다. "그런 이야기를 하는 것은 교단에 해가 되고 선교에 막대한 지장을 주므로 앞으로 삼가라"는 것이었다. 이것은 불과 몇 년 전의 일로, 한국 교회의 실상을 보는 듯했다.

한국 교회는 칭찬받는 데는 익숙하지만 비판을 받으면 아주 불편해하는 것 같다. 또 자화자찬하는 데는 익숙하지만 죄책을 고백하고 회개하는 데는 매우 인색한 것 같다. 이것은 성숙하고 건강한 교회의 태도가 아니다. 비성서적인 태도다. 왜 잘못된 과거에 대한 죄책 고백과 반성이 필요한가? 현재와 미래를 위해서다. 우리 자신과 이웃을 위해서다. 이런 일을 해서 교회의 선교가 지장을 받는 것이 아니라, 이런 일을 않기 때문에 교회의 선교가 지장을 받고 사회적 신뢰감을 잃는 것이다.

한국 기독교의 친일 문제—무엇을? ①

대략 한말·일제하의 한국 기독교계를 운동사적 측면에서 시대를 구분하여 특징짓는다면, 한말의 기독교계는 (애국)계몽운동을 펴던 시기, 1910년 일제 강점 후부터 1919년 3·1 운동이 일어날 때까지는 국내외에서 국권 회복 운동 내지 민족 독립운동과 깊은 관련을 가진 시기, 1920년대 이후부터 일제 말기까지는 일부에서 사회 운동과 민족 운동을 펴기도 하지만 대체로 문화 운동과 신사참배 거부 운동으로 대표되는 종교적 저항 운동을 펴던 시기로 볼 수 있다. 그리고 이렇게 보면 3·1 운동을 고비로 후기로 갈수록 기독교인들의 운동에서 민족성 내지 정치성이 희석되고 있음을 알 수 있다. 한국 기독교계가 이렇게 된 것은 일제의 기만적 회유·분열정책에 유도된 측면도 있지만, 민족 독립운동 내지 3·1 운동에서 큰 피해를 입은 교계가 이러한 운동에서 희망을 상실하고 다른 방면에서 활로를 찾았으며, 그런 가운데 일제의 회유공작에 말려들어 교계 지도자들이 친일화되어간 데 그 원인이 있다고 볼 수 있다.

특히 1937년 중일전쟁을 전후하여 기독교계 국내 민족주의자들을 전향시키기 위해 일으킨 수양동우회 사건(1937년 6월)과 흥업구락부 사건(1938년 5월) 이후 사건에 연루된 기독교계 지도자 대부분이 전향하여 변절했고, 기독교계의 부일 행각이 본격적으로 나타나기 시작했다. 그리고 이러한 행각은 개인적 차원뿐만 아니라, 당시 기독교로서는 가장 큰 문제가 되었던 신사참배 문제에 굴복한 이후에는, 교회적 차원에서도 이루어졌다. 그리하여 일제 말기에 한국 교회 안에도 친일파 내지 부일 협력자들이 생겨나게 되었고 중일전쟁 이후에는 일제의 강압에 못 이긴 것이라고는 해도 한국 교회가 부일 협력 내지 전쟁 협력 활동에 내몰리게 되었다. 그러나 한국 교회는 아직까지도 그 진상조차 제대로 정리·청산하지 못하고 있다.

나는 기본적으로 친일파 내지 부일협력자들도 일제 식민지배의 피해자들이라고 생각하기 때문에 이들에 어느 정도 동정심과 연민을 가지고 있다. 그리고 같은 기독교인으로서 연대적 책임의식을 느끼고 있다. 그러나 그들의 처지를 동정하는 것과 그들의 허물을 덮어두는 것은 엄격하게 구분해야 할 것이다. 굳이 그들의 부끄러운 허물을 드러내어 말하는 것도 그들을 정죄하거나 비판하자는 의도에서보다는 우리 선배들의 잘못에 대해 우리도 그 과오와 책임을 나누어 지고 우리 대에서라도 반성하여 바로잡고자 함이다. 기독교계의 친일 내지 부일 행적은 기독교인에 의해서 조사·정리되고, 공개적·거교회적으로 과오를 인정하고, 죄책을 고백하고 반성해야 한다. 더욱이 신앙상의 지조를 지키지 못한 신사참배 문제뿐만 아니라, 일제 말기 한국 교회의 부일 협력 내지 전쟁 협력 문제에 대해서는 반드시 역사적으로 정리하고 넘어가야 한다.

하느님과 사람 앞에 과거의 잘못과 연약함을 스스로 인정하고 반성하는 것은 어려운 일이기는 하지만 부끄러움과 수치가 아니라 오히려 진정한 용기요, 성숙이다. 더욱이 일제 말기의 부일 협력 행위가 뚜렷한 인물들까지 행적이 은폐되고 독립유공자로 알려져 있거나 정부의 포상까지 받은 경우도 있다. 이들이 독립유공자로 지정된 것은 모두 이들이 작고한 후의 일이므로 이에 대해 본인들의 비양심을 탓할 수는 없지만, 그 후손이나 지인들이 그들의 허물을 알지 못하거나 알더라도 은폐하고 있다고밖에 달리 해석할 수 없다. 심지어 어떤 학교는 그 후손이 이런 사람을 기념하는 기념 건물까지 세워 현양(顯揚)하는 경우도 있다. 우리가 잘 알고 사회적으로 존경을 받는 기독교인들 가운데 일제 말기의 부일 행적을 은폐하거나 부인하는 경우도 많다. 여기에 이 문제의 현재적 심각성이 있다. 한국 기독교계가 자발적이든 강압에 못 이겨서든 저지른 부일 협력 활동을 당시의 자료를 토대로 철저히 조사·정리하고 청산해야 할 필연성과 당위성이 여기에 있는 것이다.

한국 기독교의 친미 문제-무엇을? ②

한국에 복음을 전해준 선교사들은 대부분 미국 선교사들이었다. 그래서 한말부터 기독교인들은 친미파가 아닌가 하는 의심을 받았다. 일제 강점기에도 일제가 미국과 경쟁 내지 적대 관계에 있을 때에는 기독교인들이나 미국에서 유학한 지식인 지도자들을 친미파로 보았다. 그리고 일제 말기에는 선교사들과 연결된 스파이로 보기까지 했다. 실제로 자국의 국익에 따라 합리적으로 처신하는 세속국가인 미국을 기독교적 이념을 구현하는 기독교 국가로 잘못 알고 동경해온 기독교인들이 있는 것도 사실이다.

그러나 미국은 항상 우리 국민이 기대했던 만큼 좋은 나라는 아니었다. 우리나라가 일제의 식민지로 전락한 것도, 물론 일차적으로 그 책임은 그것을 막아내지 못한 우리 지도자들과 국민에게 있지만, 가쓰라 태프트 밀약을 비롯한 미국의 일제 지지와 '현상 유지' 외교정책에 있었고, 해방 후 남북 분단의 책임도 우리 민족의 의사와는 상관없는 미소 분할 점령에 있었다. 남한의 단독정부 수립과 한국전쟁의 책임도 미국 측에 없다고 할 수는 없다. 그 후 5·16 쿠데타 세력의 군사 독재정권 인정, 1980년대 광주 민주화 운동 탄압과 신군부 세력 인정 등 우리 민족의 역사적 과제였던 민주화와 통일에 역행하는 세력을 지지하고 힘을 실어주었던 것도 역시 미국이었다. 지금에 와서는 더러운 전쟁으로 지탄받는 베트남전쟁과 이라크전쟁에 우리 국군을 파견하여 개입하게 한 것도 미국이었다. 물론 이러한 미국의 대한정책과 태도는 미국으로서는 자국의 국익을 위한 당연한 선택이었을 것이다.

그러나 이러한 역사적 내막을 잘 모른 채, 복음을 전해준 선교사들에 대한 좋은 인상과 일제로부터의 해방을 가져다준 고마운 나라, 한국전쟁 때 군대를 파견하여 공산 세력으로부터 우리를 구해준 은인의 나라, 경제적 어려움에 처했을 때 원조해준 시혜의 나라라는 일반적인 인식 때문에 대부분의 기독교인과 반공적인 보수 세력들은 친미 내지 숭미의 식까지 가졌고 지금도 그런 의식을 갖고 있는 사람들이 많다.

북한 핵문제를 둘러싼 한반도 전쟁 위기 조장, 주한미군의 여중생 압사 사건, 이라크전쟁 도발과 한국군 파병 요청을 계기로 의식 있는 시민들이 미군 철수를 요구하고 소파(SOFA) 개정 운동과 전쟁 반대 및 파병 반대 운동을 할 때 이에 대항하여 친미 시위를 주도한 것도 보수적인 기독교 세력이었다. 더욱이 미국에 자녀를 유학 보내거나 이민 한 가족 혹은 친지가 있는 사람들은 혹시라도 자신들에게 불리한 일이 일어날까 걱정하여 미국의 입장을 무조건 두둔했던 것도 사실이다. 물론 여기에는 미국과의 경제적 관계도 중요하게 작용했을 것이다.

그러나 무조건적인 반미도 문제지만, 한국 기독교인들의 잘못된 인상에 기초한 무조건적인 친미의식은 반성하고 극복해야 할 과제다. 기독교인들이 진정으로 하느님을 경외하고 인류의 평화와 공존을 생각하는 사람들이라면, 미국의 정책을 성서의 기준에 비춰 공정하게 평가하여 지지할 것은 지지하고 비판할 것은 비판해야 할 것이다.

어떻게?

한 가지 생각만 지배하는 사회나 나라보다는 다양한 생각들을 가진 사람들이 서로 어울려 조화롭게 살아가는 사회나 나라가 더 건강한 사회요, 진보된 나라다. 서로 생각의 다름을 인정해주고 왜 그런 생각을 가지게 되었는지 이해해주고 할 수 있으면 대화하여 생각을 나눔으로써 같은 기준과 같은 인식에 이를 수 있다면 더없이 좋을 것이다. 기독교인들에게 여기서의 기준은 성서의 교훈이 되어야 하며 힘이나 이익, 물질, 자신의 감정이어서는 안 된다. 이러한 성서의 기준에 비추어 옳은 것은 옳다 하고 그른 것은 그르다 할 용기가 필요하다. 그리고 과거의 잘못에 대해서는 철저한 조사와 정리를 통해 과감하게 반성하고, 하느님 앞에 회개하고, 민족 앞에 죄책을 고백하며, 다시는 그런 전철을 밟지 않도록 역사적 교훈으로 삼는 것이 필요하다. 이것은 서로 비난하고 싸운다고 이룰 수 있는 일이 아니다. 시위한다고 될 수 있는 문제도 아니다. 오히려 차분하게 서로를 이해하는 것부터 시작하여 역사 인식을 공유하고, 공감대를 확산하려는 운동부터 해야 한다. 강연이나 토론회 등을 통해 어느 정도 공감대가 확산되었을 때 각 교파들을 대표하는 연대 모임에서 진상규명을 위한 위원회를 조직하고, 그 위원회는 그 분야 전문 학자들로 구성된 진상규명 연구를 지원, 친일·친미 문제에 대한 광범위한 조사와 연구를 하여 보고서나 백서를 만들게 하고, 이것을 기반으로 공개적이고 전교회적인 죄책 고백 선언을 하고, 그에 상응하는 태도를 취하는 것이 이 문제를 풀어가는 과정이 되어야 할 것이다.

평화 군축과 올바른 한미 관계

홍근수 향린교회 원로목사

흔히 대리전쟁이라고 일컫는 한국전쟁이 일어나고 그 결과 미군이 이 땅에 주둔한 지 반세기가 넘었다. 2002년 6월 13일, 양주군 효촌리의 미선이, 효순이가 미 장갑차에 깔려 죽었다. 이런 살인을 저지른 미군 병사들은 공무 집행 중이었다는 이유로 무죄 판결을 받고 미국으로 귀국했다. 이 나라가 민족 자주를 실현하지 못하고, 주권국가 아닌 주권 국가, 독립국 아닌 독립국인 관계로 벌어진 일이었다.

2000년 6월 15일, 분단 반세기 만에 처음으로 남북 정상이 만났을 뿐 아니라 그동안 무력대결을 계속하던 남북이 평화적 통일 등에 관한 합의에 이르렀고 그것을 평양과 서울에서 각각 동시에 발표한 것은 가히 역사적이라 하지 않을 수 없다.

이 남북공동선언은 북을 반국가단체 또는 범죄 집단으로 전제하는 헌법상의 조항과 국가보안법이라는 '악법'에도 불구하고 통치행위라는 명분 아래 이루어졌다. 남의 대통령이 수많은 보좌관들과 함께 북의 수도인 평양에 가서 며칠을 묵고 나서 남북공동선언이라는 것을 합의하고 발표했다는 상상할 수 없는 일이 실현된 점을 우리는 '역사적'이라고 평가하지 않을 수 없는 것이다.

그러나 남북 분단과 대결을 금하는 법적인 조치는 하나도 이행되지 않고 있음은 기이하다. 모든 법의 최상위법인 헌법의 영토 조항에 보면 "대한민국의 영토는 한반도와 그 부속도서로 한다"라고 되어 있다. 또한 남의 헌법은 그 전문에서 평화애호의 정신을 명기했고 어떤 종류의 대외 침략전도 참가를 금하고 있는데도 우리는 과거에 베트남전에 파병했을 뿐 아니라 2003년에는 조지 부시 미 대통령의 권유로 미국의 대이라크 침략 전쟁에 파병했다. 이것이 우리 분단 헌법에도, 민족정기에도 위배됨은 물론이다.

지금도 6 · 15 남북 합의와 병존할 수 없는 법들과 대외적인 군사 안보조약 등이 엄연히 존재하고 있을 뿐 아니라 오히려 그 법들에 의해 구속되고 있는 실정이다.

북을 반국가단체로 전제하는 헌법이나 악법인 국가보안법은 6 · 15 남북 합의의 내용에 정면으로 반하는데도 북의 낮은 단계의 연방제 통일안과 남의 '국가연합'이 서로 공통점을 갖고 있음을 인정한다고 남북 최고 통치자가 합의했음에도, 여전히 북의 연방제를 찬성했다고 하여 한총련, 범민련 남측 본부 등의 단체를 이적단체로 규정하고 있는 실정이다. 양심수라는 말도 이상한 표현이지만, 지금도 양심에 충실히 따르고서도 구속되고 징역을 사는 사람들이 있다. 이는 주로 국가보안법이란 악법이 현행법으로 존재하고 있기에 그러하다. 이 법은 남의 통일

지향 정책이나 남북 관계의 현실을 볼 때도 맞지 않다. 또한 38도선 이북에서 반세기 이상 통치해온 북을 인정하지 않는다는 것은 법 상식으로도 어불성설이다. 더구나 이것들은 6·15 남북공동선언의 정신과 양립할 수 없다. 그런데도 우리는 남북 양 당국이 6·15 남북 합의를 했고 이 합의에 대해 무효화 선언을 하지 않은 만큼 아직도 이를 유효한 것으로 간주하고 있다.

이 나라는 겉으로는 독립국이지만 사실상 군사 주권이 없고, 주권을 가진 완전한 독립국가라 하기 어렵다. 초강대국의 군대가 반세기 이상 이 땅에 주둔하고 있고 현재 3만 8,000여 명에 이르며, 이를 빌미로 온갖 정치·외교·경제 등 정책에 간섭당하고 있다. 소위 전시작전지휘권이라는 것은 초강대국인 미국의 손아귀에 있고 이 좁은 땅의 방대한 부분을 점령당하고 있는 현실은 놔두고라도 해마다 수억 달러를 안보지원비라고 하여 그들 주둔군에게 지불하고 또 이를 인상하고 있다. 그뿐만이 아니다. 해마다 온갖 불필요한 비싼 무기를 이 초강대국으로부터 구입해야 한다.

우리는 아직도 "오늘 네가 평화의 길을 알았더라면 얼마나 좋았을까?"(루가 19:42)라는 예수의 통탄을 들어야 하는 나라다. 우리는 그 평화의 길을 알지 못하는 민족인 것 같다. 우리 민족은 반세기 이상 민족 통일을 하지 못한 채 "제가 가꾼 포도나무 그늘, 무화과나무 아래 편히 앉아 쉬는"(미가 4:4) 시절을 그리워하면서 살고 있다.

전쟁지향적인 나라로 존재하고 있는 우리의 현실을 현행 헌법이 규정하고 있는 평화애호정신으로 바꾸자. 남북 간의 무력 충돌로 이북의 군함이 침몰하고 제2차 서해교전에서는 우리 군함이 침몰하여 젊은 병사들이 죽임을 당한 비극을 중단하자. 우리는 과감한 군축을 통해 주변 강대국에게 우리의 통일에도 아무런 반대를 할 필요가 없음을 알려야 할 것이다.

엄연히 헌법이 있고 대통령도 있으며 경찰도 군대도 있는 이 나라가 초강대국에 종속되어 있고, 노무현 정권을 포함하여 역대 정권들이 친미 사대주의 노선을 답습하고 있는 이러한 현실은 극복되어야 한다. 조약상으로뿐 아니라 실제로도 종속되어 있는 오늘의 대미종속관계를 청산하고 진정한 민족 자주를 되찾자. 그러할 때 한미 관계도 좋아질 것이다.

생명공학과 종교의 도리

박병상 인천도시생태환경연구소 소장

들어가는 글

'황금쌀', 쌀눈에 한정된 비타민 A가 나락 전체에도 퍼지도록 유전자를 조작한 쌀이다. 비타민 A의 전구물질인 카로티노이드가 포함된 까닭에 당근처럼 황금색을 띤다. 금호문화재단은 생명과학 분야의 노벨상을 목표로 '금호국제생명과학상'을 제정, 제1회 수상자로 황금쌀을 개발한 스위스연방공학대학 잉고 포트리쿠스(Ingo Potrykus) 교수를 선정했다. 쌀 한 가지에 의존하는 세계 4억 명의 가난한 나라 어린이들에게 황금쌀이 영양분을 보충하는 데 크게 기여할 것으로 예견한 잉고 포트리쿠스 교수는 수상식에 앞서 철분을 강화한 쌀도 연구하고 있다고 밝혔다.

왜 비타민 A는 나락엔 없고 쌀눈에 한정되었을까. 쌀눈이 떨어져 나가도록 도정한 백미만 먹으면 사람은 비타민 A 부족으로 괴혈병에 걸릴 수 있는데. 하지만 사람 눈높이에서 쌀을 바라보면 안 된다. 벼는 괴혈병에 걸리지 않는다. 벼의 씨앗인 쌀은 사람의 영양 균형을 위해 세상에 나타난 식물이 아니다. 벼는 쌀눈에 포함된 비타민 A 정도면 충분할 것이다. 쌀에 철분이 없는 것도 물론 벼가 철분을 필요로 하지 않기 때문이다. 철분이 필요한 사람은 채소를 통해 구해야 했다. 비타민 A도 쌀의 나락에서 찾을 것이 아니다.

비타민 A든 철분이든, 이론대로라면 유전자조작 쌀은 먹는 사람에게 비타민 A나 철분을 어느 정도 보충할 수 있게 도와줄지 모른다. 하지만 엉뚱한 성분까지 생산해야 하는 유전자조작 벼는 그렇지 않은 벼에 비해 생존이 어려울 가능성이 높다. 돌연변이 유전자는 기존 환경에 잘 적응하지 못하는 까닭이다. 유전자조작 씨앗은 그에 맞는 환경을 조성해 엄격히 관리하는 것이 나을 성싶다. 따라서 별도 시설이나 환경 관리를 위한 비용이 추가되는 만큼 생산된 쌀은 비싸게 팔려야 한다. 투자비를 건지지 못한다면 어떤 농부도 유전자조작 벼를 심으려 하지 않을 것이다. 종자회사도 적지 않은 특허료를 지불한 만큼 유전자를 조작한 고부가가치 벼 씨앗은 비싸게 판매하려 할 것이다.

철분을 함유하도록 조작된 유전자를 가진 벼도 때가 되면 꽃가루를 날릴 텐데, 이웃 농가는 그 꽃가루가 자신의 논에 들어오는 것을 환영하거나 거부할 수 있을 것이다. 비싼 종자를 구입하지 않아도 고부가가치 쌀을 생산할 수 있다 하니 은근히 반길 수 있다. 이때 종자회사는 이웃 농부에게 손해배상을 청구할지 모른다. 종자회사가 보낸 손해배상청구서에 발끈하는 이웃의 유기농산물 생산 농부는 유전자조작 벼 생산농가에 손해배상을 청구할지 모른다. 소비자들은 유전자조작 쌀을 유기농산물로 인정하지 않으므로. 따라서 유전자조작 쌀을 생산하려는 농가는 그 씨앗을 판매하는 종자회사 이상으로 그 꽃가루가 퍼지지 않도록

주의해야 한다. 자칫 고소 고발이 빗발칠 수 있다.

유전자조작 쌀이 그렇지 않은 쌀에 비해 잘 팔리지 않는다면 그 종자는 시장에서 사라진다. 미국계 다국적기업인 몬산토는 가난한 지역의 비타민 공급을 위해 황금쌀을 무료로 공급하겠다는 광고를 거룩한 표정으로 발표했다. 하지만 소비자들은 황금쌀의 존재를 그리 달가워하지 않을 것 같다. 나락에 포함된 비타민 A의 양이 광고처럼 매력적이지 않다는 지적은 그리 중요하지 않다. 백미를 즐겨 먹는 부자들은 채소를 곁들일 것이고 가난한 사람들은 현미를 주로 먹을 것이므로. 대부분의 소비자들이 유전자조작을 좋아하지 않는 까닭은 무엇일까. 자연스럽지 않기 때문은 아닐까.

꽃가루에 포함된 조작된 유전자는 유사 계통 식물의 유전자부터 오염시킬 수 있다. 몬산토에서 개발한 유전자조작 유채 씨앗은 몬산토에서 독점 생산하는 '라운드업(한국 상품명은 '근사미')'이라는 제초제에 내성을 가진다. 식물은 물론, 사람까지 죽이는 그 제초제를 뿌려도 끄떡없도록 유전자를 조작한 유채 씨앗을 파종하자, 몇 해 지나지 않아 잡초가 나타나기 시작했다. 유채의 조작된 유전자가 잡초에 옮겨간 까닭이었다. 기업에 의해 유전자가 조작당하는 생물은 쌀이나 유채와 같은 농작물만이 아니다. 콩, 감자, 밀과 같이 우리 식탁에서 빠질 수 없는 주곡에서 과일과 가축으로 확산되더니 각양각색의 꽃으로 영역을 확대하고 있다. 유전자 배열이 사람과 비슷한 가축도 예외가 아닌데 성형수술과 과외 공부에 돈 아끼지 않는 사람은 앞으로 그러지 않으리라 확신할 수 있을까.

자연스럽지 못한 농산물을 먹는데 사람에게 아무런 문제가 발생하지 않을까. 농약에 오염된 농산물과 방사선을 조사한 식품의 사례에서 볼 때 정부 당국자의 장담과 달리 안심하기 어렵다. 유전자조작의 경우 아직 확신할 수 없다. 시장에 출하된 지 얼마 되지 않아 거의 드러난 사례가 없다. 다만 분명한 것은 문제가 드러나면 대책이 없다는 점이다. 조작 여부와 관계없이 유전자는 스스로 재생산하는 까닭에 일단 문제가 발생하면 걷잡을 수 없다. 조작된 유전자는 생태계에 이미 만연한 뒤일 것이다. 현재의 과학기술 수준으로 유전자조작의 문제를 발견하지 못했다고 해서 앞으로도 내내 안전할 수 있을까? 우리 농정당국과 식품의약품안전청의 담당관들은 그런 주장을 늘어놓고 싶을 것이고 실제로 늘어놓고 있지만, 아니다. 우리보다 연구 예산과 인원과 실적이 월등한 미국의 식품의약품안전청(FDA)에서 안전을 확인한 의약품이나 화학제품 중 10년 넘게 판매를 보장하는 제품은 드물다. 더욱 세련될 내일의 과학기술이 새로 밝혀내는 문제를 마냥 외면할 수 없기 때문이다.

유전자조작 식품, GMO(Genetically Modified Organism)를 유전자재조합 식품이라며 학술용어로 강변하는 우리의 식품의약품안전청은 식품과 약품의 안전성 확보를 주요 업무로 하는 국가기관이다. 그런데 이상하게도, 유전자조작 식품의 안전성을 주장하는 모습이 유전자 농산물을 개발 보급하는 미국계 다국적기업 몬산토와 판박이다. 유전자조작 식품의 표시규정을 논의하는 'GMO표시연구회'의 간사로 활동하던 식품의약품안전청의 한 사무관은 시민단체의 역공이 거셀 때마다 "저도 사실 기독교 신자인데요……"를 겸연쩍게 연발했다. 기독교 성서의 창세기 말씀에 "하느님 보시기에 참 좋았다"라는 대목이 나오는데, '기독교 신도지만 유전자조작 식품을 받아들일 수밖에 없다'라는 말단 사무관의 처지를 토로했던 것일까.

불임클리닉에 냉동보관 중인 잔여배아로 줄기세포를 유도하는 연구를 우리나라에서 가장 앞장서 주도하는 마리아불임연구소 박세필 소장은 "나는 가톨릭 신자입니다만……"이라고 하며 자신의 반종교적 연구를 애써 변호했다. 한국 최초로 척추동물 복제에 성공한 황우석 교수는 자신이 불교 신자임을 천명하면서 동물 복제와 배아 복제가 불가에서 회자되는 윤회를 실현하는 연구인 것처럼 주장했다. 그를 반영했을까. 황우석 교수를 출연시킨 불교방송은 그의 연구를 적극 홍보하고 나섰고, 2004년 석가탄신일에는 조계종이 종단 차원의 큰상을 하사하기까지 했다.

유전자조작과 생명 복제로 대변되는 생명공학은 자연의 질서를 크게 교란하는데, 과연 종교교리에 부합할까. 종교에 대한 기초 지식도 연마하지 못한 필자가 감히 논리적인 주장을 펼칠 형편은 못 되지만, 자연을 절대자의 섭리로 보거나 살생을 금지하는 상식 차원의 종교관으로 미루어볼 때, 종교적으로 생명공학을 수긍할 수 있을까. 이미 여러 차례 실증된 유전자조작의 문제는 물론, 생명 복제 역시 많은 시민단체와 대부분의 생명윤리학자들이 윤리와 안전에 심각한 문제를 제기했다. 이들은 부자와 빈자, 남성과 여성, 사람과 생태계, 현 세대와 다음 세대 사이의 혼란과 불평등을 충분히 예견할 수 있다는 데 의견을 같이한다. 종교는 그 근본 철학으로 볼 때 생명공학과 양립할 수 없어야 모순이 아닐 텐데, 현 생명공학을 어느 정도 양해해야 하는 것일까.

과학기술은 가치중립적인가

야구방망이나 회칼이 끔찍한 흉기로 돌변할 수 있듯이 과학기술자가 연구개발한 이론과 기술은 이용하는 사람에 따라 문명의 이기가 될 수도 있고 재앙의 수단이 될 수도 있다. 게다가 지금은 과학이 학자의 호기심으로 이뤄지고 기술이 장인들의 손재주에 그쳤던 소박한 시절이 아니다. 서로 이질적이었던 과학과 기술이 손잡자 돈이 없으면 연구와 개발이 불가능할 정도로 과학기술은 거대화되었다. 외형이 거대해진 만큼 거액의 연구개발비가 들어가는 과학기술은 연구개발비를 제공하는 특정 세력 또는 자본의 이해에 종속된다. 잘 나가는 과학기술자마다 거액이 책정된, 하지만 목적이 정해진 연구 용역에 촉각을 곤두세우는 요즘, 과학기술자 스스로도 과학기술은 가치중립적이라는 주장에 스스로 민망해한다.

돈이 있어야 연구개발이 가능한 과학기술은 부가가치, 즉 돈을 약속한다. 얼마 전 우리나라의 한 대학 연구소는 3센티미터 크기의 사람 유방암을 갖고 태어나는 생쥐를 개발했다. 많은 생명공학자들마다 개발하고 싶어 하는 이른바 '질병 모델 동물' 중의 하나로, 그 생쥐를 이용하여 유방암을 치료할 날도 얼마 남지 않았다고 언론은 과학기술의 업적을 한껏 추켜세웠다. '유방암 생쥐'만이 아니다. 심장병이나 백내장과 같은 사람의 질병을 안고 태어나는 생쥐를 무려 20종류 이상 무더기로 개발한 연구자도 있다.

유방암 생쥐의 출현으로 가장 가슴 벅차할 곳은 어디일까? 당장 치료해야 할 유방암 환자일까? 유방암 생쥐를 재료로 하는 본격적인 연구가 시작되지도 않은 현재, 부가가치를 들먹이는 신문은 유방암 생쥐 한 마리가 수백만 원을 호가할 것으로 보도하고 있다. 신약을 개발하는 과정에서 희생되어야 할 생쥐의 수를 상정해보자. 가슴이 가장 벅찰 곳은 유방암 생쥐로 부가가치를 독점할 특정 자본일 것이다. 유방암을 갖고 태어나는 생쥐를 '황금 암을 낳는 생쥐'라고 별명을 붙인다면 유방암 치료를 대대적으로 광고할 생명공학 자본은 발끈할까.

돈이 많으면 환경이 좋아질까. 몇 해 전 우리나라를 방문한 프랑스의 학자 기 소르망(Guy Sorman)은 가난한 나라에 비해 부자 나라의 환경이 깨끗한 경험적인 예를 들어 경제 발전의 당위성을 환경적 측면에서 강조했다는데, 돈이 많으면 환경이 좋아질까. 그럴지 모른다. 정리 정돈이 잘 된 서구 유럽이나 일본, 호주, 뉴질랜드의 거리들은 마소의 오물이 뒤엉킨 가난한 나라에 비해 훨씬 깨끗하다. 잡초나 담배꽁초 하나 보이지 않는 고급 아파트 단지는 지붕이 새고 담벼락마다 낙서로 가득한 달동네보다 깨끗하다. 가난했던 시절에는 하천마다 아무렇게나 버린 쓰레기로 악취를 풍겼지만, 예산이 확보되자 지방 정부는 하천을 복개해 도로로 활용했고, 여유가 생긴 요즘은 물고기가 사는 자연형 하천으로 복원하려 하지 않는가. 부자가 되면 깨끗해지는 것은 분명하다. 일주일에 한 번은 꼭 목욕하라는 선생님의 당부도 지키지 못했던 한 세대 전에 비해 요즘 아이들의 용모는 얼마나 단정한가.

이상하게도 정부와 자본은 획일적으로 깨끗한 질서를 좋은 환경으로 착각하려는 경향이 있다. 과연 그럴까. 1990년대 초, 강원도 속초에서 세계 잼버리 대회가 열렸다. 1만 명 규모의 야영장이 덕유산 국립공원 내에 있음에도 하필 미시령으로 이어지는 설악산 기슭 신평리에 1만 5,000명 규모의 야영장을 다시 축조한 당국은 "잡목 숲을 잔디밭으로 바꾸니 환경이 좋아졌다"라고 너스레를 떨었다. 수많은 들꽃과 곤충, 온갖 버섯과 동식물이 수천만 년 이상 어우러졌던 덤불을 한순간에 벗겨내고 그 자리에 단일 품종의 잔디를 심으면 환경이 좋아지는 것일까.

우리가 겪는 환경 문제는 자연재해와 다르다. 거대하고 획일적인 가부장적 개발로 인한 생태계와 지역문화 붕괴, 에너지 과소비와 폐기물로 인한 수질·대기·생명체의 오염. 이와 같은 총체적 환경 문제는 한결같이 사람들에 의한 것이다. 지구온난화, 오존층 파괴, 사막화에 이은 기상 이변은 대부분 개발의 여파라고 전문가들은 분석한다. 그로 인한 피해는 자연보다 인공에 치명적이다. 천재가 아니라 인재로 여겨지는 지역적 호우의 예를 들어보자. 산사태가 발생해 길이 끊기고 가옥이 침수되는 현상은 사람이 축조한 인위적 환경에 문제를 일으킬지언정 다양성과 순환을 지향하는 생태계를 파괴하는 것은 아니다. 생명공학은 인간에게 대체 어떤 내일을 안내하는 것일까.

허구를 근거로 하는 생명공학

생명공학자들은 생명공학만이 인구 증가에 따르는 식량부족 현상을 획기적으로 해결할 수 있다고 주장한다. 불치병과 난치병을 근원적으로 치료하여 인류의 꿈인 수명 연장을 성취하고 환경과 에너지 문제에 대안을 마련해줄 것처럼 광고한다. 연구비를 제공하는 국가나 자본에 천문학적인 부가가치를 약속한다. 물론 이는 이론적인 희망사항이고 뒷받침할 만한 증거는 분명치 않다. 가정법을 근거로 제기하는 희망사항은 현재 상황에서 대단히 매력적이지만 반대의 상상도 얼마든지 가능하다. 잘못될 가능성도 배제할 수 없다. 환경은 과학적으로 언제까지나 통제할 수 없기 때문이다. 우리는 환경 속에 적응해 살 수밖에 없는데 환경을 교란하는 생명공학이 생명공학자와 그들에게 연구비를 투여하는 세력들의 선전처럼 희망이 될 수 있을지 냉정하게 살펴볼 필요가 있다.

GMO는 식량 증산과 무관하다

식량이 남아도는 국가에서 주도한 녹색혁명이 실패로 마감될 즈음, 부가가치를 신봉하는 생명공학이 식량 증산의 대안이라도 되는 양 수선을 떤다. 화학 비료와 살충제와 제초제로 토양 생태계를 돌이키기 어렵게 파괴하며 끝나가는 녹색혁명은 농산물의 단작을 초래했을 뿐 배고픈 이들에게 기여한 바는 적은데, 배부른 다국적기업에서 주도하는 GMO는 제국주의에 의해 자급자족 기반이 무너진 가난한 지역을 얼마나 배려하고 있을까.

대부분의 GMO는 다국적기업의 이익에 충성한다. 제초제저항성 농작물만이 아니다. 해충이나 바이러스저항성 농작물 역시 종자의 독점 공급을 목표로 한다. 종자 다양성이 사라지면 농업은 환경 변화에 매우 취약할 수밖에 없다. 동일 품종의 GMO를 광범위하게 파종한 후 기상 이변이 발생하면 지역은 물론 세계적인 식량 품귀 현상이 발생할 수 있다. 작금은 몇 안 되는 곡물 메이저가 세계인의 식량 공급을 좌지우지하는 상황이 아닌가. 불길한 상상력을 과학적으로 발휘해보자. 제초제저항성 유전자가 GMO 작물에서 인근 잡초에 옮겨갈 수 있다. 해충저항성 작물에 곤충들이 내성을 가질 수 있다. 바이러스 역시 쉽게 바뀐 농업 환경에 적응한다. 이와 같은 상황에 단일 품종의 GMO 작물을 세계적으로 파종한 후 잡초와 해충과 바이러스가 늘어나면 세계 식량 창고는 걷잡을 수 없이 황폐해질 것이다.

체격이 30배 이상 성장하는 미꾸라지나 15배 이상 자라는 연어는 자연에 방생할 수 없다. 그들이 생존할 만한 생태계가 존재하지 않기도 하지만 생존할 수 있다면 황소개구리 이상의 큰 문제를 초래할 수 있다. 먹이사슬 교란도 심각하겠지만 조작된 유전자가 유사종의 유전자를 오염시킬 경우 상상할 수 없는 문제를 촉발할 수 있다. 거대해진 미꾸라지나 연어는 엄격히 통제된 사육조건에서 그만한 사료를 먹었기에 그렇게 될 수 있었다. 배설물이 포함된 오폐수도 함부로 방류하면 안 된다. 배설물 속의 조작된 유전자가 생태계를 교란하지 못하도록 충분히 처리한 후 방출해야 한다.

이익을 최우선 가치로 신봉하는 기업은 돈이 되지 않는 식량 증산에 연구비를 투자할 이유가 없다. 사료로 전용해도 식량이 남아돌기 때문이다. 잘사는 지역으로 수출하는 기호식품이나 향신료 플랜트에 자급자족 기반을 빼앗긴 가난한 지역은 돈이 없어 식량을 수입하지 못하고 그래서 굶주린다. 최근 다국적기업은 2세대라 하여 맛이나 향이나 색채를 바꿔 부가가치를 높이고 혹은 의약품을 대체하는 GMO를 연구한다. 백신이 포함된 과일이나 딸기 향 나는 우유를 내는 젖소는 파란색 장미와 더불어 식량 증산과 전혀 무관하다. 복창하던 인류 복지와도 상관없다. 가져다 붙일 미사여구와 관계없이 개발자나 자본에 충성할 따름이다.

허구에 가까운 생명연장 애드벌룬

돼지나 소 췌장에서 인슐린을 추출하는 시대는 지났다. 관련 과학자들이 유전자재조합 기술이라고 주장하는 유전자조작으로 사람의 인슐린을 미생물이 대량생산하는 까닭에 부작용 없고 값도 저렴하다. 어디 인슐린뿐인가. 말기 백혈병 환자에 특효라는 글리벡, 여성과 남성호르몬, 사람과 소의 성장호르몬도 같은 기술로 개발해 시장에 출시했으며 앞으로 수많은 의약품이 유전자조작 기술을 통해 개발될 것으로 예상된다.

값싸고 안전한 인슐린이 대량 보급되면서 당뇨병 환자는 줄어들었을까. 아니다. 당뇨병을 우습게 생각하는 환자들이 늘어났다. 식이요법과

적당한 운동으로 당뇨병 발생을 억제하지 않는데 환자가 줄어들 리 없다. 고가의 글리벡도 전자파나 환경오염과 같은 원인을 제거하지 않는 한 백혈병의 발병률을 결코 낮출 수 없을 것이다. 호르몬 처방으로 갱년기 장애가 순식간 극복되는 듯하지만 전문가들은 암 발생과 같은 뜻하지 않은 부작용을 우려한다. 신체의 자연스런 노화과정에 강제로 역행하기 때문일 것이다.

우리 언론들은 체세포 이식 방식으로 복제한 배아와 불임클리닉에 냉동 보관된 잔여배아가 사람의 불치병과 난치병을 치료해줄 것처럼 크게 보도했다. 수정한 지 14일이 못 된 배아는 자궁에 착상시키면 사람으로 태어날 생명이지만, 관련 연구자들은 배아를 희생시켜 얻은 내부세포괴(inner cell mass)를 이용해 200여 가지 세포조직을 분화, 배양하면 치료에 크게 유용할 것으로 섣불리 예견했다. 당뇨병 환자의 몸에 인슐린을 주사하는 것이 아니라 인슐린을 분비하는 세포조직을 직접 넣어준다면 당뇨병이 근원적으로 치유되고, 치매 환자의 뇌에 건강한 신경세포를 보충하거나 교통사고로 끊어진 척추를 분화시킨 신경세포로 이어준다면 완치가 가능할 것으로 상상한 것이다.

자연스런 발생 단계를 거쳐 온몸의 세포와 장기가 될 운명을 지닌 내부세포괴를 빼내면 배아는 죽지만 내부세포괴를 체외에서 잘 배양하면 200여 가지 세포조직으로 분화가능한 줄기세포를 유도할 수 있다. 그런데 그렇게 유도한 줄기세포는 분화 능력이 지나치게 높아 현재까지 개발한 기술로는 방향과 정도를 정확히 조절하지 못한다. 줄기세포로 신경세포를 분화시킬 경우 신경세포 이외의 세포조직으로 분화하는 예가 오히려 많으며, 일단 신경세포로 분화했다 해도 주위 환경에 따라 암세포와 같은 엉뚱한 세포조직으로 럭비공처럼 재분화한다. 따라서 줄기세포의 임상 적용은 절대 불가능하므로 현재는 줄기세포의 안정된 분화를 위한 연구를 선행해야지 완치를 광고할 시점이 아니다.

일부 생명공학자는 줄기세포로 장기를 생산해 장기이식에 활용할 가능성을 점치기도 한다. 하지만 이는 지나친 상상력이거나 속임수다. 각종 신경과 혈관과 근육조직이 고유한 크기와 형태와 기능들을 두루 갖추어야 하는 장기를 단순한 세포덩어리인 줄기세포로 분화시키고 성형하는 것은 불가능하다. 다만 이론적으로 장기에 포함되는 단일 세포 조직으로 분화시킬 수 있지만, 이 역시 현존하는 럭비공 현상을 제어한 이후에나 임상 적용이 가능할 것이다.

위험천만한 이종 간 생체이식

체세포 핵이식 방법으로 인간의 배아를 복제할 경우 실패 확률이 대단히 높기 때문에 충분한 난자가 건강한 상태로 기증되어야 한다. 하지만 난자 제공자를 찾아내기가 쉽지 않을 것으로 예상할 수 있다. 자신의 몸이 착취되는 것을 무릅쓰고 과배란 유도 약제를 주기적으로 투입하며 난자를 무상 제공할 여성은 그리 흔치 않을 것이다. 이에 동물의 난자를 이용한 체세포 핵이식을 대안으로 주장하는 생명공학자가 있었다. 핵을 미리 제거한 소나 돼지의 난자에 사람의 체세포 핵을 치환해 넣어 배아를 복제해 줄기세포를 유도하겠다는 엽기적 발상이 은밀히 거래되는 인간의 난자를 구입하지 못할 가난한 환자들을 위한 눈물겨운 배려인 양 부풀려 호도되었다.

부작용 없는 장기를 제때 이식하지 못해 사망하는 환자가 미국에서 해마다 4,000명에 달한다고 한다. 인간의 장기를 구할 때까지 임시로 동물의 장기를 이식하는 방식을 구상하는 일부 생명공학자는 사람의 장기와 크기가 비슷하고 쉽게 구할 수 있는 동물로 미니 돼지를 선정하고, 장기이식용 돼지가 바이러스에 감염되지 않도록 엄격한 무균사육을 유난히 강조했다. 형제자매끼리도 생체를 주고받을 수 없게 하는 거부반응을 없애기 위해 '형질전환', 즉 전문가들이 넉아웃(knockout)이라 부르는 유전자조작을 감행하기도 한다. 거부반응을 일으키는 유전자의 가능을 제거하는 것인데, 문제는 유전자조작에 관계하는 기술이 직접 체내로 들어가는 현상이다. 유전자조작은 바이러스와 비슷한 기능을 하는 작은 유전자 집합체를 매개체(vector)로 활용한다. 그런데 이와 같이 유전자조작을 매개하는 유전자는 종과 종 사이의 유전자를 무시로 넘나들며 그때마다 숙주의 유전자를 교란한다. 유전자가 조작된 생체를 먹는 것도 아니고 이식시킬 경우, 유전자조작으로 딸려 들어온 이질 유전자가 인체 내에서 내내 얌전할 수 있을까.

또 하나 절대 무시할 수 없는 문제는 장기이식용 동물의 염색체 내에 존재하는 '내인성 바이러스(endogenous retrovirus)'다. 모든 생물의 염색체 내에 대개 0.5퍼센트 내외로 존재하는 내인성 바이러스는 외부 환경에서 감염되어 생긴 경우와 달리 진화 과정에서 염색체 내에 공생하게 된 바이러스를 말하는데, 내인성 바이러스는 무균사육과 유전자조작으로 제거할 수 없다. 숙주 동물의 염색체인 양 평생 아무 문제를 일으키지 않고 유전에 동참하는 내인성 바이러스는 다른 동물에 전이될 때 무서운 질병으로 돌변할 수 있어 문제가 심각하다. 홍역이나 페스트, 에이즈나 에볼라바이러스가 그 대표적인 예로, 이 병들은 가축화나 생태계 교란으로 동물과 사람의 환경이 뒤섞이면서 나타났고, 발생 초기 인류는 치명적인 피해를 입었다. 에이즈 백신을 개발하지 못하고 있는 인간의 과학기술은 미니 돼지의 염색체에 존재하는 내인성 바이러스들의 실체를 전혀 모른다. 전문가들은 동물의 장기를 이식할 경우, 몸을 빠져나온 내인성 바이러스가 창궐하지 못하도록 이종의 장기를 이식한 환자는 평생 격리되어야 한다고 주장한다.

이종 간 핵이식은 안전할까. 그와 같은 엽기적인 연구는 생명윤리 의식이 뒷받침되는 지역에서 거의 실시하지 않았거나 실시했다 해도 초기 단계이므로, 치명적으로 드러난 문제는 아직까지 발표된 바 없다. 하지만 상식적으로 안심하기 어렵다. 배아 복제에 활용하겠다는 이종의 난자도 마찬가지다. 기원이 다른 미토콘드리아로 인해 발생하는 질병에 속수무책일 것으로 짐작할 수 있을 뿐이다.

생태계를 어지럽힌다

공장 특성에 맞는 폐수처리 미생물을 유전자조작 방식으로 개발하여 적용하면 수질 오염을 줄일 수 있다는 주장도 들린다. 그런데 유전자조작 미생물이 폐수처리장을 빠져나가면 어떤 대책을 세울 수 있을까. 폐수처리장이 제약회사가 유전자조작 미생물을 배양하듯 철두철미하게 관리할 수는 없을 것이다. 화약을 분해하는 미생물에 해파리의 발광 유전자를 조작해 넣고, 전쟁이 끝난 후 지뢰나 불발탄을 제거하겠다는 그럴싸한 구상은 실제로는 적용하기 어렵다. 생태계에 퍼져나가 걷잡을 수 없이 재생산하거나 뜻하지 않은 돌연변이를 유발할 가능성을 배제할 수 없기 때문이다. 중금속을 잘 흡수하도록 올챙이의 유전자를 조작해 넣은 현사시나무를 가로수로 심을 수 없는 것과 마찬가지로 핵폐기물을 잘 분해하도록 유전자를 조작한 잔디를 핵폐기물 처분장이나 핵발전소 뜰에 심을 수 없다.

멸종 위기에 있거나 희귀한 동물을 복제하여 풀어주겠다는 생명공학자도 있지만 그렇다고 생태계가 풍요로워지는 것은 아니다. 복제한 백두산호랑이는 도로와 광산과 골프장과 스키장들로 수십 토막 난 백두대간에 풀어주지 못한다. 백두산호랑이도 산간 주민들도 위험하기는 마찬가지일 것이다. 동물원에 가두어 보호하며 사육하지 않을 수 없다. 지속적으로 복제하면 유전자원 보전에 도움이 될 것으로 오해할지 모르지만 매우 낮은 복제 성공률을 미루어볼 때 기대하기 어렵다. 6살 암양의 체세포로 세계 최초로 복제한 '돌리'가 어린 나이인 6살에 늙어 죽은 사례를 비추어볼 때, 늙어가는 동물원의 백두산호랑이를 아무리 복제해도 유전자원 보전은 소용없을 것이다. 늙은 체세포를 이식해 복제한 백두산호랑이들은 모두 세포가 늙어버린 어린 개체로 태어나 돌리처럼 어린 나이에 늙어 죽을 테니까.

기계화와 관개와 화학비료와 농약에 적응된 씨앗을 대량 파종하는 녹색혁명은 지역적 단작을 몰고 왔다. 주지하다시피 유전자조작 농작물은 이미 세계적 단작을 초래하고 있다. 수많은 농산물 자원을 잃어버리게 된 이유가 거기에 있다. 단작은 종자에 맞는 환경이 보전되어야 소기의 성과를 올릴 수 있다. 그런데 환경은 변한다. 나날이 심각해지는 기상이변은 최첨단 예보 장치를 비웃는다. 30년 전, 지금의 환경을 예측한 사람이 없고 환경 변화는 더욱 빨라지는데, 30년 후, 즉 다음 세대의 환경을 지금 짐작할 수 있을까. 이러한 와중에도 세계가 모두 단일 품종의 유전자조작 농산물을 파종한다면 다음 세대에는 어떤 위기가 초래될까. 생각할수록 암담할 뿐이다.

에너지 위기를 심화시킨다

40년도 채 남지 않은 석유 위기 시대를 극복할 대안으로 생명공학을 거론하기도 한다. 고순도 사탕무를 개발해 대체하자는 주장인데, 그와 같은 농산물을 재배하는 데 들어가는 에너지가 농작물을 가공해 얻는 에너지보다 많다면 에너지 대안으로 전혀 의미가 없을 것이다. 녹색혁명으로 개발한 농작물 종자보다 더욱 밀도가 높은 에너지를 요구하는 유전자조작 농산물은 이미 에너지 위기를 부채질하고 있다.

배아 복제도 마찬가지다. 난자를 추출하고, 줄기세포를 유도해 배양하고, 임상에 적용할 정도로 충분히 안정된 세포조직으로 분화하는 데 들어가는 비용과 에너지는 웬만한 환자들은 도무지 감당하기 어려울 정도로 과다할 것이다. 각고의 노력과 에너지로 임상에 적용할 단계에 접어들었다 치자. 이후 걷잡을 수 없는 위화감을 피하려면 거대한 에너지와 비용이 들어가는 사회보장제도를 정비해야 할 텐데, 과연 가능할지 궁금하다.

감시 도구

어떤 생명공학자는 자신만의 DNA 칩을 체내에 삽입하는 시대가 오면 생활이 하염없이 편리해질 것으로 예단한다. 고속도로나 지하철 통행료도 자동 인출되고 현관 열쇠가 불필요해지며 병원을 지나가기만 해도 그때그때 몸 상태에 맞는 처방전이 발행되리라는 그림을 그린다. 관공서에서 서류를 뗄 필요가 없을 정도로 신분이 보장될 것으로 예견하는데, 이는 대단히 낙관적인 견해다. 심각한 경쟁사회에서 빅브라더의 감시는 이중 삼중으로 강화될 것이다. 의뢰자의 건강을 미리 검토한 보험회사는 가입을 거절하고, 자신도 모르게 직장에서 불이익을 당할지 모른다. 결혼도 사회활동도 제약받을 것이다.

이미 생명공학 자본은 사람의 염색체를 다 조사해냈다. 유전자의 염기서열과 순서를 거의 밝혀낸 과학기술과 자본은 어떤 부가가치를 구상할까. 여성 잡지에서 어린이의 이른바 '롱다리 유전자'를 찾아준다고 생명공학 벤처기업들이 경쟁적으로 광고하는 시대다. 결혼을 앞둔 사람들에게 '유전자 궁합'을 유혹하는 벤처기업 중 '유방암 유전자'를 찾아낸다고 주장하는 곳도 있다. 유방암 유전자의 수는 물론 그 유전자가 환경과 어떤 상관관계를 갖는지도 전혀 알려진 바가 없다. 따라서 확실하지 않은 몇 가지 유전자가 발견되었다는 사실을 근거로 함부로 유방암 발병을 진단할 수 없건만 부모의 심정은 그렇지 않을 것이다. 언론을 장식하는 머리 좋게, 키 크게, 비만이 없게, 치매 걸리지 않게, 동성애에 관심을 갖지 않게 해줄 유전자들은 우생학을 예고한다.

최근 세계적으로 테러 공포가 확산되는 가운데 '바이오폭탄'이라는 해괴한 용어가 미국을 중심으로 들려온다. 풍토병을 일으키는 곤충을 개발하거나 특정 음식과 관계해 독성 물질을 배출하는 유전자를 개발한다면 적대적인 민족을 대량 제거하는 일도 불가능하지 않게 될지 모른다.

생명공학의 비윤리성

유전자조작은 식물에 동물의 유전자를 삽입하기도 한다. 엄격한 채식주의자들은 동물의 유전자가 들어간 채소나 곡물을 기피하려 할 텐데, 정확한 정보는 소비자에게 공개되지 않는다. 그런데 생명공학의 비윤리성은 유전자조작보다 배아나 생명 복제에서 두드러진다. 어떤 이는 똑같은 소 한 마리, 돼지 한 마리, 심지어 동일한 사람이 시차를 두고 다시 태어난다고 윤리에 무슨 변고가 생기는가 묻기도 하지만 복제 대상의 의사를 묻지 않는다는 점, 그리고 그 과정에서 수많은 생명들의 희생을 피할 수 없다는 점에서 배아나 개체 복제는 필연적으로 비윤리적이다.

동물 배아 복제도 마찬가지지만 돈이 되지 않는 동물 배아는 논외로 하고, 인간 배아 복제는 생명의 존엄성을 침해한다. 황우석 교수는 인간 배아를 이용하여 줄기세포를 만들려는 연구에서 여성 16명으로부터 242개의 난자를 채취했다. 체세포 핵이식 방법으로 배아를 복제하는 단계까지 이어진 난자는 30여 개였고, 30여 개의 복제 배아에서 단지 1개의 줄기세포를 배양하는 데 성공했다. 수정에 이르지 않은 난자는 아직 생명체는 아니다. 하지만 16명의 여성은 자연스럽지 못한 방식으로 과다한 난자를 배출해야 했고 그 과정에서 몸에 이상이 초래될 가능성이 있는 처치를 받아야 했다. 연구자는 연구를 위해 자원했다고 주장하지만 1인당 15개 이상의 난자가 적출되었다는 사실만으로 세계 윤리학자들은 경악한다. 착취를 의심한다. 더구나 연구자는 난자 기증자에게 어떤 정보를 어떻게 제공했는지 전혀 공개하지 않았다. 연구 과정의 윤리성을 의심받지 않을 수 없는 대목이었다.

배아에서 줄기세포를 유도하려면 배아를 절개해 내부세포괴를 떼어 내어야 한다. 그때 배아는 죽는다. 생명공학자는 수정 후 14일 이전의 배아는 생명이 아닌 세포덩어리로 규정하지만 터무니없다. 자궁에 착상하면 생명으로 태어날 수정 또는 복제된 배아는 분명한 생명이다. 황우석 교수는 1개의 줄기세포를 얻기 위해 30명의 초기 생명을 희생시킨 것이다. 아직 세포 분화가 일어나지 않은 배아를 완전한 생명이 아닌 '잠재적인 생명'으로 보고, 온전한 생명을 치료할 수 있다면 잠재적인 생명을 희생시킬 수 있다는 시각도 존재한다. 다시 말해, 완전한 사람의 생명이 배아의 생명보다 존엄성이 크므로 사람 치료를 위해 배아를 희생시켜도 좋다는 공리주의적인 시각이다. 그런데 생명이 과연 공리주의로 다뤄도 되는 재료에 불과할까. 공리주의 시각이 선동적인 부가가치 논리에 휘둘릴 경우 대상 생명의 존엄성이 소홀히 취급될 우려가 있다.

여성잡지 광고 면에서 성형외과 의사들은 자신들이 '아름다움'을 창조한다고 거리낌 없이 주장한다. 인체의 아름다움을 독점하는 성형외과 의사들은 평소 아름다움에 대한 공부를 위해 얼마나 많은 시간을 투자했을까? 마찬가지로, 수정 후 14일을 기준으로 생명론을 내세우는 생명공학자들은 생명에 대해 얼마나 고민했을까? 확실하지도 않은 가능성을 광고하며 14일 이전의 배아를 단순한 세포덩어리라고 함부로 규정해도 되는 것일까?

배아 복제를 연구하는 생명공학자들은 '인류 복지'를 되뇐다. 그들이 인류 복지로 규정하기만 하면 모두 인류 복지로 정의되어야 하는가. 1개의 줄기세포를 유도하기 위해 착취된 16명의 여성, 버림받은 240여 개의 난자, 희생된 30여 개의 배아는 인류 복지를 위한 한낱 쓰레기인가. 그렇게 해서 불치병과 난치병이 확실하게 치료되는가. 미안하게도 아직 모르는 게 너무 많다. 현재는 초기 연구 단계에 불과하며 하나하나 확인해가는 연구 과정에서 더욱 많은 생명들이 희생될 것이 분명하다. 배아 복제는 도대체 어떤 인류의 복지를 추구하기에 저토록 성화인가. 혹시 연구자의 복지는 아닐까.

배아 복제로 치료하겠다고 장담하는 질병들은 대개 퇴행성 질환이다. 나이 들어 자연스레 발생하는 퇴행성 질환을 기술로 치료할 수 있을까? 노후 세포나 장기를 그때그때 교환하면 완치가 가능할까? 인체가 기계 부품도 아닌데 교환이 손쉬울까? 오만이거나 무지거나 속임수다. 젊거나 어린 나이에 발생하는 퇴행성 질환은 치료해야 옳다. 하지만 그 경우, 치료보다 예방이 우선되어야 한다. 백혈병을 포함한 각종 암, 당뇨병과 같은 젊은이의 퇴행성 질환은 오염된 환경이나 심한 스트레스에 그 원인이 있다. 우리는 현재 퇴행성 질환의 원인을 제거하거나 줄이는 데 얼마나 많은 연구와 비용을 투자하고 있는지 반성해야 한다. 배아 복제 연구에 들어가는 비용의 일부라도 투자하고 있을까?

생산자, 즉 자본에 종속되어 있는 과학기술은 소비자, 즉 시민들에 의해 통제되어야 한다. 과학기술사회학이 누누이 지적하듯이 과학기술로 인한 이익은 자본이 챙기지만 그로 인한 최종 피해는 소비자들에게 돌아간다면 과학기술의 정책 결정에서 시민들의 의사를 민주적으로 물어야 한다. 거액의 세금으로 조성된 연구비로 운용되는 생명공학이 시민들의 의사 결정에 따라야 하는 것은 당연하다. 전문가들이 기술관료와 함께 밀실에서 정책을 결정하는 시대는 이미 지났다.

자신들의 논리와 규정과 희망사항에 따라 거액의 연구비를 책정해 소진하는 생명공학은 차라리 '연구 산업'이다. 생명공학이 연구 산업이라는 지적에서 자유로우려면 식량 증산을 외치기 전에 자급자족 터전을 보전하려는 노력부터 경주해야 한다. 질병의 원인인 환경 오염을 그대로 두고 환경을 더욱 교란하는 생명공학으로 질병을 말초적으로 치료할 수는 없다. 불치병, 난치병 치료 운운하기에 앞서 환경 문제를 먼저 해결하는 노력을 가시적으로 보여주어야 한다. 대부분의 환경 오염은 지나친 욕심에서 온다. 경쟁과 속도를 앞세우는 지속 불가능한 개발에서 벗어나 배려와 느림의 미덕으로 자급자족하는 '지속가능한 삶'으로 전환해야 인간사의 많은 불치병과 난치병은 비로소 줄어들 수 있을 것이다.

신은 과학기술을 창조하지 않았다. 그러한 마당에 과학기술이 신을 부를 수 있을까. 생명공학은 종교의 근본 정신을 교란한다. 생명의 자연스런 흐름을 저해하는 유전자조작과 배아 복제는 종교의 논리와 양립할 수 없다. 수정 직후부터 생명으로 인정하는 기독교는 물론이고 살생을 금하는 불교관에 비추어 배아 복제를 포함한 생명 복제는 비난받아 마땅하다. 일부 유명 생명공학자들의 천박한 발상을 근거로 '윤회'라고 감히 규정할 수 없다. 철학적 깊이가 남다른 종교가 불교라고 할 때, 생명 복제를 윤회라고 주장한 불교 신도 생명공학자가 석가탄신일에 표창장을 받은 일은 아무리 고쳐 생각해도 부끄러운 역사가 아닐 수 없다.

맺는 글

2003년 12월 30일 16대 국회를 통과하고 2005년 1월 1일 발효된 「생명윤리 및 안전에 관한 법률」은 여성계를 포함한 시민단체, 생명윤리학을 포함한 학계, 그리고 불교를 포함한 종교계에서 강력하게 제기해온 문제를 그대로 안고 있다. 당시 시민단체는 바람직한 생명윤리 관련법의 제정을 촉구하기 위한 시민운동을 전개하며 목표도 당차게 1,000만인 서명 운동을 천명했지만 목표에 크게 미달하며 흐지부지되고 말았다. 주장하는 신도를 다 합하면 전체 인구수를 초과한다는 종교계에서 무관심했기 때문이다. 한 차례의 설교 재료로 활용하고 잊어버리는 목사, 신부, 승려들은 신도들에게 서명을 권하기는커녕 제공된 전단도 배포하길 꺼렸다.

2004년 청와대 앞뜰에서 무려 58일에 걸친 단식 농성을 수행한 천성산 내원사의 지율스님은 다시 100일이 넘는 단식을 수행하여 많은 사람들을 놀라게 했다. 경부고속전철이 10킬로미터가 훨씬 넘는 터널을 뚫고 달리면 지하수맥이 내려앉아 천성산의 무수한 생명 가치가 위태로워질 것을 직감한 스님은 뭇 생명들을 대신해 자신의 생명을 내놓으려 했던 것이다. 그는 살려달라는 천성산 작은 생명체의 애달픈 소리를 외면할 수 없었던 것이지, 일부 언론과 정부에서 오도했듯 자신의 목숨을 담보로 터널 백지화를 막무가내로 주장한 것은 아니다. 법으로 보장한 자연의 가치와 그 보전을 위해 착공이 환경영향평가서 기준보다 10년이나 늦은 토목공사의 환경영향평가를 재실시하라는 요구를 단식 농성으로 표현했던 것이다.[1] 개발업자의 눈치를 살핀 토목 전문가들의 의혹이 가득한 법정 진술을 민주적으로 투명하게 재평가함으로써 천성산의 생태계를 보전해야 했기 때문이다.

생명을 중시하는 종교인들은 생명공학에 근본적인 질문을 던져야 한다. 하필 청와대 앞뜰을 선택한 한 비구니 스님은 천성산의 가녀린 생명가치들을 자신의 목숨과 하나로 인식했다. 삼라만상이 하나의 그물망이라는 불교 철학과 무관하지 않을 것이다. 자연의 기본 그물코인 유전자를 마구 조작하고 배아라는 초기 생명을 연구와 부가가치를 탐해 함부로 파괴하는 생명공학을 종교인들은 어떻게 바라보아야 할까. 하느님이 베푼 생명의 가치를 청지기인 사람들이 지켜내야 한다고 믿는 기독교인들은 어떻게 바라보아야 할까. 자연스런 생명의 흐름을 저해하는 천박한 환원주의 생명공학에 근본적인 문제를 제기하지 않으면 안 된다. 후손의 생태계에도 건강한 생명들이 지속가능할 수 있도록 더 늦기 전에 배려해야 할 종교인의 책임 있는 도리가 거기에 있는 것이 아닐까?

---

1 20만 명이 넘는 '도롱뇽의 친구'들이 천성산에서 가녀린 생명을 이어가는 꼬리치레 도롱뇽을 대리하여 법원에 제출한 이른바 '도롱뇽 소송'의 심리는 지방과 고등법원에서 각하되었고 2006년 대법원에서도 기각되었다.

배아 복제에 따른
생명윤리 판단 근거

박병상 인천도시생태환경연구소 소장

인권은 살아 있는 사람들만의 몫일까? 비록 부모의 동의를 구했다지만 죽은 태아의 뇌 조직을 노인성 치매 환자의 뇌에 주입시킨 시술은 좀 께름칙하다. 하지만 그런 시술이 보편화된다면 죽은 태아는 적지 않은 부가가치를 약속할지 모른다. 그렇다고 돈이 태아의 부모에게 돌아가는 것은 절대 아니다. 돈 임자는 따로 있다. 한해 150만~200만 건 가까이 행해지는 낙태 시술로 죽는 우리나라의 태아는 어떤 지위를 누릴까? 제약회사 대형 냉동고에 켜켜이 얼려두어야 할 유용한 약품 원자재로 취급되지 않을까? 기록 관리가 허술한 우리 실정에서 대부분의 냉동 태아는 부모의 동의 없이 얼렸을 가능성이 높으므로 인권이야 따질 여건이 아니겠지만, 냉동 태아를 자르고 갈고 원심분리하고 정제해

제조 판매하는 약, 그 출처를 안다면 그리 흔쾌하게 복용할 느낌은 들지 않을 것 같다. 기왕에 죽일 사형수에게 인권은 구차한 것일까? 거부반응이 없는 환자가 나타나는 날 이식용 장기의 적출을 위해 사형을 서두르는 나라에서, 사형수의 인권 따위는 한낱 군더더기에 불과할지 모른다는 느낌이 들 것이다. 사람에게 인권은 언제부터 시작되는 것일까? 수정 이후부터일까, 태어나면서부터일까? 생명윤리에 관한 법제화가 본격화되면서 생명윤리의 개념과 논쟁이 새롭게 부각되었다.

생명윤리의 논쟁은 인간 배아의 도덕적 지위에서 시작한다. 인간 배아는 태어난 인간과 동등한 도덕적 지위를 갖는가, 아니면 배아의 소유자 또는 원인 제공자인 부모의 의지에 따라 좌우되는가. 1978년 세계 최초의 시험관 아기 '루이스 브라운' 양이 영국에서 태어나기 이전, 나팔관에서 수정되어 자궁에 착상한 배아가 수정란 형성 280일 정도 지나 태어난 임신과 출산만이 지극히 정상이었던 시절, 인간 배아의 도덕적 지위에 대한 논쟁은 불필요했다. 체외수정 시술의 성공 확률을 높이기 위해 필요 이상의 난자를 적출하고 착상 후 남은 여분의 수정란을 냉동하면서, 냉동된 배아를 연구 재료로 이용하고 싶은 생명공학자들이 등장하면서 새로운 논쟁이 비롯된 것이다.

인간 배아의 도덕적 지위에 대한 전문가들의 3가지 상이한 의견을 들어보자. 첫째, 인간 배아는 창출되는 그 순간부터 완전한 인간의 지위가 부여되므로 배아를 대상으로 하는 어떠한 연구도 절대 허용할 수 없다는 주장이다. 배아 연구의 전면 규제를 정당화하는 비교적 소수의 집단이 여기에 속한다. 둘째, '단순한 세포 덩어리'에 불과한 인간 배아는 도덕적으로 특별한 주의를 기울일 필요가 없으므로 배아를 대상으로 하는 모든 연구가 가능하다고 주장하는, 배아 연구의 방임을 천명하는 또 하나의 극단적 집단이 있다. 셋째, 인간 배아는 '잠재적 인간 존재'로서 출생 이후의 인간보다 낮은 특수한 지위를 가지는 까닭에 배아를 대상으로 한 연구로부터 얻는 잠재적 이익이 배아의 도덕적 지위에 비해 높을 경우 까다로운 규제를 통해 공개적인 연구를 제한적으로 허용할 수 있다는 중간 영역의 가장 큰 집단이 있다.

가톨릭이나 개신교는 대개 인간 배아의 완전한 인간 지위를 주장하고, 독일과 오스트리아는 유사한 맥락에서 배아 연구를 국가 차원에서 전면 금지하고 있다. 하지만 그 밖의 나라와 나머지 종교들까지 그렇게 엄격한 것은 아니다. 배아를 단순한 세포 덩어리로 보고 연구의 자유방임을 명문화하여 적극 허용하는 나라는 거의 없으나, 전문가의 세 번째 주장과 같이 중간 정도의 도덕적 지위를 부여하고 명문화된 제도의 엄격한 규제 또는 그에 준하는 연구 집단 내부의 자율 규제를 통한 공개적 연구를 허용하는 나라도 많다. 물론 명문화되지 않은 틈을 이용하여 자율 규제를 거부하고 독단적으로 인간배아를 다루고 싶어 하는 은밀한 연구자와 기업이 없지는 않을 것이다.

배아에게 세 번째 도덕적 지위를 부여한다 하더라도 범위가 넓은 배아 모두에 똑같이 적용할 수는 없을 것이다. 수정 직후부터 출생 직전까지 배아에 따라 다른 지위를 부여하려 할 것이다. 여기에 연구자와 윤리학자 사이의 교묘한 합의가 요구된다. '원시생식선'이 나타나는 수정 후 14일 이후의 배아는 인간에 가까운 지위를 부여하지만 14일 이전은 세포 덩어리에 가까운 지위로 규정하자는 협상이 그것이다. 발생학자들이 원시생식선이라고 규정한 단계가 지나면 배아는 하나의 개체로 태어날 운명이 결정돼 각 세포가 장차 태어날 아기의 몸을 향해 거듭 분열하게 되지만, 원시생식선이 나타나기 이전 배아의 각 세포는 하나하나 분리해도 모두 한 명의 아기로 다시 태어날 능력, 즉 '전능성'을 잃지 않는다. 따라서 원시생식선이 나타나지 않는 14일 이전의 배아는 한 덩어리의 살점과 다르지 않은 단순한 세포 덩어리로 취급하자는 발상인 것이다. 물론 살점 세포는 현재 기술로 아무리 치성을 드려도 아기로 태어날 기미를 보이지 않는다.

그런데 모든 배아는 수정 후 14일에 원시생식선이 나타날까? 학자들은 아니라고 한다. 배아에 따라서 12일이나 16일 만에 나타나는 경우도 있다고 한다. 온도, 습도, 영양분, 약품 처리에 따라 그 기간은 얼마든지 단축시킬 수도 늘일 수도 있다는 것이다. 그렇다면 원시생식선은 전문가의 눈으로 명확하게 구별될까? 그렇지도 못하다. 따라서 연구윤리 감시자가 많은 연구기관에서 동시 다발적으로 진행하는 연구들을 일일이 감독할 현실적 방안은 없다고 보아야 한다. 원시생식선 출현 여부를 근거로 배아의 도덕적 지위를 차등 부여하는 것은 일면 과학적으로 정당해 보이지만 전혀 현실적이지 못한 까닭에, 과학자들은 원시생식선이 보편적으로 나타나는 14일을 기준으로 배아의 지위를 결정하자는 편의적인 발상을 제안하는 것이다.

하지만 산부인과 전문의들은 인간 배아의 경우 4세포기 배아가 지나면 세포들이 서로 연결되어 세포 분리는 거의 불가능하다고 말한다. 즉, 일란성 쌍생아는 4세포기 이전에 결정된다는 뜻이다. 일단 4세포기가 지난 배아는 원시생식선 여부와 관계없이 한 개체로 분열할 터이고 자궁에 착상되면 마땅히 한 명의 아기로 태어날 것이다. 그렇다면 원시생식선이나 14일을 기준으로 삼는 배아의 도덕적 지위는 바뀌어야 한다. 윤리적 저항이 적은 실증적 기준에 따르자면 배아의 도덕적 지위는 4세포기 이후로 결정해야 타당할 것이다. 하지만 4세포기 이전의 배아 연구는 연구자가 강력히 기피할 것이다. 연구를 시도할 여유가 짧고, 수행할 연구 분야도 상대적으로 협소할 것이기 때문이다. 그렇다면 배아를 대상으로 한 연구로부터 얻는 잠재적 이익이 배아의 도덕적 지위에 비해 높은지 낮은지는 어떻게 판단할 수 있을까? 역시 공리주의적 판단을 편의적으로 내세우지는 않을까?

까다로운 규제하에 공개적일 경우에 제한하여 허용하겠다는 엄격한 조건을 달아 드디어 14일 이전의 배아를 대상으로 하는 연구를 허가한다면, 다음에 부딪히게 될 윤리적 쟁점은 무엇일까? 그것은 어떤 배아를 연구 대상으로 허용할 수 있는가 하는 점이다. 배아는 다양한 의도로 창출되고, 창출될 가능성이 있기 때문이다. 현재 가장 보편적인 경우는 체외수정을 목적으로 필요 이상 만들어진 배아가 해당될 것이다. 임신과 출산에 성공하고 남은 잉여 배아는 최소 5년 동안 얼려두는 것이 국제 관례다. 하지만 우리나라의 경우 그 관례가 제대로 지켜지는지 확인하기 어려운 게 현실이다. 5년이 지난 냉동 배아는 부모의 동의를 구해 폐기처분해야 하지만, 어차피 폐기될 운명이라면 차라리 연구에 사용하는 편이 합리적이 아니냐고 연구자들은 주장하고 미국을 비롯한 많은 나라에서 그 의견에 동조하고 있다.

체외수정을 위한 목적이 아니라 연구 목적으로 배아를 복제하는 행위를 허용할 수 없다는 주장이 강력한 가운데, 생명공학의 선구적 지위를 놓치지 않았지만 그로 인한 상업적 지위를 경쟁상대국에게 번번이 빼앗긴 영국은 보란 듯이 연구용 배아 복제를 허용했다. 물론 치열한 내부 논쟁을 거쳐 겨우 국회를 통과했지만 만만치 않은 문제 제기가 빗발쳤다. 한편 미국은 연구 목적으로 창출한 체외수정 배아를 대상으로 하는 연구에 정부 연구비를 주지 않겠다는 보건성(NIH)의 강력한(?) 규제를 명문화했지만, 기업의 연구비 제공은 얼마든지 허용하고 있는데 정부 규제가 얼마나 효과가 있을지 알 수 없다.

체세포 복제 기법으로 연구 또는 착상 목적의 배아를 창출할 수 있다. 1997년 복제양 돌리를 탄생시킨 방식으로, 핵이 제거된 미수정란에 성인 체세포를 밀어 넣은 후 전기 자극으로 세포 분열을 유도하여 배아를 만드는 기술이다. 착상을 시도한다면 복제 인간이 최종 목적이 될 것이므로 강력한 윤리적 저항에 직면할 것이다. 물론 인간 복제를 규제하는 제도가 전무한 우리나라의 경우는 아니다. 인간복제회사 '클로나이드사'를 설립한, '미확인비행물체(UFO)'를 떠받드는 '라엘리안 무브먼트'는 한국의 복제희망자 9명을 이미 확보한 상태임을 과시했다. 곧 복제를 시작하겠다고 호언했지만, 인간 복제를 성사시켜도 현재 한국에서 전혀 불법이 아니다. 그러나 라엘리안 무브먼트에서 인간 복제를 실시하겠다고 아무리 장담해도 인간 복제를 반대한다는 생명공학자들의 한결같은 발언을 미루어볼 때, 인간 개체 복제를 목적으로 하는 복제 배아를 자궁에 착상하는 행위는 규제될 공산이 크다. 하지만 연구용 체세포 복제 배아의 규제 여부는 어떻게 결말을 볼지 아직 예단하기 어렵다. 그 기술은 개발된 지 얼마 되지 않았고, 그런 만큼 윤리 논쟁도 국제 사회에서 겨우 시작 단계이기 때문이다.

그렇다면 연구와 착상 목적으로 체세포 복제된 배아를 구별할 수 있을까? 불가능하다. 연구용으로 창출한 복제 배아라 할지라도 얼마든지 자궁에 착상해서 인간 개체 복제로 연결할 수 있다. 기술 발전에 따라 다른 동물의 자궁에 착상시킬 수 있을 텐데, 자궁 착상을 철저히 규제하는 일은 현실적으로 어려울 것이다. 연구 단계마다 사전 승인제도를 마련하여 허가된 연구자에 한해 연구하도록 철저히 검증하면 규제가 가능할 것으로 보고 싶겠지만 아닐 수 있다. 생명공학 연구는 인공위성에 추적되지 않는 연구시설과 세무조사를 피할 수 있는 연구비면 충분하고, 그 혜택은 비밀에 붙여도 무방할 정도로 은밀하게 전할 수 있기 때문이다. 연구 자체가 지하로 숨어든다면 규제는 거의 불가능할 것이다. 복제 배아 연구 결과가 얻어낼 막대한 수익을 달콤하게 그리는 연구자가 있는 한, 입법당국의 의지만으로 배아 연구에 대한 윤리를 담보하기란 요원하다.

연구자들이 화려하게 그리는 인간 배아 연구 결과는 연구자 스스로 '엠브리오닉 스템셀(embryonic stem cell)'이라 부르는 줄기세포를 얻어 고부가가치의 세포조직을 양산하자는 데 있다. 이는 수정 후 14일 이전 배아가 초기 발생단계인 4배기 상태가 되었을 때 안쪽 배아세포를 떼내어 '절묘'하게 배양하면 원하는 세포조직으로 분화를 유도할 수 있다는 가능성 때문이다. 절묘하다는 의미는 물론 돈이 되는 특허로 그 방식을 꼭꼭 숨겨놓을 수 있다는 뜻이다. 줄기세포로 뇌 조직을 만들어 노인성 치매환자를 치료할 수 있고, 당뇨병이나 노인성 질환을 비롯하여 각종 불치병과 난치병도 치료할 수 있다는 '꿈의 가정'을 전제로 한다. 물론 줄기세포를 만드는 과정에서 더 큰 실리를 위한다는 목적하에 배아는 필연적으로 죽고 말겠지만, 배아의 도덕적 지위를 주장하는 사람만이 애도를 표할 것이다.

흔히 줄기세포를 '만능세포'라 말한다. 좋게 보면 어떤 세포조직으로 분화시킬 수 있고 부정적으로 보면 엉뚱한 방향으로 분화될 수 있다는 뜻이다. 그래서 '럭비공'으로 부르기도 한다. 배양액 속에 같이 넣은 조직의 성격을 따라가는 경향이 있는 줄기세포를 심장 근육 조직으로 분화시켜 치료에 사용했다가 나중에 주변 사정에 따라 지방조직이나 암조직으로 바뀔 경우, 환자의 생명은 오히려 단축될 소지도 있다. 따라서 아직 사람에게 적용시킬 수 없지만 미지를 개척하려는 과학기술의 특성상 결국 그 해답을 찾아낼 것으로 과학자들은 확신한다. 그런데 무수한 과학기술은 기술개발 과정 과정마다 불쑥불쑥 나타나는 미지를 무시해야 비로소 구할 수 있던 행운이었다는 선각자의 충고는 애써 외면된다. 하나의 미지를 알고자 접근하면 더 많은 미지를 만나는 과학기술 특성상, 복잡성이 증가할수록 극복하지 못하고 넘어가야 하는 미지가 더 많을 수밖에 없으므로 과학자들은 겸손하고 조심스러워야 한다. 하지만 복잡해질수록 전문가들의 상호 불가침 영역은 확장되고 연구비는 증가한다. 그리고 그 연구비를 부담하는 건 납세자이자 소비자인 시민들이다.

부모의 동의를 구한 잉여 냉동 배아를 활용하여 줄기세포를 연구한다지만 잉여 냉동 배아로부터 얻은 세포조직이 환자의 조직과 일치할 확률은 매우 낮다. 연구의 진행 여하에 따라 결국 환자 자신의 체세포를 이용하여 줄기세포를 추출하고, 그 부작용 없는 줄기세포로 자신의 질환을 치유하고 싶을 것이다. 아니, 의사가 그렇게 권유할지 모른다. 하지만 거기에는 개체 복제의 유혹에 쉽게 빠질 수 있는 위험이 내재한다. 안전성 100%를 확신하지 못할 줄기세포보다 부작용 없이 완벽한 장기로 이식하는 편이 훨씬 안전하지 않은가. 나와 동일한 복제 인간에게 인권이 침투하지 못하도록 대뇌 발육을 억제하고, 뇌 없는 허우대를 속성 발육시킬 수 있는 기술은 줄기세포 분화 연구보다 쉬울지 모른다. 이미 동물 실험에서 성공한 예도 있지 않은가. 14일 배아의 도덕적 지위 논쟁도 어차피 공리적 소모전이었을 뿐, 뇌 없는 허우대의 도덕적 지위가 14일 이전의 배아보다 뛰어날 게 없다는 공리주의 논쟁을 과학자들이 선도하면 사회 분위기는 어차피 내 편이 될 터, 돈 싸들고 달려올 고객은 차고 넘치지 않겠는가.

자신의 체세포를 복제한 배아로 줄기세포를 만들든 개체복제로 유도하든, 성숙한 난자를 반드시 희생시켜야 한다. 하지만 반드시 사람의 난자여야 할까? 동물 실험에서 성공했듯이 동물의 난자를 이용하면 안 될까. 가축 난자라면 값도 싸고, 양도 많고, 해둔 연구도 많아 기대 효과도 충분하고, 계약 조건을 놓고 난자 주인이 트집 잡지도 않을 것이다. 현재까지 보유하고 있는 기술만 가지고도 동물 난자에 인간 세포핵을 치환해 넣어 복제 배아를 충분히 창출할 수 있을 것이다. 36세 남성의 귀에서 떼어낸 세포핵을 출처가 불분명한 어떤 난자의 핵과 치환하여 줄기세포 추출에 성공한 황우석 교수가 이미 훌륭하게 증명한 바 있다. 참고로 황우석 교수는 동물과 사람의 수정란을 융합하는 소위 '키메라' 연구를 강력히 지지했다. 동물 난자를 활용한 인간 개체 복제는 어떨까? 이 경우는 좀 더 연구해야 한다. 고양이 난자를 활용한 백두산호랑이가 사자와 소의 자궁에서 태어나지 못한 것으로 보아 아직 쉽지 않을 것이다. 하지만 연구비만 쥐어주면 과학자의 호기심은 그 가능성을 결국 열고야 말 것이다. 공리주의가 윤리를 지배하는 한 다른 걱정들도 별게 아닐 것이다.

난자나 배아를 희생시키지 않고 줄기세포를 얻을 수 없을까? 태아의 몸은 세포 분열 능력이 왕성한 까닭에 몸 속 어떤 세포들을 통해 혹시 줄기세포를 구할 수 있을지 모른다. 같은 맥락으로 성인의 몸 중에서 분열이 왕성한 세포, 예를 들어 골수세포로 줄기세포를 구할 수는 없을까? 죽은 태아로 추출한 줄기세포는 거부 반응과 같은 부작용 측면에서 잉여 배아에 비해 나을 게 없고 비윤리적이라는 비난도 당장 피하기 어렵겠지만, 성체의 몸에서 얻는 줄기세포는 자신의 세포일 것이므로 윤리적 비난은 물론 조직 부적합성에 따른 부작용도 없앨 수 있다. 그래서 그랬을까? 보수적인 견지를 고수하는 가톨릭에서 그런 방식으로 얻는 성체줄기세포 연구는 허용했다. 그런데 배아 복제를 고집하는 일부 생명공학자들은 결과가 신통치 않은 연구에 매달리는 데 정력을 낭비하지 말라고 극구 충고한다. 가능성이 훤히 보이는 탐스러운 연구가 따로 있지 않느냐고 반문한다. 하지만 줄기세포 연구는 이제 시작일 뿐 열매의 가능성은 누구도 장담할 수 없다.

생명윤리를 강조하는 시민단체로 인해 불치병 환자들에게 돌아갈 '꿈의 의료 기회'가 사라질지 모른다고 진실을 왜곡하는 어떤 생명공학자는 자본주의와 시장경제 원리가 거역할 수 없는 세계적 조류인 현실에서 생명공학이 베풀 부가가치는 1년에 7,000억에서 8,000억 달러에 달한다고 장담한다. 세계화와 신자유주의는 배타적 속도로 소외 계층을 양산하는 대량생산, 대량소비, 대량폐기의 자본주의 시장경제 원리로 불치병과 난치병을 확산시켰다. 환경 변화와 그로 인한 돌연변이 유전자 확산이 이러한 불치병과 난치병의 주요 원인이 아닐까? 질병 원인의 근본 제거에 거의 노력하지 않고 그래서 생기는 질병의 치료를 위해 환경을 더욱 교란하는 생명공학이 과연 환자를 위한 기술일까? 혹 부가가치에 매몰된 기술은 아닐까? 생명윤리에 관한 법안을 논의하는 모임에 와서 "모든 이가 만족할 수 있도록 법 제정을 서두르지 말자"라고 주장했던 생명공학자는 순서를 착각했다. 모두가 만족할 수 있는 법이 제정될 때까지 자신이 현재 수행하고 있는 생명공학 연구를 정지해야 옳은 것이다.

생명윤리에 관한 입법안을 재빨리 마련한 보건복지부에서 공청회를 시도하는 와중에 과학기술부는 '생명윤리자문위원회'를 가동했다. 과학기술부 장관 생명윤리자문위원회에 외부 발제자로 참여한 여성단체 대표는 남성을 위한 도구로 전락한 생명공학으로 필시 감당하기 어렵게 억압당할 여성의 위험을 조목조목 제시하고, 생명윤리를 자문하는 위원회 안에 여성단체의 목소리를 대변할 자리가 단 한 자리도 배려되어 있지 않은 데 대해 크게 개탄하는 한편, 개발을 지상 목표로 하는 과학기술부에서 생명윤리 운운하는 모순을 정면으로 문제 삼았다. 이미 발표된 보건복지부의 법안에 담긴 긍정적인 측면을 지지하면서 "임신 이외 목적의 배아, 인간 복제 목적의 배아, 동물과 사람의 수정란을 융합하는 이른바 키메라, 죽은 자의 배아, 성별 선택을 위한 배아, 배아 상품화, 배아의 우생학적 처리들"을 금지해야 한다는 여성계의 목소리를 분명히 전달했다.

연구가 많이 진행되어 성체줄기세포 시술이 확보되면 많은 문제가 해결될까? 생명공학자가 장담해온 노인성 질환을 비롯하여 불치병이나 난치병이 산뜻하게 해소될까? 그렇지 못할 것이다. 핵융합 성공은 에너지 부족 문제를 근원적으로 해결하지 못할 것이다. 에너지가 넘칠수록 소비 욕구는 한층 거세지고, 소비가 촉진되는 만큼 소외 계층은 늘어날 것이다. 에너지 불평등으로 인한 문제는 더욱 곪을 것이고, 그로 인한 사회 문제는 폭발하고 말 것이다. 윤리적 문제가 제거될 듯 보이는 성체줄기세포 역시 풀기 어려운 문제를 다른 각도에서 노출시킬 수 있다. 진정한 문제는 문제를 말초적으로 해결하려는 자세다. 질병 원인의 근본을 찾아 해결하려는 노력이 전제되지 않는 한 질병은 결코 사라지지도 줄어들지도 않을 것이다.

체외수정이란 판도라의 상자가 열린 이후, 생명윤리의 근간이 위협받

고 있다. 어쩌면 체외수정 이전의 낙태가 더욱 근원적인 원죄일지 모른
다. 모성이 사라진 과학은 미래를 올바르게 내다볼 수 없다. 완전한
과학은 자연과 사람이 공존하고 후손과 함께 나눌 생태 환경에서 싹틀
수 있다. 인간의 원죄를 14일 배아에게 뒤집어씌울 수 없듯이, 생명윤리
는 과학자가 함부로 독점할 수 없다. 상업적 이해로는 더더욱 환산할
수 없다. 생명윤리는 부가가치를 염두에 둔 기술에 맡길 수 없다. 후손의
생명가치를 건강하게 대변할 수 있는, 어머니가 포함된 시민들이 판단할
몫이어야 한다.

하느님은
고아와 과부의 하느님이시다

제13강 장애여성의 역사는 차별의 역사다 박김영희

제14강 장애인 문제 바라보기 박경석

제15강 이주노동자, 인권은 평등한가? 장형철

제16강 이주노동자의 실태와 한국 사회가 준비해야 할 과제 신성은

제17강 비정규직, 같은 품삯을 받을 수 있는가? 유경동

제18강 거듭나는 기독교 공동체를 위해 조순애

장애여성의 역사는 차별의 역사다

박김영희 진보신당 공동대표

시작하며

미국에서 오바마와 힐러리가 민주당 대통령 후보로 나선 것이 인류 역사에 대단한 의미가 있다는 것을 많은 사람들이 인식하지 못한다. 인종 차별이 여전히 존재하고 있는데, 흑인으로서 대통령 후보가 된다는 것과 여성에 대한 차별이 여전히 계속되고 있는 현실에서 여성이 세계 최강대국의 대통령 후보가 된다는 것은 일정 정도 차별에 대한 인식의 변화를 나타내는 것이라고 할 수 있다.

미국뿐만 아니라 우리 사회에서도 소수자에 대한 차별이 밝혀지고 변화하려는 조짐이 있다. 그중 여성과 장애인에 대한 차별의 변화를 발견하고 무엇보다 장애여성의 차별이 어떻게 드러나고 변화되어왔는지 알아보고자 한다.

오병이어의 기적에 여성과 아이는 없었다?

지금 우리는 장애를 가진 여성을 '장애여성', 혹은 '여성장애인'이라고 한다. '장애여성'이라 함은 '여성'에 정체성을 두고 여성 중에 장애를 가진 여성을 강조하며 '여성' 앞의 '장애'는 수식하는 말이다. 그래서 여기서는 '장애여성'이라 하기로 한다.

여성에게는 사회가 규정한 성역할이 있다. 여성의 몸은 재생산의 몸이며 남성의 보조자이고 누구의 아내, 누구의 어머니로 누구에게 속해 있다. 교회 안에서 여성의 위치가 향상되었다고 하나 가부장적인 의식은 아직 뿌리 깊다.

또 하나 장애인에 대한 인식을 보면, 그들은 환자이고, 희생양이고, 봉사의 대상이고, 순수하며, 신의 선택을 받은 자녀이고, 동정의 대상이다.

이러한 차별적 위치에 동시에 있는 사람이 장애여성이다. 여성이기 때문에 사회가 요구하는 성역할을 해야 하지만, 정상적인 생명을 생산하지 못할 것이라고 의심받는 몸을 가진 장애여성은 여성으로 인정받을 수 없었다. 그래서 장애여성은 무성적인 존재로 정체성의 혼란을 느꼈고 교육과 노동[1]에서 가장 열악한 상황에 놓이게 되었다. 여성 중에서도 장애인 중에서도 가장 취약한 위치에서 인권을 침해당하는 이들이 장애여성이었다.

---

[1] 보건사회연구원의 2005년 장애인실태조사에 따르면 초등교육 과정을 마친 장애여성은 34.7%에 불과했으며 장애여성 중 경제활동을 하는 이는 28.4%였다.

예수님에게 정상인이란 없다

우리 안에서 장애여성이 가장 열악한 환경에 있을 수밖에 없었던 이유는 무엇일까? 우선 우리 안에서 '정상인은 누구인가?'라는 질문을 던져야 한다. 한때는 안경 쓴 사람이 차별 받았던 사회가 있었다. 지금은 말이 안 되지만 안경 쓴 사람을 아침에 만나면 재수 없다고 했고, 역시 여성을 만나도, 장애인을 만나도 하루 재수가 없다고 차별하던 때가 있었다. 그렇다면 안경 쓰고 장애가 있는 여성은?

장애여성은 순수하고, 착하고, 창백한 얼굴로 휠체어에 얌전하게 앉아 있는 무력한 이미지를 갖고 있다. 지적장애여성은 '모자란 여자'로서 동네 남성들로부터 성폭력의 대상이 되기도 한다. 많은 사람들이 지적장애여성들이 섹시하지도 않은데 설마 그런 일이 있겠냐고 하지만 성폭력은 피해자에게 성적인 어떤 조건이 있어서가 아니라 피의자보다 약하다는 것이 이유가 된다. 폭력의 대상이 되는 것은 약자라는 취약성이 있으면 언제나 가능하다는 것이다. 2008년 5월 29일 여성부에서 조사한 보도자료에 의하면, 비장애여성도 강간미수 가해자의 85%가 아는 사람이라고 한다. 장애여성 성폭력 사건의 가해자도 동네의 가깝게 지내는 남성들이 나이와 신분과 친분관계를 무시하고 가해자가 되곤 한다.

지적장애여성 피해자는 나이와 환경적 조건을 떠나서 피해를 당하지만, 장애로 인해 스스로 고발할 수 없기 때문에 많은 경우 사건화되어 가해자 처벌까지 가지 못한다. 이러한 이유로 지적장애여성에 대한 피해는 더 많이 일어나고 있다.

그뿐 아니라 장애인 시설 안에서 또는 장애인 학교 안에서도 장애남성들로부터 또는 종사자나 시설장, 선생님으로부터 성폭력을 당하는 일도 많이 있다. 장애여성 공감 성폭력상담소에 따르면 피해 장애여성의 80%가 지적장애여성이라고 한다. 장애여성에 대한 폭력은 성폭력만은 아니다. 형제간이나 부모로부터의 가정폭력도 많으나 정책적으로 지원이 되지 못하는 부분이 즐비하다.

장애여성도 이 사회의 주체다

이러한 성폭력과 다양한 차별에 대처하기 위한 정책은 미약하게나마 조금씩 진전되어왔다.

성폭력에 대해서는 2000년부터 여성부가 지원하는 장애여성 전문 성폭력상담소가 전국에 개소하여 장애여성들을 돕고 있다. 그러나 가정폭력이나 친인척으로부터의 폭력에 대한 전문상담소는 극소수라 장애여성피해자들이 무방비상태에 있다. 폭력뿐만 아니라 장애여성의 노동이나 독립생활에 대한 지원이 너무 미약해서 장애여성이 자기 삶의 당당한 주체로서 살아갈 수가 없다. 장애인 자립생활운동 안에서 장애여성에 대한 관점이 필요하고 그것을 기준으로 장애여성에게 필요한 지원이 이뤄져야 한다. 그리고 노동 현장에서도 필요한 지원이 이뤄져야 한다. 재생산의 몸을 의심받는 장애여성도 재생산하거나 재생산을 안할 수 있는 자기결정권이 보장되고 재생산을 선택했을 때 그것에 따르는 지원을 받아야 한다.

이제 동정이 아닌 권리를

장애여성도 이제 자기 삶의 주체로서 평등하게 살 수 있는 권리를 바란다. 장애를 가진 여성이라는 이유만으로 장애여성의 권리와 선택권이 침해되어서는 안 된다.

지금까지 장애여성은 때론 여성으로서 폭력의 대상이 되었으며 어떤 기회에서도 제외되어왔다. 동시에 장애인이라고 사회에서 소외되었고 무시되어왔다.

장애여성도 여성임이, 그리고 장애가 부정당하지 않아야 한다. 장애여성을 나약하고 무능한 존재로 무시하고 소외시켜서는 안 된다. 남성과 평등하게, 비장애인과 평등하게, 가부장제에 차별받지 말고 비장애인 중심 사회에서 차별받지 말아야 한다.

장애여성 안에도 교육의 차이가 존재하고, 계급의 차이가 존재하고, 장애여성이 살아가는 경험의 차이도 존재한다. 그리고 장애 유형에 따른 차이도 존재한다. 이러한 차이들이 무시되지 않고 존중되어야 한다.

마치며

차별은 사회가 어떻게 규정하느냐에 달려 있다. 여성에 대한 차별은 오랜 역사를 가지고 있고, 인종 차별도 마찬가지지만 장애인에 대한 차별도 대단하다. 교회 안에서 여성을 사람으로 인정하기까지도 오랜 역사가 있었다. 마찬가지로 장애인에 대한 차별도 오랜 역사를 가진다.

과연 우리의 관점은 2,000년 전의 예수님의 관점을 따라갈 수 있을까? 예수님의 관점은 시대를 초월하여 차별에 저항하는 놀라운 것이었다. 장애여성도 그분의 관점 안에서는 자유롭다. 장애여성의 평등과 자유가 바로 우리의 평등이며 바로 우리의 자유라는 인식이 필요하다.

장애인 문제 바라보기

시혜와 동정을 넘어

박경석 전국장애인차별철폐연대 집행위원장

이 사회에서 장애인은 인간의 존엄과 가치를 갖고 있는가

이 땅에는 450만 장애인[1]들이 살고 있다. 하지만 우리는 거리에서,

---

1 장애인구는 각 나라마다 다르게 추정하고 있지만, 세계보건기구(WHO)의 통계는 각국 전체 인구의 평균 10%를 장애인구로 추정하고 있다. 우리나라의 경우 공식적인 장애인구는 보건복지부에서 5년마다 조사하는 통계에 기초하고 있다. '2005년 장애인실태조사'에 의하면 우리나라 장애인구는 2,148만 500명으로 전체 인구의 4.59%로 추정된다. 이 중 대부분의 장애는 예방 가능한 각종 질환 및 사고 등 후천적 원인(89%)에 의해 발생한다.

　장애인 인구 데이터 제시의 가장 큰 한계는 장애인 인구를 체계적으로 비교할 수 있는 국제적인 공통 기준이 없을 뿐 아니라 더욱 근본적으로는 각국이 자국의 장애인 인구를 정확히 파악하지 못하고 있다는 데 있다. 하지만 각 나라의 인구 대비 장애인 비율은 가장 낮게는 우리나라의 3.09%에서, 가장 높게는 미국의 20.6%로 다양한 수치를 보인다. 이러한 차이의 가장 큰 이유는 장애의 범주를 어디까지 인정하느냐에 있다. 우리나라를 제외한 모든 국가에서 내부 장애를 인정하고 있고, 역시 우리나라를 제외한 모든 국가에서 정신지체 이외의 신경증,

일상생활 속에서 장애인을 만나거나 접촉하는 일이 거의 없다. 개인이나 단체가 장애인 시설에 자원봉사를 나가는 특별한 노력(?)이나, 장애인의 날과 같은 특별한 날이 아니면 장애인을 만나거나 장애 문제를 접하는 기회를 갖지 못하는 것이 대부분이다. 이 땅에는 450만 명의 장애인이 살고 있다고 했다. 결코 적은 인구가 아니다. 그런데 왜 우리는 일상적으로 거리에서 장애인을 만날 수 없는 것인가? 장애인은 과연 이 사회에서 우리와 함께 살아가고 있는가? 아니, 이 사회는 정녕 장애인과 함께 살아가기를 원하는가?

말로는 아름다운 말을 수없이 내뱉으면서 실제로는 끊임없이 장애인을 차별하고 사회로부터 배제하는 구조에 눈감고 있다면, 그리고 장애인이 사회에서 살아갈 몫을 단지 개인의 문제로 치부한다면, 그것이 2차대전 당시 독일에서 나치가 수만 명의 장애인을 '살 가치가 없는 생명'으로 규정하고 '안락사'라는 미명하에 유대인보다 먼저 가스실에서 대량 학살한 것과 무슨 차이가 있는가?

모든 국민은 인간으로서의 존엄과 가치를 가지며 행복을 추구할 권리를 가진다. 국가는 개인이 가지는 불가침의 기본적 인권을 확인하고 이를 보장할 의무를 진다(헌법 제10조).

과연 한국 사회에 장애인은 헌법에 보장된 인간으로서 존엄과 가치를 가지고 있는가? 또한 국가는 장애인에게 불가침의 기본적 인권을 보장

우울증 등의 정신장애를 인정하고 있다. 가장 세분화된 분류는 영국의 분류로 소화기, 호흡기, 순환기, 당뇨 등의 내부 장애 분류와 피부 알레르기를 구분한 것이 이색적이고, 룩셈부르크에서는 알코올 중독을 장애 유형에 포함시키고 있다.

하고 있는가?

우리는 생존의 절망 속에서 죽어간 장애인들을 기억한다. 그중 한 사람의 이름 최정환. 최정환 씨는 척수장애와 교통사고 중도장애인으로 장애 1급의 중증장애였다. 분신 당시 37세로 미혼이며 어려서 고아원에서 자랐고 이후 다방 겸 장사, 수세미 장사 등을 해왔으며, 애덕의 집 등 장애인 시설에서 생활하기도 했다. 1995년 3월 8일 서초구청 단속반과의 실랑이 끝에 자신의 생존을 위해 노점에 필요한 스피커와 배터리를 빼앗긴 최정환 씨는 같은 날 오후 서초구청으로 압수당한 물품을 찾으러 갔다가 거부당하자 온몸에 시너를 끼얹고 분신했다. 그리고 1995년 3월 21일 끝내 숨을 거두었다. 분신 후 병원에 실려와서 "400만 장애인을 위해서라면 내 한 목숨 죽어도 좋다", "복수해달라"라고 절규했다.

또한 인천 아암도에서 노점상을 하다가 공권력에 의해 의문사한 이덕인 열사, 부산의 지하철역에서 "생산성 없는 삶은 아무 의미 없다"라는 유서를 남기고 분신한 시각장애인 박병훈 씨, 서울대 법대를 졸업하고도 장애로 취업하지 못해 장애인의 날을 앞두고 비관 자살한 김현욱 씨, "거리에 턱을 낮춰달라"라는 유서를 서울시장에게 남기고 자살한 김순석 씨……. 그들의 죽음이 엄연한 현실 속에 있음을 기억한다.

장애인이 수급권 문제로 구청장 면담을 시도하다가 구청에서 목을 매달아 죽은 사건, 잠실대교에서 장애를 비관하며 투신한 사건, 청각장애인이 노점단속에 벌금 70만 원을 내지 못해 비관 자살한 사건, 동생이 생계 문제로 청각 장애인 형과 형수, 조카를 때려죽인 사건, 경남 함안에서의 중증장애인 동사 사건, 인천에서의 박기연 열사 지하철 투신 사망, 경기도 수원에서 정정수 열사의 죽음…….

이들의 죽음은 무엇을 말하고 있는가? 과연 이들은 자신의 개인적인 장애를 극복하지 못했기 때문에 죽음을 선택한 사람들인가?

장애인수용시설이 지역사회에 들어서면 땅값 떨어진다고 데모하는 나라, 그래서 항상 장애인수용시설은 물 좋고 산 좋은 곳에 아름답게(?) 짓는다. 그리고 사람들은 가끔 천국에 재물을 쌓고 양심을 한 번 빨래하고자 봉사하러 오고, 선거 때면 라면 박스나 생필품들을 상자 가득 가지고 와 기념사진 한 방 찍고 가는 보수 정치인들의 배려에 감사해야 하는 우리의 장애인들! 그 시설장들은 친인척으로 인(人)의 장벽을 만들어 시설을 요새화해버리고 자손 대대 장애인을 팔아 부귀와 사회적 명예를 구축한다. 온갖 인권 유린과 비리는 사랑과 봉사의 현장에서 무럭무럭 탐욕의 자양분을 먹고 향연을 즐긴다. 그 구조를 정당화하는 관료들은 여전히 그 향연에 결탁하여 자신들에게 주어진 권한을 최대한 남용한다. 그 핵심에 '에바다' 시설 비리가 있었고, 2006년 뜨거운 여름을 지나면서는 '성람비리재단' 투쟁이 있었다.

"스스로 이동할 수 없는 중증장애인은 우리 대학에 지원할 수 없다"라고 입시 요강에 선명하게 명시하는 나라, 그래서 부당함에 문제를 제기하면 이구동성으로 "본 대학을 다니기가 힘들 것 같아서 시설이 되어 있는 대학으로 안내를 해주었을 뿐이다. 단지 그들을 위해서, 불쌍해서, 보살펴주려고" 했다고 한다. 이러한 태도에는 장애인에 대한 일반적인 편견과 차별이 고스란히 녹아 있다. '장애인을 위해서!'라는 선한 가면 속에 많은 장애인들이 누군가의 시혜와 동정에 의해 보호되어야 할 대상으로 취급되는 것, 이것은 오히려 장애인을 구조적인 차별의 희생물로 전락시키는 두 얼굴의 위선적 편견이다.

전체 장애인의 45.2%가 초등학교를 겨우 졸업한 학력으로 살아가고 있다. '자본이 왕'인 사회를 지향하고, 생산성과 효율성을 인간의 뼛속까지 기름칠하는 사회에서 교육을 받지 못했다는 것은 한 개인에게는 신체적 장애보다 더한 사회적 장애로 작용하고 치명적인 자괴감을 유발한다. 그런데 장애인 몇 명이 정말 머리가 나빠서 공부를 못 해 개인적인 이유로 학교를 가지 못했다면 말하지 않겠다.

모든 국민은 법 앞에 평등하다. 누구든지 성별·종교 또는 사회적 신분에 의하여 정치적·경제적·사회적·문화적 생활의 모든 영역에 있어서 차별을 받지 아니한다(헌법 제11조).

모든 국민은 능력에 따라 균등하게 교육을 받을 권리를 가진다(헌법 제31조).

그래서 초등교육을 의무교육으로 헌법에서 선명하게 규정하고 있건만, 어찌 장애인의 45.2%가 초등학교를 겨우 졸업한 학력으로 살아가야만 하는가. 그들에게 '법 앞에 평등'은 무슨 의미인가. 그것은 단지 선언적이고 자의적인 문구일 뿐인가. 교육받을 권리는 술자리의 안줏거리고 주정이었는가. 그것은 장애인에 대한 명백한 차별이 아니고 사회적 상황 논리에 합법화되고 누구도 책임지지 않는, 그렇고 그런 유감스러운 일일 뿐인가.

4월 20일은 장애인의 날이다. 장애인의 날이면 마치 '장애인의 생일'인 양 많은 기념행사와 잔치로 하루가 바쁘다. 체육관에서 대통령 영부인이 하사하는 훈장을 받으랴, 롯데월드에서 공짜로 놀이기구를 이용하며 사탕처럼 달콤한 하루를 보낸다. 장애인에게 그날 하루만은 세상이 온통 자신을 위한 날로 채색된다. 그래서 언론의 한 타이틀 기사는 "365일 오늘 하루만 같아라"라는 말로 달콤한 하루의 한 단면을 표현한다.

　나들이라고는 엄두도 못 냈던 장애인들이 개인 택시운전자 봉사 단체의 도움으로 봄나들이에 나섰습니다. 10년 만에 처음 나들이를 하는 장애인도 있었다고 합니다. 화사한 햇살처럼 장애인들의 얼굴도 활짝 피었습니다. 봄나들이가 마냥 즐겁기만 합니다.

　장애인의 날 뉴스 기사다. 이 뉴스에는 4월의 푸름과 잔인함이 함께 녹아 있다. '10년 만의 외출'을 화사한 햇살처럼 묘사한 그 언어 속에 섬뜩한 차별의 실상을 외면하는 사회적 가면이 유감없이 발휘되고 있다. 그리고 우리의 장애인들을 최대한 불쌍하면서도 아름답게 미화하면서 TV 화면 왼쪽 상단에 표시되는 모금액 숫자를 빠르게 올리는 것이 장애인의 날의 최대 성과물인 양, 장애인 단체들의 무용담만 읊는 것이다.
　건물, 도로, 교통 등 사회의 모든 활동 구조가 비장애인 중심으로 계획되고 건설된 상황에서 스스로 이동할 수 없는 재가장애인이 가족에 의지하거나 자원봉사자의 도움만을 기대하면서 집안에서 철저하게 사회와 격리되어 생활하는 것은 수치스러운 사회적 차별이다. 성년이 되어 자원봉사 단체의 도움을 받아 몇 십 년 만의 외출에 감동하는 장애인이 있다는 것은 그 장애인의 감동에 뿌듯해야 할 문제가 아니라, 이 사회가 장애인에 대한 야만적인 격리를 집단적으로 구조화시켰기 때문임을 알아야 한다. 사회는 아무런 법적 구속력도 없는 집단적 차별과 편견으로 장애인을 창살 없는 사회 감옥 속에 수감하고 있는 것이다. 그 누가 장애인을 사회 감옥에 구형했는가? 하지만 이러한 현실에 정부는 시혜의 눈길과 약간의 떡고물을 던져주며 추상적인 '내일'로 기만할 뿐이다.

과연 이 사회는 장애인들이 인간으로서의 존엄과 가치를 가지며, 행복을 추구할 권리를 가진다고 자연스럽게 말할 수 있는가? 또한 이 국가는 장애인들의 기본적 인권을 확인하고 이를 보장할 의무를 지고 있다고 당당히 말할 수 있는가? 헌법에 명시된 이러한 선언은 장애인들에게 단지 말장난에 불과한 것이었다.

이처럼 장애라는 이유로 노동, 교육, 이동 등에서 철저하게 소외되었기에, 장애인은 이 사회에서 사회적·정치적·문화적으로 배제되어 격리된 채 존재하고 있다. 이러한 현실 속에서 우리는 장애인과 이 땅에서 함께 살고 있다고 말할 수 있는가? 과연 이 사회는 장애인과 진정으로 함께 살기를 원하고 있는가?

이제 '바로 지금' 수많은 장애인에게 죽음과 사회적 차별을 자행하고 있는 사회는 이 물음에 진지한 대답을 주어야 하고, 대답에 상응하는 실천으로 지금까지 장애인이 받아온 죽음 같은 사회적 차별을 제거해야 할 것이다.

'장애인에 대한 편견'의 실체

'장애인에 대한 편견'은 사회적 실체로 엄연하게 존재하고 있다. '장애인과 비장애인', 그것은 분명 신체적 차이일 뿐이지만 그것이 지니는 사회적 함의는 단순한 차이를 넘어 '차별'로 고착화되어 있다. 그리고 그 '차별'은 이 자본의 사회를 천년만년 유지하고자 하는 자들에 의해 착취의 수단으로 유효하게 기능하고 있다. 또한 '차이'를 '차별'로 변질시켜버리고 그것을 합리화하고 구조적으로 재생산하는 데 '편견'은 약방의 감초처럼 사용된다.

장애인에 대한 편견은 매우 다양하다. '무능하다', '더럽다', '무섭다', '고집이 세다' 등 악질적인 편견에서부터 '엄마 말 잘 안 들으면 병신이 된다', '죄가 많아서' 등 종교적 근거(?)를 원용한 나름의 징벌적인 편견, 그리고 '선하다', '성실하다', '순수하고 낙관적이다' 등 장애인을 위하는 척하는 선한(?) 편견들에 이르기까지 천차만별이다.

여기에서 장애인에 대한 부정적인 편견은 차라리 선한(?) 편견보다 오히려 대처하기가 쉽다. 부정적인 편견을 가진 자들과는 확실하게 싸울 수가 있기 때문이다. 하지만 선한 편견을 가지고 장애 문제를 재단하는 사람들에 대해서는 난감하기 그지없다. 그래도 나름의 선한 뜻으로 자선의 미소를 띠며 다가오는데, 어찌 욕을 할 수 있을까. 그런데 그것이 더욱 장애 문제를 왜곡하고 문제의 본질을 사장시키고 있다는 데 그 심각성이 있다.

우리나라의 소위 진보적이라는 한 신문의 칼럼은 장애인의 날을 맞아 장애인의 고용을 촉진해야 한다는 목적으로 장애인이 여러 가지 장점을 지니고 있다면서 그들이 집중력이 강하고, 효율성이 높고, 순수하고 낙관적이며, 개혁적이고 진취적이라고 칭찬했다.[2]

칼럼을 쓴 사람은 장애인을 위하는 정말 착한 마음으로 글을 썼다고 하자. 하지만 그 글 속에는 장애인에 대한 편견과 더불어 왜곡된 이데올로기가 고스란히 녹아 있다. 그 글에는 영국의 유명한 천문학자 스티븐 호킹(Stephen W. Hawking), 오체불만족의 오토다케 히로다타(乙武洋匡), 네 손가락으로 피아노를 치는 이희아 등 장애를 극복한 쟁쟁한 사람들이 등장한다.

---

2 "데스크 칼럼", ≪한겨레≫, 1999년 4월 20일.

우리는 언론과 성공한 장애인을 통해 쉽게 장애인에 대한 따뜻한 미담이나 장애 문제를 접하게 된다. 위에서 언급된 사람들과 더불어 헬렌 켈러(Helen A. Keller), 루즈벨트(F. D. Roosevelt) 등 장애를 극복한 입지전적인 인물들을 통해 장애는 개인의 피나는 노력으로 충분히 극복될 수 있는 것으로 여겨지고, 언론은 그런 인간 드라마를 중심으로 장애 문제를 선전한다. 또 이 사회는 장애에 대한 개인의 극기주의나 영웅주의에 극찬을 아끼지 않으면서, 장애인 당사자에게나 비장애인들에게 마치 그것이 장애 극복의 모범 답안인 양 장애 문제의 왜곡된 이데올로기를 주입한다.

'노력하면 어떠한 장애도 극복할 수 있다'라는 극기주의나 영웅주의를 통해 문제를 바라보는 것은 장애인이 이 사회에서 처한 차별적인 현실을 회피하면서 개인 중심으로 바라보는 것이다. 이것이 비장애인이 장애인을 바라보는 '인식 개선'의 도구로 사용되는 대표적인 사례다.

장애인은 집중력이 강하다. 하지만 집중력이 없고 산만한 장애인도 너무나 많다. 장애인은 효율성이 높다. 하지만 효율성이 낮고 일에 따라 별 쓸모없는 장애인도 많다. 순수하고 낙관적인 태도도 장애인의 특징이다. 그렇지 않고 오히려 더 약삭빠르고 탐욕스러우며 성질 급한 장애인도 부지기수다. 장애인은 개혁적이고 진취적이다. 그러나 수동적이고 타성에 젖어 있는 장애인도 너무나 많다. 장애인도 비장애인과 똑같은 인간이고 인간의 다양한 모든 특성들을 갖고 있다.

그런데 문제는 대다수의 장애인은 교육받지 못하고, 이동하지 못하고, 노동하지 못해 실업자로 생존에 급급한데, 성공한 소수의 장애인들이 장애 문제를 해결하는 모델인 양 선전되고 있다는 것이다. 그 성공의 덕목으로 집중력, 효율성, 개혁적, 진취적, 순수함, 낙관성 등이 기능하고 있다. 그렇지 못한 장애인은 어찌하란 말인가. 죽자 살자 그렇게 되도록 헌신의 노력을 다하든가 아니면 자포자기하든가 선택해야 할 문제인가. 많은 장애인들이 그렇게 좋은 덕목을 자신의 장점으로 가질 수 있는 사회적 환경과 정책은 전무한데 말이다.

분명하게 인식해야 할 것은 모든 사회 문제, 더 나아가 사회개혁 문제의 중심에 경제 문제가 놓여 있듯이 장애 문제도 마찬가지라는 것이다. 장애인의 문제를 해결하는 데 '인식의 문제'를 많이 언급하지만, 경제 문제를 도외시한 인식의 문제는 추상적인 관념일 뿐이다. 그 관념은 보수주의자들의 도덕성을 선전하기에, 그들의 천국행 티켓을 사들이기에 좋은 도구로 전락할 위험이 상존한다. 동정과 시혜의 기초 위에 자라는 비장애인의 인식 개선은 장애 문제에 근본적으로 자리 잡고 있는 '물적 이해관계의 문제'를 베풂의 문제로 미화하고 또 다른 편견과 차별을 양산하는 기제로 악용되는 경우가 많다.

예를 들어보자. 우리나라의 재벌 기업인 삼성은 장애인에게는 이중의 잣대로 다가오는 대표적인 기업이다. 우리는 삼성에서 주관하는 '작은나눔 큰사랑'이라는 행사를 익히 알고 있다. 삼성은 실제로 많은 돈을 기업의 사회기여라는 명목 아래 복지사업에 퍼부었다. 그 행사를 통해 많은 복지관들이 혜택을 받았다. 또한 휠체어로 유럽 횡단을 한 장애인을 전면광고로 내면서 '장애가 장애되지 않는 사회를 만들어간다'며 사회적 약자와 함께 사랑을 만드는 인간 승리의 기업 이미지를 각색하여 허풍을 떨지만, 실제로는 장애인 의무고용률(300인 이상 기업은 직원의 2%를 장애인으로 고용)을 가장 잘 지키지 않는 기업으로서 '시혜'라는 가면 속에 숨겨 있는 악마의 웃음(자본의 논리)을 유감없이 보여주고 있다. 이것은 무엇을 말하고 있는가?

이것은 바로 장애 문제에서 중심적인 문제인 '경제 문제'를 '인식 문제'로 전환시키는 자본주의 사회의 그늘로부터 비롯된 것이다. 인식 문제는 무엇을 말하는가. 수천 년의 세월 동안 장애인에게 질기게 묶여 있는 노동에 대한 무능력과 무지와 악령 같은 편견과 선입견이다. 그러한 장애인에 대한 편견이 재벌기업들에게 장애인과 함께 일하는 환경과 사회보다는 차라리 고용부담금을 내는 것이 속 편하다는 하나의 형태로 나타나고 있는 것이다.

무엇이 장애 문제를 왜곡하는가

이렇듯 장애 문제를 더욱 왜곡시키는 이데올로기적 기제는 무엇인가? 이러한 기제로 작용하는 특성 가운데 하나는 장애인 문제를 생각하거나 접하는 사람들(집단)의 일반적인 시혜성이다. 시혜성은 장애인에 대한 관념적 종교성에 머물러 있기 때문이다. 이러한 시각은 '자본주의의 유지와 이익 수호의 틀' 속에서 기능하고 장애 문제에 대한 적극적인 대응에 영향을 미치지 못하게 하는 기제로 작용한다.

실제로 장애인 노동에서 시혜적 접근은 장애인의 노동 문제를 임노동이 아닌 자선 활동 문제로 여겨 개인 차원의 은혜적이고 자기만족적 성격의 활동으로 비하시키는 경향의 근간이 되고 있다. 장애인 노동의 영역에서 자본의 모순 관계는 은폐되고 임노동자인 장애인 노동자의 권리와 요구를 억압하는 정치적 성격으로 작용하는 것이다.

이렇듯 장애인 문제는 개인적인 문제가 아니라 사회 문제이며, 지금까지 이 사회가 장애 문제에 대해 홍보하고 선전해왔던, 개인의 인간 승리를 위한 개별적 관심의 문제가 아니라 사회적 관계에 의해 규정되고 자본의 모순이 관철되는 계급의 문제다. 관념적인 시혜성은 장애 운동의 실천 영역에서 극복되어야 할 이데올로기적 전제다.

무엇을 할 것인가?

> 만약 당신이 나를 도우러 여기 오셨다면,
> 당신은 시간을 낭비하고 있는 겁니다.
> 그러나 만약 당신이 여기에 온 이유가
> 당신의 해방이 나의 해방과 긴밀하게 결합되어 있기 때문이라면,
> 그렇다면 함께 일해봅시다.
>
> —멕시코 치아파스의 어느 원주민 여성

이것은 신자유주의 질서 속에 종속되기를 거부하면서 '경쟁'의 원칙보다는 '인간 존엄과 평등', 그리고 자유라는 틀 속에서의 '상호 협력과 연대'의 원칙을 지향하는 사파티스타의 투쟁이 보여주는, 장애인 문제를 해결하려는 현장 속에서 실현되어야 할 가치다.

우리가 장애인 문제를 단순한 도움의 문제로만 바라본다면 서로에게 왜곡된 모습으로 남게 될 것이다. 그것은 장애 문제 해결에서 장애인에게도, 비장애인에게도 도움이 되지 못한다.

하지만 당신의 해방이 나의 해방과 긴밀하게 결합되어 있다면 함께하자. 나와 당신의 해방을 향한 구체적인 실천은 무엇이 될 수 있는가? 그것은 이 사회에서 가장 차별받고 인간의 권리를 침해당하는 현장에서 절망하여 수동적이 되기보다는 차별과 억압에 대항하는 분노를 대중적이고 조직적인 저항으로 만들어가는 것이다. 그 과정에서 길들여지는

주체를 만드는 것이 아니라 스스로를 길들이는 주체를 만드는 것이 문제다. 또한 이제 변화되어야 할 것은 기존의 사회 질서에 적응을 강요당하는 장애인 당사자가 아니라, 장애인의 조건에 맞게끔 사회적 참여가 보장되도록 사회가 변화되어야 하고, 변화시켜나가야 한다는 것이다.

우리는 자본주의 사회에서 장애인에게 가해지는 차별과 억압을 합법화하는 시혜의 망토를 벗겨내고 그 진실을, 속셈을, 위선을 폭로해야 한다. 장애인들이 이 모든 모순, 위선, 기만, 속임수 등을 개인적인 문제가 아니라 사회구조적인 측면에서 이해하고 있지 못하면 결국 기존의 사회 질서와 보수적인 기득권 세력에게 노예적 삶을 강요당하고 자신의 해방으로 나아가지 못하게 될 것이다.

우리는 차별과 억압에 대항하는 분노와 투쟁을 조직해야 한다. 급진적인 격렬한 투쟁을 말하는 것이 아니라 과학적인 투쟁을 일구어내는 것이다. 장애 문제의 해결은 자본주의 일체의 모순, 즉 생산 관계의 모순, 인간관계의 모순 속에서 그들의 가면을 벗겨 본색을 낱낱이 뜯어내는 축에서 실천이 이뤄질 때 가능하다.

또한 너무나 거대해서 다른 방향은 전혀 사고되지 않고 그 흐름에 발 빠르게 움직이지 않으면 우리 자신이 폐기당할 것 같은 신자유주의와 세계화의 망령 앞에, 구조화된 차별과 모든 억압과 착취에 대해 다윗의 돌멩이 같은 저항을 시작해야 한다.

이제 자기 자신과 사회와 정부를 향해, 장애인에 대한 동정과 편견, 자본의 논리로 점철된 거대한 차별을 향해, 그 절망들을 향해 돌을 던지자! "이제 그만!"이라고.

이주노동자, 인권은 평등한가?

장형철 한국국제이주연구소 연구원

들어가는 말

평신도아카데미에 참가하는 분들의 목적이 국내 이주노동자들이 당하는 차별을 구체적으로 이해하는 데 있다고 짐작하고 필자는 이 글을 쓴다. 사실 우리가 그들일 수는 없다. 그러나 지금 그들과 함께 있는 것은 사실이다. 그리고 앞으로도 친구로서 우리 사회의 새로운 구성원으로 함께 있을 것이다. 그래서 이 글은 한국 사람이 이주노동자에게 할 수 있는 다섯 가지 질문을 뽑고 이를 대답하는 형식으로 작성했다.

누구세요? 국내 이주노동자의 유입 배경

한국 내 체류 외국인은 계속 증가하고 있다. 2007년에는 "외국인 100만 시대"라고 하더니 법무부에 의하면 2007년 9월 전국에 1,018,036명의 외국인 체류자가 있었다. 그리고 2008년 4월 말 현재 고용허가제라는 법률제도로 국내로 들어온 이주노동자는 377,038명[일반(인력송출 양해각서 체결국가 현 15개국[1]) 116,283명, 특례(중국 동포) 260,755명]이다. 이주노동자는 주로 작은 사업장에서, 노동부에 의하면, 주로(일반 75.4%, 특례 85.9%) 30인 미만의 사업장에 일한다. 그러나 실제적으로는 절반 이상이 5명 이하의 사업장에서 일하고 있을 것으로 추측된다.

이주노동자가 한국으로 오는 이유는 자국 내에서 경제 활동이 어렵기 때문이다. 그리고 한국은 이른바 미숙련 노동력이 부족하기 때문이다. 이러한 현상은 인력 송출 국가와 한국만의 문제가 아니라 전 세계적인 경향이다. 좀 단순화해서 말하자면 자본주의가 지배하는 우리가 사는 세계에서는 필연적으로 모든 자본이 신자유주의, 시장 논리 등으로 인해 경제 대국으로 모이게 된다. 그러면 경제력이 약한 나라의 사람들은 돈을 벌기 위해 고국을 떠나서(자의적 결정과 국가의 제도적 지원을 받아) 자본을 쫓아 외국으로 나가 자신을 노동력을 팔게 된다. 지난 30여 년간 경제적으로 급성장한 대한민국은 이주노동자들에게 자신의 노동력을 팔 만한 주요 대상국으로 보이는 것이다.

실제로 UN의 통계에 의하면 2006년 현재 1억 9,100만 명이 자신이 출생한 국가 밖에서 살고 있다. 즉, 이주민인 것이다. 또한 이들이 송금한 돈의 액수는 1995년에는 미화로 약 1,020억 달러였고 2005년에는 이 두 배인 2,320억 달러였다고 한다. 그렇다면 왜 이들은 이동을 하고 돈을 송금하는 것일까? 2006년 코피 아난(Kofi A. Annan) UN 사무총장은

---

1 MOU 체결 송출 15개국: 필리핀, 태국, 베트남, 몽골, 스리랑카, 인도네시아, 방글라데시, 우즈베키스탄, 파키스탄, 캄보디아, 중국, 동티모르, 키르키즈, 네팔, 미얀마.

이러한 이동은 주로 경제개발국에서 부유국으로 향하고 있다고 보고했다. 즉, 이주는 이주노동을 위한 것이라고 충분히 추측할 수 있다.

어떻게 왔어요? 어떻게 지내요? 고용허가제

얼마 전까지만 해도 이주노동자들은 산업기술연수제도를 통해 입국했다. 그러나 이 제도 안에서 이주노동자는 노동자로 인식되지 않고 연수생으로 인식됨으로써 엄청난 차별과 억압을 받았다. 예를 들면, 연수생으로 하루 12시간 이상 일하면 한 달에 점심값 포함 5만 원을 수령했다. 연수생이니까 노동자로 인정되어 정상적인 임금을 받을 수 없었다. 이 산업연수생제도는 2007년 8월 헌법재판소에서 위헌 판결을 받았다. 그러나 그 이전까지는 이주노동자와 한국 지원 단체(각 지역의 외국인 노동자센터, 외노협 등)들의 눈물겨운 싸움이 있었다.

그리하여 2004년 8월부터 고용허가제가 시행되고 산업연수제도와 병행되다가, 2007년 1월부터 고용허가제가 전면 시행되고 산업연수제도는 폐지되었다. 그러므로 현재 국내에 이주노동자가 합법적으로 입국하는 법적 제도는 고용허가제다.

고용허가제로 입국한 이주노동자들의 교육을 위해 노동부와 한국산업인력공단이 제작한 교육용 책자 「한국 생활」에서는 고용허가제의 개요를 다음과 같이 설명하고 있다.

기업의 인력 부족을 해결하고, 외국인 근로자의 고용 질서 확립, 권익 보호를 위하여 외국인 근로자의 고용 등에 관한 법률을 지난 2004년 8월 17일부터 시행하였다.

외국인 근로자의 도입, 관리 업무를 국가가 직접 담당함으로써 외국인 근로자 권익 보호 등 효율적인 고용 관리가 가능하게 되었다.

송출국가와 직접 인력송출계약(MOU)를 체결하고 공공기관이 외국인 인력 선정, 도입 절차를 담당하여 송출 비리가 방지되도록 하였다.

송출국가는 양질의 근로자를 선발, 송출하고 동 근로자가 한국 입국 후 불법체류자가 되지 않도록 방지할 의무가 있다. 또한 해당국 근로자가 불성실하거나 사업장을 무단 이탈하여 많은 수의 불법체류자가 발생하는 경우 송출국가에서 제외되는 등 불이익을 받을 수 있다.

외국인 근로자는 고용 허가를 받은 사업주와 근로표준계약서를 체결하고 비전문취업 체류자격(E-9)을 받으면 합법적으로 근로자가 된다. 이 경우 내국인과 동등하게 근로기준법, 최저임금법, 산업안전법 등 노동 관계법의 적용을 받게 된다.[2]

이상을 자세히 살펴본다면 고용허가제는 이전까지의 송출 비리와 인력난 해결, 이주노동자의 노동권을 보장하고 노동 관련법을 적용하여 이주노동자들을 보호하도록 했다는 데 의미가 있는 제도다. 그러나 지난 2006년과 2007년 국제이주연구소와 외노협(외국인노동운동 협의회)이 실시한 고용허가제로 입국한 이주노동자를 대상으로 한 조사[3]의 결과는 그리 낙관적이지 않다.

---

2 「한국 생활 2004」 100~110쪽.
3 2006년 조사의 결과는 "고용허가제 2주년 그 허와 실"이라는 제목으로 외노협이 주최한 "고용허가제 2주년 토론회"에서 발표되었다. 2007년 조사 결과는 외노협이 주최한 2007년 11월 국제포럼 "이주, 인권 그리고 개발"에서 "고용허가제 3년과 이주노동자의 현실"이라는 제목으로 발표되었다.

송출 비리

먼저 송출 비리는 과거 산업연수제도 시절보다 줄어든 것은 사실이나 여전히 각국 내의 브로커들에게 상당한 거액(적게는 100만 원에서 많게는 1,000만 원 혹은 그 이상)의 돈을 지불하고 입국하게 된다. 물론 이러한 돈은 주로 차용한 것이다. 그리고 송출 과정에서 반드시 한국어 시험에 합격하도록 되어 있는데, 이와 관련하여 고가의 한국어 학원비와 한국어 시험 비용을 지출해야만 한다.[4] 이러한 과다한 송출 비용은 이주노동자들이 미등록 체류자가 되는 근본적인 원인으로 작용하고 있다.

노동 현실

입국 후에도 노동권과 관련된 어려움은 계속된다. 2007년 설문 조사에서 "입국 전 근로계약서를 통해 알았던 근로 조건과 입사 후 달라진 것은 무엇인가?"라는 질문에 복수 응답을 하게 했는데, 〈표 1〉에서 보는 바와 같이 각각 임금, 근로 시간, 근로/업무내용, 숙식 제공, 휴식 그리고 휴일이 같다고 대답한 응답자들의 52.9%, 50.2%, 38.6%, 47.5%, 47.1%, 그리고 44.4%였다. 이는 근로 계약 당시의 근로 조건이 많은 부분 현재의 사업장에서 지켜지지 않고 있음을 의미한다.

특히 노동시간과 휴일의 경우는 좀 더 살펴볼 필요가 있다. 〈표 2〉를 보면 응답자의 18.5%인 48명만이 성인 남자 기준의 법정 근로시간인 8시간을 일하고 있으며, 나머지 응답자는 모두 10시간 이상 일하고 있는 것으로 나타났다. 반면에 〈표 3〉을 보면 일주일에 하루 이상 쉬는 노동자는 전체 응답자 259명 중 197명인 76.1%인 것으로 나타나고 있다. 결국

---

4 2006년 조사 참고.

<표 1> 근로 계약 당시 알았던 근로 조건과 현재와의 차이

구분	임금		근로시간		근로/업무내용	
	응답자 수	%	응답자 수	%	응답자 수	%
같다	137	52.9	130	50.2	100	38.6
다르다	62	23.9	73	28.2	58	22.4
잘 모르겠다	15	5.8	11	4.2	19	7.3
무응답	45	17.4	45	17.4	82	31.7
계	259	100.0	259	100.0	259	100.0
구분	숙식 제공		휴식		휴일	
	응답자 수	%	응답자 수	%	응답자 수	%
같다	123	47.5	122	47.1	115	44.4
다르다	47	18.1	58	22.4	50	19.3
잘 모르겠다	12	4.6	17	6.6	10	3.9
무응답	77	29.7	62	23.9	84	32.4
계	259	100.0	259	100.0	259	100.0

<표 2> 노동시간

일일 평균 노동시간	응답자 수	%
8	48	18.5
9	45	17.4
10	35	13.5
11	24	9.3
12	58	22.4
13	13	5.0
14	5	1.9
15	3	1.2
16	1	0.4
무응답	27	10.4
계	259	100.0

<표 3> 휴일

대답	응답자	%
일주일에 이틀	17	6.6
일주일에 하루	180	69.5
한 달에 이틀	28	10.8
기타	22	8.5
무응답	12	4.6
계	259	100.0

<표 4> 사업장에서의 고충(복수 선택)

항목	응답자 수
언어 소통	192
장시간 노동	94
너무 무거운 것을 들어야 한다	79
위험하고 유해한 작업 현장	79
폭력 및 폭언	75
기숙사 환경	67
총 응답 수	586

이주노동자들은 장시간 노동을 하며 상대적으로 짧은 휴식을 취하고 있는 것이 현실이다.

그리고 2007년 조사[5]를 통해 확인된 중요한 것 중 하나는 이주노동자들이 사업장에서 가장 어려운 문제로 지적하는 것이 '언어 소통'의 문제라는 사실이다. 복수 선택을 한 응답자들은 장시간의 노동(응답자 수 94명)보다도, 위험한 작업 환경(응답자 수 79명)보다도, 무거운 것을 드는 것(응답자 수 79명)보다도 어려운 것이 바로 의사소통(응답자 수 192명)이

---

5 이하에 나오는 표는 모두 2007년 조사의 결과다. 단 <표 6>은 제외.

라고 말하고 있다(〈표 4〉).

이주노동자의 한국어 습득은 생산성의 향상과 직결된 문제일 뿐만 아니라 사업장 내에서 발생하는 심각한 여러 문제들을 사전에 예방할 수 있다. 실제로 의사소통의 문제가 사업장에서 구타나 폭언 등의 원인이 된다는 것은 이미 각 센터의 상담이나 기타 여러 보고서를 통해 잘 알려진 사실이다.

여기서 우리는 한국어 교육이 이주노동자의 노동권과 인권을 보호하는 데 가장 중요한 어젠다라는 것을 알 수 있다. 그러므로 이주노동자에게 적합한 교육 방법과 계속적인 교육이 필요하다. 그리고 이러한 입장에서 한국어 시험과, 각국 송출기관에서와 입국 직후 한국어 교육의 효용성과 효율성을 반드시 재고해야 할 것이다. 단순히 시험 과정에서 비리와 부정을 막는 방법을 찾아 한국어 시험을 개편하는 것뿐만 아니라 지속적인 한국어 교육을 위한 정책이 필요하다.

좀 더 논의를 확대하여 이주노동자의 사회통합 프로그램을 언급해보자. 전혀 다른 문화와 사회에서 온 이주노동자들은 단순히 노동력으로만 인식될 수 없다. 그들은 노동력이 아니라 '노동하는 인간'[6]이므로 그들이

---

6 1981년 9월 교황 요한바오로 2세의 회칙 제목이다. 이는 아래와 같은 서두로 시작하여 노동과 자본에 대한 가톨릭적 이해를 돕고 나아가 노동자의 권리와 투쟁에 대한 지도를 하고 있다.

"존경하는 형제들과 사랑하는 자녀들에게 인사와 더불어 사도적 축복을 보낸다. 노동을 하여 인간은 자신의 일용할 양식을 얻어야 하고 과학과 기술의 끊임없는 진보에 이바지해야 하며, 무엇보다도 한 가족인 형제들과 공동체를 이루어 살아가는 사회의 문화적·도덕적 수준을 끊임없이 높이는 데 이바지해야 한다. 노동이란 그 성격이나 환경이 어떻든 간에 인간에 의해 이루어지는 육체적이거나 정신적인 어떤 행위를 뜻한다. 즉, 인간성 자체로 인하여 그리고 본성으로 타고나 인간이 할 수 있는 수많은 행위들 가운데 노동으로 인식될 수 있고 또 인식되어야

한국 사회와 문화에 적응하고 통합되어 살아가도록 지원하는 것은 매우 중요한 일이다. 이러한 입장에서 이주노동자를 대상으로 한 지속적이고 효과적인 한국어 교육 프로그램은 사회통합 프로그램의 가장 기본적인 출발점이다. 그리고 언어를 어느 수준 이상 습득한 후에는 고용허가제를 포함한 현행법 체계 내에서 보장하는 권리와 의무를 교육해야 할 것이다. 나아가 단계별 그리고 선택적인 직업교육과 학교교육을 통해 개인의 발전을 도모하고 변화하는 노동시장에서 적응할 수 있도록 해야 할 것이며, 노동사증 장기 연장 또는 영주권이나 국적 부여에 대한 것까지도 고려되어야 할 것이다.

여기서 분명히 하려는 것은 고용허가제하에서 이주노동자를 대상으로 하는 한국어 교육은 지역 외국인노동자센터와 일부 몇몇 기관에게만 떠맡겨져 있으며, 이것이 외국인 노동력의 생산성과 사업장 내의 문제, 이주노동자의 한국 내의 삶과 직결되는 문제인데도 고용허가제가 이에 대한 구체적인 사항을 포함하고 있지 않다는 것이다. 물론 이러한 한국어 교육을 포함한 사회통합 프로그램에 대한 내용은 3년 안에 한국을 떠나게 규정한 고용허가제 내에서는 고려되기 어려운 점이 있다. 그러나

하는 인간의 어떤 활동을 뜻한다. 인간은 하느님의 모상을 따라, 하느님과 닮은 모습으로, 볼 수 있는 우주 안에 창조되었으며, 땅을 다스리도록 그 안에 안배되었다. 그래서 태초부터 인간은 노동을 하도록 부름받은 것이다. 인간을 다른 피조물과 구별하는 특징 가운데 하나가 노동이다. 다른 피조물들이 그 생명을 유지하기 위해 하는 행동은 노동이라고 할 수 없다. 오직 인간만이 노동을 할 능력이 있으며, 오직 인간만이 노동을 하며, 동시에 노동을 통하여 자신의 지상 생활을 영위하고 있다. 그래서 노동은 인간과 인간성을 나타내는 특별한 표시이며, 인격체로 이루어진 공동체 안에 움직이는 개개의 인격체를 나타내는 표시다. 그리고 이 표시는 인간의 내면적 특성을 결정하며, 어떤 의미에서는 인간의 본질 자체를 형성한다."

3년 주기 순환 정책 자체도 의문을 제기할 필요가 있다.

노동권을 제한하는 사업장 이동 규정

고용허가제에 의하면, 3년 비자로 입국한 이주노동자는 사업장과는 1년 단위로 계약을 한다. 그리고 사업장 이동은 3회만 가능하도록 되어 있다. 이주노동자들은 사업장 이동에 대한 관심이 크고 실제로 사업장을 이동하고 있다. 〈표 5〉를 보면 사업장 이동을 한 경험이 있느냐는 질문에 전체 응답자(259명) 중 46.3 %인 120명이 "그렇다"라고 대답했으며 '2회 이상'도 56명으로 전체 응답자 중 21.6%를 차지하고 있다. 노동부의 통계에서도 사업장 이동률은 41.2%로 나타나고 있다(〈표 6〉).

그리고 〈표 7〉을 보면 사업장 이동을 앞으로 희망하는 응답자는 116명으로 전체 응답자 259명 중 44.8%였다. 즉, 이주노동자들은 사업장 이동에 많은 관심을 가지고 있고 실제로 사업장 이동을 하고 있다.

그렇다면 이주노동자들이 말하는 사업장 이동 사유는 무엇일까? 〈표 8〉을 보면 복수 응답을 한 응답자들은 임금 차이, 폭언 및 욕설, 일이 힘들다, 근무시간 등의 순서로 사업장 이동 사유를 제시하고 있다. 여기서 첫 번째 사유인 '임금 차이'가 두 번째 사유인 '폭언 및 욕설'보다 훨씬 높음을 주목해야 할 것이다. 즉, 사업장 이동을 결정하는 가장 주된 사유는 임금 차이라는 것이다. 이는 송출 과정에서의 과다한 비용 지출이 차용한 것임을 기억한다면 쉽게 이해될 수 있을 것이다.

사업장 이동 3회 제한은 고용허가제의 근본적인 문제를 단적으로 보여주는 예다. 이주노동자를 노동력으로만 간주하는 고용허가제하에서 이주노동자는 인간으로서 자신의 노동력을 자유롭게 시장에 내놓을 수 없다. 현 고용허가제에 규정된 사업장 이동의 제한은 사업장 이동을

〈표 5〉 사업장 이동 유경험자

횟수	응답자 수	%
없다	118	45.6
1회	64	24.7
2회	24	9.3
3회	21	8.1
4회 이상	11	4.2
무응답	21	8.1
합계	259	100.0

〈표 6〉 사업장을 이동했거나 진행 중인 자[7]

일시	누계 인원 (일반고용허가제)	사업장 이동 건수 누계 (재취업 완료와 재취업 준비 중인 인원 포함)	%
2007년 4월	71,032명	29,300명	41.2

〈표 7〉 향후 사업장 이동 계획

대답	응답자	%
있다	116	44.8
없다	107	41.3
무응답	36	13.9
합계	259	100.0

줄이는 역할을 하고 있는 것이다. 이러한 강제 규정은 저임금 인력시장을 안정시키기 위한 것이겠지만, 과연 이러한 사업장 이동의 문제가 고용허가제, 나아가 한국 노동시장의 안정을 계속적으로 가져올 수 있을지는 의문이다. 오히려 원칙적으로 3년 후에 돌아가야 하는 순환 노동정

---

7 2007년 4월 노동부 통계를 편집한 것이다.

<표 8> 사업장 이동 사유(복수 선택)

사유	응답자 수
임금 차이	139
구타	18
폭언 또는 욕설	75
주거 환경	60
일이 힘들다	71
근무시간	63
작업 중 부상	23
작업 외 시간의 부상	9
고용주와 기타 관리인과의 관계	31
다른 이주노동자와의 관계	18
다른 한국인 노동자와의 관계	35
계	542

책으로서의 고용허가제는 사업장 이탈과 미등록 체류의 문제로부터 자유로울 수 없다.

물론 현재까지 사업장 이탈률이 3.3%에 불과한 것은 산업연수제도가 시행되던 때의 50%를 훨씬 넘어서는 이탈률에 비하면 큰 변화를 가져왔다고 할 수 있다. 그러나 이주노동자의 이주 원인 및 욕구와 이주노동정책으로서의 고용허가제는 서로 충돌하고 있다. 「외국인노동자 고용을 위한 법률(고용허가제)」 제25조에 명시된 사용자 중심(사용자의 폐업, 휴업)의 사업장 이동은 작은 임금 차이에도 사업장 이동을 고려하는 이주노동자의 현실과 코리안 드림을 반영하지 못하고 있다.

나아가서 사용자 중심의 사업장 이동 규정은 사업장 내의 인권침해적 행위에 대한 문제 제기를 차단하는 기능을 하고 있다. 특히 횟수를 제한하는 것(동법 30조) 자체가 외국인에 대한 차별과 인권 및 노동권 침해

등과 같은 기본권에 대한 문제를 갖고 있다. 이러한 점에서 지난 10월 노동부 장관을 향한 국민고충처리위원회의 '외국인 근로자 구직활동 기간 및 사업장 이동횟수 제한에 대한 제도 개선 권고'는 심각히 고려되어야 할 것이다.

이주노동자가 좀 더 나은 작업 환경과 임금을 따라 사업장을 옮기기를 원하는 것은 지극히 당연한 일이다. 그들이 가족과 떨어져 멀리 낯선 나라에 와서 일하는 이유는 안전하게 일하고 돈을 버는 것 이외에는 없다. 법적 절차가 그들의 이러한 욕구를 과연 막을 수 있을지 큰 의문인 것이다.

안 가나요, 못 가나요? 고용허가제와 미등록 이주노동자

먼저 간단한 통계를 살펴보자. 법무부에 의하면, 2007년 9월 현재 전국에 1,018,036명의 외국인 체류자가 있다. 그중 229,163명(약 22.5%)이 미등록 체류자(법무부 규정으로는 불법 체류자)다. 이들을 국적별로 나누어 보면 중국이 103,505명(중국 동포 36,778명 포함)으로 전체의 45%를 차지하고 다음 필리핀 6.4%(14,815명), 베트남이 6.3%(14,660명), 태국이 6.3%(14,615명), 몽골 6%(13,791명) 순이다.

이러한 미등록 체류자의 수는 지난 2002년에는 약 30만 명에 이르렀고, 2003년 합법화로 인해 약 15만 명이 줄기도 했다. 그러나 2004년에는 다시 20만 명으로 증가했고, 고용허가제(2004년 8월 14일 시행) 시행 3년이 지난 2007년 9월에는 229,163명이 되었다. 월 2,000명 정도가 증가하는 추세라는 것이 법무부의 추정이다. 쉽게 말해, 고용허가제 시행 이후로도 미등록 체류자는 점점 증가하고 있는 것이다.

왜 그럴까? 고용허가제 자체가 3년 주기 순환으로 정주화를 막기 위한 정책임을 감안한다면, 고용허가제 실시 이후 미등록 이주노동자의 감소 내지 억제 효과에 대한 기대를 가질 수도 있을 것이다. 예를 들어, 류길상은 이탈률이 3.3%인 것과 고용허가제라는 합법적인 취업 통로 덕택에 미등록 이주노동자가 줄어들 것으로 예상했다.[8] 반면 김준겸은 일본과 독일의 순환 정책은 오히려 미등록 이주자의 노동 욕구를 증가시켰다고 주장했다.[9] 그에 의하면, 독일에서 이주노동자들이 고국으로 돌아갈 것이라는 기대가 현실화되지 않자 1980년대와 1990년대에 이주는 독일 사회에서 중요한 정치적 이슈가 되었고, 특히 신우익파 선거 운동의 정치적 강령의 주요 요소였다. 결국 김준겸에 의하면, 독일과 일본의 이주 정책은 예상하지 못한 결과를 가져왔는데, 그것은 이주 인구 자체의 증가, 미숙련 이주노동자 밀입국 증가, 이주민의 사회 통합을 막는 여러 종류의 가혹한 잣대, 교육·복지·주택정책에서의 차별 등이다.[10]

필자가 보기에 현행 고용허가제는 오히려 미등록 이주노동자를 증가시키는 기능을 할 수 있다. 왜냐하면 (이미 사업장 이동 문제에서 언급했지만) 우선 사업장 이동 관련 규정이 사업장 이동을 원활하게 하려는 것이 아니라 제한하려는 것이기 때문에 이주노동자의 욕구를 반영하지

---

8 류길상, "고용허가제 3주년 기념 고용허가제 시행 3년에 대한 평가 및 발전 방향", 동아시아의 저숙련 외국인력정책(국제 콘퍼런스), 한국기술교육대학교, 한국산업인력공단, 국제노동협력원, 한국이민학회 공동주최, 36쪽.

9 Joon K. Kim, "Towards a Formulation of Republic of Korea's Foreign Workers Policy: Lessons from Japan and Germany", *Asia-Pacific Population Journal*, June 2004, p. 58.

10 Ibid, p. 62.

못하기 때문이다. 〈표 6〉에서 이미 보았듯이 지난 4월까지 고용허가제로 입국한 이주노동자의 약 41.2%가 사업장 이동을 했거나 하는 중이다. 이러한 높은 사업장 이동률은 사업장 이동 과정에서 의도적이든 그렇지 않든 미등록자를 만들 수 있는 기제로 작용할 수 있을 것이다.

나아가 한국에 계속 체류하려는 이주노동자의 욕구와, 고용관계 보험이나 기타 부대비용 없이 비교적 한국말이 잘 통하고 숙련된 노동자를 쓰려는 사용자의 욕구가 상응하게 된다면, 사업장 이동을 제한하고 나아가서 3년 후 원칙적으로 본국으로 귀환시키려는 고용허가제의 기본 취지와는 맞지 않게 된다. 현실적으로 그러한 여지가 많이 있다는 것이다. 또한 귀환에 대한 강한 저항이 발생할 수 있다. 이와 비슷한 예를 멀리서가 아니라 바로 파독 광부와 간호사들의 예에서 찾아볼 수 있다. 1973년 오일 쇼크 이후 독일로 진출한 한국 간호사들은 대량 해고와 귀환 압력에 대항했으며 1977년과 1978년에 5년 이상 종사자들은 무기한 노동허가, 8년 이상 종사자들은 무기한 체류허가를 요구하며 저항하여 독일 정부가 귀환 정책을 일정부분 철회하기도 했다.[11]

물론 고용허가제하에서 3년 후 본국에 귀환했다가 다시 재입국하는 것은 가능하다. 그러나 이러한 법적 절차는 이주노동자의 현실과는 거리가 있어 보인다. 그 이유는 첫째, 3년이라는 기간 자체에 대한 이주노동자의 동의가 크지 않아 보이기 때문이다. 실제로 2007년 조사에서 "3년이라는 사증 기간이 적절하다고 생각하십니까?"라는 질문에 57.1%가 "짧다" 또는 "너무 짧다"라고 대답했다(〈표 9〉).

---

11 이용일, "독일이주사가 주는 함의", 독일의 이주정책과 한국인의 독일이주사례, 국가인권위원회포럼, 2007년 11월 6일.

〈표 9〉 비자 기간의 적절성

구분	응답자 수	%
너무 짧다	69	26.6
조금 짧다	79	30.5
적당하다	81	31.3
길다	8	3.1
너무 길다	1	0.4
무응답	21	8.1
계	259	100

〈표 10〉 비자 만료 후 계획

항목	응답자 수	%
본국으로 돌아간다	66	25.5
다른 나라로 이주 노동을 간다	12	4.6
한국에 다시 와서 노동을 한다	110	42.5
아직 계획 없음	45	17.4
무응답	26	10.0
계	259	100

또한 2007년 조사에서 "3년 만료 후 어떤 계획을 가지고 있습니까?"라는 질문에는 "한국으로 다시 돌아와 노동을 하겠다"라는 응답자가 110명으로 42.5%(〈표 10〉)였다. 이러한 결과들은 적지 않은 응답자들이 3년 이상의 노동기간을 희망하고 있다는 유추 해석을 가능하게 한다.

둘째로, 사업장 이동과 마찬가지로 이주노동자의 재입국은 사용자의 결정이 없이는 불가능하기 때문이다. 즉, 이주노동자의 재입국 의지가 일방적으로 거부될 수 있는 가능성이 있는 것이다. 말하자면 만일 3년 후 계약 연장을 바라는 이주노동자들이 종료를 앞두고 사용자로부터 재계약과 재입국에 대한 통보를 받지 못한다면, 그들에게 남아 있는

〈표 11〉 한국에서의 지속적인 체류 여부

항목	응답자 수	%
예	180	69.5
한번 생각해보겠다	49	18.9
아니오	9	3.5
무응답	21	8.1
계	259	100.0

선택은 사업장에서 이탈하여 미등록 이주노동자가 되든지, 아니면 자신의 희망을 포기하고 귀국하는 것밖에 없다.

설문 조사의 "3년 후 합법적인 절차로 노동이 가능하다면 계속 일하고 싶습니까?"라는 물음에서도 "그렇게 하겠다"라는 응답자가 180명으로 69.5%, "생각해보겠다"라는 대답이 18.9%였다(〈표 11〉). 즉, 조사 대상 이주노동자의 88.4%가 한국에서의 지속적인 체류를 생각하고 있었다. 지금 이들이 체류 기간을 넘기고 귀국하지 않을 가능성이 있는 잠재적인 미등록자들임을 말하는 것이 아니다. 한국에 체류하려는 이주노동자의 강한 욕구가 순환 정책으로서의 고용허가제와는 상충한다는 것이다.

미등록 이주노동자의 증감의 원인을 논하는 것은 매우 조심스러운 일이지만, 이상에서 논의한 대로 고용허가제가 원칙적으로 순환 노동 정책이라는 측면에서 가지는 한계로 인해 미등록 이주노동자가 증가할 가능성이 있다고 보인다.

또한 미등록 이주노동자가 증가 추세에 있자 법무부는 2007년 후반부터 강제 추방을 위한 단속을 강화하기 시작했다. 그리하여 쫓고 쫓기는 단속 과정 속에서 부상자가 속출했다. 단속 과정에서 다리 골절, 척추 골절 등의 사고가 발생하는 것은 물론, 주일에 교회 안으로 들어가 중국 동포를 단속하여 많은 비판을 받기도 했다. 그리고 이러한 단속으로 보호소에 갇힌 외국인들은 작년 2월 여수보호소(명칭은 보호소지만 실제로는 수감을 당한 것과 크게 다르지 않다) 화재 사건 후에도 법률적·시설적인 측면에서 크게 개선되지 못한 환경 속에 어려움을 당하고 있다.[12] 여기에다 개정된 출입국관리법안은 강제 추방을 위한 단속 절차를 명시하지 않고 사업장 안으로 들어가서 실시하는 것을 허용하고 있다. 이 개정 법안은 6개월 단위로 계속 보호기간을 연장할 수 있는 합법적 장치가 되어버렸다. 기본권(행복추구권, 평등권, 자유권, 참정권, 대국가 청구권, 사회권)에 대한 침해를 넘어선 것은 물론, 더 많은 사건과 사고가 일어날 가능성이 훨씬 높아진 것이다.

살 만한가요? 기본권, 노동 3권, 다문화

이미 언급했지만 분명한 것은 이주노동자는 노동력이 아니라 인간이라는 사실이다. 마치 3년 기한의 소모품을 구입하여 기한이 되면 버리는 물건처럼 취급할 수 없다는 것이다. 그들도 인간으로서 헌법에서 보장하는 기본권을 누릴 권리가 있다. 그들도 인간이라는 것은 자신들의 방식으로 일상생활을 누릴 권리가 있다는 것이다. 그러나 그들은 한국 사회의 일원이 아니라 생산만을 담당하는 존재들로 인식되어 있다. 그들의 기본권에 대한 한국 사회와 정부의 인식은 턱없이 부족한 상황이다. 예를 들어, 이주노동자는 인간이므로 가족에 대한 커다란 그리움이 있

---

12 이에 대한 구체적인 내용은 필자가 2007년 4월 외노협의 정책심포지엄에서 발표한 「한국과 호주의 보호소 시설과 운영 비교」를 참고.

다. 그러나 고용허가제로 입국하는 노동자는 가족을 데려올 수 없다. 미등록일 경우에 외출은 매우 위험한 일이다. 단속되면 강제 추방을 당하고 보호소에서 많은 괴로움을 당해야 하며, 입국 시 차용한 돈을 갚지 못하게 되어 본국에서 어려움을 당할 것이다. 그리고 그들은 성적인 욕구가 있다. 그러나 이주노동자는 합법적으로는 성적인 욕구를 해소할 수 없다.

한국에서 노동자로 일한다면 당연히 노동 3권(단결권, 단체교섭권, 단체행동권)이 보장되어야 한다. 그러나 한국에서 이주노동자노동조합(이주노조)은 설립 과정에서 소송을 당해 2007년 2월 고등법원의 2심 판결에서 "외국인이라도 현실적으로 근로를 제공하면서 임금에 의해 생활하는 이상 근로자이므로 노조 설립이 가능하다"라는 판결을 받았고 2008년 6월 현재 대법원에서 심의 중이다. 이주노조의 경우 노동부와 법무부의 입장은 다르다. 노동부는 "합법 취업 외국인 근로자만 구성원이 되는 경우 현행 노동조합 및 노동관계 조정법에 규정된 요건만 갖춘다면 노조 설립이 가능하다"는 입장이다. 그러나 법무부는 "불법체류 외국인까지 노동조합을 결성한다면 간접 체류를 허용하는 결과를 초래하므로 불법체류 외국인을 노동 3권의 주체로 인정할 수 없다"는 입장이다. 미등록 체류자는 노동을 하든 다른 일을 하든 강제 퇴거의 대상일 뿐이라는 것이다. 그러므로 현재 이주노동자의 권익을 대변하는 노조의 설립은 완결되지 않았다.

요즘 한국 사회는 '다문화'라는 담론에 푹 빠져 있다. 필자는 다문화주의(multiculturalism)에 대한 긍정적인 기대를 갖고 있다. 이주노동자들은 자신들의 문화를 가지고 왔다. 한국 문화와 사회에 적응하고 있지만 여전히 쾌/불쾌, 행복감은 자신들이 자라온 문화적 가치와 판단 기준으로 느끼고, 자신들의 문화를 한국 사회 속에서 포기할 수는 없는 것이다. 문화는 예술의 전당이나 세종문화회관에만 있는 것이 아니다. 모든 사람들이 매일 문화 안에서 문화를 행동하며 살고 있다. 그러므로 한국 사회가 다문화 사회가 되는 것은 매우 당연하고 바람직한 일이다.

그러나 현재 다문화에 대한 정부의 논의는 다문화가족지원법안을 제정하면서 이주결혼 여성에 대한 것으로 집중되어 있다. 이 법안에서는 이주결혼 여성을 정부의 관점으로 만든 생애 주기 속에 집어넣어 한국어/문화 교육, 육아 교육 등을 지원하고 있으나, 정작 이주결혼 여성들의 요구사항이나 희망을 지원하는 체계는 보이지 않는다. 이러한 정부 주도 하의 다문화 정책에서 3년 만에 돌아갈 존재들인 이주노동자는 정책의 주요 대상이 아니다.

다문화 사회는 그저 여러 문화가 공존하는 것이 아니라 공존할 수 있도록 '지원'하는 사회다. 각 사람이 자신의 문화를 향유하는 것, 서로 영향을 받아 문화가 변화하는 것은 당연한 일이다. 하지만 현재의 다문화에 대한 논의에서 우리는 가장 기본적인 것을 잃어버린 듯하다. 이주노동자들이 겪고 있는 일은 이른바 한국 시민권을 가진 한국 사람이 겪지 않을 만한 일들이다.

아직도 각 이주노동자 지원센터에서 이뤄지는 상담 중 많은 경우는 임금 체불이다. 그리고 그 형태는 점점 더 악화되고 있다. 그다음은 폭력, 폭언, 사업장 이동의 순서다.[13] 즉, 여전히 한국 사회에서(사용주와의 관계를 포함해서) 이주노동자들이 경험하는 것은 다문화를 향한 관용과 포괄이 아니라 타문화에 대한 멸시와 차별, 배타성이다. 다문화의

---

13 2007년 외노협 총회에서 각 이주노동자센터들이 보고한 상담 건의 내용을 참고함.

기초는 새로운 범주를 정하고 정책을 입안하는 것이 아니라 다른 문화를 공평하게 누릴 권리를 인정하는 것이다. 그러므로 "이주민 100만 시대"니 "다문화 사회"니 하며 무책임하게 말할 것이 아니라, 바로 다문화 사회를 만드는 주체인 이주노동자들에게 필요한 기본적인 한국어 교육과 법률교육, 사업장 안전교육 등과 관련된 지원부터 먼저 그리고 지속적으로 이루어져야 할 것이다.

이주노동자는 우리 사회의 새로운 구성원이며 새로운 이웃이다. 이러한 현실에 대한 이해가 이웃 사랑을 실천하는 기독교인들에게 작은 도움이 되길 바란다.

이주노동자의 실태와
한국 사회가 준비해야 할 과제

신성은 외국인이주노동운동협의회 간사

들어가는 글

평신도아카데미에서 한국의 이주노동자들의 인권 침해 사례와 한국 교회의 역할, 외노협에 대해 소개해달라는 요청을 받고 어떤 이야기를 해야 할지 고민이 많았다. 한국 사회는 급격히 변화하고 있으며, 이주노동자의 문제에 관해서도 어떤 해법을 내놓기 어려울 정도로 급격히 변화하는 과정을 겪고 있다. 이주노동자들의 인권, 노동권 침해에 관한 내용은 이미 수많은 언론 매체를 통해 많은 사람에게 알려졌고, 그 문제점이 인식되고 있다. 또한 이주노동자들을 반대하는 극우 민족주의적인 성향을 보이는 사람들의 활동도 눈에 띄게 늘어났다. 이런 상황 속에 한국 사회가 이주민과 함께 살아가기 위해 어떤 고민을 해야 할지 나누어 보고자 한다.

이주노동자의 인권/노동권 침해 사례

이주노동자가 한국에서 겪는 인권/노동권 피해 사례는 임금 체불과 같이 공통적인 것을 제외하면 한국에 입국한 유형에 따라 달라진다. 이주노동자들이 한국에서 노동을 하는 유형을 살펴보면 고용허가제, 산업연수생제도, 미등록 이주노동자, 이주아동, 이주여성, 난민 등 다양하다. 이들 유형 속에서 산업연수생제도, 고용허가제도, 미등록 이주노동자를 중심으로 발생하는 인권/노동권 침해에 대해 이야기해보겠다.

산업연수생제도

현대판 노예제도라는 오명을 지니고 있는 산업연수생제도는 대기업에서 인력 보충 수단으로 이용하던 해외투자법인 산업연수생제도를 변형시킨 것으로, 중소기업을 위해 1993년부터 2006년 12월 31일까지 인력 도입을 계획한 제도다. 해외투자법인 산업연수생제도는 해외 법인의 공장에서 일하는 노동자들을 한국에서 연수시켜 현지에서 숙련된 노동자로 일할 수 있도록 한다는 것이었지만, 사실상 한국 대기업의 값싼 노동력 확보를 위한 제도로 활용되었다. 이에 중소기업에서도 값싼 노동력 확보를 위해 외국인을 채용할 수 있도록 정부에 요청했고, 산업연수생제도라는 기형적 제도가 탄생하게 되었다. 산업연수생제도는 노동자를 연수생, 즉 학생이라는 이름으로 끌어오게 되는 근본적이고 심각한 문제점을 갖고 있었고, 제도를 민간이 운영했기 때문에 실질적으로 정부의 관리 감독이 이뤄지지 않았다.

특히 제도 초기에는 연수생들이 노동자로 인정을 받지 못했기 때문에 임금 체불이 있어도 해결할 방법이 없었으며, 산업 재해를 당해도 제대로 된 치료나 보상을 받을 수가 없었다. 또한 민간이 제도를 운영하다 보니 브로커 개입을 막을 수 없어, 연수생들이 한국에 들어오기 위해 많게는 2,000만 원에 이르는 송출 비용을 지불해야 하는 등 비리가 만연했다. 이렇듯 본국에서 꿈꿨던 것과는 다른 현실 속에 연수생들이 정해진 사업체를 떠나 미등록 이주노동자로 남게 되는 등 수많은 문제점이 야기되었고, 사업주는 연수생의 이탈을 막기 위해 여권을 압수하고 월급에서 강제 적립금을 붓게 하는 등 인권 침해를 자행했다.

사례 1

2004년 A 씨(필리핀, 39세)는 D 건설 건설연수생으로 한국에 입국했다. D 건설은 A 씨 및 연수생들에게 본인의 명의로 된 적금을 강제로 들게 했다. A 씨는 본인의 의사와는 다르게 12개월 동안 강제로 180만 원을 은행 통장에 적립하게 되었다. A 씨는 폭행 등의 문제와 한국에 올 때 진 빚 때문에 사업장을 이탈했고, 은행에 찾아가 적금을 지급해달라고 요청했지만 거절당했다. D 건설이 해당 은행장 앞으로 A 씨 외 연수생 41명의 적금통장에 '원천 지급정지'를 요청했기 때문이다. A 씨는 본인의 돈임에도 소유권을 행사할 수 없었다. 회사는 A 씨가 출국할 때 돌려주겠다고 했고 처리를 거부했다. 이에 외노협이 기자 회견 및 항의 방문 등을 하여 은행으로부터 A 씨의 돈을 지급받을 수 있었다.

고용허가제

고용허가제는 산업연수생제도의 폐단을 없애고, 투명하고 공정한 외국 인력 도입을 위해 2004년 실시하여 현재까지 시행하는 제도다. 고용허가제는 (당연한 이야기지만) 노동자를 노동자로 인정했다는 점에서 산업연수생제도에 비해 크게 개선된 제도다. 또한 민간의 참여를 최소화하고, 송출국과 한국 정부 간의 양해 각서를 통해 공정한 인력 도입이 가능하도록 했다.

고용허가제는 노동자의 입장에서 설계된 제도가 아닌 정부와 사업주의 입장에서 설계된 제도로서 정부가 이주노동자에게 고용을 허가해주는 제도다. 따라서 이주노동자들은 정해진 틀 안에서만 노동을 할 수 있으며, 직장을 바꾸는 등의 행위에 대해서는 정부의 허가가 있어야 한다. 본 제도 안에서 이주노동자는 허가된 기한인 3년 동안 최대 4회까지 직장을 이동할 수 있으며, 직장을 잃은 뒤에는 두 달 안에 새로운 직장에 취직해야 한다.

산업연수생제도에 비해 진일보했다는 고용허가제에도 문제점은 여전히 있어 이주노동자들의 노동권을 심각하게 침해하고 있다. 특히 이주노동자들은 본인의 의사에 따라 사업장을 변경할 수 없다. 사업주의 폭행이나 폐업, 장기간의 임금 체불 등 사업장에서 계속 노동을 할 수 없는 경우에만 사업장 변경이 허가되어, 한국인과 다르게 노동자 마음대로 사업장을 변경할 수 없는 것이다. 또한 구직 기한을 2개월로 제한했기 때문에 이주노동자들은 단기간에 새로운 직장을 구해야 하는 부담감이 가중되고, 하루라도 날짜를 넘기면 미등록자가 되기 때문에 직장 이동은 큰 부담이다. 또한 고용허가제상의 이주노동자들은 사업장을 옮길 때 노동부와 법무부에 변동 신고를 해야 하는데, 정부의 행정상의 오류와 사업주의 실수로 인한 피해도 노동자에게 전가되고 있다.

사례 2

필리핀 노동자 5명은 고용허가제로 C 사와 근로 계약을 체결하고

2007년 2월 15일 인천공항에 입국, 한국산업인력공단 취업교육을 마치고 자신들을 데리러 온 한국인 관리자를 따라 공장에 왔다. 2개월쯤 지났을 때 그들은 고용이 허가된 공장과 현재 일하는 공장이 다르다는 것을 알고 사업주에게 문의했으나, 사업주는 같은 공장이니 걱정하지 말라, 괜찮다며 안심을 시켰다. 하지만 8월 22일 출입국사무소 단속반의 검문에 필리핀 노동자 5명은 단속되었고, 외국인 보호소에 보호조치되었다. 단속반은 허가된 공장이 아닌 다른 공장에서 일하고 있었으므로 정당한 단속이라고 주장하며 고용허가제 주무기관인 산업인력공단 측도 사업주에게 책임을 떠넘겼다. 사업장 변경기관인 고용지원센터는 다른 사업장으로 변경해줄 수 없다고 통보했다. 귀책사유가 노동자가 아니라 사업주에게 있는데도 그 피해는 노동자가 지게 된 것이다. 인권단체는 국민고충처리위원회에 민원을 제기했고, 국민고충처리위원회는 사업장 변경을 권고해 노동부에서 사업장을 변경 처리해주었다.

사례 3

2004년 고용허가제로 입국한 필리핀 R 씨는 파주의 D 공장에서 2년간 근무하다가 공장 사정으로 해고되었다. R 씨는 고용지원센터 알선으로 파주의 Y 가구업체에 취업하게 되었다. R 씨는 공장주에게 사업장변경 허가서와 외국인등록증, 여권 등을 주고 일을 시작했고, 공장주는 법무부에 가서 R 씨의 변경사항을 등록하고 변경된 외국인등록증을 R 씨에게 돌려주었다. 하지만 공장주는 노동부 신고를 누락했고, R 씨는 서류상 미등록 이주노동자가 되었다. R 씨는 국민고충처리위원회에 민원을 제기했으나, 미등록자로 있던 1년간의 벌금을 부과당하기에 포기하고 고향으로 돌아갔다.

미등록 이주노동자

소위 불법 체류자라고 불리는 미등록 이주노동자는 허가된 체류 목적 이외의 활동을 했거나 허가된 체류 기한을 넘겨 노동을 하고 있는 사람들을 말한다. 불법 체류자라는 용어는 용어가 주는 부정적인 의미 때문에 인권단체에서는 쓰지 않는다. 국제적으로는 이레귤러(irregular)라는 용어를 사용하지만 한국 상황에서 '비정규직'이라는 다른 의미로 사용되기 때문에 언다큐먼트(undocument), 즉 미등록자로 부른다. 미등록 이주노동자들은 행정사범으로 중범죄자와는 구분되어야 한다. 그러나 정부는 이들을 중범죄자 이상으로 다루고 있다. 단속에는 수갑이 등장하고, 과거에는 전기충격기가 동원되기도 했다. 또한 출국 전까지 머물게 되는 외국인 보호소는 쇠창살이 설치되어 있으며, 운동 시간도 극히 제한되어 감옥만도 못한 시설에서 구금된다. 특히 외국인 보호소에서는 임금 체불, 사기 피해 등의 이유로 당장 출국할 수 없는 사람들을 2년 이상 장기 구금하는 등 심각한 인권 침해가 벌어지고 있다.

미등록 이주노동자들이 겪는 인권/노동권 침해는 자신들의 불안한 체류 신분 때문에 겪는 경우가 대부분이다. 미등록 이주노동자들은 월급을 못 받는 등 인권/노동권 침해를 받아도 자신의 권리를 제대로 요구하지 못하는 경우가 많다. 심지어 자신의 월급을 받기 위해 노동부에 찾아간 미등록 이주노동자를 법무부 단속반에 신고하여 노동부 지청에서 단속되게 한 사장도 있다. 미등록 이주노동자들은 법무부의 단속을 항상 두려워하며 살고 있다. 이들에게 강제 추방은 그 어떤 것보다도 두려운 일이다. 해남에서는 미등록 이주노동자가 배추밭에서 일을 하다가 낯선 사람을 발견하고 법무부 단속반으로 오인해 달아나다 심장마비로 사망한 사건도 있었다. 또한 단속 과정 중에 폭행을 당하고, 단속을 피해

달아나다 부상을 당하고 심지어 사망하는 사건들이 계속 일어나고 있다.

사례 4

2007년 11월 25일 발안에서 중국 동포들이 법무부 단속반원들을 발견하고 교회로 달아났다. 단속반원들은 달아난 미등록 이주노동자를 잡아야겠다며 교회로 진입했다. 교회 관계자는 돌아갈 것을 요구했지만, 단속반원들은 기물을 파손하고 미등록 이주노동자들을 잡으려 했다. 미등록 이주노동자들은 옥상까지 쫓겨 갔고, 결국 3층 높이 건물에서 뛰어내렸다. 이 중 2명이 발목이 부러지고 허리를 다치는 등 심각한 부상을 입었다.

사례 5

E 씨는(우즈베키스탄, 34세) 체불 임금 550만 원과 사업주가 송금을 빌미로 가져가서 돌려주지 않은 210만 원을 받기 위해 2006년 2월 1일 인권단체 활동가와 함께 경찰서를 방문하여 고소장을 작성했다. 6일, 경찰은 피의자와 대면조사를 위해 피해자 E 씨의 출석을 요구했고 대질심문이 진행되었다. 경찰은 사업주가 혐의 사실을 시인했으나 E 씨가 미등록 상태이므로 출입국에 인계조치를 해야겠다는 말과 함께 E 씨를 출입국에 인계했다. 인권단체들이 경찰서에 항의하자, E 씨는 2월 17일 법무부에 벌금을 내고, 임금 체불이 해소될 때까지 일시 보호해제조치를 받았다.

사례 6

2005년 7월 12일 오후 7시 30분경, 근무를 마치고 오토바이를 몰고 퇴근하던 인도네시아인 D 씨와 필리핀인 J 씨는 한국인이 운전하던 차와 충돌했다. 사고 당시 현장에 있던 외국인들이 일하는 회사 대표와 한국인 운전자는 사고가 크지 않은 것으로 보고 보험 처리를 하지 않고 치료비를 반반 부담하기로 약속했다. 이후 한국인 운전자는 병원치료비 지급을 거부하며 경찰에 사고 신고를 했고, 경찰은 제대로 된 통역 없이 사건을 조사하여 이주노동자들은 교통사고의 잘잘못에 대해 제대로 답변할 수 없었다. 이들은 미등록자라는 이유로 외국인 보호소에 인계되었고, 국가인권위원회에 진정을 했으나 갇힌 이들이 심리적 압박을 견디지 못하고 본국으로 출국을 희망했다.

강제단속 및 추방에 의한 이주노동자 피해 사례 일지

▶ 사망

- 2003년, 고용허가제법 통과 후 무자비한 강제 단속과 추방의 시작으로 10여 명의 이주노동자들이 목숨을 잃음.

- 2005년 10월, 수원출입국 4층 조사실에서 중국인 이주여성노동자 투신 사망.

- 2006년 2월 27일, 수원출입국 6층 보호실에 수감되어 있던 터키 출신의 미등록 이주노동자 코스쿤 셀림 씨가 보호실 창문을 통해 건물 밖으로 투신 사망.

- 2006년 4월 17일, 인도네시아 출신 이주노동자 누르 푸아드 씨가 인천출입국단속반을 피해 건물 3층에서 뛰어내리던 중 추락하여 사망.

- 2007년 2월 11일, 여수외국인보호소 화재로 10명 사망, 18명 부상.

- 2008년 2월 4일, 서울 혜화동 모텔에서 일하던 중국 동포 권봉옥

씨가 출입국단속반을 피해 8층 창문에 매달려 있다가 추락하여
사망.

▶ 폭행

- 2005년 1월 21일, 부산출입국 공익근무요원 박 모 씨가 보호소에
  수감되어 있던 우즈베키스탄 출신 이주노동자를 수갑을 채운 채
  끌어내 저항하지 못하는 상태에서 폭행.

- 2005년 2월 24일, 경남 양산에서 중국인 노동자가 야간 출근길에
  부산출입국 직원들에게 수갑이 채워진 상태에서 집단 구타를 당했
  으며, 전자봉에 맞아 정신을 잃으면 출입국 직원들이 찬물을 끼얹어
  깨움. 폭행당한 후 출입국 차량에 의해 보호소까지 끌려왔으나,
  부상 상태가 심각하자 출입국 직원은 다시 그를 단속 차량에 태워
  연행 장소에 내리고는 사라졌음.

- 2006년 3월 8일, 인천에서 단속반이 방글라데시 출신 아니서 라만
  씨를 붙잡아 팔을 꺾고 가격하여 좌측 견관절 탈구, 좌측 상완골
  분쇄골절, 좌측 요골 신경마비 등으로 70%의 영구 장애가 발생.
  단속반은 방치하고 떠남.

▶ 단속 중 부상

- 2005년 8월 23일, 경기도 화성에서 인도네시아 미등록 이주노동자
  가 출입국 직원들의 단속을 피해 4m 높이의 기숙사 창문에서 뛰어
  내리면서 왼발 복사뼈 아래가 부러지고, 오른쪽 발목을 삔 부상
  상태로 도망가다 극심한 고통으로 쓰러짐. 출입국 직원은 그대로
  방치하고 떠나버림.

- 2006년 5월 2일, 창원에서 공장을 급습한 단속원을 피하던 중국인 장슈아이 씨가 2층에서 추락하여 식물인간이 됨.
- 2007년 1월 26일, 아산에서 사업주의 허락 없이 공장을 급습한 단속원을 피하던 파키스탄인이 둔덕에서 뛰어내려 양발의 뒤꿈치가 분쇄골절.
- 2007년 11월 25일, 발안에서 단속반원이 종교시설에 침입하여 교회 기물을 훼손하며 단속 강행. 단속을 피하던 중국인 2명은 교회 건물 옥상에서 피신하다 다리 분쇄골절.

▶ 인권 침해

- 2005년 3월, 검찰청 의정부지청 검사실에 체불 임금을 받으려 방문한 이주노동자를 출입국 직원이 수갑을 채워 잡아감.
- 2005년 4월 11일, 경기도 군포에서 서울출입국 직원에 의해 단속된 베트남 미등록 이주노동자 누응틴(가명) 씨는 친구들의 행방을 말하도록 강요당해 동료 18명을 밀고. 소위 '프락치' 강요.
- 2005년 4월 26일, 경북 구미에서 긴급보호명령서 혹은 어떠한 영장의 제출도 없이 단지 "중국인들이 살고 있다"라는 제보로만 단속을 나간 대구출입국 단속 직원들이 건물 옆 창문을 통해 진입해 다락방에 숨어 있는 중국인 노동자에게 각목, 대나무, 쇠뭉치, 생계란, 살충 스프레이, 가스총 등을 사용하여 폭력적이고 반인권적인 단속을 자행. 제대로 치료조차 해주지 않고 공대위 면회 전까지 방치. 이의신청 기각 결정이 나자마자 통보 없이 강제 퇴거됨.
- 2005년 8월 11일, 충남 예산에서 퇴근길 오토바이 교통사고로 입원 치료 중이던 필리핀, 인도네시아 출신 미등록 이주노동자 2명이

경찰에 의해 출입국으로 인계되어 강제 출국.

- 2005년 10월 17일, 경기도 마석 가구공단에서 30여 명의 미등록 이주노동자가 연행되다 사업주와 인근 주민의 거센 항의로 서울출입국단속반원들과 9시간 대치.

- 2007년 8월 20일, 서울에서 단속 중 단속반원의 신분증을 요구한 네팔인(합법)이 이를 거부한 단속반원과 몸싸움 끝에 공무집행 방해 및 폭행혐의로 고소당함.

- 2007년 8월 23일, 퇴직금 문제로 수원 노동청을 방문한 이주노동자를 경찰이 노동부 안까지 들어와 단속.

- 2007년 8월 28일, 성남 중부경찰서 소속 경찰관이 주택에 무단 침입하여 '생후 60일된 아기'와 어머니를 서울출입국보호소로 인계하고 보호소에 감호.

▶ 노조 탄압

- 2005년 5월 14일, 서울·경기·인천 이주노동자 노동조합 아느와르 위원장 한밤중 표적 단속(신분증 미제시, 긴급보호명령서 미발부, 폭력 연행).

- 2007년 11월 26일, 서울·경기·인천 이주노동자 노동조합의 카지만 위원장, 마숨 사무국장, 라주 서울지부장 표적 단속.

- 2008년 5월 2일, 서울·경기·인천 이주노동자 노동조합 위원장 및 부위원장 표적 단속.

한국인의 이주민에 대한 인식 변화

올림픽을 치르고 난 1980년대 후반부터 이주노동자들이 돈을 벌기 위해 한국을 찾았다. 1993년 산업연수생제도가 탄생하기 전까지 한국에 이주노동자 정책은 존재하지 않았다. 1993년 이전까지는 관광 비자를 통해 들어온 이주노동자들이 체류 목적과 체류 기한을 어기고 노동을 했던 것이다. 미등록 이주노동자들은 한국인들이 꺼려하는 3D 업종에서 일을 했기 때문에 한국 정부에서도 특별히 문제의식을 가지지 않았다. 이에 많은 한국인은 이주노동자를 못사는 나라에서 돈 벌러 온 사람들로, 한국인들과는 구별된 열등한 사람들로 생각하는 경향이 많았다. 특히 일터에서는 그러한 경향이 강해 폭언과 폭행은 자연스러웠고 잠자는 시간과 식사 시간을 제외하고는 공장에서 고된 일을 시켰다. 또한 미등록자라는 이들의 신분을 이용하여 장기간 월급을 주지 않고 일을 시키는 경우도 허다했고 팔목, 다리가 잘리는 등 산업재해를 당해도 보상은커녕 제대로 치료도 받지 못했다. 이러한 인식은 현대판 노예제도라고 불리는 산업연수생제도 실시 중에도 계속되었는데, 제도 초기에는 연수생들에게 최저 임금, 산업재해보상보험, 의료 보험이 적용되지 않는 것이 당연시되었다.

점차 이주노동자들은 열등한 인간이라는 인식이 불쌍한 사람이라는 인식으로 바뀌게 되는데, 여기에는 이주노동자들과 인권단체의 노력, 미디어의 역할이 컸다. 이주노동자들과 인권단체는 이주노동자들의 인권과 노동권 확보를 위해 농성과 시위를 계속했으며, 각 미디어에서는 이주노동자들의 불합리한 처지를 지속적으로 조명했다. '블랑카'라는 캐릭터는 TV에 나와 "사장님 나빠요!"를 외쳤다. 이러한 노력들은 한국 사람들이 일하지 않는 더럽고 힘들고 위험한 곳에서 일하는 이들을 바라보는 시각을 바꿔놓았다. 그런 대우가 당연하다는 생각에서 불쌍한 사람들이라는 시각으로 바뀌게 된 것이다.

그러나 최근에는 이주노동자, 특히 미등록 이주노동자들을 모조리 내쫓아야 한다고 주장하는 이들이 점차 늘고 있다. 미등록 이주노동자들이 한국인의 일자리를 빼앗고 있고, 한국 사람들에게 위협이 된다는 것이다. 특히 안산에서 중국 동포에 의해 끔찍한 살인 사건이 발생하고, 양주에서 여중생이 필리핀 노동자에게 살해당했다는 사건이 보도되자 외국인에 대한 막연한 두려움이 생기게 되고, 미등록 이주노동자를 다 내쫓아야 한다는 의식이 퍼지고 있다. 특히 실체를 알 수 없는 외국인 혐오 단체들이 생겨나 이주노동자들을 위협하고 있다.

한국 사회, 한국 교회가 고민해야 할 것들

한국 사회 곳곳에서 다문화 이야기가 제기된다. 다문화라는 이름을 내걸고 세미나, 포럼을 개최하면 자리가 없을 정도로 많은 사람들이 들어찬다. 이는 한국 정부와 지자체가 수많은 예산을 다문화 사업에 쏟아붓고 있기 때문이다. 또한 정부와 지자체의 정책에 많은 사람들이 단일 민족국가의 환상에 빠져 있는 동화주의 정책이라고 비판을 아끼지 않는다. 이렇듯 한국 사회가 빠르게 다문화를 향한 발걸음을 옮기고 있지만 그 중심을 보면 반쪽짜리에 지나지 않음을 알 수 있다. 지금 한국 사회에서 논의되는 다문화라는 것은 국제결혼을 통해 들어온 이주 여성에게 집중되어 있기 때문이다. 10만 명에 이르는 이주여성과 그 자녀들과 함께 살아갈 방법에 대해서만 논의가 활발한 것이다. 하지만 한국의 이주민은 노동 인구가 더 많은 비율을 차지하고 있다. 현재 한국의 이주민 100만 명 중 이주노동자는 60만 명에 이른다. 한국 사회가 급속도로 노령화되면서 노동 인력은 매우 부족한 상황이다. 많은 실업자들이 생기고 있지만, 고학력과 3D 업종 기피현상으로 노동 현장에서는 인력을 구하지 못해 애를 태우고 있다. 이런 노동 상황에서 한국 사람들은 필연적으로 어떤 형태로든 이주민과 함께 살 수밖에 없다.

한국의 이주노동정책은 '단기 순환'을 기본으로 하고 있다. 이것은 이주노동자들에게 5년이 넘지 않는 범위에서 고용 허가를 해주고, 이후에 다른 이주노동자를 받아들이는 것이다. 한국 정부가 단기 순환 정책을 고수하는 이유는 영주권 문제가 걸려 있기 때문이다. 한 지역에 장기 체류한 사람들에게 영주권을 부여해야 하는데, 정부는 이를 거부하고 있는 것이다. 정부는 노동력을 얼마든지 통제하고 관리할 수 있다고 믿는 듯하다. 하지만 한국은 노동력을 들여올 때, 기계가 아닌 사람이 들어온다는 것을 잊지 말아야 한다. 한 사람이 어디서 거주할지의 문제는 기본권의 문제이기 때문이다. 따라서 이주노동자들은 정부의 단기 순환 정책에 따라 본국으로 돌아갈 수도 있지만 체류 기한을 넘겨 한국에 계속 머물 수도 있다. 일본에 미등록자 중 가장 높은 비율을 차지하고 있는 사람들이 한국인이고, 미국에 있는 한국인의 5명 중 1명은 미등록자로 살아가고 있음을 명심해야 할 것이다.

전국에 이주민 상담을 하는 단체는 통계를 내는 곳마다 다르지만 160개 이상이라는 것에는 일치하고 있다. 이 수많은 상담소 중에 종교단체, 특히 개신교가 차지하는 비율은 매우 높다. 개신교가 이주민 상담 혹은 프로그램을 운영하는 이유 중 첫 번째는 선교다. 이주민들이 겪는 어려움을 해결하고 한국인과 이주민이 함께 살아가기 위한 활동보다는 교회로 사람을 이끌기 위한 활동에 더욱 초점을 맞추고 있는 것이다.

이제 한국 사회와 한국 교회는 어떻게 이주민들과 함께 살아갈 수 있는가를 고민해야 할 때가 왔다. 이주민을 한국 민족과는 다른 부류의 집단으로 인식해서는 안 될 것이다. 이미 양주 여중생 살해 사건에서 한 사람의 잘못이 모든 미등록자에 대한 분노로 표출되는 것을 보았다. 이주민을 어떤 사건, 인물 때문에 집단화시켜 선입관을 가지고 바라본다면 이주민과 한국인은 동등한 지위에서 서로를 바라볼 수 없을 것이다. 미국 버지니아 공대에서 한국인에 의한 총기 난사 사건으로 수많은 인명이 희생되었을 때, 한국인은 테러의 대상이 되지 않을까 두려워했다. 하지만 미국인들은 한 사람에만 관심을 두고 미국 사회를 반성하는 기회로 삼았다. 이제 한국 사회는 나와 다른 피부색, 언어, 종교를 가진 이주민들을 나와 동등한 사람으로 바라보고 존중해야 하는 연습을 해야 한다.

비정규직, 같은 품삯을 받을 수 있는가

유경동 목사, 감리교신학대학교 교수

들어가는 말

한국 사회 비정규직 사태와 관련하여 주목을 받은 이랜드는 홈에버를 홈플러스에 매각하는 과정에서 '카드깡'한 것이 드러나 세간의 지탄을 받았다. 이랜드는 2001년 이후 아울렛 사업을 통해 까르푸와 홈에버, 그리고 뉴코아 아울렛까지 인수했는데, 2조 3,000억 원에 홈에버를 매각하기로 결정한 것이다. 그러나 홈에버를 인수한 삼성홈플러스가 비정규직 문제를 어떻게 할 것인가는 아직 미지수다. 삼성홈플러스 이승한 사장이 홈에버 인수를 발표할 당시에는 홈에버 전 직원에 대한 고용 승계, 비정규직의 정규직화, 노조 인정을 승인했다. 문제는 이와 같은 내용이 지켜질 수 있는지 아직도 회의적이라는 것이다. 이랜드도 까르푸를 인수할 때 100% 고용 승계를 약속했지만 지켜지지 않았기 때문에 삼성홈플러스도 인수 전에 고용에 대한 분명한 입장을 밝혀야 한다고 이랜드 노조 측에서 강력하게 주장한 것이다. 또한 비정규직의 정규직 전환에 대해서도 삼성홈플러스는 '법적인 원칙'이라는 단서를 붙였는데, 이 부분도 향후 귀추가 주목된다. 현재 홈에버에서 18개월 이상 노동자는 정규직이 아닌 무기계약직이고, 더군다나 아직 18개월 미만 노동자들의 법적인 지위는 여전히 불투명하기 때문이다. 또한 노조가 없는 삼성의 전례로 볼 때 과연 홈에버에 노조를 계속 용인할 의사가 있는지, 이 부분도 아직 미지수다.[1]

일간지에 따르면, 2008년 6월 2일 이승한 사장은 5월 30일 홈에버 노조가 면담 요청 공문을 발송한 데 대해 "우선 공정위의 기업결합 심사 결과가 나와야 가능하다"며 "현재로서는 노조와의 면담이 사실상 어렵다"라고 말했음이 밝혀졌으며, 이사장은 "지금은 인수 결정을 밝힌 단계로 기업결합 심사 결과가 나온 뒤 구체적인 인수 작업이 진행돼야 노조와의 면담도 가능하지 않겠느냐"며 "별다른 움직임 없이 최종 인수금 조율을 위한 작업을 진행하고 있는 정도"라고 강조했다.

최근까지 계속된 한국 사회 이랜드 사태와 연관된 문제점은 크게 네 가지로 나타난다고 할 수 있다.

첫째, 비정규직에 대한 불합리한 차별과 사회 양극화를 해소하기 위해 도입한 「비정규직 보호법」에 대한 논란이다. 과거 기간제 근로자의 계약 기간 상한은 1년으로 반복 갱신에 대한 제한이 없었지만 지난 2007년

---

1 2007년 6월 30일 홈에버 상암점 점거 농성으로 시작된 이랜드 일반노동조합의 파업은 홈에버 사업 부문을 이랜드로부터 인수한 삼성홈플러스 측과의 합의가 성사되면서 2008년 11월 13일 공식 종결됐다. 510일에 걸친 장기 투쟁의 마지막까지 남은 186명 중 174명이 일터로 돌아가게 됐지만, 노조 핵심 지도부 12명의 복직은 끝내 거부됐다.

7월 1일 이후 새 법에 의하면 기간제 사용기간이 2년으로 제한되고 2년 초과 때 정규직으로 전환해야 한다. 그러나 문제는 사용주 입장에서는 2년 이내에 언제든 근로자를 해고할 수 있기 때문에 이 「비정규직 보호법」의 실효성에 대해서는 논란의 여지가 많은 것이다. 더구나 정규직과 비정규직 간의 차별을 금지하기 위해, 차별적 처우의 경우 3개월 이내에 노동위원회에 차별 시정을 신청을 할 수 있게 되어 있지만 말 그대로 시정만 권고하는 전시 행정의 역할 그 이상을 기대할 수 없다.

둘째, 이랜드 사태와 관련하여 정부의 공권력 투입 형평성에 대한 논란이다. 2007년 5월에 뉴코아 사측이 비정규 계약직들에게 0개월 및 1일 또는 1주일 단위의 초단기 근로 계약을 강요했고 근로계약기간을 임의로 단축하는 등 근로기준법을 위반한 사실을 알고도 노동부는 시정 명령만 내렸으며, 또한 비정규직법 시행을 앞두고 뉴코아 측이 계산 업무에 대한 외주 용역을 추진한다는 사실을 알면서도 적극적인 행정 지도를 하지 않았다. 반면 노동부는 이랜드 노조가 홈에버 월드컵점에 대한 점거 농성에 들어가고 민주노총이 합세해 일이 커지면서 법의 부작용이 집중 부각되자 부조리한 처우를 받는 노동자를 보호하기는커녕 공권력 투입이라는 적반하장 격의 초강수를 두었다.

셋째, 이번 이랜드 사태와 연관하여 볼 때, 그리고 평신도아카데미에서 다루려고 하는 가장 핵심적인 논쟁점은 '기독교 사업체의 도덕성'에 관한 것이다. '나눔과 섬김'을 경영 이념으로 내세우고 기업으로서의 신화 창조를 거듭해온 이랜드는 이제 한국 사회에서 '비정규직원 대량 해고'를 저지른 악덕 기업이라는 비난을 받고 있다. 벨라스케즈(M. G. Velasquez)는 『기업 윤리』(매일경제신문사, 2002)에 관한 이론에서 그 윤리적 원칙을 다음과 같은 7가지 분야로 나누어 설명하고 있다. ①

손익을 비교하는 공리주의의 원칙, ② 기업의 권리와 의무, ③ 기업 경영의 정의와 공평성, ④ 기업의 관심 분야, ⑤ 효용성, ⑥ 도덕적 원칙으로서의 덕목, ⑦ 국제적인 환경에서의 도덕성 등이다. 결국 기업 윤리의 원칙에서 이랜드 사태를 볼 때 기업으로서 손익을 비교하는 나름대로의 공리주의적 원칙을 감안하더라도 기업의 의무와 기업 경영의 정의, 근로자에 대한 배려, 사회적 효용성, 도덕적 원칙 등이 지켜지지 않았음을 알 수 있다.

넷째, 기독교 사업체인 이랜드의 실추된 기업 이미지는 결국 기독교 전체의 이미지에 더 큰 손상을 입혔다. 이랜드 사태를 지켜본 대부분의 시민들은 사랑을 실천해야 할 기독교 기업이 오히려 사회적 약자를 거리에 내몰고 있다는 점에 분노를 금치 못했다. 민주노총과 사회단체를 중심으로 '이랜드 유통매장 매출 제로(0) 투쟁'이 진행되었고, 이랜드에서는 사원들에게 파업을 '사탄의 유혹에 빠진 행동'으로 해석한 이메일을 보냈다는 의혹이 제기되어 논란이 일었다. 결국 이러한 사회운동단체와 기독교기업 간의 분쟁은 가뜩이나 세습과 각종 스캔들로 얼룩진 기독교의 이미지에 더 심각한 타격을 줄 것이 분명하다.

기독교의 위기

강조하고 싶은 것은 '기독교 경제 윤리'와 '기업 윤리'에 대한 신앙적 원칙이다. 이랜드 사태는 결국 한국의 기독교와 교회, 기독교 사업체 전반에 관한 문제라고 해도 과언이 아니었다. 현대의 기독교가 처한 가장 심각한 문제는 리처드 니버(Richard Niebuhr)가 지적했듯이 기독교인이면서 세상과의 타협을 인식하지도 못하고 자신이 세상에 대해 승리했다는 듯한 태도를 취하는 기독교의 '위선'이다. 왜냐하면 이것이 거짓된 복음을 만들어내기 때문이다.

이런 '위선'을 기독교는 역사 속에서 나름대로 '교파'나 '교리' 분열이라는 모습으로 위장해왔다. 역사 속에서 반복해온 교회 분열의 배경에는 '교회 개혁'의 내용이 없는 것은 아니지만 기층 사회가 제공하는 정치경제적 이익을 업은 교회의 권력지향적 이기주의가 내포되어 있었던 것을 간과해서는 안 된다. 그럼에도 교회는 교회 분열이 구원에 대한 교리의 차이에 있다고 궁색한 변명을 늘어놓았다. 그러나 실상은 많은 교파가 초대교회를 따른다고 하면서도 실상은 필연적으로 사회가 제공하는 정치나 특히 권력과 연관된 경제적 이익에 종속되고 말았다.

이랜드는 초창기 멤버가 기독교인들로 구성되어 신앙 경영의 원칙을 세워나갔지만 사업이 확장되면서 1990년대 이후에는 비기독교인들의 수가 60% 이상을 차지하게 되었다. 그동안 이랜드는 노조를 비성경적이며 공산주의에 근거한 단체로 보고 '반노조 정책'을 펴왔으며 1993년 노조 결성 이후 1997년에는 57일 간의 첫 파업, 1998년에는 대대적인 정리해고, 2000년에는 비정규직의 정규직 전환과 관련한 265일 간의 파업이 있었고, 2000년 이후 거의 매해 노사 간에 분쟁을 계속해오다가 이번에 전국적인 사태에 이르게 된 것이다. 한때 선교를 목적으로 당연시되었던 고통의 분담과 헌신은 비기독교인에게 '강요'가 되었고 따라서 종교를 이용한 '착취'라는 비난까지 쏟아지게 된 것이다.

기독교 기업 윤리의 정신

"한국 경제에 기독교 사업체가 희망이 될 수 있는가?"라는 질문을 던지면서, 기업 윤리와 연관하여 가장 시급한 문제는 '기독교적 의미'의 '공동체성'을 회복하는 것이다. 성급한 결론이지만 현대 세계가 경제적 폭력으로 점철되는 이유는 전적으로 이웃에 대한 '존재의 신비'를 잃은 결과다. 인간 개개인의 가치를 인정하지 않고 경제와 정치적 논리로 획일화시키는 동일화의 논리는 문화적으로는 '오리엔탈리즘'으로 나타났으며, 국제 정치에서는 '제국주의'로, 국제 경제에서는 '세계화'로, 철학에서는 서구 중심적 '관념론'으로, 기독교에서는 전투적 '근본주의'로 나타났다.

기업 윤리에 대한 기독교적인 대안은 성서에 근거한 노동의 정신을 회복하여 진정한 공동체를 이룩하는 데 있다. 이 시대 경제의 문제는 경제 절대주의의 문제이기도 하다. 자신의 이익과 자신이 속해 있는 집단의 경제적 이익을 최고의 가치로 여기는 이 시대의 문제는 결국 이웃을 도구로 하여 자신의 부를 추구하는 데 그 원인이 있다. '경제'란 인격을 매개로 하는 하나의 도구임에도 이제 인간이 오히려 경제 현상의 도구로 전락해버렸다. 따라서 경제 문제는 인간을 도구로 하는 것이 아니라 인간과 인간의 관계성의 회복으로 연결되어야 할 것이다.

노동에서 성화로

노동은 다른 이들과 더불어, 다른 이들을 위하여 무언가를 하는 것이다. 노동의 열매는 교환과 관계와 만남의 기회를 제공한다. 그러므로 노동의 사회적 본질을 고려하지 않고는 노동을 적절하게 평가할 수 없다. 만일 인간 사회가 진정 사회적이고 유기적인 조직체가 되지 못하고, 노동이 사회적이고 법적인 질서로 보호되지 않는다면, 또한 상호 의존 관계에 있는 인간 노력의 다양한 형태가 상호 보완과 조화 가운데 결합되지 않는다면, 특히 토지와 자본과 노동이 공동보조로 결합되지 않는다면, 인간의 수고는 기대했던 성과를 얻을 수 없을 것이다.

노동은 창조 행위뿐 아니라 구원 행위에도 참여하는 인간 존재의 근본적 차원을 나타낸다. 여기에서 노동은 객관적 의미와 주관적 의미를 가진다. 객관적 의미에서 노동은 창세기에서 말하듯 인간이 땅을 다스리고 무엇인가를 만들어내는 데 사용하는 활동과 자원, 도구와 기술의 총체다. 주관적 의미에서 노동은 노동과정의 일부이며 자신의 개인적 소명에 부합하는 다양한 활동을 수행할 수 있는 역동적 존재로서의 개인의 활동이다. "인간은 땅을 정복하고 다스려야 한다. 왜냐하면 인간은 '하느님의 모습'으로서 하나의 인격체이기 때문이다.

예수님과 일치하여 노동의 수고를 견디는 사람들은 어떤 의미에서 하느님의 구원 활동에 협력하는 것이며, 그들이 부름받고 있는 노동을 통해 날마다 그분의 십자가를 지고 가는 그리스도의 제자들임을 보여준다. 또한 노동은 성화의 한 수단이며 세상사에 그리스도의 정신을 불어넣는 것으로 여겨질 수 있다. 이렇게 이해되는 노동은 필연적으로 역사적 조건을 수반하며, 종말을 지향하는 인간의 충만한 인간성을 드러내는 한 표현이 된다. 이러한 관점에서 인간의 자유롭고 책임 있는 행동은 인간이 창조주와 또 그분의 창조 권능과 밀접한 관계를 맺고 있음을 드러낸다.

소유에서 존재로

기독교의 영성은 관념론으로 포장된 이데올로기에 헌신하는 사회적인 입장을 포기하고 역사 속에서 하느님의 뜻을 찾아 이 세상 속에서 진리와 보편적인 사랑을 획득하고 인간의 유한성을 예언적 담론으로 극복하는 것이어야 한다. 그러기 위해 이윤 추구 이전에 기독교 정신에 근거한 공동체성을 회복하며 진정한 섬김으로 사회 속에서 거룩성을 회복하는 일에 최선을 다하는 것이 기독교의 경제 원칙일 것이다.

현재 한국의 자본주의는 내생적인 사회적 생산력을 증대시키지 못한 채 외국 자본과 권력의 결탁으로 지나친 독점 자본이 형성되고, 국내 부존자원을 고려하지 않은 외국 기술의 도입으로 국내외 시장 점유에 상응한 일자리들을 창출하지 못하고 있으며, 더구나 계속된 권력자들의 실정은 한국 사회를 경제적 위기로 몰아가고 있다.

이러한 자본주의의 한계 속에서 현대인은 대량 소비를 통해 자신의 소비적 욕구를 증대시킨다. 현대 소비사회는 물자를 과잉 생산하고 유행을 통해 생활을 획일화시킴으로써 풍요 속의 빈곤과 비윤리적 소비문화를 조장하는 모순을 양산한다. 매스미디어에 의해 조작되는 무차별적인 소비문화는 물자의 낭비와 함께 인간의 낭비를 초래한다. 소비사회는 풍요한 생활을 모토로 하지만 물자와 인간의 기호마저 획일화시키고, 이러한 획일화는 결국 인간의 개성과 창의성을 말살하며 급기야 인간을 공허하게 만든다.

이와 같은 자본주의의 병폐 중 가장 심각한 문제는 소유와 소비를 인간 사이의 상징적 교환으로 여김으로써 필연적으로 나타나는 인간 소외다. 사실 경제적 행위에서 화폐나 자본은 중요하지만 동시에 필요악이다. 화폐나 자본이 결코 인격을 가진 주체가 아님에도, 인간이나 집단 사이의 인격적인 관계는 화폐나 자본의 크기 여하에 의해 좌지우지되는 비인격적 관계로 전락해버리기 때문이다. 즉, 인간은 존재함으로써가 아니라 소유하고 소비함으로써 살아간다고 착각하게 되는 것이다.

따라서 기독교의 메시지는 저 닿지 못할 하늘을 '소유'함으로써 신이 되고자 허망한 바벨탑을 쌓았던 맹신이, 다 가지지 못할 소유를 꿈꾸며 소비로 자신의 정체성을 삼으려는 이 시대의 환상과 연관이 있음을 폭로해야 한다. '소유가 아니라 존재, 소비가 아니라 나눔, 독점이 아니라 관계'가 기독교의 중심 메시지이며 실천적인 행동 강령으로 나타나야 할 것이다.

권력에서 섬김으로

근대화의 이면에서 진정한 발전이 뒤따르지 못한 결과 인간의 존엄성마저 위태로워진 현 한국 사회와 한국 기독교는 근대화가 우리에게 던져준 숙제를 미처 해결하기도 전에 세계화의 망상에 시달리고 있다.

한국의 종교 집단은 거대한 영향력을 행사하는 권력 집단이면서도 별로 견제받지 않고 있기에 상당히 위험하다는 비판을 받고 있다. 종교 집단이 방자하게 권력을 휘둘러 사회를 마비시킬 정도의 충격을 줄 가능성이 상존하는데, 사회 일각에서 이런 위험성이 점점 더 많이 인식되고 있기는 하지만 어떻게 대처해야 하는지 실마리를 찾지 못하고 당황하는 빛이 역력하다.

이러한 종교 권력의 이면에는 개신교 근본주의의 기본적 에토스로 자리 잡고 있는 '승리주의'가 있다. 한국 사회의 근대화는 서구화와 미국화의 과정이었기 때문에, 서구 종교이자 미국 종교로 간주되는 개신교는 처음부터 문화제국주의적 태도를 가지고 있었음에도 문명개화의 종교로 이해되어 강력한 저항에 부딪치지 않았다. 이러한 과정에서 개신교는 의식적 · 무의식적 차원에서 강력한 '승자의식'을 갖게 되었으며 불과 한 세기 만에 소수의 종교집단에서 다수의 종교집단으로 성장한 데 대한 성취감에 도취되어 거대한 종교 권력인 교회가 원하는 것이라면 국가 권력도 들어주지 않을 수 없다고 여기게 되었다.

승리주의는 항상 힘을 숭배하고 외형적 팽창주의로 나아가며 타자에 대해서는 정복주의로 일관한다. 따라서 한국 기독교의 승리주의는 다원적인 종교 시장을 교란시키는 주요 요인으로 작용한다. 이와 같은 결과는 현재 대형 교회의 장거리 차량 운행이라는 변칙을 낳고, 지역 사회의 기존 교회들의 역할을 고려하지 않고 무차별적인 지성전을 건축함으로써 지역 사회의 종교적 다원성과 특수성을 무시하는 현상들로 나타나고 있다.

교회 위기의 진원지는 기복신앙을 이용한 정통주의·근본주의·승리주의·패권주의·가부장주의의 절묘한 공모에 있다. 특히 한국 개신교 종교 권력은 성차별 이데올로기에 근거하고 있으며 성직의 영역에서 여성은 철저하게 배제하고 있다. 교회가 위기를 극복하고 새로운 공동체로 거듭나기 위해서는 권력의 그물을 해체하는 작업에 들어가야 한다. 이러한 해체 작업은 교회가 자발적 가난의 에토스에 입각하여 기복지향적 신앙을 넘어 교회 운영상의 가부장적 파시즘을 무력화하고, 종교 시장에서의 패권주의를 버리고, 통치 권력에 대한 비판적 견제 역할을 충실하게 수행해나가는 것을 동반한다.

'교회 권력'의 문제와 이랜드 사태에 나타난 기독교 사업체의 문제는 그리 다르지 않다. 한국의 교회는 식민주의적 기독교의 전통 속에 배태된 천민적 자본주의 체제를 심층적이고 비판적으로 탐구하여 사회를 위해 더욱 힘써야 한다. 마찬가지로 기독교 사업체도 사업을 위해 존재하는 것이 아니며 신앙공동체에 봉사하기 위해 존재한다는 사실을 기억해야 한다. 비판받는 한국의 교회와 기독교 사업체는 자신을 권력이 없는 공동체(하느님의 백성, 평신도)와 함께한다고 고백하면서 실상은 권력을 가진 공동체(성직계급, 기업 CEO)를 지향하는 일종의 혼성적 정체성을 드러내고 있다. 교회와 기독교 사업체의 그리스도는 황제와 우주적 주님으로, 이 세상 권력과 맞서는 고난받는 종, 세속적인 모든 권력과 영광을 단호히 거부한 예수님과는 너무나 거리가 멀다.

개인에서 공동체로

만일 기독교 운동이 위로 향하는 권력의 운동이 아니라 아래로 내려오는 섬김의 운동이 될 수 있다면, 우리는 우리의 이웃에 대한 신앙의 감수성을 회복할 수 있을 것이다. 이 신앙의 감수성은 모든 타자를 아우를 수 있는 공동체적 영성으로서 신앙의 개인주의를 극복하는 것이다. 그렇게 하기 위해 우리는 성서의 말씀을 보다 공동체적인 맥락에서 이해해야 한다. 물론 예수님의 윤리가 개인주의적 윤리의 형태를 가지는 것은 틀림이 없지만, 그분의 윤리는 개인의 구원이나 존엄성을 넘어 개인의 성화에 더 많은 관심이 있었다고 보아야 한다. 개인의 성화란 그 개인이 이웃, 나아가 사회와 더불어 성화의 과정을 밟는 것이다. 반면 '개인의 존엄성'은 개인의 영성을 완성하거나 도덕성의 완전을 강조하는 것에 그칠 수 있다. 개인의 존엄성은 예수가 주장한 것이 아니라 사람의 가치를 높이 평가하는 스토아학파나 자연신교주의자들에게서 유래한 것이다.

바울의 코이노니아 은유에서 나타나는 성전 비유와 몸의 비유에 대한 설명도 보다 공동체적인 맥락에서 해석해야 한다. 성전과 몸에 대한 바울 사도의 개념을 개인적인 것에 국한시키기보다는 몸의 사회적인 개념이라는 맥락에서 보아야 한다. 고린토전서 6장 13절의 경우 "몸은 음행을 하라고 있는 것이 아니라 주님을 섬기라고 있는 것입니다. 그리고 주님은 몸을 돌보아주시는 분이십니다"라는 말씀과 아울러 "여러분의 몸은 여러분이 하느님께로부터 받은 성령이 계시는 성전이라는 것을 모르십니까?", 그리고 "여러분의 몸이 그리스도의 지체라는 것을 알지 못합니까?"라고 물음으로써, 윤리가 개인주의적인 결론에 도달하기 전에 바로 사회적인 면을 다루고 있다는 것을 상기시키고 있다. 몸은 분명히 개인적인 특성을 가지고 있지만, 몸의 유기적이고 사회적인 특성, 즉 집단적이고 사회적인 전체성의 문제를 가장 중요한 주제로 부각시킨 것이다.

교회 공동체를 몸으로서의 코이노니아로 이해할 때, 우리는 종교개혁의 정신 중에서 후대에 잘못 해석한 것이 있음을 지적해야 한다. 프로테스탄트와 개인주의와의 연결은 종교개혁 정신, 즉 개인이 하느님께 아무런 방해 없이 나아갈 수 있게 해주었다는 면에서 많이 부각되어왔다. 과거 수세기 동안의 이러한 이해는 일종의 오해다. 종교개혁자들이 주장한 핵심은 개인에 있기보다는 참된 교회에 관한 것으로서 성도의 교제, 즉 신자들의 친교에 있다. 같은 맥락에서 모든 사람은 그 자신의 사제라는 만인 사제설은 개인주의적인 차원에서 잘못 해석되어왔는데, 이것은 모든 사람이 그 이웃의 사제라는 뜻으로 바뀌어야 한다. "모든 사람은 그의 이웃의 사제다." 즉, 한 사람은 다른 사람의 사제이며, 이것이 코이노니아 안에서의 삶이고 코이노니아의 삶인 것이다. 따라서 신약 성서의 교회는 코이노니아, 즉 그리스도의 몸으로 자신을 이해했고, 종교개혁 또한 기독교인의 삶, 즉 윤리에 대한 기독교적 출발점을 예수 그리스도의 몸인 공동체를 통해 시작한 것이다.

예수의 제자가 된다는 것은 예수의 삶을 따르는 것이다. 즉, 예수의 몸의 방식을 따르는 것이다. 그러나 이 예수의 삶을 따른다는 것이 지나치게 개인 중심적인 믿음과 구원에 편중될 때, 우리는 종종 타자에 대한 감수성과 배려를 상실한 자기 본위의 사랑만 강조하게 되는 우를 범한다. 한 몸을 이룬다는 기독교의 정신은 우리가 한 인간으로 지음받았다는 사실을 확인하는 동종애의 차원에 머무르는 것이 아니다. 오히려 몸을 가지고 살아가는 서로의 삶의 방식과 가치를 존중하며, 서로 상보적인 관계를 이루어 더 큰 몸과 정신을 이루는 유기적 존재방식을 의미한다.

루터는 종교개혁의 정신으로 참된 믿음이 무엇인가를 역설했다. 루터가 말한 믿음이란 단순히 개인적인 것이 아니라 사회를 향한 자신의 변화이며 사회에 대한 책임이다. 루터는 불에서 빛과 열을 분리할 수 없듯이, 바른 교회는 고백하는 하느님에 대한 사랑을 교회 안의 것과 밖의 것으로 구분할 수 없다고 강조했다. 바른 기도와 진정한 회개, 그리고 사회에 대한 책임은 기독교가 회복해야 할 종교개혁 신앙의 본질인 믿음과 관계가 있다. 따라서 이웃에 대한 교회와 기독교 사업체의 책임은 사회성원으로서 함께 분담해야 할 책임이다. 또한 그것은 기독교의 본질인 하느님에 대한 믿음이며, 동시에 인간에게 향하신 하느님의 뜻임을 기억해야 한다.

기독교 기업 윤리의 실천

기독교 사업체가 21세기로 나아가는 미래 사회의 공존과 평화를 구축하기 위해서는 아래와 같은 세 가지의 전략이 필요하다.

첫째, 기독교 사업체가 한국 경제 문제에 희망이 되려면 공적인 영역에서 한국의 민주주의 실현에 대한 의무를 다하고 한국형 자본주의 경제에서 교회 선교의 기능적 조건들 사이의 갈등을 보다 유연하게 해소해야 한다. 이와 같은 문제점들을 해결하기 위한 방안으로서 기독교 사업체는 정당성과 정통성에 근거한 시민사회 형성에 공헌하는 것이 중요하다. 정당성이란 정치적인 질서의 바탕으로서 이 정당성은 '기독교 사업체의 도덕성'을 요구하는 사회적인 자기정체성 및 사회통합적인 기업의 보존과 연관되어 있다. 한편 정통성이란 이러한 기독교 사업체가 과연 정치적인 힘을 사용하여 한국 사회의 발전을 위해 '구성된 가치들을 실현하는 데 적합한지를 밝히는 것'이다. 이러한 일이 가능하려면 사업체의 구성원이 집단의 결정과 정책 집행 과정을 자신의 자발적인 의지로서 받아들일 수 있는 공동체성까지 연결되어야 한다. 아울러 이러한 과정에 참여해야 할 현 기독교 사업체의 내적 모순에 대한 성찰과 개혁의지가 철저히 뒤따라야 할 것이다.

둘째, 한국 사회가 근대화되고 복잡해지면서 국가 체제와 시민 생활세계 간의 관계는 체제에 의한 생활세계의 식민화로 변질되고 있다. 특히 한국 사회 내에서 만연하는 자본의 논리는 시민 사이의 이성적인 담화 형성의 과정을 다원적·다자적이기보다는 여전히 양극화의 구조로 만들어가고 있다. 결국 체제와 생활세계의 관계의 불균형은 사회적으로 병리현상을 일으킬 뿐만 아니라 사회통합을 해치는 위기를 발생시킨다. 이랜드 사태도 따지고 보면 이러한 과정에서 무능한 정부와 식민화된 경제체제, 힘이 없는 근로자들이 결론이 없는 파국으로 치달은 것이다.

'하느님의 사랑'으로 살아가는 기독교적 이념과 그 실천에 대한 요구, 그리고 다른 한편으로는 권력과 경제적 이익을 추구할 수밖에 없는 '이익의 방기' 사이에서 일어난 이번 사태를 극복하려면 기독교 사업체는 성서에서 말하는 믿음의 사회화에 주목해야 한다. 즉, 부에 대한 깊은 신학적인 통찰력과 나아가 부의 소유가 사유화되지 않고 나눔의 실천으로 이어질 수 있는 종교개혁적인 영적 변화가 있어야 한다.

셋째, 만일 기독교 사업체가 한국 사회 내에서 그 도덕적 역량을 인정받고 한국 사회의 당면한 사회적 · 경제적 문제에 대한 정당성과 정통성의 위용을 갖추려면 그 구조가 보다 유연해야 할 것이다. 미래 경영학자 수만트라 고샬(Sumantra Ghoshal)은 기업 경영이 전통적인 세 가지의 'S'에서 세 가지의 'P'로 이행해야 함을 강조한 바 있다. 즉, 조직(Structure), 계통(System), 전략(Strategy)을 중시하는 체제에서 사람(Person), 과정(Process), 그리고 지향하는 우선순위(Purpose)를 중시하는 민주적 체제로 가야 한다는 것이다.

이랜드 사태는 자본주의 이행 과정에서의 관료제의 성격을 잘 보여주었다. 관료적 발전은 체제의 분화를 통해 복잡성의 증대를 가져오고 전문화는 사업 체제에 대한 합리성의 향상을 가져온다. 기업의 조정 능력을 대변하는 기업 총수와 중간 경영인, 일반 근로자 사이에서 전근대적인 기독교 사업체의 관료적 행정이 부각되면서 보다 심오한 관계를 중시하는 기독교적 세계관은 해체되는 것이다. 또한 근로자는 유기체적인 상호 작용 영역에서 분리되어 차츰 효율성의 원칙에 의해 지배되는 계통을 중시하는 하위 체계로 전락한다. 따라서 아무리 기독교 사업체라 할지라도 근로자는 사측의 전략에 따라서 상부 구조의 도구적 제어에 통제되기 때문에 결국 비기독교인/기독교인을 망라하고 기업 영리를 내세운 전술적 조작의 대상으로 전락해버리고 마는 것이다.

영리를 목적으로 하는 기업에서 '나눔과 섬김'이라는 이상은 비현실적이라고 할 수 있으나 군이 종교적 이념을 내세우지 않는 여타의 기업들이 많은 근로자들을 정규직으로 전환한 것을 고려하면 기독교 사업체가 '사랑'을 통해 인간을 중시하는 기독교 본래의 정신으로 돌아가는 것은 마땅하다.

이 땅에서의 기업 정신은 보다 지고한 초월적 기독교 정신을 전제로 하는 것이지 아무것도 가지지 않는 것을 그 목적으로 하는 것은 아니다. 기독교 사업체는 소유하는 것이 복이 아니라, 보다 많은 이들과 나누는 것이 진정한 복임을 강조해야 할 것이다. 가진 것을 서로 나눌 때 실현되는 하느님의 사랑 그 자체, 즉 우리 안에 역사하는 사랑을 확인하는 것이 기독교 사업체의 정신이 될 것이다.

나가는 말

하느님은 우리에게 영생의 축복을 나눠주시기 위해 창세전부터 십자가 위의 고통을 준비하셨다. 축복은 고통과 함께 그 의미를 더욱더 분명하게 드러낸다. 이제 그 고통은 이 땅 위에서 신앙인이 함께 나누고 분담해야 할 신앙의 몫으로 우리에게 남아 있다. 국가 경제의 위기 속에 물질로 고통당하며 상실감으로 자살하는 이가 많은 이때, 기독교인은 더 많은 소유를 꿈꾸기보다 그리스도를 담을 자신의 마음을 비우는 일에 전념해야 할 것이다. 그리고 자신이 가진 것을 나누는 삶의 방식을 통해 함께 존재하는 축복된 공동체를 만드는 일에 최선을 다해야 할 것이다. 따라서 우리는 경제 문제로 피조물들이 고통당하는 이 시간에 십자가 위의 예수님을 기억하여 그분의 뜻을 이루는 제자의 삶을 살아야 할 것이다.

거듭나는 기독교 공동체를 위해

성적 소수자와 기독교

조순애 사회적 소수자를 위한 모퉁이의 돌 교회 목사

하느님과 성서에 대한 이해

창조주에 대한 올바른 상

성서의 첫 장에 기록되어 있는 하느님의 창조에 대한 이야기를 주의 깊게 읽을 때 우리는 뜻밖의 사실을 발견할 수 있다. 즉, 첫째 날부터 여섯째 날까지 하느님께서는 당신이 창조하신 것에 대해 "좋았다", 혹은 "매우 좋았다"라는 표현을 하시지만, 둘째 날에는 그런 말씀을 하시지 않으셨다는 것이다. 그 이유에 대해 탈무드는 이렇게 말한다. "우선 하느님이 이 우주를 육지와 바다로 나누었는데, 다 완성하지 못한 채 다음 날까지 그 작업을 계속했기 때문이고, 두 번째로는 둘째 날 하신 일이 하늘 위의 물과 아래의 물을 나눈 것인데, 이것은 세계가 구성되기 위해 필요한 현상이지만 '나눈다'라고 하는 행위 자체가 부정적인 의미가 있기 때문이다. 분열은 설령 필요한 행위일지라도 결코 바람직하지

않다는 것이다. 이는 반드시 나누지 않았더라도 괜찮은 것, 또한 당연히
함께 있어야 하는 것, 즉 부부, 친구, 국가, 민족 등이 나뉘었을 때의
아픔이 얼마나 크겠는가를 생각하게 하는 이야기다."[1] 필자가 기독교와
소수자라는 주제와 연결하여 주목하고 싶은 부분은 두 번째 이유다.
종교라고 하는 틀 안에서 살펴볼 때 전체로서의 통일성과 조화로움이
하느님의 선한 창조 원리, 의지라면 기독교인들 내부의 분열과 갈등은
분명 하느님의 창조 원리에 어긋난다. 그렇기 때문에 가톨릭과 개신교의
분리를 넘어 기독교만 유일한 진리의 종교로서 주장하고 타 종교는
인정하지 않는 기독교인의 오만함과 배타성, 자기 폐쇄성[2]은 이른바
'패거리 의식', '패권주의'의 이름으로 비판받아 마땅하다. 또한 하느님의
인류에 대한 궁극적인 창조의지에 대해 성서는 "그 날에 그들이 모두
모일 것이다"라는 말씀으로 우리 모두가 공통된 근원인 하느님에게서
나온 하느님의 표현이라는 사실을 깨닫게 될 것을 말함을 기억할 필요가
있다. 세계는 우리가 인식하기 전에 은총에 의해 존재론적으로 있었고
창조주의 놀라운 사랑의 은총으로 우리 모두가 하느님의 형상대로 창조
된 존재임을 인식하는 일, 그리고 우리를 통해서 하느님께서 마음속에
품고 있는 우리에 대한 이상이 구체화된다는 사실을 깨닫는 것이 바로
속죄, 즉 하나 되는 일이다. 따라서 창조주인 하느님에 대한 상을 바르게
갖는 일, 창조주의 우주적 총체성에 대한 선한 의지를 올바르게 인식하

---

1 마빈 토케이어, 『스무 살에 만나는 탈무드』, 손영실 엮음(서울: 국민출판, 2004),
97~98쪽.

2 기독교의 특징으로는 '이원적인 사고 구조, 택일적인 선명한 윤리적 태도, 강한
공동체적 응집력, 배타적이고 독선적인 모습'을 꼽을 수 있다고 지적한다. 정진홍,
『경험과 기억: 종교문화의 틈 읽기』(서울: 당대, 2003), 30쪽.

는 일이 무엇보다도 중요하다. 아울러 인간에 대한 끝없는 하느님의 사랑의 역사로서 기독교를 새롭게 하는 일이 바로 우리가 지금, 여기서 해야 할 일 중의 하나다. 하느님의 인간에 대한 사랑은 아무런 차별 없이 모두를 포용하는 것이지 계급으로 나누고 성으로 구별하며 인종으로 편 가르고 배제하는 것이 아니라는 점을 명심함으로써 가르고 나누는 사회적 관습과 오래된 편견, 이해가 부족함으로 인해 이웃의 삶을 인정할 수도 없고, 인정하려고 하지도 않는 편협함에서 자유로워져야 한다. 구약에서 특히 선지자나 예언자들은 자신들이 깨달은 만큼 자신의 삶을 통해 하느님을 드러냈다. 오늘날 기독교인들은 얼마만큼 어떻게 하느님을 드러내고 있는지 스스로 물어볼 일이다.

성서 바르게 읽기

성서를 단순히 '오류가 없는 하느님의 말씀'으로 보는, 축자영감에 의한 하느님의 직접 계시라는 입장에 동의할 수 없는 이유의 하나로 성서 자체를 들 수 있다. 성서를 꼼꼼히 읽어보면 같은 내용을 담고 있는 이야기가 성서의 저자들에 의해 다르게 기술되고, 한 사람이 쓴 서신 안에서도 서로 모순되는 내용이 비일비재하다. 중요한 것은 성서를 문자적 접근 방법으로 받아들인 '신학적 진리'가 그동안 치밀하게 조직화된 이념적 틀과 실천적 규범으로 오용되어, 기독교인의 교화와 그에 대한 정당화의 수단으로 하느님의 사랑을 악용해왔음을 기억하는 것이다. 억압을 말하고 있는 성서의 본문을 '하느님의 말씀'이라고 한다면, 성서에 깊이 들어 있는 가부장적인 이데올로기와 지배 구조, 외국인·노예에 대한 차별을 하느님의 뜻이라고 주장한다면, 우리는 기독교의 하느님을 억압하고 비인간적인 인종 및 계급차별주의의, 제국주의의 하느님으로 선포하고 있는 것이다. 즉, 성서는 인간을 억압하는 족쇄로서, 인간을 자유의지와 창의성을 가진 주체적 인격체로서가 아니라 반대로 무기력하고 왜소하게 만드는 율법책으로 기능하기도 한다. 따라서 문자적 접근으로 성서를 대하는 사람들의 의견이 성서에 의존한 것인지 아니면 그와는 반대로 그들의 성서 해석이 그들의 의견에 의존한 것인지를 엄밀하게 물어야 한다.

성서는 우리의 삶과 이 우주를 이해하는 길잡이 역할을 하는 하느님의 사랑의 기록으로 받아들여야 한다. 따라서 인간의 구원과 총체성의 회복을 위해 이해되어야 하는 성서가 지극히 '정치적인 책'으로 우리의 삶을 짓누르고, 우주와 살아 있는 모든 생명체와의 조화롭고 평화로운 공존을 가리켜야 할 성서가 그와는 상반되는 기능의 도구로 전락한다면 이는 마땅히 거부하고 싸워야 한다. 올바른 성서의 이해를 위해서는 성서라는 텍스트(text)가 우리 삶의 콘텍스트(context) 안에서 비판적 · 변증법적으로 이해되어야 하고, 성서가 우리 삶의 진정한 나침판의 역할을 하기 위해서는 우리의 주체적이고 열린 자세가 필요하다. 복음서에 따르면, 예수는 이점을 "율법서에 무엇이라고 적혀 있으며 너는 그것을 어떻게 읽었느냐?"(루가 10 : 26)라고 명확히 언급했다. 예수의 많은 비유 속에서 드러나는 의미는 예수가 그의 말을 듣는 사람들에게 율법의 자구적 · 문자적 의미를 넘어서 그 근본정신을 알아내어 적용하라고 가르쳤다는 것이다. 단순히 살인을 금하는 것뿐만 아니라 분노를 표출하는 것도 피하라고, 단순히 간음하지 말라가 아니라 그것을 상상하는 일도 하지 말라는 것이다. 이런 점에서 "세상에 잘못 연결된 어리석음이 곧 하느님에 대한 잘못된 길로 인도한다"라고 한 토마스 아퀴나스(T. Aquinas)의 말을 명심할 필요가 있다.

하느님의 사랑이 인간의 몸으로 계시됨으로 시작하는 신약의 '복음'은 하느님의 특별한 '은혜의 선물'(마르틴 루터)이자 조건 없는 약속이며 하느님의 의는 인간을 무조건적으로 수용한 것(이를 폴 틸리히는 수용할 수 없는 것을 수용함이라고 표현했다)이라는 점에 주목해야 한다. 이를 풀이하면 인간이 사랑받을 만한 가치가 있기에 하느님이 우리를 사랑하는 것이 아니라, 하느님의 조건 없는 사랑을 통해 비로소 우리가 사랑스러운 존재가 되며, 이런 하느님의 절대적인 사랑 앞에서는 누구나 그가 '그런 존재'이기에 거부당하는 것이 아니라 그의 '존재 자체'로서 예외 없이 받아들여진다는 것이다.

하느님과 성서에 대한 새로운 이해를 위해 우리는 다음과 같은 점을 말할 수 있다. 즉, 하느님과 성서와의 관계를 우리의 삶에 대입할 때 '문제와 해결'의 관점에서 파악하고 적용하는 것이 아니라, 우리가 "겸손하게 하느님과 동행하기 위해서는"(미가 6:8) 열린 마음으로 성서 속으로 들어가(혹은 성서적 근원으로 돌아가) 미처 깨닫지 못한 부분이나 잘못 받아들인 점을 새롭게 이해하려고 끝없이 노력하는 진지한 태도가 전제되어야 한다는 것이다. 곧, 성서적 진실을 깊은 생각 없이, 마치 성취가 가능한 것으로 생각하기보다는 성서를 올바르게 이해하려고 하는 진실에 대한 열정과 겸손한 태도가 중요하다는 것이다. 그리고 그런 후에 받아들이기 어려운 '불편한 진실'이라 하더라도 성서적 진실을 우리의 삶에서 실천적인 행동으로 옮겨야 한다.

특히 강조할 점은 기독교가 다른 이웃 종교와 마찬가지로 인간의 실존적인 문제와 무관할 수 없다는 점, 곧 실존적인 성찰의 과제로서 기독교가 가져야 하는 관심의 지평을 묻는 것이며, 이 질문에 맞물려 성서가 반이데올로기적인 차원과 반전체주의적 요소들을 명확히 담고 있다는 사실이다. "반이데올로기적인 차원은 출애굽에서 십자가까지 성서 자체에 흐르고 있는 고통에 대한 철저한 감수성이다. 반전체주의적 차원은 성서 이야기를 편협하고 당파적으로 활용하는 것을 정당하지 않은 것으로 배척하는 하느님의 전포괄적 창조의지다."[3]

이러한 관점에서 다음의 성서 이야기가 시사하는 하나의 교훈으로 시작해보자. 이스라엘의 야곱 이야기에서 우리는 맏아들인 에서 대신 야곱을 위한 어머니 리브가의 무모하고 도전적인 행위에 대해 뭐라고 설명할 수 있을까? 리브가는 당시의 사회적 관습인 장자 선호 사상이라는 뿌리 깊은 전통에 과감하게 도전했으며, 기지와 행동으로 자신의 의지를 관철함으로써 당시의 사회적인 경계의 벽을 넘어버렸다. 이런 리브가의 의지와 행동의 이유에 대해 성서는 침묵하고 있다. 침묵하는 성서를 대신해 한 여자는 다음과 같은 해석을 내렸다. "리브가는 아마도 보았는지 모른다. 장자 중심의 사회에서 다른 자손들이 겪는 아픔이 어떠한지를……. 태생적으로 주어진 특권을 누리는 자들의 몰염치와 그것의 일상이 만들어내는 세상이 얼마나 허구인지를……. 그것이 얼마나 많은 불의와 부정을 일으키는지를……. 자신의 목숨을 걸고 태생적 질서를 인위적 질서로 뒤엎은 리브가는 아마도 꿈꾸었을지도 모른다. 자유로운 선택에 스스로의 운명을 걸 수 있는 새로운 사회를……. 이미 주어진 것으로부터가 아니라 새로운 창조에서 만들어지는 지독하게 치열한 삶의 아름다움을……."[4]

---

3 리처드 미들턴·브라이언 왈시, 『포스트모던 시대의 기독교 세계관』, 김기현·신광은 옮김(서울: 살림, 2007), 175~176쪽 참조. 자크 데리다에게 바벨탑의 붕괴는 "단순히 회복 불가능한 언어의 분화를 뜻하지 않는다. 바벨탑은 완성과 획일화가 불완전하고 불가능하다는 것을 보여준다." 같은 책, 349쪽.

인간의 사랑에 대한 이해

사랑한다는 것은 타인과 일치하는 것이고,

상대방 속에서 신의 불꽃을 발견하는 것이다.

_토머스 머턴

우리들의 사랑 vs 그대들의 죄

성서에서 예수를 누가 죽였는가에 초점을 맞추기보다는 무엇이 예수를 죽였는가라고 물을 때 우리는 예수의 죽음에 대한 보다 새로운 이해를 할 수 있다. 이런 시각의 전환을 '성적 소수자'의 경우에 대입해볼 때 보다 효과적인 이해를 하게 된다. 성적 소수자들은 어떤 존재들인가, 그들이 원하는 것이 진정 무엇인가라고 묻기보다는 먼저 무엇이 우리들로 하여금 이 단어와 그에 연결된 사람들에 대해서 심정적인 불편함과 정신적인 혼란을 갖게 하는가라고 묻는 자기성찰적인 면이 따를 때, 성적 소수자들에 대한 이해의 차원이 달라지고 관점의 폭이 넓어질 수 있다. 우리들이 자기 경험의 한계에 머물면서 또는 자기 판단을 절대화하면서 눈앞에 있는 엄연한 현실을 간과한다든지, 의도적으로 무관심하려고 한다든지, 충분히 성찰되지 않은 판단을 마구 내린다면, 그것은 삶을 총체적으로 이해하고 또 그렇게 살아야 하는 건강하고 풍요로운 삶에 커다란 흠집을 낼 수 있다는 점을 유의할 필요가 있다. 여기서 무엇보다도 우리가 일반적으로 갖고 있는 성적 소수자에 대한 무지함이 그들에 대한 편견을 낳는다는 점을 아는 일, 성적 소수자에 대한 판단을

---

4 김호경, 『여자, 성서 밖으로 나오다』(서울: 대한기독교서회, 2006), 178쪽.

내리기 전에 그들이 존재하고 있다는 현실을 정직하게 승인하는 일이 중요하다. 다시 말해, 우리의 삶이 지닌 다양한 현실의 수용이 요구되고 특히 개인의 실존의 자리가 맞물려 있는 자리에서는 더욱 섬세한 배려와 관심이 필요하다는 것이다. 우리가 다양한 차원의 인간 경험 중 하나인 사랑의 관계를 '성적 소수자들'과 연결시켜 이해하는 데 필요한 점은 우리가 이들이 맺는 그 사랑이라는 관계를 너무나 모르고 있다는 사실로부터 출발해야 한다는 것이다. 성적 소수자에 대한 오래된 편견은 우리의 삶 속에서 상대적인 것을 절대적인 것으로 인식할 때 빚어지는 큰 잘못 중 하나로, 일종의 집단적 무의식의 '닻 내리기 효과'[5]의 모범적인 예이다. 성적 소수자에 대한 모든 억압과 불의는 언제나 속죄양을 필요로 하는 한 사회의 적나라하고 잔인한 근본적 이기주의의 전형으로 비판될 수 있다.

우리의 성적 소수자에 대한 과도한 확정적 태도를 교정하기 위해 여러 가지 차원에서 우리 자신을 바라봐야 한다. 성적 소수자에 대한 비난과 혐오의 눈빛을 먼저 우리 안으로 돌려야 한다는 것이다. 이때 우리는 다음과 같은 이론 또한 참고할 수 있다. 즉 '동성애에 대한 혐오 내지는 공포'는 동성애에 대한 끌림의 위장이라는 설명이다. 지그문트 프로이트(Sigmund Freud)에 따르면 우리는 감정을 의식 밖에 묶어둘 수 있다. 왜냐하면 그것들이 우리를 불안하게 만들기 때문이다. 억눌린 감정들을 보여주는 가장 극적인 예가 바로 반동 형성이다. 무의식적 욕망들이 그와 정반대의 형태로 위장한다는 것이다. 동성에 대한 에로틱

---

5 닻 내리기 효과란 어떤 값을 추정할 때 초기 값에 근거하여 판단하는 것, 곧 처음에 각인된 정보가 기준이 되어 전체적 판단에 영향을 미치는 현상을 말한다.

한 끌림은 사람들에게 너무나 무섭게 느껴질 수 있기에 (사회적으로 금기시하는 문제 중 하나이므로) 사람들이 그 욕망을 무의식적으로 동성애 공포증으로 바꿔버린다는 것이다. 즉, 반동 형성을 통해서 의식적인 감정(동성애 공포증)은 무의식적 감정(동성애적인 끌림)을 위장하는 목적에 이바지하고 있다는 것이다.[6] 한 개인의 성적 정체성은 지극히 당연하고 자연스러운 것이라기보다는 끝없이 묻고 정직하게 맞서야 하는 존재론적 문제다. 한 개인의 성적 정체성이 아무리 단순하고 문제점이 없다 하더라도 깊이 파고들면 그 안에 모순된 점이 있으며, 바로 이러한 모순 때문에 타인의 삶을 통해 자신을 돌아볼 수 있다.[7] 그로 인해 자신과 타인에 대한 이해를 높여 편견과 오해의 벽을 허물 수 있게 되는 것이다.

먼 곳으로부터 낮게 들려오는
그대의 숨죽인 울음이
시큰한 나의 콧등에 얹히면
난 먼 데 눈을 둔다
봄바람에 아물대는 아지랑이 속으로
그대의 눈물이 잦아들기를 바라는 텅 빈 가슴으로.

그대는 거기서
나는 여기서

---

6 윌슨 티모시, 『나는 내가 낯설다』, 진성록 옮김(서울: 부글북스, 2007), 196쪽 이하.

7 이런 점을 '인식적 모순'이라고 한다. 마리아 루시아 G. 팔라레스-버크, 『탐사』, 곽차섭 옮김(서울: 푸른역사, 2007), 78쪽.

헤어짐이라는 아스라함으로 비껴 서 있지만

그대와 내가 함께할 수 없는 시간들이

그대의 살 속을 지나

나의 핏속으로 봄빛처럼 스며들기를.[8]

이 짧은 시에서 우리는 시적인 화자와 상대방의 성이 무엇인지 구별할 수 있는가? 혹은 구태여 성의 인식이 필요한가? 이 시는 사랑하는 두 여자가 어쩔 수 없는 이유로 헤어진 뒤에 한 여자가 쓴 글이다. 이 시에서 우리는 성적인 추구나 일차원적인 자신의 욕구를 채우고자 하는 바람이 아닌 두 사람의 이별 후의 아픔과 고통의 무게를 느낄 수 있다. 사랑하는 사람과의 이별 후에 뒤따르는 아주 보편적인 슬픔과 상대방에 대한 강렬한 그리움을 말이다. 이처럼 생물학적으로 같은 성끼리 사랑을 나누는 관계에서도 소위 '사랑'이라는 말이 함축하는 의미망은 모두 포함된다.[9] 정서적인 친화력, 관계에서의 다양한 면들, 관계에 따른 책임감, 결별 등 '이성애자들'의 관계와 다를 바가 하나도 없다. 단 하나의 예외인 출산의 가능성만 배제한다면. 성적 소수자, 특히 동성애자에 대한 가장 잘못된 편견 중 하나는 그들을 마치 '섹스'에 중독된 사람들로 오로지 같은 성에서만 성적인 욕구를 추구하며 성의 방종함에 탐닉하는 사람들로 취급한다는 것이다. 동성애자들의 사랑의 관계를 이성애자들의 사랑

---

8 이 시의 출처는 시인의 의견을 존중하여 밝히지 않는다.

9 이런 점에서 특히 동성애의 경우 'Homosexuality' 대신에 'Homoemotionality'나 'Homoeros'라는 표현을 써야 한다는 주장을 고려할 필요가 있다. Homosexuality 라는 단어가 '성적인 면'을 강하게 나타낼 수 있기에 동성애자들의 사랑의 관계가 잘못 이해되어왔다는 점에서 그렇다.

의 관계처럼 인정하지 않고 단지 성적 욕구를 채우는 그저 그렇고 그런
사이로만 막연히 알고, 자신들의 '편리한 환상'에 갇혀 더 이상 알려고
하지 않는 무관심에 사로잡혀 있다는 것이다. 이런 뿌리 깊은 오랜 편견
은, 뒤집어 말하면 그런 편견을 갖고 있는 사회와 사람들이 얼마나 인간
의 존재와 두 사람이 맺는 관계의 차원에 절망적일 정도로 속되고 무지한
가를 단적으로 나타내는 명백한 증거다. 별다른 걸림 없이 일방통행적으
로 내려온 이념을 추종하거나 자기와의 관계 때문에 특정한 시각에
의존하는 인식을 참된 앎으로 여기는 것은 진정 문제 있는 태도다. 한
사람의 성적 정체성이나 성적 소수자들 간의 '성적'인 관계라는 부분을
'성적 소수자'라는 존재 전체로 연결시켜 보는 태도가 성적 소수자에
대한 올바른 인식을 저해하는 근원적인 오류 중 하나다. 이런 태도는
모든 종류의 폭력과 억압의 대상이 되는 성적 소수자에 대한 인간 존엄성
의 훼손이며, 성적 소수자들이 맺는 관계에 대한 평가절하다. (어떻게
그렇게 나쁜 편견에 대해 그렇게 좋은 감정을 품을 수 있는지 묻지 않을
수 없다!) 달리 말하면, 성적 소수자들에 대한 편견과 폭력은 단순히
한 개인과 한 사회의 쏠림이나 취향의 문제라기보다는 제도화된 집단적
이기주의의 이념적 표출로 이해되어야 한다. 이와 관련하여 현대 윤리에
서의 '비인격성'이라는 문제에 대한 수전 니먼(Susan Niman)의 지적은
의미하는 바가 크다고 할 수 있다. 니먼의 주장에 의하면 우리는 더
이상 윤리의 핵심적 문제로 악한 '의도'에만 초점을 맞출 수 없다. 우리는
그렇게 할 자발적 의도가 없음에도 큰 악을 저지를 수 있다. 따라서
우리가 필요로 하는 것은 더욱 예리한 '의식화', 다시 말해 우리가 사로잡
혀 있는 이 광대한 조직이 어떻게 가공할 악을 저지를 수 있는가, 그리고
우리가 의식하지 못하면서도 어떻게 그 악에 공헌할 수 있는가를 더

넓게 인식해야 한다는 것이다. 그의 논리에 의하면 우리가 사는 이 시대에는 의식화되지 않았다는 사실 하나만으로도 윤리적 이상에 이르지 못하는 것이다.[10] 성적 소수자에 대한 악의 없는 혐오감이나 그들의 관계에 대한 눈 돌림, 그들의 관계를 인정하지 않는 소극적인 부정의 심리 또한 윤리적 판단에서 볼 때 의도하지 않은 '악'으로부터 결코 자유로울 수 없다.

이해와 수용의 장으로

성적 소수자에게 붙여진 소위 '성적 집착', '과도한 성적 추구'라는 면에 시각을 돌려보자. 성적 욕구와 사랑이 다른 점을 한 정신심리학자는 다음과 같이 표현했다. "성적 욕구는 성 그 자체를 원하나, 에로스(사랑에 빠진 상태)는 사랑하는 사람을 원한다. 성적 욕구는 우리 자신에 관한 측면으로 나 자신에게 초점을 두는 반면 사랑에 빠지는 것은 다른 사람에 관한 측면으로 사랑하는 사람에게 초점을 둔다. 왜냐하면 에로스가 처음에 하는 일은 주는 것과 받는 것 사이의 구별을 없애는 것이기 때문이다."[11] 여기서 우리는 성적 소수자에 대한 이해를 높이기 위해 그들의 관점에서 서보는 일이 필요하다. 성적 소수자들이 맺는 사랑의 관계를 한 인격과 한 인격의 만남으로 보지 않고 단순한 성적 욕구의 추구로 본다면 사랑하는 사람을 위해 사선을 뛰어넘고, 잔혹한 파시즘의 테러에도 자신의 사랑을 지키기 위해 목숨을 던진 일들을 어떻게 설명할 수 있을까?[12] 성적 소수자들의 이런 행위, 혹은 목적을 그들의 관점에서

---

10 하비 콕스, 『예수 하버드에 오다』, 오강남 옮김(서울: 교양인, 2004), 380~381쪽.
11 아맨드 M. 니콜라이, 『루이스 대 프로이트』, 홍승기 옮김(서울: 홍성사, 2002), 189쪽.

다시 포착하려고 노력할 때 우리는 그들의 삶을 보다 잘 이해할 수 있는 계기를 얻을 것이다.

성적 추구라는 일차원적인 방정식을 우리 사회의 내부로 돌려보자. 사회적으로 문제가 되고 있는 포르노 산업, 거대한 조직과 자본 시장이 된 성매매 시장, 거의 매일 일어나는 온갖 종류의 성학대(성추행, 성희롱 등), 급격히 번지고 있는 인터넷상의 성의 범람, 이제야 수면으로 떠오르기 시작한 아동 성폭행, 아동 성학대, 섹스 관광 여행, 성 산업의 주체자는 과연 누구인가? 오히려 그들이 지나친 성적 집착에 빠져 있고 성적 탐닉에 경도되어 있는 것은 아닐까?[13] 그렇기 때문에 그들은 성적 소수자들 또한 그런 시각으로밖에 볼 수 없는 것은 아닐까? 결국 우리는 자신이 경험하고 이해한 것으로부터 남들을 이해할 수밖에 없는 게 아닐까? "어찌하여 너는 형제의 눈 속에 있는 티는 보면서 제 눈 속에 들어 있는 들보는 깨닫지 못하느냐?"(마태 7 : 3)라며 귀 있는 자는 들으라고 외친 예수의 가르침을 다시 한 번 깊이 새길 일이다.

성적 소수자에 대한 비난과 편견에서 역으로 그들의 존재로부터 얻을 수 있는 것 중 하나로 '정치적 인종'이라는 개념을 도입할 수 있다. 이 '정치적 인종'이란 용어는 인종적 정체성으로 배제되고 사회의 주변부로 밀려난 사람들에게서 우리가 많은 것을 배울 수 있다는 뜻이다. 카나리 아라는 새는 탄광의 광부들에게 탄광의 위험을 진단하는 수단이 된다고 한다. 마찬가지로 우리에게 소수자는 '정치적 인종'이라는 개념을 통해

---

12 독일의 나치 시대에 잔혹하게 죽어간 10만 명이 넘는 동성애자들의 삶이 이를 증명한다.
13 한국 사회에서 남성들의 2차 문화는 대개 성 윤락 행위와 연결되어 있다 해도 과언이 아니다.

카나리아의 경험이 될 수 있다. 카나리아가 제시하는 비판에 귀를 기울여야 하고 배제되어왔던 사람들의 경고 신호에 유의해야 한다는 것이다. 이런 카나리아들은 대개 생존 자체가 다른 사람들, 비슷한 상황에 처한 개인들과 얽혀 있다. 정치적 인간은 공동체의 진단 수단이자 연대의 원천이 될 수 있다.[14] 성적 소수자들을 억압하고 그들의 존재를 부인하며 그들이 맺는 관계를 인정하지 않는 사회에서 그들이 하나의 정치적 인종의 역할을 감당함으로써 사회의 올바른 변화를 위한 바로미터의 기능을 할 수 있다는 것이다. 다시 말해, 성적 소수자들을 억압하는 정도는 바로 그 사회의 문제를 가리키는 지수로 작동하여 그 사회에 경종을 울릴 수 있다.

성적 소수자들이 수적으로 적다는 사실 때문에, 오히려 다수가 택하는 삶을 선택하지 않고 할 수도 없기에 역차별을 받을 수밖에 없는 그들의 고통에 민감하게 반응하는 것이 기독교인의 자세다. 왜냐하면 기독교는 선지자나 예언자들의 대사회적인 정의와 평화의 외침이라는 전통을 갖고 있고, 고통받는 이웃에 대한 사랑을 호소하고, 이웃의 고통을 함께 싸안고 가야 한다고 가르치기 때문이다. "서로 남의 짐을 져주십시오. 그래서 그리스도의 법을 이루십시오"(갈라 6 : 2).

기독교의 이웃 종교인 불교에서 다음과 같이 말하는 것은 오늘 우리의 주제에 시사하는 바가 크다. 불교에서는 출생에 의해 바라문인가 아닌가를 논하지 않고 행위로 바라문이 될 수도 그렇지 않을 수도 있다고 분명히 밝힌다. "적의 있는 자들 가운데 적의가 없고, 폭력을 휘두르는

---

14 브라이언 파머, 『오늘의 세계적 가치』, 신기섭 옮김(서울: 문예출판사, 2007), 165~166쪽.

자 가운데 평화롭고, 집착하는 자들 가운데 집착하지 않는 사람, 그를 나는 바라문이라 부른다."[15]

동성애와 이성애라는 구별, 정상과 비정상이라는 이분법, 다수와 소수라는 대립의 항은 우리의 언어적 표출에 지나지 않는다. 두 사람이 맺는 관계와 사랑의 질에서 중요한 점은 관계를 맺는 개개인의 행위—능력, 의지, 책임—에 달려 있을 뿐이며 그 관계를 상대방의 생물학적인 성을 옳고 그름의 잣대로 삼아 잴 수 없다.

성적 소수자와 기독교의 메시지 죄의 문제

새로 써야 하는 기독교 정신

C. S. 루이스는 그의 저서 『스크루테이프의 편지』에서 기독교를 방해하는 악마에게 가장 성공적인 방법은 인간이 기독교를 수단으로 취급할 때, 즉 기독교가 진리이기 때문이 아니라 무언가 다른 이유 때문에 믿게 하는 것이라고 했다.[16] 인류에게 구원의 기쁜 소식을 전하기 위해 이 땅에 온 예수가, 그리고 그의 메시지가 바로 기독교 진리의 핵심이지, 그분이 도덕과 윤리를 전파하기 위해 십자가에 못박힌 것이 아님을 우리가 먼저 상기해야 한다는 것이다.

기독교의 핵심적인 것과 주변적인 것을 분별하지 못하는 어리석음, 혹은 그 둘을 뒤섞어 자의적으로 상황에 맞게 해석하는 입장에 우리는 비판적인 태도를 가져야 할 것이다. 역사적 예수는 그가 살아간 삶의

---

15 『숫타니파타』, 전재성 역주(한국빠알리성전협회, 2004), 330쪽 이하.

16 C. S. 루이스, 『스크루테이프의 편지』, 김선형 옮김(서울: 홍성사, 2000), 137쪽.

방식 자체를 가지고도 사람들을 불편한 상황에 처하게 했으며, 그 당시에 지켜졌던 사회적·금기적 사항을 과격하게 파기했다는 점 또한 기억해야 한다.

예수는 하느님을 예배하는 것은 율법의 외형적 준수나 성전, 교회, 성직 계급에 바탕을 두지 않는 내면적 사랑의 문제라고 했다. 예수는 '종교'라는 무거운 짐에서 인간들을 풀어주려고 했으며 존재하는 모든 종류의 인간들을 받아들인 급진적인 평등주의자였다. 그렇기 때문에 그는 종교라는 틀 안에 갇힌 사람들과 반목했으며, 인간을 율법의 틀 안에 가둬두고자 하는 사람들과 불화할 수밖에 없었다. 이러한 이유로 예수는 비난과 버림을 받았으며 마침내 죽임을 당했다.

오늘날 기독교를 죽이는 방법 중 하나는 일요일만의 크리스천처럼 일상의 삶에서 기독교를 떼어 보호하는 것이다. 기독교를 빛나게 하고 기독교를 보전하는 길은 기독교의 사랑의 질서를 현실에 놓고 그 스스로 삶 자체와 대화하도록 하는 것이다. 예수가 바로 그 증인이다. 그분은 삶을 영위하는 방법을 알려주기 위함이 아니라, 바로 삶 그 자체가 되기 위해 우리에게 오셨다.

기독교 교리에서 인간의 존엄성에 대한 근거는 하느님의 인간 창조다 (창세 1:26 이하). 인권에 대한 주장이 바로 이러한 성서적 인간의 존엄성에서 기인한다고 할 때, 모든 성적 소수자들 또한 이런 인간의 존엄성을 태생적으로 갖고 있기에 그들의 인권도 천부적인 것이라고 할 수 있다. 더 나아가 기독교인들이 이들을 이웃으로 수용해야 하는 이유는 첫째, 하느님의 인간 창조에 오류가 있을 수 없음을 시인하고, 둘째, 기독교의 절대적 사랑의 명제인 '네 이웃을 네 몸과 같이 사랑하라'는 말씀의 실천적 이행에 대한 소명을 받았기 때문이다. 인간의 본성을 이해하고,

삶의 여러 모순 속에서 인간이 해방된 진정한 자아의 모습은 과연 어떤
모습인가에 대해 우리가 어떤 합일점을 찾을 수 있느냐에 따라 도덕적
규범의 유효성은 달라진다. 이에 대한 전반적인 합의가 없다면 도덕적
규범을 강제로 시행해도 큰 효과를 기대하기 어렵다. 서로가 의견이
충돌하는 문제에 대해서는 도덕적 규범에 집착하지 말고 그 뒤에 감춰진
자연법까지 거슬러 올라가야 한다. 달리 말하면 어떤 사람이 실제로
인간 본성에 내재한 더 자유로운 진리를 누렸고, 그 사람이 속한 사회가
다른 쪽의 사람이 속한 사회보다 비극적 재앙에 떨어질 가능성이 훨씬
더 적다는 사실을 경험적으로 입증할 필요가 있다는 것이다. 여기서
오랜 기독교 전통을 가진 유럽 여러 나라에서 동성애자들의 결혼을
법적으로 인정한 사실이나, 다른 성적 소수자에 대한 의료적 지원 및
법적 보호와 더불어 성적 소수자의 삶을 개인이 선택한 대안적인 삶의
방식으로 인정하는 사회의 모습은 우리에게 시사하는 바가 크다. 덧붙여
지적하고 싶은 점은 성적 소수자들과 함께 조화롭게 살아가는 그런
사회에서 우리에게서 종종 얘기되는 성적 혼란이나 성의 공황 상태가
경험되지 않음은 무엇을 뜻하는가 하는 것이다. 이런 점에서 우리는
우리가 기독교의 규범은 잘 아는 편이지만 기독교인의 의견이 도덕률,
즉 인간 본성의 본질적인 사실과 일치하느냐 아니냐에 따라 그 규범의
유효성이 결정됨은 거의 잊고 있다는 점을 기억해야 할 것이다.[17]

---

17 도로시 세이어즈, 『창조자의 정신』, 강주현 옮김(서울: 한국기독학생회출판부,
   2007), 28~29쪽.

이제는 그들을 자유롭게 하라

먼저 성적 소수자들의 이마에 새겨진 '죄'의 의미를 살펴보자.

기독교에서 말하는 죄의 이해는 일반적으로 우리가 이해하는 도덕이나 윤리에서의 이탈과는 거리가 멀다. 기독교의 뿌리인 유대교에서 말하는 죄는 인간과 하느님과의 관계가 멀어진 것, 관계의 단절을 뜻한다. 그리고 이런 단절의 주요 원인은 대부분 우상숭배와 관련이 있다. 이에 대한 모범적인 예를 시편 51편은 잘 보여주고 있다. 우리야의 아내와의 관계로 인해 저지른 모든 죄에 대한 속죄를 읊은 이 시에서 다윗은 "오로지 당신께만 죄를 얻은 몸"이라고 토로하고 있다. 하느님의 임재를 등한시하고, 하느님과의 관계가 소원함으로 자신의 성급한 욕망을 채우기 위해 저지른 행위, 그것이 바로 범죄라는 고백이다. 죄를 짓는다는 것은 히브리어의 어원적 고찰을 미루어볼 때 '목표에서 벗어나는 것'이다. 우리가 목표를 맞추지 못하면 그때마다 죄를 짓는 것이란 뜻이다. 죄란 끊임없이 완벽해지지 못한다는 의미다. 우리는 통상적으로 자신이 할 수 있는 최선을 다 하지 못한다. 이때 우리는 스스로에게나 또는 다른 사람들에게 일종의 죄를 짓는 것이 된다. 이런 점에서 우리는 모두 죄인이다.[18] 예수는 하느님이 보낸 자신을 믿지 않음이 곧 죄라고(요한 16:9) 말했다. 이 또한 하느님의 주권적인 의지를 부정하는 일, 곧 하느님과의 관계의 소원함이 죄라는 해석이다. 사도 바울로 역시 모든 악의 뿌리는 하느님을 무시하는 것에서 비롯된다고 보았으며 하느님으로부터 돌아서는 행위야말로 인간의 모든 잘못 가운데 가장 무거운 잘못이자

---

18 M. 스캇 펙, 『아직도 가야 할 길, 그리고 그 너머에』, 손홍기 옮김(서울: 열음사, 2007), 92쪽.

바로 죄라고 했다.[19] 이런 본질적인 죄에 대한 개념이 기독교의 점진적인
세속화로 인해[20] 시대와 사회의 변화에 상응하여 율법의 또 다른 이름인
도덕과 윤리라는 옷을 입고 인간의 삶에 멍에를 지우고 있다고 할 수
있다. 현대적 의미에서는 한 개인이 느끼는 소외감, 사회의 불의에 맞서
지 않는 시민 정신의 결여, 경제적인 목적과 오로지 인간 중심의 입장에
서 무분별하게 행해지는 생태계 파괴 또한 죄의 범주에 들어간다고
할 수 있다. 최근에 나온 『죄의 역사』라는 저서에서 존 포트먼(John
Portman)은 시대 변화에 따른 13가지 현대적인 죄 목록을 다음과 같이
열거했다. 환경 파괴, 인생의 실패, 비만, 우울증, 아동 학대, 아내 학대,
성 희롱, 유대인 대학살의 부인, 동성애 공포증, 할례, 인종 차별, 배타적
인 종교관, 음주 운전.[21] 역사적 아이러니로서 흥미로운 점은 바로 동성
애 공포증이 현대적인 죄의 범주에 들어간다는 것이다. 동성애자들에게
'죄'라는 이름을 붙여준 사람들에게, 그 오래된 편견과 억압이라는 집단
적인 히스테리에 바로 죄라는 이름을 정확히 되돌려주고 있다. 이를
풀어 설명하면 동성애자들의 대안적인 삶을 부정하고 그들이 오로지
생물학적인 성 기능에 맞춰 강제적으로 살게끔 강요하며, 그들의 성
정체성을 모든 수단을 통해 다단계적이고 조직적으로 부정하거나, 그들
을 교화시키려고 하는 태도가 범죄인 것이다. 이런 범죄적인 행위와

---

19 다니엘 헬미니악, 『성서가 말하는 동성애』, 김강일 옮김(서울: 해울, 2003), 136쪽.
  아울러 사도 바울의 모든 자전적인 언급들에서 '죄의식'에 대한 표현이 없다는
  점을 주목하라!
20 "오늘날 기독교적이라고 여기는 많은 것들이 실제로는 믿음과 근대적 — 특별히
  미국적 — 인 이상의 혼합물이다." 리처드 미들턴 · 브라이언 왈시, 같은 책, 354쪽.
21 김학순, "비만, 우울증도 죄다", ≪경향신문≫, 2008년 5월.

입장이 동성애자들에게 (다른 성적 소수자들과 마찬가지로) 극단적인 '자기 상실감'을 야기해 회복되기 어려운 '자존감의 실종'과 치유가 결코 쉽지 않은 '깊은 자기 소외감'의 원인이 되므로 (아주 극단적인 예로는) 그들을 자살 아닌 타살로 몰고 가는 사회적인 불의가 바로 죄가 된다. 우리 사회에서 한 성적 소수자가 자신의 성 정체성을 밝힐 때 치러야 하는 그 모든 불행과 재앙의 모습 ─ 집과 직장, 교회에서 쫓겨나고 인간다운 대접을 받지 못하며, 그 개인이 갖고 있는 모든 존재론적인 것이 부정되어 한 사회의 구성원으로서 불구자로 만드는 일[22] ─ 이 바로 우리 사회의 죄의 진상이라고 할 수 있다. 개인적으로 너무나 많은 대가를 치러야 함에도 성적 소수자들이 택한 삶의 자율성을 인간 존엄성의 하나의 근거로 보고 그 근거에 기초한 인간의 자유가 그의 행동과 책임감에 선행되어야 한다는 입장에서 볼 때, 성적 소수자들을 존재론적으로 부정하며 그들의 삶을 '범죄시'하는 일이 바로 현대적 의미에서의 죄라는 것이다. 한 개인의 존재 법칙(성적 소수자들의 성 정체성)을 당위의 법칙으로 전환, 교화시키려고 하는 그 모든 부질없고 범죄적인 행위가 곧 기독교의 도덕과 시각으로 자행됨은 종교라는 이름으로 행해질 수 있는 인간에 대한 치명적인 폭력의 하나며 기득권을 가진 다수의 집단이 수적으로 열세인 다른 집단에 가하는 정신적·물리적 범죄 행위다. 이 점을 '죄의 제도적 차원의 한 모습'이라고 말할 수 있다. 인류의 역사와 더불어 인종과 국가의 경계를 뛰어넘어 존속해온 '성적 정체성'이라는 문제 아닌 문제는 끊임없이 제재와 금기의 대상이 되어왔고, 이 개념을 표현하기 위해

---

22 성적 소수자들은 그들의 존재 자체로 사회학적 의미에서 역후광 효과의 대표적인 실례다. 역후광 효과는 한 사람이 어떤 한 가지 일을 잘못하면 다른 일도 잘못하리라고 추측되는 것을 말한다.

사용되는 용어들 저변에 깔린 억압이라는 의미망이 이제는 진정한 의미에서 인간성의 해방을 향해 나아가기를 바란다.

둘째, 성서의 저자들은 성적 소수자의 문제에 관해 그들의 성적 실행만 기록하고 있다.[23] 특히 19세기 말에 처음으로 등장한 인간의 성적 지향성 개념과 연결해볼 때 성서의 성적 소수자에 대한 이해가 치명적인 한계를 내포하고 있다는 점에서, 성서의 성적 소수자에 대한 억압과 차별의 문제점을 비판할 수 있다. 기독교의 뿌리를 이루는 유대교에서의 성행위는 상당히 제한되어 있어 오늘날의 관점에서의 '성행위'에 대한 이해와도 거리가 멀다. 철저히 삽입 성교만을 유일한 성행위로 본 유대교에서는 '누구'와 성행위를 했느냐가 문제가 아니라, '무엇'을 했느냐가 중요시된다. 이에 대해 성적 소수자들의 공동체(특히 동성애자들의 경우)에서는 성행위에서 무엇을 했느냐보다는 누구와 관계를 했느냐가 더 중요한 의미를 가진다. 이런 차이점은 '성적 욕구'와 '에로스'의 구별을 논했던 관점에서 볼 때 시사하는 바가 크다.

셋째, 성서를 근거로 한 동성애자들에 대한 비판은 오늘의 관점에서 더 이상 타당성이 없다. 대부분의 학자들은 다음의 의견에 동조한다. 동성애에 대한 성서적 시각은 고대의 사상적 전제들, 혹은 그 당시의 문화적·종교적 가치체계와 밀접하게 연결되어 있거나 그러한 것들의 반영에 지나지 않기에 더 이상 설득력이 없다. 따라서 현대적 시각에서 동성애를 이해하기 위해서는 다른 담론이 필요하고 신학적·문화적·사회적 의미망의 프리즘이라는 총체적 접근을 꾀해야 한다.

---

23 이에 대해서는 다니엘 헬미니악의 책을 참조할 것.

상생의 기독교 공동체를 위하여

평화는 더 이상 타자가 자기와 동일하게 되어야만 이룩되는 것이 아니다.

평화는 사회 전체가 조화로운 차이를 인정하는 것이다.

_존 밀뱅크(John Millbank)

시지프스적 승리

한 나무 연구가에 의하면, 특정 지역에 하나의 종만이 존재할 때의 문제는 그 종이 두 세대를 넘기며 살아남을 수 없다는 데 있다. 한 개의 종만이 군락을 이루며 살아갈 때 그 종에 속한 개체들은 동일한 질병과 벌레, 그리고 병충해에 노출되어 동시에 전멸할 수 있기 때문이다. 이런 자연의 섭리가 우리에게 주는 시사점은 우리 인간이 다양한 생태계를 더욱 다양하게 만들기 위해 새로운 종을 만들어내는 것은 불가능하지만 문제는 인간이 이 세상의 다양성을 증가시키는 데 기여하지 못했다는 것이 아니라, 이 지상에서 언어학적·문화적·종교적 다양성은 물론 유전적 다양성까지도 크게 감소시키는 주도적 역할을 했다는 데 있다.[24] 자연 세계의 이런 모습은 오늘 우리들의 주제에도 많은 점을 생각하게 한다. 즉, 사람들 사이의 다양성과 변별성을 있는 그대로의 차이로 인정하는 자세가 필요하고, 마주해야 하는 현실을 받아들이기 어렵다 하더라도 그것을 대면해야 한다는 것이다. 그럼에도 우리의 편견, 바람, 갈망들

---

24 에반 티 프리처드, 『시계가 없는 나라』, 강자모 옮김(서울: 동아시아, 2004), 94~95쪽.

은 현실의 직시를 방해하는 경향이 강하다. 물론 있는 현실을, 자신의 가치관이나 인생관에서 받아들이기 어려운 현실을 직시한다는 것은 쉽지 않다. 하지만 예수에게 빚진 기독교인은 다른 여느 사람들과는 달리 '불편한 진실'을 용기 있게 마주해야 하는 의무가 있다. 우리들 삶의 다양성을 인정하고 인간의 개인적 차이에 기초한 상호 존중, 개개 인의 자유의지에 기초한 삶의 선택을 긍정하고 포용하는 자세는 성적 소수자들의 경우도 예외가 아니다.[25]

기독교의 교리를 순수하게 지킬 수 있는 유일한 방법은 예수 그리스도 의 관점에서 이를 점검하는 것이다. 즉, 모든 성서의 내용은 그리스도에 의해서만 깊은 의미를 지닌다. 기독교의 핵심이 예수께 완전히 헌신하는 것이고, 진실로 그를 따르는 것이 제자의 도리라면 우리는 기독교의 모든 교리와 신조를 예수 그리스도의 정신에 입각하여 언제나 다시 수정, 보완하려는 자세를 가져야 한다.[26] 선택된 자들만의 구원이 아니 라 모든 사람을 위한 구원의 기쁜 소식이 예수가 이 땅에 온 목적이며, 그의 메시지다. 따라서 예수를 따르는 우리들은 무엇보다도 예수의 사랑 에 사로잡혀 그의 눈으로 이웃을 보고 함께해야 한다. 예수의 정신이 그 모든 신학적인 논쟁에 선행되어야 하며, 예수의 사랑이 소위 '선과 악'의 중심 잣대로 놓여야 한다. 기독교인들이 성적 소수자와 관련하여 한 개인의 삶의 선택에 대한 다른 차이를 인정하기보다 옳고 그름이라는 위험한 흑백 논리로 접근할 때의 치명적인 문제는 무엇인가? 먼저 조화 와 평화로운 삶을 위해 부름받아 이 세상에 살되 이 세상에 속하지

---

25 공자는 군자는 조화를 도모하지 획일화를 도모하지 않는다고 말했다.
26 E. 스탠리 존스, 『인도의 길을 걷고 있는 예수』, 김상근 옮김(서울: 평단문화사, 2006), 300쪽.

않는 기독교인의 자유의 상실을 들 수 있다. 이는 인간성의 총체적 회복이라는 구원의 메시지를 사랑의 질서와 더불어 행하고자 했던 예수의 정신에 명백히 위배된다. 카발라의 관점에서는 살인죄에는 단지 육체적 죽음만이 아니라 인격 훼손도 포함된다. 이 점에서 우리의 근거 없는 도덕적 잣대로 이웃을 부정하고 우리들이 이해하지 못한다는 이유로 그들을 혐오하고 등 돌리는 죄는 이웃을 살해하는 죄와 다르지 않다. 사회적인 모든 제재에도 자신의 삶에서 끊임없이 의미를 찾으며 방황하는 이 땅의 성적 소수자들은 하느님으로부터 인정받기 이전에 이미 그들의 상을 받았다고 할 수 있다. 왜냐하면 자신의 삶에 스스로 의미를 부여하는 성적 소수자들의 삶은 이들의 존재를 부정하고 그 삶을 무의미하게 만들려 했던 모든 사람들과 억압된 체제에 대한 시지프스적 승리라고 할 수 있기 때문이다.

우리 모두의 구원을 위하여

데카르트의 명제인 "나는 생각한다. 고로 나는 존재한다"에 대한 성서적인 변주는 "나는 사랑한다. 고로 나는 존재한다"가 될 것이다. 전자가 자기창조적 영웅주의와 공격적 실재론의 정신을 초래했다면, 후자는 감사하는 청지기의 영성과 에토스, 모든 피조 세계와의 근본적인 혈족 관계를 유지한다는 입장을 나타낸다. 따라서 성서적 세계관의 특징은 타자의 고통에 대한 민감한 반응과 청취로 풀이된다. 만일 인간의 고통에 대한 세심한 배려가 없이 하느님을 주권적 창조주로만 강조한다면 결국 건조하고 전체주의적인 신만 남게 될 것이다. 아울러 율법주의적 정신만 강조되고 소외된 사람들에 대한 무관심만 초래할 것이다. 그렇기에 성서의 주요 메시지 중 하나는 현존에 대한 거짓된 주장보다 부재를

부각시킨다. 곧 공의의 부재, 샬롬의 부재를 드러낸다.[27] 이런 성서적
세계관의 틀에 비추어볼 때 우리의 이웃이 아파하고 고통받는 현실적인
상황 속에서는 우리 또한 결코 구원받을 수 없음을 인정해야 한다. 우리
모두가 자유롭게 숨 쉬는 것이 구원의 뜻이라면,[28] 우리 모두의 구원을
위해 "사랑과 진실이 눈을 맞추고 정의와 평화가 입을 맞추리라. 땅에서
는 진실이 돋아 나오고 하늘에선 정의가 굽어보리라"(시편 85 : 10~11)는
기대의 지평을 위해 궁극적으로는 인간성의 해방과 회복의 장으로 나아
가야 할 것이다. 인간성의 해방은 성적 소수자뿐만 아니라 또 다른 피해
자일 수 있는 '일반 정상인'들의 잘못된 이념과 도덕적 시각의 교정,
그리고 사고의 전환을 함께 고려하는 '장의 획기적인 전환(Paradigma-
wechsel)'을 의미한다. 이런 전환을 통해 성적 소수자들에게는 이유 없이
박탈당한 '자기긍정'을 되돌려주고, 일반 정상인들에게는 그들이 오랫동
안 명분 없이 누려왔던 '기득권의 포기'를 통해 이른바 '사회적 정의를
위한 공평한 재분배'의 틀을 세우게 되는 것이다. 그러할 때 한편으로는
성적 소수자들이 한 인격적 주체로서 자존감을 갖고 그가 속한 사회
속에서 하느님으로부터 선물받은 이 삶을 자유롭게 숨 쉬고 살 수 있으며
아울러 모든 억압과 차별로부터, 소외와 착취로부터 벗어날 수 있는
가능성을 갖게 되는 것이다. 또 다른 한편으로는 모두에게 진정으로
열려진 삶의 조화로운 공생이라는 더 의미 있고 풍요로운 삶이 현실화되
는 희망을 기대할 수 있을 것이다.

---

27 리처드 미들턴 · 브라이언 왈시, 같은 책, 299쪽 이하.
28 히브리어로 구원은 '자유롭게 숨 쉰다'라는 뜻이다.

예수의 부름을 받은 에클레시아 본연의 자세로

기독교 믿음의 공동체인 교회는 성적 소수자의 문제와 관련하여 무엇보다도 인권 침해에 민감해야 한다. 그 이유는 교회가 다름 아닌 모든 이들을 위한 하느님의 은혜와 사랑에 뿌리를 두고 있기 때문이며, "교회는 전 인류를 위한 하느님의 의도를 미리 보여주는 잠정적인 예시"(칼바르트)가 되어야 하기 때문이다. 따라서 교회의 도덕적인 입장은 어떤 경우에서도 이웃에 대한 억압이나 폭력에 대한 용납으로 남용되어서는 안 되며 나아가 교회는 사회의 양심의 파수꾼으로서 길잡이 역할을 해야 한다.[29] 교회가 개인에게 영혼의 안식처로 부름을 받았다면 이는 바로 교회가 어떤 차별이나 편견 없이 모든 인간을 위해서 열려 있어야 한다는 것이다. 교회는 규범의 갈등이 있는 곳에서 화해와 타협을 모색해야 하며 갈등을 최소한으로 하기 위한 대안을 찾는 일에 심혈을 기울여야 한다. 즉, 성적 소수자의 문제와 같은 어려운 주제를 마주했을 때 이에 대한 올바른 상황 인식과 더불어 나름의 해결 방안을 모색하는 데 진지하고 성실한 자세를 가져야 한다는 것이다. 성적 소수자들을 일방적인 도덕적 틀 안에서 정죄하는 것으로 끝내는 것이 아니라 이들을 위한 하나의 출발점을 마련하는 데 먼저 앞장을 서야 한다. 교회는 '살아 있는 편지'(2고린 3:3)로서 고통받는 이웃과 함께하며 분열과 갈등의 깨어진 세상 속으로 나아가 예수의 사역을 지속해야 한다. 교회는 그런 모습으로 거듭날 때 본연의 임무인 세상의 빛으로 작용하며 모두가 더불어 살아가게 하는 소금의 역할을 한다. 교회는 이렇게 세상을 위해 빛과 소금의 기능을 수행할 때 비로소 예수의 가르침을 올바르게 받들며,

---

29 종교의 기능과 역할에 대해서는 정진홍, 같은 책, 35쪽 이하 참조.

죽음과 부활에 기초한 예수의 몸 된 본연의 자세로 돌아간다. 교회가 이유 없이 소외받고 근거 없이 억압받는 이웃을 위해 거듭나고 깨어 있을 때, 고통받는 이웃에게 인간 본연의 권리와 하느님으로부터 받은 '성스러움'을 되돌려줄 때, 그때서야 진정한 의미에서 청지기적이며 동시에 예언자적인 역할과 사명을 감당한다고 할 수 있을 것이다.[30]

기독교 신앙을 가진 성적 소수자들의 경우, 그렇지 않은 성적 소수자들보다 더욱 힘든 상황에 처해 있다. 한편으로 이들은 자신의 성적 정체성과 신앙생활이라는 이중적 딜레마에 빠져 있기에 그 둘의 조화로운 공존을 스스로 모색해야 한다. 다른 한편으로는 신앙공동체인 교회에서 온갖 핍박에 시달리고 있다. 특히 보수적인 성향의 기독교 신자들이 90% 이상을 차지하며 성서 근본주의의 신학적 경향이 압도적인 주류를 형성하고 있는 한국 기독교의 상황에서, 기독교 신앙을 가진 성적 소수자들이 그들의 신앙을 지켜나간다는 것은 현실적으로 거의 불가능하다. 교회 생활을 지속하기 위해서 그들은 자신의 성 정체성을 비밀에 붙여야 하며, 성 정체성을 밝힐 때 교회에서 떠나야 한다는 사실을 잘 알고 있다. 이런 상황에 처한 그들에게는 믿음과 신앙생활 자체가 축복이 아닌 말할 수 없는 환란과 고난의 연속이라고 할 수 있다. 따라서 기독교

---

30 교회가 예언자적 사역을 해야 한다는 점은 우리의 실천에 힘을 불어넣을 다음과 같은 환상을 요구한다. "그 환상은 책임감 있고 감사하는 마음이 넘치는 청지기를 위한 선물로서 생명을 감히 받을 수 있는 환상이다. 구체적으로 이 환상은 착취가 아닌 보호의 경제학을, 만족 없는 욕망의 경제학이 아닌 만족의 경제학을 만들어낼 것이다. 또한 예측과 통제의 정신이 아닌 창조 세계의 목소리에 귀를 기울이는 정신을, 그리고 지구의 독성화, 낭비, 붕괴의 공격적 생활양식이 아닌 사랑과 지혜로써 개발하는 환경 윤리학을 만들 것이다." 리처드 미들턴·브라이언 왈시, 같은 책, 391쪽.

신자인 많은 성적 소수자들은 이미 오래전에 교회를 떠났거나 기독교 신앙을 포기했다. 자신의 존재를 부정하고 받아들일 수 없는 교회나 자신에게 손가락질하는 교회의 자매, 형제들에 둘러싸인 기독교 신앙을 가진 성적 소수자가 이 모든 어려움에도 자신의 신앙을 포기할 수 없다면 이에 대한 해결책은 무엇일까? 기독교도인 성적 소수자가 자신의 삶을 긍정적으로 만나면서 의미 있는 삶을 살아갈 수 있도록 기독교가 제시할 수 있는 해법은 무엇일까?

이론적으로는 다음의 입장을 성적 소수자 자신이 생각해보기를 제언한다. 즉, 개인의 진정한 자아에 대한 모색이, 자신의 존재에 대한 긍정이 곧 하느님을 믿는 믿음의 근본이라는 것이다. 이를테면 내가 결코 부인할 수 없는 나의 진정한 자아를 갖고 있을 때 이것이 곧 나에 대한 하느님의 사랑이며 나의 삶에 대한 그분의 뜻이라는 것이다. 자신과 하느님과의 관계에서 올바르게 서 있어야 함이 무엇보다도 중요하다는 것이다. 이에 관련해서 아우구스티누스(Augustinus)는 다음과 같이 표현했다. "너 없이 너를 창조한 하느님은 너 없는 너를 정당화하지 않으며, 너를 창조한 하느님은, 설령 네가 모른다 할지라도, 너의 존재를 정당화할 수 있다. 단지 네가 그것을 원할 때만이." 기독교인으로서 성적 소수자는 현실적으로는 온갖 박해를 받는다고 해도 그가 하느님 앞에서 갖고 있는 믿음 안에서 자신의 삶을 온전하게 살 때, 자신이 선택한 삶을 밀고 나갈 때 비로소 의로울 수 있는 것이고, 이를 바울은 "네게 있는 믿음을 하느님 앞에서 스스로 가지고 있으라. 자기가 옳다 하는 바로 자기를 정죄하지 아니하는 자는 복이 있도다"(로마 14 : 22)라고 했다. 이 점이 바로 예수가 말한 기독교인의 참된 자유, 곧 자신의 삶에 대한 선택과 그에 따른 책임 있는 삶이다.[31] 인간의 자유와 해방, 구원을 위한 기독교의 본연의 메시지가 오히려 수많은 기독교인들을 끝이 보이지 않는 어두움과 혼란 속으로 밀어내고 있다면, 빵을 원하는 자들에게 끊임없이 돌을 던진다면, 예수는 진실로 헛되이 죽었고 또 매일 죽는 메시아가 되는 것이다.

기독교 신앙을 가진 성적 소수자들을 위한 현실적인 제안으로, 그들에게 상대적이나마 영적·심리적으로 편안함을 느낄 수 있는 신앙의 공동체를 적극적으로 찾아나서라고 권하고 싶다. 하느님은 사람을 통해 당신의 의지와 사랑을 표현하시기에 기독교 신앙을 가진 성적 소수자들은 자신의 성의 정체성을 받아주는 기독교 신앙 공동체, 믿음의 방향이 맞는 형제자매들과의 만남과 그들과의 긴밀한 연대가 무엇보다도 중요하다. 자신에게 보다 맞는 신앙의 공동체를 갖는 일의 중요성은 비단 개인적인 신앙생활을 위해서뿐만 아니라 대사회적 실천이라는 기독교인으로서의 아름다운 의무를 보다 효과적으로 수행하게 한다.

예수의 이름으로 거듭나는 길

우리가 이웃의 삶을 정죄하고 예수의 십자가에 수많은 물음표를 달아놓을 때 예수는 우리들 사이의 닫힌 문을 통해 지나가며 '샬롬'을 속삭인다. 우리가 서로 옳고 그름의 양보 없는 논쟁을 벌일 때 예수는 "너희들 각자는 서로의 근원이고, 너희들의 힘은 그것을 아는 것이다"라고 깊은 눈으로 말하며 우리 가운데에 있다. 개개인 모두의 삶이 결국은 하느님께 이르는 순례이며 하느님에 대한 일회적이고 독자적인 사랑의 기록이

---

31 자유란 그 무엇으로부터의 혹은 그 무엇으로의 행동을 뜻하는 행위의 개념보다는 창조된 원래의 모습을 회복하는 존재론적인 개념이 강하다.

라고 할 수 있다. 그리고 그 사랑의 기록을 통해 그리스도는 자신의
비전과 인간의 역사를 새롭게 써나가는 것이다.[32]

32 사회심리학의 가장 값진 가르침 중 하나는 행동의 변화가 종종 태도나 감정의
변화를 부른다는 것이다. 그렇기 때문에 자신에 대한 의식적 개념에 맞추어 행동
을 변화시키는 것은 적응 무의식에 변화를 부르는 좋은 방법이다. 성적 소수자들
에 대한 평화의 입맞춤을 먼저 행동으로 옮겨봄으로써, 그들을 위한 화해의 악수
를 먼저 청해봄으로써 우리는 우리 내부의 어두운 편견과 혐오의 무의식층을
뚫고 나와 마침내 아직은 멀리 있는 우리의 상처 입은 소중한 가족에게 작은
발걸음을 뗄 수 있을지도 모른다.

제2의 종교개혁을 모의하라

제19강 예수 운동, 교회, 평신도 정연복

제20강 평신도와 만인사제직 권진관

제21강 평신도의 '목회', 그 가능성은? 최형묵

제22강 일하는 평신도가 변혁의 주체들! 하종강

제23강 토론: 교회와 기독교 운동의 새로운 패러다임을 위하여

예수 운동, 교회, 평신도

정연복 한국기독교연구소 편집위원

들어가는 말

한국 교회의 현실에서는 목회자와 평신도의 구분이 단순한 기능의 차이가 아니라 계급적 차이처럼 느껴질 때가 많다. 목회자를 제왕처럼 떠받드는 이상한 풍조는 목회자를 존경하는 차원을 넘어 우상화하는 경우도 적지 않다.

이런 현실에서는 주체적인 평신도 지도력의 성장을 기대할 수 없다. 목회자 중심의 일방적이고 권위주의적인 교회 구조에서는 밑바닥으로부터 올라오는 다수의 의견을 수렴하는 민주적인 교회 운영과 성숙한 제자 양육은 그림의 떡이다. 그래서 많은 평신도들이 목회자의 요구에 순응하여 교회 생활만 열심히 하고 교회 밖의 세상에서 예수의 제자로서의 보다 중요한 역할을 제대로 감당하지 못하게 되었다.

한국 교회의 평신도 여성들의 다음의 고백들에 귀를 기울여보자.

지도력이 있는 여성이라도 교회에서는 그 지도력을 드러내려고 하지 않으며 적극적으로 앞에 나서지 않으려 해요. 순종이 제일 큰 덕이라는 생각이 지배적이죠. 예배 때의 기도나 성경봉독 등의 순서를 맡겨도 싫어하고 부담스러워해요. 부엌 일이 제일 편하다고 부엌으로 가지요.

목사님의 말씀은 곧 하느님의 소리로 여겨 절대 복종해야 한다고 생각해요. 목사님의 말씀을 비판하거나 그 말씀에 반대하는 것은 하느님께 벌을 받을 죄를 짓는 일이죠.

내가 교회 생활을 10년 가까이 열심히 한 후에 뒤돌아보니 그 기간 동안 '나'와 '사회'가 내 삶에서 없었더라구요.

오늘날 이 땅의 많은 교회들은 철저한 자기 비움을 통해 나눔과 섬김의 삶을 살았던 역사적 예수의 모습과 거리가 멀다. 교회는 섬김보다는 섬김을 받으려 하고, 나누기보다는 더 많은 것을 채우려 한다. 구조적으로는 남성 중심적이고 성직 우월적인 전통을 유지하여 남성 목사를 정점으로 한 피라미드식 위계질서를 만들어 평신도 위에 군림하는 교회가 되었다.

이런 상황에서 교회개혁의 최우선적 과제는 교회의 핵심 구성원인 평신도들의 의식이 변화되어 교회의 비민주성, 곧 위계적 교회 구조에 의한 지배-피지배 관계를 타파하는 일에 주체적으로 나서는 것이다.

예수 운동 평등주의 농민 공동체 회복

① 예수는 제자들에게 이 세상을 개종시켜 교회를 세우라고 요청하지 않았다. 예수는 사람들에게 회개하도록 요청하지도 않았고 세례를 베풀지도 않았다. 그는 우리가 알고 있는 성만찬이란 것을 제정하지도 않았다. 한마디로 말해, 우리가 전통 기독교와 연관된다고 생각하는 것들 중 실제로 예수에게서 시작된 것은 매우 적다.

② 가정은 사회의 축소판으로 가정에도 필연적으로 권력이 개입되고 나아가 남용되므로, 가정은 결코 안락한 평온의 보금자리가 아니다. 바로 이런 점에서 예수는 가정을 공격한다. 예수가 제시하는 이상적인 집단은 지중해 지역뿐 아니라 대부분의 가족 관계 현실과 대조적인 것으로서, 하느님 안에서 모든 사람이 동등하게 참여할 수 있도록 개방된 집단이다. 이것이 바로 하느님 나라인데, 하느님 나라는 죽음의 그림자인 저 끔찍한 권력 남용을 부정한다.

③ 음식과 식사에 관한 교차문화적 인류학을 통해 살펴보면, 예수의 열린 공동식사가 얼마나 끔찍한 사회적 악몽이 되었을지 분명하다. 그러므로 예수의 비유가 주장하는 것은 누구에게나 개방된 공동식사, 즉 사회의 수직적 차별과 수평적 분열의 축소판이 되는 식탁을 초월해서 함께 나누는 식사다. 아무나 참석할 수 있는 열린 공동식사 과정으로서의 하느님 나라, 즉 차별 없는 사회를 축소시켜 그려내는 차별 없는 식사의 과정인 하느님 나라는 고대 지중해 지역의 문화와 사회에서 기본적 가치가 되는 명예 및 수치와 근본적으로 충돌한다. 모두에게 열려 있는 공동식사는 급진적 평등주의, 즉 구성원들 사이의 어떠한 차별도 용인하지 않으며 그들 중에 어떤 계급 조직도 불필요하다고

보는 절대적 인간 평등사상의 구현이며 상징이다.

④ 예수는 "중개자가 필요 없는 하느님 나라"를 그를 필요로 하는 모든 사람들에게 제공하고 있었기에 계속 이동할 준비가 되어 있었다. 영적 선물과 물질적 선물의 동등한 나눔, 기적과 밥상의 동등한 나눔은 한 장소에 중심을 둘 수 있는 게 아니다. 장소의 계급화는 예수가 선포하는 철저히 개방된 공동체를 파괴하기 때문이다. 예수에게 하느님 나라는 보호자로서 그가 제공할 수 있는 것도, 다른 사람을 위해 중개할 수 있는 것도 아니다. 하느님 나라는 그 안에서 개인들이 서로서로 그리고 직접 하느님과 접촉할 수 있는, 그래서 어떤 기존의 중개인이나 고정된 장소에 의해서도 매개되지 않는, 중개가 불필요한 철두철미하게 평등한 공동체다.

⑤ 예수 운동의 핵심은 개방된 밥상을 함께 나누고 무상의 치유를 제공하는 것이었다. 물질적 자원을 나누는 일(먹는 일)과 영적 자원을 나누는 일(고치는 일)의 결합이 예수의 선교의 실질적 핵심이다. 이러한 과정은 근본적으로 다른 영성을 함축했다. 지중해 연안의 사회와 종교를 틀 잡았던 보호자와 중개인, 중재인과 피보호자의 계급제도 대신, 예수는 하느님과 개방적이고 직접적인 관계 속에 살았고 또 다른 사람들을 초대하여 그렇게 살도록 했다. 하느님 나라는 소외된 개인들을 위한 프로그램이 아니었다. 그것은 참여자들을 독려하여 하느님과 직접 접촉하게 하는 공동체적 삶을 위한 것이었다.

⑥ 농민 운동으로서의 예수의 프로그램은 적빈자와 가난한 자, 자기 땅을 잃어버린 사람과 아직 땅을 갖고 있고 그럭저럭 생존해온 사람 사이의 엄연한 경계선을 목표로 했다. 예수의 프로그램은 부자와 가난한 자가 아니라, 적빈자와 가난한 자라는 두 개의 계층을 상호 치유하게

함으로써, 소작농의 삶을 밑바닥으로부터 더 나은 삶으로 일으켜 세우려 했다. 하느님 나라는 이러한 상호 교류 속에 출현한다. 하느님 나라는 유랑자들과만 함께하는 것이 아니라, 유랑자와 집 있는 사람 사이의 관계 속에 현존하기 때문이다. 한쪽은 먹거리가 필요하고 다른 한쪽은 치유가 필요하다.

⑦ 예수에 관해 한 번도 들어보지 못한 어떤 사람에게 2~3분 내에 요약해서 말한다면, 필자는 이렇게 말할 것이다.

예수는 오랜 동안 그럭저럭 생존을 유지해오다 점점 더 심하게 억압을 받게 된 피점령지의 농민들 사이에 살았다. 이것은 구조적 불평등과 불의의 세계였다. 그러한 세계에서 그는 대안이 될 만한 새로운 비전을 제시했고, 또한 그것을 삶으로써 살아냈다. 그리고 그는 다른 사람들을 초대하여 그것을 더불어 나눴다. 그 비전은 무상의 치유와 나눔의 식사가 있는 공동체, 하느님 앞과 서로의 앞에서 평등한 공동체다.

그는 여성과 어린이와 남성, 그리고 나병환자와 적빈자(赤貧者)와 정신질환자들을 똑같이 초대했다. "와서 함께 먹고 고침을 받으십시오. 그리고 당신이 경험한 것을 다른 사람들에게도 나눠주십시오"라고 말이다. 이 새로운 공동체가 하느님 나라의 모습, 즉 카이사르가 아니라 하느님이 이 세상을 직접 다스리시게 될 때의 온 세계의 모습이다. 그것이 곧 '하느님의 뜻이 하늘에서와 같이 땅에서도 이루어지소서' 하는 주기도문의 의미다.

그는 하느님 나라에 대한 그의 비전 때문에 죽었다. 이 세상의 기존 체제에 대한 그의 예리한 도전은 어느 때든 그를 체포할 수 있는 이유가 되었겠지만, 특별히 성전에 대한 그의 상징적 파괴 행위가 유대교와 로마의 고위 당국자들이 그를 즉각 처리할 수 있는 빌미를 제공했다.

그런데 전혀 예측할 수 없었던 사건은 이 문제의 유대인의 죽음이 끝이 아니었다는 것이다. 예수와 함께 있을 때부터 자신들의 삶 속에서 하느님의 능력을 경험했던 사람들은 그의 죽음 이후에도 계속 그 능력을 경험했다. 이제 그 능력은 더 이상 시간과 공간에 제약되지 않고, 예수 안에서 하느님을 본 사람들에게는 어느 곳에서나 가능하게 되었다.

예수는 무상의 치유와 공동식사를 제공함으로써, 기존 사회의 교권 체계와 가부장적 체계에 대해 "아니오" 할 수 있는 공동체를 선언하고 창조했다. 그는 새로운 하느님에 대한 새로운 중개인으로 단순히 해석되지 않도록 하기 위해 계속 유랑했고 어느 곳에도 안주하지 않았다. 그는 중보자(mediator)가 되려 하지 않았다. 그는 사람들 사이에나 사람과 하느님 사이에는 어떠한 중보자도 있어서는 안 된다고 선언했다. 그는 중보자(중개자) 없는 하느님 나라를 선언했다.

교회 기독교 역사에 나타난 목회의 가부장화

초기 교회: 평등한 은사공동체

초기 교회는 제도가 없었다. 따라서 전문화된 목회도 없었다. 직접적인 영적 능력을 받은 사람은 성을 초월하여 자신들이 받은 카리스마적 은사를 자유롭게 사용할 수 있었다.

이 시기에는 독점적 목회 유형이 없었다. 모두가 공동체 전체의 유익을 위해 일했으며 목회의 은사는 카리스마적으로 주어졌다. 목회는 일부에게 제한된 교권적 소산이기보다는 다수에게 공통된 기능으로 여겨졌다. 설교, 가르침, 치료, 기적, 예언과 마찬가지로 사도, 전도자, 교사를 세웠다. 권위는 직책 그 자체와 결합되지 않고 공동체의 덕을 세우고 섬기는 인격의 행위에 달려 있었다. 초기의 카리스마 공동체는 상이한 은사를 지닌 지체들의 연합체로서, 그 은사들은 서로 섬기고 봉사하는 데 목적이 있었다(1고린 12 : 4 이하; 로마 12장).

바울은 사도직을 수행하면서 많은 동역자들의 지원을 받았다. 동역자들 중에는 페베, 브리스카, 마리아, 유니아 같은 여성들(로마 16장)이 특히 많았는데, 그들은 여성이라는 이유로 교회의 핵심 역할에서 배제되지 않았다. 성경에 약 150명가량 제시되는 바울의 동역자들은 고정된 교회 직책을 갖고 있지 않았고 유형화되지도 않았다. 그들은 유대인과 이방인, 노예와 자유인, 남성과 여성이라는 유대교의 전통적인 구분을 훌쩍 뛰어넘어 믿음 안에서 한 형제자매라는 관계 속에서 협력했다.

바울에 따르면, 성령의 은사는 교회의 모든 구성원에게 주어진다. 상이한 은사들 사이에 아무런 차이나 구별이 없으며, 그래서 성직자와 평신도의 구별과 차별도 사라진다. 그러므로 은사의 독점이나 획일화, 횡포나 지배가 있을 수 없다.

교부 시대의 감독제 기독교 교회 가부장화의 시작

바울에게서 두드러졌던 카리스마 공동체는 시간이 경과하면서 위기에 직면했다. 기대했던 임박한 그리스도의 재림이 이루어지지 않았기 때문에, 기독교 공동체는 적대적인 세상에서 살아남기 위해 세속적 질서에 적응 및 순응하기 시작했다. 즉, 초기의 평등주의 카리스마 공동체가 1세기 말부터 서서히 제도화되면서 교회 내의 지도력 사이에 우열이 생기게 되었다. 이 과정은 교회의 가부장화 과정과 일치한다.

로즈메리 류터(Rosemary R. Ruether)는 교회 지도권이 '회중'에게서

'감독'으로 넘어가는 과정을 '감독제 기독교'로 명명하고 바로 이 시기를 가부장화의 시작으로 보았다. 후기 바울 공동체는 회당의 전통적 지도권의 형태를 받아들여 감독, 장로, 집사, 여집사들의 위계질서에 기초한 회중목회를 발전시켰다고 본다. 그 후 2세기 말에 감독제 모델이 더 발전하여 감독은 도시의 주요 회중에서 주재 목회자가 되었고, 장로나 원로들이 이끄는 회중을 감독했다. 그때부터 감독제 기독교는 가부장적 질서를 기반으로 역사적 합법화를 이루어가기 시작했다.

엘리자벳 피오렌자(E. S. Fiorenza)는 교회의 가부장화를 공간적 의미에서 지역의 지도권이 강화되는 과정으로 파악한다. 초기의 지도력은 우열이 아닌 구별의 형태를 가지고 있었다. 하나는 지역을 초월한 예언자와 사도들의 지도력, 둘째는 가정교회의 지도자였던 여성들의 지도력, 셋째는 감독, 집사를 중심으로 한 지역 지도자들을 말한다. 이 세 유형의 지도력은 2세기에 접어들어 지역 지도권이 강화되어 공동체의 결정권을 병합함으로써 초기 가정교회 울타리를 넘어 지역교회로 정착되었다. 지역 지도자들에게 이전된 권위는 남성에게 한정된 가부장적 지도권으로의 변화였다. 시간이 흐르면서 지역교회는 감독과 집사의 위계질서에 근거한 제도 교회가 되었으며 이때(약 1세기 말)부터 교회에서 영향력을 발휘하던 가정교회의 후원자나 부유한 기부자들인 여성들이 주변부로 이동했다.

콘스탄티누스 이후 기독교의 제국종교화 — 교회 위계질서의 고착

4세기에 이르러 기독교가 로마 제국에 의해 국교화된 이래로 기독교는 위계질서의 틀을 본격적으로 갖추게 되었다. 콘스탄티누스 황제의 개종과 더불어 기독교인의 숫자는 엄청나게 증가했고 로마 제국의 도움을 받아 세속적인 직위와 칭호 따위를 기독교에 적용하기 시작했다. 기독교인들의 급속한 수적 증가는 교인들을 체계적으로 관리할 수 있는 조직의 강화를 불가피하게 요청했고, 교리 문답과 성례전으로 교인들을 제도교회의 틀 안에 붙들어 매기 시작했다.

이 시기에 들어오면서 교회의 지도력은 뚜렷하게 성직자 계급과 평신도 계급으로 분화되기 시작했다. 평신도(Laity)라는 용어는 3세기부터 사용되었지만 처음부터 성직자와 구별된 개념은 아니었다. 그들은 '한 여인만의 남편인 세례받은 남자 신도'로 구성된 엘리트 집단으로, 여성은 제외된 남성만의 집단이었다. 이들은 성직자가 없을 때에 역할을 대행하고 세례도 베풀 정도의 권위가 있었다.

그러나 오래지 않아 평신도라는 말은 성직자와 대립되는 개념으로 이해되었다. 이제 모든 교회 권력은 성직자에게 집중되었다. 이때부터 여성들은 평신도 층에 편입되고 목회에 대한 이중적 이해가 생겨났다. 전문 목회 영역인 설교, 가르침, 성례전과 일반 목회 영역인 평신도의 역할이 나누어지고 그 가치도 달리 평가되었다. 목회의 위계질서가 확립된 것이다.

중세로 넘어오면서 교회의 위계질서는 훨씬 더 강화된다. 평신도들은 점점 주변으로 밀려났는데, 교회법에서는 평신도를 문맹자, 바보, 가난한 자, 세상의 육적인 자들과 똑같이 취급했다. 반면 권력을 쥔 평신도, 즉 왕과 왕자들은 그들이 특별히 성별되었다는 점에서 다른 평신도들과 다르게 인식되었다.

당시의 교회 법률가들은 교회 공동체를 상위계급과 하위계급으로 분류하여 목회의 능력은 상위계급에서만 완전히 실현된다고 보았다.

모든 권력은 '위로부터' 오는 것으로 이해되었기 때문이다. 이것은 결국 교권제도의 발전을 부추겼고 교회와 성직의 동일화를 가져왔다. 평신도들은 교회 내에서 어떤 주체적 역할도 부여받지 못하고 단지 목회적 관심의 수동적 대상으로 전락했다.

종교개혁 이후 교회의 가부장제 극복을 위한 시도들

16세기 마르틴 루터의 종교개혁은 로마 가톨릭의 교권주의에 대항한 교회개혁운동이었지만 성직자와 평신도의 분열을 막지는 못했다. 그가 주창한 만인사제론은 성직자뿐만 아니라 평신도들도 사제가 될 수 있다고 함으로써 성직자와 평신도 사이의 본질적 차이를 부정했다. 그러나 그는 교회 안에서 말씀을 설교할 특별한 목회 집단의 필요를 인정했으며, 말씀을 설교하고 교회를 치리하는 것을 목회의 기능으로 이해했다. 다시 말해, 루터는 성직자의 사제직과 평신도의 사제직이 동등하다고 생각하지 않았다.

루터는 모든 기독교인은 임무의 차이를 제외하고는 아무런 차이가 없다고 말하면서 임무와 일, '은총'과 '사역'의 계약을 구별했다. '은총'의 계약에서 모든 인간은 하느님 앞에서 동등하지만 '사역'의 계약에서는 하느님이 구별을 주셨다는 것이다. 사역의 계약이 갖는 구별성은 다시 말해 여성에 대한 남성의, 종에 대한 주인의, 자녀에 대한 부모의 고정된 사회질서를 여전히 규정하고 있다.

그러나 루터와 달리 급진적인 종교개혁주의자들은 '은총'의 계약과 '사역'의 계약이 갖는 동일성을 주장했다. 은총으로 충만한 한 여인이 비록 배우지 못했더라도 다른 사람에게 가르치고 설교할 수도 있다고

본 것이다. 은총의 계약은 하느님의 형상을 띤 모든 사람의 본래적 동등
성의 회복을 의미하므로, 은총은 모든 계급과 성의 구별을 폐기한다는
것이다.

17세기의 퀘이커 교도들이나 18세기 초의 감리교, 19세기 유토피아주
의과 결합한 미국의 부흥운동은 급진적인 개혁주의자들의 이러한 평등
성을 받아들여 기존의 성직과 계급적인 위계질서를 타파했다. 이들은
교회 행정에서 여성들에게 상당한 역할을 부여하면서 남성과 여성의
평등적 체제를 발전시켰다. 비록 여성들이 안수를 받지는 않았으나 평신
도 설교자와 지도자로 많이 남아 있었다. 그러나 결국 이들은 기존 교회
와 결별할 수밖에 없었다.

평신도의 재발견 교회의 주권은 평신도에게 있다

변화하는 세상 속의 변화하는 평신도

오늘날 우리는 정치, 경제, 사회, 문화, 법 따위의 삶의 모든 분야에서
폭넓은 변화를 경험한다. 그 변화의 바람은 역사상 유례가 없을 만큼
빠르고 거세다. 오랜 세월 동안 영원한 진리, 불변의 법칙, 확고한 전통으
로 여겨지던 것들이 오늘날 더 이상 인정받지 못하고 맥없이 무너지고
있다. 변화, 갱신, 혁신과 관련된 언어가 매스컴에 쉴 새 없이 오르내리면
서 일반 대중에게 몹시 매력적이고 정당한 것으로 들리고 있다.

교회 역시 이 엄청난 규모의 시대적 변화의 물결에서 결코 자유롭지
못하다. 긴 세월 견고한 성처럼 여겨지던 가톨릭교회의 구조가 서서히
무너지고 그동안 교회의 변두리로 내몰렸던 평신도들이 역사의 기나긴
겨울잠에서 깨어나는 것을 언급하면서, 가톨릭 교회사가인 이브 콩가르

(Yves Congar)는 중국 속담을 인용하여 의미심장한 메시지를 던진다. "쓰러지는 나무는 요란한 소리를 낸다. 하지만 새로운 숲이 자랄 때는 누구도 듣거나 알아채지 못한다."

이 점은 개신교회도 마찬가지다. 오늘의 평신도들은 순진하기 짝이 없었던 예전의 평신도들과는 많이 다르다. 이제 목사가 지시하면 평신도는 무조건 순종하리라고 기대하기는 어렵다. 자신의 주체적 존엄성에 새롭게 눈뜬 평신도들에게 그들 자신의 존재를 새롭게 정의하려는 열망은 날로 뜨거워지고 있다.

오늘날 많은 평신도들이 특권적인 성직 계급을 인정하려 하지 않는다. 오히려 모든 교인들이 기름부음 받은 사제로서 이웃과 세상에 봉사하기 위해 하느님으로부터 부름받았다는 사실, 그리고 교회의 주권은 소수의 성직자가 독점하는 것이 아니라 다수의 평신도 교인들에게 있고 모든 기독교인은 왕 같은 제사장으로서 지위에 있어서는 동등하며 단지 맡은 직분에 있어서만 서로 다르다는 사실을 깨달아가고 있다.

첫 번째 종교개혁이 성직자의 손에만 있던 성경을 평신도의 손에 넘긴 사건이었다면, 오늘날 소리 없이 진행되고 있는 종교개혁은 아직도 성직자의 손에만 있는 사역을 평신도의 손에 넘겨 평신도로 하여금 사역자가 되게 하는 데 있다.

평신도 중심 교회의 한 역사적 실례: 회중교회

회중교회(Congregational Church)는 1560년 엘리자베스 여왕 치하의 영국에서 '신앙의 자유, 성서의 자유'를 외치던 종교개혁의 미진함에 항거한 한 무리의 청교도들에 의해 시작되었다. 그들은 신앙과 예배의식, 교회의 모든 체제에 이르기까지 철저한 개혁을 주장하다가 영국

국교회의 혹독한 박해를 받게 되자 1620년 메이플라워호를 타고 성서와 양심에 기초한 신앙과 예배의 자유를 찾아 미국 대륙으로 이주했다.

말씀에 근거한 그들의 확고한 믿음은 그리스도만이 교회의 유일한 머리임을 천명하고, 교회 내에서 하느님의 말씀을 제외한 어떠한 권위도 인정하지 않으며, 전국 단위 기구(General Synod)나 주 단위 기구(Conference)로부터는 물론, 교리나 권위에 의한 일체의 법적 구속이나 제약을 받지 않는 철저한 독립교회를 이루었다.

교회의 조직과 제도는 장로제를 두지 않고 집사 제도만을 운용하여 전체 교인 중에 민주적 방식으로 선출된 교인들로 평의회를 구성했다. 평의회 안에는 각 교회의 필요에 따라 여러 위원회를 두어 예배, 교육, 재정, 전도 등을 맡아 봉사하게 했다. 그리고 평의회와 위원회에서는 자체 내의 의장을 선출하고 임기는 1년으로 하여 교회 내의 직분이 어떤 권력이나 사회적 신분이 아니라 순수 봉사의 직분임을 가르쳤다. 한 교회 내의 목사의 위치는 하느님의 말씀을 가르치고, 전하며, 성례전(세례와 성만찬)을 집행하고 교인들의 영적 생활을 지도하는 자로서 그 역할을 담당할 뿐, 제반 교회의 모든 행정과 활동은 전적으로 평신도들이 결정하고 집행하는 평신도 중심의 민주적 조직과 제도를 준수했다.

새로운 교회의 모습

교회 개혁을 꿈꾸고 실천하는 이들의 피땀 어린 노력을 통해 이 땅에 새롭게 출현할 교회의 모습을 우리는 어떻게 그려볼 수 있을까?

교회는 예수의 복음에 의해 해방된 사람들의 해방공동체이고, 공동체 내의 모든 구성원이 자유하고 평등한 삶을 누리는 민주 공동체요, 정의로운 평화 공동체다. 부활한 예수의 몸인 교회 안에는 몸이 활동할 수 있도록 여러 지체들이 존재한다. 이 모든 지체들의 직무와 기능은 각기 다르지만, 각 지체들 사이의 관계는 지위에 있어 우열이 없고 어느 한 지체가 다른 지체에 예속되지도 않는다. 또한 교회는 목회자와 평신도, 남자와 여자, 어른과 아이, 그리고 그 외의 모든 구성원들 서로의 관계에 있어 모두가 하느님의 사랑 안에서 평등하고 서로 함께 조화를 이루어 평화롭게 살며, 함께 하느님을 예배하고, 서로를 위하고 봉사하며 나누는 사랑의 공동체다.

_향린교회 신앙고백문

지금까지는 흔히 목회자를 '주의 종' 혹은 '성직자'로 일반 평신도들과는 따로 구분해서 불렀다. 그러나 새로운 교회에서는 하느님을 믿는 사람들은 누구나 주의 종이고, 자신의 생활 터전인 직장이나 가정 등에서 예수의 삶을 실천하려고 애쓰는 사람이라면 직분에 관계없이 모두 성직자로 불리게 될 것이다.

로드(L. N. Rhode)는 그의 저서 『공동창조(Co-Creating)』에서 권위로 가장된 힘의 오용을 맹렬히 비판한다. 그는 교회의 위계질서에 의해 떠받쳐지는 권위는 남성들이 오랜 세월 사회와 교회 속에서 누려온 힘에 의한 결과라고 말한다. 그는 '악'을 공유되지 않은 '집중된 힘의 오용'이라고 재정의한다. 즉, 남성 성직자 계급에게 집중된 힘과 그것에 의해 떠받쳐지는 권위는 교회에 군림하는 '독점적 권위'다.

하지만 지배적인 성직자와 의존적인 평신도의 이분법적 분리 구조를 넘어선 공동체 중심의 새로운 교회에서는 성직자의 개념이 전혀 달라진다. 다시 말해, 평신도들 위에 '군림'하는 성직이 아니라 서로가 서로에게

'봉사'하는 개념으로 전환된다.

그렇다면 새로운 교회에서는 평신도와 구분되는 전문 목회자의 존재는 더 이상 불필요하게 될 것인가? 그렇지는 않다. 교회 공동체는 다방면에서 특별한 기능을 가진 사람들을 발굴해서 그런 사람들에게 권위를 부여하여 목회자로 임명할 필요가 있을 것이다.

목회자의 기능은 공동체의 모든 구성원들이 각자의 은사와 재능에 따라 다양한 활동에 능동적으로 참여하게 하는 것이다. 여기에서 목회자의 가장 중요한 역할은 공동체의 구성원들이 사회와 세계에 봉사하기 위해 자신이 속해 있는 사회의 구조와 삶의 스타일을 변화시켜 나가도록 돕는 일이다.

목회자는 평신도들을 자신의 목회 사역의 부속물로 여겨 갖가지 사역에 동원하지 말아야 한다. 그리고 평신도들은 목회자에게 "직장 일이 저의 본질적인 전임 사역임을 인정해주시고, 그 사역을 감당할 힘을 얻도록 축복하고 기도해주십시오" 하고 당당하게 부탁할 수 있어야 한다. 이것은 결코 반교회적 태도가 아니다. "평신도들은 세상 속에서 교회로 존재해야 한다"(앨톤 트루블러드).

중요한 것은 거창한 말보다 작지만 알찬 내용이 담긴 실천이다. 평신도 사도직에 관한 문제도 마찬가지다. 교회 개혁을 바라는 평신도와 목회자들이 교회 안에서 작은 일부터 확고한 의지를 가지고 힘차게 추진하는 것이야말로 새로운 교회를 앞당기는 지름길이다.

평신도와 만인사제직

예배와 권력의 상호관계

권진관 성공회대학교 조직신학 교수

예배는 권력 관계를 포함한다. 누가 예배를 인도하고 성례전을 집행하며 축도를 하느냐는 교회 권력에서 가장 중심이 되는 주제다. 모든 것이 정치적이고 권력의 표현이라고 하지만, 교회와 예배는 더욱 그렇다. 영적이고 신앙적인 것을 매개로 한 권력 관계가 예배에서, 그리고 교회 생활에서 분명하게 드러나고 있다. 목사는 종교적 물질이라고 하는 예배의 모든 순서를 독점하고 있다. 이뿐 아니라 헌금 등 실질적 물질도 장악·관리하고 있다. 이러한 권력의 불평등성을 극복하지 않으면 교회와 예배는 근본적으로 위선에 불과하게 된다. 이제부터 만인사제직을 중심으로 하는 교회의 모습은 어떠한 것인가를 논해보려고 한다.

자기중심적 세상에서의 공동체와 제도

우리 사회에 존재하는 대부분의 집단들은 자발적 공동체와 이익집단
적 결사체로 나누어볼 수 있다. 이익집단적 결사체들은 언제나 자기
자신의 확장을 그 목적으로 한다. 이에 반하여 자발적 공동체들은 자기
자신이 아닌 보다 높은 이념이나 가치를 목적으로 한다. 이익집단은
제도에 의해서 내부의 결속을 이룬다. 왜 제도인가? 그것은 이익집단
속에 돈과 권력이 있기 때문이다. 회사를 생각해보자. 회사에는 돈과
권력이 있다. 회사의 사람들은 돈과 권력을 추구한다. 너도나도 돈과
권력을 추구하는 집단에서는 무질서의 혼란이 생길 수밖에 없으며, 따라
서 합리적인 이익집단들은 제도에 의해서 질서를 잡을 수밖에 없다.
어떤 조직에서나 제한된 재력과 권력이 존재하며 이것들은 또한 일정한
사람들에게 집중되는 경향을 가지고 있다. 사람들은 이 제한된 권력과
재물을 자기가 더 많이 가지려고 하는 욕심을 갖고 있다. 이러한 상황에
서 제한된 재물과 권력을 합리적으로 관리할 수 있도록 하며 성원들
간에 합리적인 질서를 잡기 위해 제도가 필요하다. 제도란 원래 합리적
이고 효율적인 것을 목적으로 생기는 것이다. 제도는 '중립적인' 성격을
가진다. 그러나 실제로 제도는 소수의 엘리트에 의해 관리될 때가 많다.
그렇게 되면 합리적 제도 대신에 '제도주의'가 사물을 관리하게 된다.

이익집단일수록 '제도주의'에 의해 움직인다. 제도주의는 제도 자체
의 발전을 그 목적으로 하는 것을 말한다. 회사와 같은 이익집단의 궁극
적인 목적은 자기 극대화다. 회사를 극대화하기 위해서 가장 효율적인
내부적 질서를 만들어야 하는데, 그 질서가 이른바 제도다. 제도 속에는
위계질서가 생기게 되는데, 그 가장 큰 이유는 권한(power)과 재물이

한정되어 있기 때문이다. 그것들이 무한적으로 보장받는다면 위계질서가 필요하지 않을 것이다. 그러나 그것들이 제한되었기 때문에 분배해야 하는데, 여기에서 위계질서가 생기게 된다. 그러므로 '제도주의'의 특징은 위계질서다. 또 위계질서의 제도적 집단은 차별화를 특징으로 한다. 성원 사이에 차별이 존재함을 인정하며 이것을 제도화한다. 예를 들어, 제도적 집단에서는 상사와 부하의 계급적 차이가 강조된다. 의사소통의 방식은 일방통행적이다. 특히 제도 교회에서 볼 수 있는 것으로서, 남자와 여자의 차이가 강조된다. 그리하여 사제나 목사는 남자만이 될 수 있다. 사제와 평신도 사이에도 차별이 존재한다. 이러한 계급적 차이는 제도주의적 집단에서 볼 수 있는 일반적 특징이다.

원래 교회는 제도를 가지지만, '제도주의'에 의해 움직이는 이익집단은 아니었다. 교회는 자기 자신을 목적으로 하는 것이 아니라 하느님의 나라를 목적으로 하는 공동체다. 교회 안에 있는 제도는 하느님의 선교를 효율적으로 전개하기 위해 마련된 것이다.[1] 교회는 세상을 위해 자기 자신을 종으로 내어주는 공동체지 자기 자신을 극대화하는 것을 목적으로 존재하는 집단이 아니다. 그러나 오늘날의 제도주의적 교회들은 자신의 확장을 자기 목적으로 삼고 있다. 제도교회 안에 돈과 권력이 있기

---

1 한국의 민중교회들은 제도교회와 공동체 사이에 엉거주춤한 상태로 존재하고 있다고 보인다. 민중교회들은 제도도 제대로 갖추지 못하고 있다. 예를 들어, 제도가 성립되려면 먼저 안정된 교회 공간(건물)이 확보되어야 하고 필요한 인적 자원이 있어야 하는데, 사람도 없고 물자(재정, 건물 등)도 열악하니 그것들을 나누어 관리할 제도가 성립될 수 있는 조건 자체가 불비(不備)하다. 그렇기 때문에 민중교회들은 선교, 활동, 관리 등에서 효율성을 기하기 어렵다. 민중교회들은 제도교회적 요소를 가지고 출발했기 때문에 제도교회일 수밖에 없지만, 제도를 갖출 수 있는 역량이 부족하다는 데 어려움이 있다.

때문에, 이것을 관리하기 위해 교회 안에 제도가 생기는 것은 필연적이다. 제도에 의해 움직이는 집단은 결속력이 강한데, 그 결속의 동기는 자기중심주의에 있다. 이 자기중심주의는 이중적인데, 한편으로는 집단적 자기중심주의가 있고 다른 한편으로는 그 집단에 참여하고 있는 성원들 각자가 가지고 있는 자기중심주의가 있다.

이에 반해, 자발적 결사체인 공동체는 자기중심주의를 극복할 때에만 성장할 수 있다. 자발적 공동체의 성원들이 자기중심주의에 빠져 있게 되면 공동체가 성립될 수 없다. 자발적 결사체들은 어떤 특정한 목적에 동의하는 사람들이 자발적으로 모인다. 자발적 공동체가 가지는 가장 큰 어려움은 성원들 간의 결속력을 유지하기가 어렵다는 것이다. 성원들의 자발적인 참여를 기초로 하여 모이는 자발적인 공동체는 성원들이 자발성을 가지지 않으면 유지될 수 없다. 자발적인 참여는 어떤 경우에 일어나는가? 공동체의 성원들은 강제나 미혹에 의해서가 아니라 자유와 자율에 의하여 참여한다.

공동체 성원들의 자유와 자율은 자발적으로 책임을 감당하는 것으로, 즉 자발적인 수임(受任)으로 이어져야 한다. 그렇지 않으면 공동체가 설 수 없다. 공동체가 서지 않는 이유는 공동체 속에 책임의 자발적인 수임이 일어나지 않고 아노미(무질서)의 상태로 빠져들어 가기 때문이다. 자발적인 수임은 성원의 자유와 자율에 기초하여 이루어진다. 사도 바울은 이러한 원리를 카리즘(은사)의 원리라고 말한다.

카리즘(은사) '공동체' 교회의 기본 원리

그런데 공동체는 자칫하면 무책임한 성원들로 구성될 수 있고 활동의 질도 낮아질 가능성이 있다. 모두가 방관자가 될 수 있기 때문에 주인 없는 공동체가 될 수 있다. 이러한 공동체는 곧 아노미의 상태에 들어가고 성원들은 모래알처럼 흩어진다. 공동체가 빠질 수 있는 이러한 한계를 극복하고 활성화하기 위해서는 책임이 전체 성원들에게 균등히 나뉘어야 한다. 어떤 개인, 혹은 일부의 집단이 공동체의 일에서 궁극적인 결정권을 가져서는 안 된다. 책임을 모든 성원들에게 균등히 나누어야 한다. 책임의 나눔은 공동체 조직의 원리이며, 이것은 성령이 주는 은총의 선물, 즉 카리즘의 원리다(1고린 12장).

카리즘의 원리는 제도주의의 원리와는 달리 차별을 부정한다. 다양성과 서로 다름은 인정하거나 북돋되, 차별은 부정한다. 카리즘의 원리는 성원들에게 고정된 역할을 부여하는 것이 아니라, 역할 분담과 책임의 수평적·순환적 나눔을 강조한다. 특히 계급주의를 부정한다. 또한 카리즘의 원리는 의사소통적 대화구조를 강조한다. 이러한 카리즘의 원리를 말하고 있는 고린토전서 12장의 중요 부분을 인용해보자.

은총의 선물은 여러가지이지만 그것을 주시는 분은 같은 성령이십니다. 주님을 섬기는 직책은 여러가지이지만 우리가 섬기는 분은 같은 주님이십니다(4~5절).

유대인이든 그리스인이든 종이든 자유인이든 우리는 모두 한 성령으로 세례를 받아 한 몸이 되었고 같은 성령을 받아 마셨습니다(13절).

그뿐만 아니라 몸 가운데서 다른 것들보다 약하다고 여겨지는 부분이 오히려 더 요긴합니다. 우리는 몸 가운데서 별로 중요하게 여기지 않는

부분을 더욱 조심스럽게 감싸고 또 보기 흉한 부분을 더 보기 좋게
꾸밉니다(22~23절).

한 지체가 고통을 당하면 다른 모든 지체도 함께 아파하지 않습니까?
또 한 지체가 영광스럽게 되면 다른 모든 지체도 함께 기뻐하지 않겠습
니까?(26절).

바울이 설명하는 카리즘의 원리에서는 다양성 속에서의 하나가 강조
되며(4, 5, 13, 26절), 계급적 차별성이 부정되고 있다(13, 22, 23절). 그리하
여 성원들 간에 평등한 참여와 자발적인 책임이 강조된다. 이에 반해
카리즘이 없는 공동체의 모습을 바울은 이렇게 그리고 있다.

만일 온몸이 다 눈이라면 어떻게 들을 수 있겠습니까? 또 온몸이
다 귀라면 어떻게 냄새를 맡을 수 있겠습니까?(17절).

모든 지체가 다 같은 것이라면 어떻게 몸을 이룰 수 있겠습니까?
(19절).

여기에서 바울은 공동체를 그리스도의 '몸'이라는 상징어로 설명하고
있다. 몸에는 지체가 있다. 지체가 없으면 몸, 즉 공동체가 될 수 없다.
몸이 되기 위해서는 다양한 지체, 즉 다양한 카리즘을 가진 지체들이
참여해야 한다. 모두가 다 눈이 되거나 모두가 다 귀가 된다면 그것은
카리즘의 원리에 맞지 않으며, 공동체로 성립할 수 없다.
여기에서 카리즘과 달란트(talent)의 차이점에 유의해야 한다. 달란트

라는 용어는 개인의 역량을 말할 때 쓰인다. 어떤 사람은 많이 가졌고, 또 어떤 사람은 적게 가져서 개인적인 역량에 차이가 있음을 강조할 때 달란트라는 상징이 사용된다. 달란트는 타고난 능력을 표현하기 때문에 개인의 역량의 숙명적 성격을 갖는 데 반해, 카리즘은 가변적이며 비숙명적인 성격을 갖는다. 공동체는 달란트의 원리에 의해 움직이는 것이 아니라 카리즘의 원리에 의해 움직인다. 카리즘이 분배되지 않은 공동체는, 즉 책임의 공정한 나눔이 없는 공동체는 바울이 말하는 '몸'(공동체)이 될 수 없다. 그것은 말뿐의 공동체이지, 공동체로서의 실질적 내용이 부재한 집단이다.

카리즘은 성령으로부터 나왔고 카리즘에는 위계나 서열이 없으며 평등만이 있을 뿐이다. 성령은 공동체의 기반이다. 성령은 활동하는 영이요, 새로운 것을 창조하는 영이다. 성령의 선물인 카리즘(은사)은 규격화되어 반복되는 활동을 하게 하는 것이 아니라, 새로움을 창조하는 활동을 하게 한다. 그런 면에서 카리즘은 제도주의를 뛰어 넘는 조직의 원리다. 이것은 새로운 의미에서의 제도다. 이것은 제도주의로부터 해방된 제도다. 카리즘은 진정한 의미에서의 제도다. 민주적인 제도는 카리즘의 원리로부터 온다. 그것은 모든 성원은 카리스마를 가진다는 것을 인정한다.[2] 카리즘은 모든 성원들, 특히 사회적인 약자도 주체로 세우는 새로운 의미의 제도인 것이다.[3]

---

2 Leonardo Boff, *Church: Charism and Power* (New York: Crossroad, 1985), p. 157ff.

3 교회의 주체는 평신도들인 것은 분명하지만, 평신도들이 목회의 전문가가 아니므로 목회전문가인 목사나 신부가 목회와 예배를 전담하는 것이라고 말하는 사람들이 있다. 이러한 입장의 약점은 교회 안에서도 전문가에 의한 지배가 정당화될

성령은 우리로 하여금 주체자가 되게 하는 분이다. 남에게 종속되거나 의존하는 것이 아니라 성령의 도움 안에서 주체적으로 일어나 자유한 인간이 되는 것을 예수가 원했다는 것을 요한복음 기자는 증언한다.[4] 결국 신자의 자유나 카리즘의 원리는 특히 성령의 시대인 교회 시대의 원리가 되어야 한다. 그러나 오늘날의 현실은 그렇지 못하다. 성령의 공동체들은 자기중심적인 제도주의적 교회들에 에워싸여 있다.

자발적인 공동체

공동체 교회는 교회의 역사 속에 나타났던 소종파 교회로부터 자발주의를 배운다.[5] 소종파주의는 자발성을 철저하게 강조했다. 교회에 관한 한 강압이나 강제가 없었다. 오늘날 많은 교회들이 거의 강압적으로

수 있다는 것이다. 적어도 교회 안에서는 목회 비전문가들도 교회의 모든 일과 행사와 예배에서 주체적인 역할을 담당할 수 있도록 끊임없이 모색하고 노력하는 일이 필요하며, 이것이 소위 '전문가 우위론'에 의해 무색해지지 않도록 조심해야 할 것이다.

4 "그러나 사실은 내가 떠나가는 것이 너희에게는 더 유익하다. 내가 떠나가지 않으면 협조자가 너희에게 오시지 않을 것이다. 그러나 내가 가면 그분을 보내겠다. 그분이 오시면 죄와 정의와 심판에 관한 세상의 그릇된 생각을 꾸짖어 바로잡아 주실 것이다"(요한 16 : 7~8). 이 본문은 예수가 성부에게 돌아감으로써 제자들이 스스로 서게 되는 성령의 시대, 교회공동체의 시대가 도래하는 것이라고 해석할 수 있다. 예수는 공생애 기간에 그의 주위에 있었던 공동체와 힘을 합쳐 하느님의 나라 운동을 실천했다. 이제 예수의 돌아가심으로 공동체는 스스로 일어서서 하느님의 나라를 선포해야 한다. 여기에서 요한 공동체는 성령이 제자들이 주체적으로 판단하고 설 수 있도록 돕는 "협조자"의 역할을 한다고 강조한다.

5 Robert Friedmann, *The Theology of Anabaptism* (Scottdale, Pa.: Herald Press, 1973), pp. 132-133.

강권하여 사람들을 끌어들이는 자기중심적인 개교회주의를 보이고 있는 데 반해, 소종파적인 교회에서는 이러한 강압을 볼 수 없다. 순수한 자발주의는 세례도 자발적인 동의에 의해 이루어지는 것이라고 생각하여, 유아세례를 부정하고 재세례를 주장했다. 소종파적 자발주의는 후에 민주주의의 근거가 되는 관용의 정신을 배태한다.[6]

가톨릭교회는 교회제도주의로 나갔고 개신교는 개인주의적 신앙으로 나간 데 비해, 소종파주의는 형제자매의 공동체적인 유대를 강조했다. 프리드만(Friedmann)은 세 개의 종파들의 입장을 다음과 같이 도표로 설명하는데, 매우 잘된 것이기 때문에 여기에 소개한다.[7]

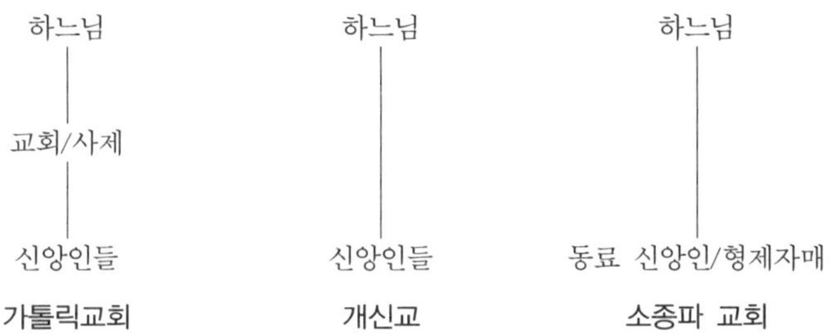

위의 도표를 이렇게 설명할 수 있을 것이다. 가톨릭교회는 교회와 교회의 위계질서가 교인과 하느님을 매개하는 역할을 담당한다. 따라서 교인들은 교회와 사제를 떠나서는 구원의 대열에 설 수 없다. 중세 가톨릭의 교회절대주의는 여기에서 설명된다고 하겠다. 반면에 개신교는 모든 개인이 각각 직접 하느님과 관계한다. 동료 교인들과의 횡적인

6 Ibid., p. 133.
7 Ibid., p. 81.

연대 없이 자신의 구원의 문제를 개인적인 문제로 푼다. 오늘날 한국 개신교회의 현실을 보면 목회자들은 개인의 구원을 돕는 도우미의 역할을 한다. 목회자는 가톨릭의 주교나 사제처럼 개인의 구원을 위한 절대적인 권한을 가지는 것은 아니다. 구원의 문제는 신앙인의 개인적인 문제다. 개신교도들은 언제든지 자신들의 구원 문제를 더 잘 해결해주고 조언해줄 수 있는 목회자에게 옮겨갈 수 있다. 이것은 출석 교회를 바꿈으로써 가능하다. 개신교 목회자들은 자신들이 가장 좋은 인도자라고 선전한다. 그리하여 더 많은 교인들을 끌어들이기 위해 마치 세일즈맨과 같이 자신을 소개하고 선전한다. 이것은 가톨릭교회에서는 볼 수 없는 모습이다.

소종파적 재세례파의 신학 입장에서는 개인이 아니라 공동체적인 연대성, 형제자매의 확인이 하느님과의 관계를 위한 전제가 된다. 교회는 개인의 집합이 아니라 개인들이 이루어놓은 유기체적 공동체다. 이러한 유기적 공동체성을 가장 잘 표현하는 것은 남미의 기초교회공동체들과 헝가리의 보코르 공동체 등이라고 본다. 이러한 공동체들은 소종파 교회의 형제자매의 이상과 만인 사제의 이상을 실현시키고 있다. 그뿐 아니라 이러한 공동체들은 사회변혁의 전망을 견지하며 실천한다는 점에서 과거의 소종파들의 약점을 극복하고 있다.

이야기 공동체

공동체는 이야기적 언어를 사용한다. 명제나 분석이나 논리적 언어가 아니라 가장 민중적인 언어인 이야기를 주로 사용한다. 예수의 이야기에서부터 못 가진 자들의 이야기에 이르기까지 이야기를 나눈다. 오늘날 대형 교회들도 이야기적 방법으로 메시지를 전달하기도 하는데, 이들의 이야기는 주로 성공한 사람들의 이야기, 잘된 사람들의 이야기, 간단히 말하면 가진 자들의 이야기지만, 민중의 교회공동체는 어려운 사람들의 고난과 삶과 희망의 이야기, 예수의 고난과 십자가의 '위험한' 이야기들을 나눈다.

민중교회 공동체에서는 교리를 선포하거나 가르치기보다는 삶의 이야기를 전달한다. 기성의 연역적 진리나 원리를 선포하는 것이 아니라 이야기를 통해서 귀납적으로 의미를 전달한다.

연대 속에 있는 교회

'공동체' 교회는 이 땅에서뿐만 아니라 전 세계적으로 다양한 모습을 띠고 자라나고 있다. 남미의 기초교회공동체를 비롯하여, 헝가리의 보코르 기초교회공동체, 필리핀의 기초교회공동체, 이 밖에 아시아, 아프리카 등에도 많이 존재하고 있어 전 세계적으로 산재해 있다 하겠다. 우리나라에서도 이러한 새로운 유형의 진보적인 교회들이 있어왔다. 김교신, 함석헌의 무교회주의 운동, 요즘 많이 진행되고 있는 민중교회 운동, 두레공동체 운동, 나눔의 집 운동은 공동체 교회의 전형적인 모습들로 보인다. 이러한 다양한 공동체들은 스스로 자신의 독립성을 유지하고 있지만 동시에 서로 연대한다.

연대를 통해서 전체 교회들의 공의회성을 경험하며 친교를 확대할 수 있다. 이것을 통해 공의회적인(conciliar) 거룩한 성례전의 거행과 공동예배를 경험할 수 있다. 작은 공동체의 한계를 이러한 연대를 통해 극복한다. 공동의 프로젝트를 계획할 수도 있다. 연대는 세속적인 일반 시민단체와 공동체들과의 연대를 포함한다. 교회공동체는 시민사회를 구성하는 온갖 시민사회 단체, 민중 운동체, 빈민 운동체 등과 연대하며 공동 프로젝트를 가질 수 있다.

기초교회공동체

현재의 제도교회에 대한 대안으로서의 새로운 교회 형태인 기초교회 공동체의 삶의 특징을 다음과 같이 몇 가지로 제시할 수 있다.

① 첫째 특징은 "소외시키는 구조들의 부재, 직접적인 관계, 상호관계, 깊은 친교, 상호 지원, 복음의 이상들의 공유, 구성원들 간의 평등성"에 있고 또 구성원의 자유로운 참여가 보장됨으로써 바깥 사회의 비민주적인 위계질서 등이 이곳에서는 있을 수 없다는 데 있다.[8] 이러한 참여와 민주적인 삶을 북돋는 공동체는 기독교 정신에 본질적으로 부합한다.

② 이러한 평등하고 참여적인 공동체 안에서는 다양성이 보장된다. 기초공동체에 참여하는 사람들은 각기 자기가 받은 은사(charism)로써 공동체에 봉사한다. "세례받은 공동체의 모든 구성원은 카리스마적 인물이다."[9] 다양한 은사를 받은 여러 사람들이 각자 동등하고 독립된 인간으로서 공동체의 삶 전 영역에 참여하는 특징을 가진다.

③ 평신도 지도자에 의해 성례전이 집행된다. 기초공동체에는 사제가 없는 경우가 대부분이므로, 이러한 특수한 사정 속에서 사제 없이 서품받지 않은 평신도에 의해 성찬 예식이 집행된다. 만인 사제의 이상이

---

8 레오나르도 보프, 『새롭게 탄생하는 교회』, 김쾌상 옮김(서울: 성요셉출판사, 1987), 17~18쪽.
9 같은 책, 62쪽.

기초공동체 속에서 실현되고 있다.

④ 기초교회공동체에서는 예배를 행할 뿐만 아니라 성원들의 정치의식화, 사회적·정치적·경제적 억압으로부터의 해방을 위한 성서 연구, 정치적 활동, 교육 훈련 등 정치적·사회적인 참여와 활동을 지속하고 있다. 기초교회공동체는 소종파적 교회처럼 사회로부터 격리되어 사회와 무관해지는 것이 아니라 사회 속에 뛰어들어 사회정의가 이루어지도록 노력한다. 기초교회공동체는 다른 사회변혁 세력들과 연대한다. 노조, 노동당, 기타 시민사회를 강화하기 위한 여러 운동세력과 손을 잡고 전체 사회의 변혁과 인권 회복을 꾀하고 있다. 여기에 기초교회공동체와 세상과 절연하려고 하는 소종파들과의 다른 점이 있다 하겠다.

그러면 기초교회공동체를 조망해주는 교회론적-신학적 입장은 무엇인가? 기초공동체에서는 교회를 공동체로, 하느님의 백성으로 보고 나아가서는 성령의 성사(sacrament)로 보고 있다. 교회를 통합시키는 신학적인 개념은 은사(charism)다. 모든 성원은 모두 은사를 받은 카리스마적 인물들이다. 그들은 각자 자기의 은사대로 공동체와 이웃을 위해 봉사한다. 따라서 한 사람이 다른 사람들을 지배하는 방식이 아니라 모든 사람들이 평등한 입장에서 참여한다. 은사를 가진 성원들이 주체적이고 능동적으로 참여함으로써 하느님의 구원의 임재를 새크러먼트(Sacrament)적으로 표현하는 것이 곧 교회의 본질이라고 본다. 새크러먼트적인 교회론은 나아가 교회는 '하느님의 백성'이라는 신학적 입장으로 연결된다. 모든 사람은 평등한 하느님의 백성으로서 어느 누구의 매개에 의해서가 아니라 직접 그리스도 안에서의 친교와 봉사에 참여한다. 여기에서의 참여는 기초공동체의 예식에의 참여일 뿐만 아니라 모든 결정 과정에의 참여를 말한다. 이러한 입장은 그리스도의 대행으로서 사도들

의 권위를 이어받았다는 기존의 주교(로마 주교 포함)와 사제 중심의
제도교회의 위계질서를 뒤바꾸는 대안적 교회 구조를 배태하고 있다.
최근까지 교회는 '백성들을 위한 사제들만의 교회'였는데 이제는 '백성
의 교회'로 변하기 시작했다. 이와 같은 교회론에서 주교나 사제들은
하느님의 백성들 위에 군림하는 자가 아니라 조정자로 이해된다.[10] 이것
은 또한 가난한 자와 약한 자의 교회, 박탈당한 자의 교회, 해방자 교회,
진정한 사도적인 교회라는 개념으로 이어진다.

헝가리의 기초교회공동체 전체 교회를 대체할 기초공동체

다음으로는 헝가리의 기초교회공동체 운동을 또 다른 변혁적 교회
운동의 일환으로 보고, 여기에서 나타나고 있는 교회론적인 특징을 살펴
보고자 한다. 필자는 기초교회공동체가 남미에만 존재하고 있다는 생각
을 가졌었지만, 독일에서 있었던 한 세미나 모임에서 헝가리 기초교회공
동체 운동을 하는 사람들을 접하게 되고 그들로부터 몇 편의 자료를
제공받은 후 이러한 운동이 세계 도처에 존재해왔다는 사실을 알았다.
그중에서 불라니(Gyorgy Bulanyi)라는 헝가리의 기초교회운동 지도자가
1980년 부다페스트에서 쓴 「교회의 질서(Church Order)」라는 논문을
중심으로 헝가리의 기초교회공동체 운동의 상황과 그 교회론적 특징들
을 소개하고자 한다.
　브라질 기초교회공동체의 경우와는 달리 헝가리의 기초교회공동체

---

10 레오나르도 보프, 『교회 카리스마와 권력』, 김쾌상 옮김(서울: 일월서각, 1986),
　　206쪽.

들(기초공동체들을 헝가리에서는 숲이라는 뜻을 가진 보코르('BOKOR')라고 부른다)은 제도 가톨릭교회로부터 이단시되거나 섹트(소종파)로 간주되고 있다. 보코르는 1945년에 시작되어 그동안 사회주의 체제와 제도교회로부터 많은 탄압을 받았고, 정부 당국과 제도교회로부터 불법적인 집단이라고 간주되어왔다. 보코르 회원 중 300명가량이 감옥에 갇혔고, 그중에는 교수형을 당한 사람들도 있다. 제도 가톨릭교회가 비록 기초교회공동체를 불법적이라고 몰아붙이고, 기초교회공동체도 가톨릭의 제도교회를 비판하지만 그 존재 의의를 완전히 부정하고 있는 것 같지는 않다.

「교회의 질서」의 필자인 불라니는 교회 질서는 곧 사랑의 질서여야 하며 그것은 네 가지의 지상적 요소(unconditional elements)를 가지고 있다고 말한다. 예수, 사랑, 공동체, 자율이 그것이다. 그중에서 공동체의 개념이 그의 사상의 중심을 이룬다. 공동체는 인간 대 인간의 직접적인 관계에 기초한 작은 공동체를 의미하며, 이 공동체의 목적은 사람들을 사랑으로 하나 되게 하는 것이다. 그러면서 이 기초공동체가 현재의 가톨릭의 상하 위계적인 교회 질서에 대한 새로운 대안적 교회 질서라고 말한다. 이 공동체 안에서는 모든 사람이 사제라는 만인 사제의 이념이 실현되고 있다. 헝가리의 기초공동체 운동에서는 사제와 신자들 사이의 괴리가 부정된다. 모든 사람이 사제며, 그리스도의 제자들이다. 공동체를 형성하고 창조해내는 사람이 바로 사제다. 신학교에서 전문적인 신학교육을 받은 사람만이 사제가 되는 것이 아니라 새로운 공동체를 창조하는 사람이 진정한 사제라는 것이다. 공동체를 창조하고 유지하는 능력이 없으면서 정규 신학교육을 받고 주교로부터 사제 서품을 받는 것으로 사제가 되는 것은 매우 부당하다고 「교회의 질서」는 주장한다. 하느님을 믿는 하느님의 백성들 사이를 두 개의 그룹으로 나누는 것, 즉 사제와 평신도로 나누는 것은 부당하다는 것이다. 기존의 가톨릭교회에서는 결혼하지 않고 남자이고 다른 직장을 가지지 않고 정규 신학교를 졸업한 사람들에 한해서 사제로 안수한다. 그러나 「교회의 질서」에서는 어떻게 결혼 안 한 사람이 결혼한 사람들을 지도할 수 있으며, 어떻게 직장에서 일하지 않는 사람이 직장을 가지고 있는 사람들(평신도)을 인도할 수 있겠는가라고 질문한다. 마치 소경이 성한 사람을 인도하는 것이나 다름없다고 할 것이다. 그리고 왜 인류의 반수인 여성이 사제가 될 수 있는 길을 막으며, 또 인류의 성인(成人)중 대부분이 결혼을 한 사람들인데 왜 이들이 신실한 제자가 되는 길을 단지 결혼을 했다는 이유만으로 막는가라고 질문한다. 「교회의 질서」는 인생을 바로 알기 위해서는 결혼도 해야 하고, 직장의 경험을 가져야만 한다고 주장한다. 그래야 공동체를 제대로 이끌 수 있는 지도자가 될 수 있다는 것이다. 또한 신학을 공부하지 않은 사람도 신학을 공부한 사람보다 공동체를 형성할 수 있는 사랑을 더 많이 가질 수 있다고 주장한다. 여성이 남성보다 공동체를 형성하기 위한 사랑을 덜 가지고 있다고 말할 수 없다는 것이다.

「교회의 질서」는 가톨릭교회의 사제들이 신도들에게 '고용'되었기 때문에 결국 신도들의 눈치를 보고 또 힘 있는 당국자들의 입김에 영향을 받음으로써 그들의 비위에 맞는 행동을 하느라 진정한 예수의 사랑을 실천할 수 없게 된다고 지적한다. 따라서 사제들은 교회로부터 생활비를 받아서는 안 된다. 바울로 선생처럼 자기가 먹을 것과 입을 것은 자기의 노동으로 마련해야 한다. 좋은 설교를 했다고 그것으로 생활비를 받는 것은 인정되지 않는다. 보코르에서는 어느 누구도 월급을 주거나 받지 않는다. 모든 공동체의 일은 자원 봉사의 원칙으로 이루어진다. 설교하는 사람은 자기의 역량껏 하지만 그것으로 생활비를 벌지 않으며, 심방하는 사람도 마찬가지다. 실제로 누구나 능력이 인정되면 설교할 수 있으며, 심방이라는 것도 누구나 하게 되어 있다. 하나의 보코르(기초교회공동체)는 그 구성원이 10~13명 정도로서 그 이상이 될 수 없도록 함으로써 구성원 상호 간에 긴밀한 인간관계를 맺게 하고 서로 방문하는 것을 권장하고 있다. 1980년에만 이러한 기초공동체는 1,000여 개나 되었으며, 그 구성원은 약 1만 명을 헤아리고 계속 늘어가고 있다.

불라니는 보코르 운동이 기독교회의 회복을 위한 운동이라고 확신하며, 이 기초공동체가 현재의 가톨릭 질서를 대체하는 때를 꿈꾸고 있다. 그에게는 이것은 정말로 꿈이요 소망이다. 실제로 만 명이라는 많은 인적 능력을 갖고 있고 기성교회가 갖지 못하는 순수한 복음적 열정, 청빈의 정신, 만인 사제 사상, 성원의 참여 보장 등의 특성을 가지고 있기 때문에 미래의 대체 교회로서 많은 호응을 받을 수 있을 것이다.

보코르에서 사제란 성전 담당자(sanctuary servant)가 아니라 공동체를 창조하는 사람(community-creator)이다. 공동체를 창조하는 것이야말로 하느님께서 주신 사명이라는 것이다. 사람이 100명, 1,000명 모이게 되면 더 이상 공동체가 될 수 없다. 이만한 숫자의 사람들은 서로를 모두 잘 알 수 없을 것이기 때문이다. 아무리 탁월한 능력을 가진 사람일지라도 이렇게 많은 성원을 가진 모임에서는 성원들과 매우 피상적인 관계만을 유지할 수 있다. 그러나 공동체에서는 이러한 피상적인 관계가 아니라, 모든 성원이 내면적인 친교와 관계를 맺을 수 있어야 한다. 예수가 12명의 제자를 가졌듯이 공동체도 13명이 넘어서는 안 된다고 보는 것이다. 「교회의 질서」는 공동체를 구성하는 세 가지 조건을 들고 있다. ① 성원들이 공동의 목표를 나눌 수 있어야 하며, ② 공동체 속에 남아 있기를 원하는 의지가 있어야 하며, ③ 서로 잘 알고자 하는 열망이 있어야 한다. 이 중 어느 하나라도 부족하거나 약화되면 공동체는 성립될 수 없다. 공동체 성원들은 다른 성원들을 위해 시간을 나눌 수 있어야 한다. 그러나 공동체의 구성원 수가 너무 많으면 서로 만나서 대화하기 위해 하루 24시간 모두를 써도 부족하게 될 것이다. 따라서 한 사람은 한 공동체에 속하는 것을 원칙으로 해야 하며, 그러나 특별한 경우는 최대한 한두 공동체에 더 참여할 수 있다.

이러한 기초교회공동체 운동의 근저에는 인간은 서로 만나고 친구로 사귀며 서로 사랑하고자 하는 본성과 필요를 갖고 있다는 믿음이 있다. 하느님의 나라는 다름 아니라 우정(friendship)이요, 친구 사귐(making friends)을 의미한다는 것이다. 하느님 나라는 이러한 사귐 속에 임재한다. 한 탁월한 교구 신부가 열심히 노력해서 5,000~6,000명이나 되는 신도들을 다 만난다고 가정하자. 그는 신도 한 사람을 기껏해야 1년에 한 번 정도밖에 만날 수 없을 것인데, 이러한 만남은 친구 사귐이 될 수 없다. 구성원의 수가 적을 때만 친구 사귐이 가능해진다. 현재의 헝가리 가톨릭교회는 사제의 수가 만성적으로 부족하기 때문에 한 사제가 수천 명을 상대해야 하는데, 이러한 형편 속에서는 하느님 나라를 위한 친교와 우정은 싹틀 수 없다.

또한 헝가리의 가톨릭교회는 외국으로부터 많은 원조를 받아서 신부를 위해 교회 건물이나 수양관을 짓는다거나 차를 사는 등 교회를 유지하는 데 이것을 쓰고 있다고 한다. 불라니는 이러한 천문학적인 양의 재물을 가난하고 배고픈 사람들을 위해 사용한다면 더 좋을 것이며 그것은 기초공동체적인 교회 질서를 가질 때 가능하다고 말한다. 기초공동체는 교회 건물을 더 이상 지을 필요가 없다. 왜냐하면 개인 집의 식탁에

둘러앉아서도 모임을 가질 수 있고 예배를 드릴 수 있기 때문이다. 새 교회당을 지을 돈이 있으면 사회를 위해 써야 한다. 공동체의 지도자를 비롯해 성원 모두가 재정적으로 독립되어 있기 때문에 교회를 운영하는 비용이 거의 들지 않는다.

헝가리에서는 많은 신학생들이 기초공동체에서 훈련받은 사람들이라고 한다. 이것은 기초교회공동체 운동의 전망이 매우 좋다는 것을 말해준다. 애석한 것은 이 신학생들이 교회 당국으로부터 냉대나 의혹을 받고 있다는 점이다. 그러나 이들 신학생은 기성 교회보다는 기초공동체를 활성화하는 데 기여하게 될 것이다. 더욱 다행인 것은 신부들 중에서도 기초공동체에 참여하는 경우가 늘고 있다는 것이다. 기초교회공동체는 현재 약화되고 있는 헝가리 가톨릭교회가 가지고 있는 문제점들에 대한 훌륭한 대안을 갖고 있다고 보인다.

기초공동체의 지도자를 뽑는 것은 철저히 공동체 성원 안에서의 투표에 의해서 이루어진다. 이것은 기성 가톨릭교회가 시행하고 있는 임명제와 대조를 이룬다. 기초공동체에서는 사랑의 행위를 중요시하는 데 반해 기성 조직교회는 성례전 중심의 교회라고 분석할 수 있다. 기초교회공동체 운동 지도자들은 기성 교회들이 성례전을 너무 과용하고 있다고 주장한다. 또 기성 가톨릭교회는 믿는 자들을 사제와 평신도로 나누어 놓음으로써 평신도들이 예수가 지상에서 가졌던 목표에 참여할 수 있는 기회를 박탈하고 있으며, 기존 교회 질서가 가지고 있는 기본 조항들을 어길 경우 의심하거나 소종파(섹트)라고 낙인찍는다고 한다. 이리하여 예수의 길로 나아가는 길을 차단했으며, 그 결과 교회는 비게 되었고 신학교는 문을 닫게 되었다고 분석한다. 또 예수를 위해 헌신하고자 하는 신학생들도 축출되고 있다고 공격한다.

기초공동체 성원들은 필요하면 기존 교회에서 집행되는 미사에도 참여한다. 이것은 예수가 유대 성전에 참여했던 것과 비슷하다고 하겠다. 기초공동체가 기성 가톨릭교회에 정면으로 불복종하고 저항하고 있는 것은 아니다. 다만 기성 교회의 잘못된 점을 고치고자 하는 것이다. 그 개혁할 부분이 너무 근본적인 영역이라서 기초공동체와 기성 가톨릭교회 사이에 긴장이 존재할 수밖에 없다. 기초공동체는 기성의 교구들이 기초공동체에 호의적일 것과 교인들을 기초공동체로 재조직화할 것을 촉구하고 있다. 여기에 교구와 기초공동체 사이의 대화를 위한 공통 기반이 생길 가능성이 있다. 기초공동체의 활동은 미사나 성찬 예식에 중심을 두지 않는다. 이러한 것들은 기성 교회에서 취할 수 있는 것들이기 때문이다. 기초공동체에서는 그리스도적인 사랑의 실천에 더 많은 강조점을 두고 있다. 그리하여 하느님이 인간에게 주시는 사랑이 나타나는 표지가 되기를 원한다. 화체(化體)의 선언이나 미사보다는 공동체의 창조에 더 많은 가치를 두고 있다. 공동체의 창조야 말로 그리스도의 뒤를 따르는 길이라는 것이다.

「교회의 질서」는 아무 위험 부담이 없는 기존의 교회 질서를 추종하기보다는 위험 부담은 있지만 새로운 미래, 진정한 교회를 위해 기존 교회의 테두리에서 벗어날 필요가 있다고 역설한다. 이러한 미래의 꿈은 믿음을 가질 때 예수처럼 위험한 물 위를 걸을 수 있듯이, 비록 위험하지만 그 위험 속으로 믿음을 가지고 뛰어들지 않는 사람에게는 결코 이루어질 수 없는 꿈이다.

헝가리 보코르 기초공동체의 주요한 특징들을 요약하면 다음과 같다.

① 예수는 신부와 신자들을 불러 모은 것이 아니라, 제자들을 모은 것이다. 그리고 제자들은 다른 사람들을 제자로 만들 과제를 가졌다.

② 예수는 자신의 공동체를 13명의 성원으로 하는 모범을 보이셨고, 이러한 공동체를 조직함으로써 하느님의 나라를 건설하고자 하셨다.

③ 공동체의 지도자는 임명되는 것이 아니라 투표에 의해 뽑혀야 한다. 지도자는 구성원의 신임에 기초해서만 자신의 의무를 수행할 수 있다.

④ 예수는 그의 말과 행동으로 사랑을 실천하셨다. 우리도 사랑으로 모든 이웃을 형제자매로 받아들이며 이들과 공동체를 형성해야 한다. 이를 위해서는 지배의 법칙이 아니라 봉사와 섬김의 정신을 가져야 한다.

⑤ 이 땅의 소유자는 하느님이며 우리는 그의 관리자들이다. 우리들은 가난한 사람들과 빵을 나누어야 한다.

⑥ 살인은 죄이므로 군복무를 거부한다.

⑦ 박해받는 삶은 곧 제자들의 삶이라는 예수의 말씀을 믿는다.

⑧ 이러한 입장을 가지고 있는 보코르 기초공동체는 헝가리 가톨릭교회로부터 현재 파문당하고 이단으로 규정받고 있다.

회복되어야 할 교회적 이상들

지금까지 우리는 제한적이나마 우리의 문제를 새롭게 조명해줄 수 있으리라고 생각되는 몇 가지 대안적인 교회론을 살펴보았다. 이제는 우리의 상황에 적합한 대안적 교회론을 찾아야 할 시점이다. 이 절을 한국 교회가 시급히 회복해야 할 이상들을 열거함으로써 마치려고 한다.

① 만인 사제 사상의 실제화를 통해 참여적이고 민주적인 교회로 바뀌어야 한다. 분명한 것은 기성의 교회 질서 속에서는 만인 사제의

이상이 실현될 수 없다는 것이다. 새로운 교회 질서가 생겨나야 한다. 목사나 신부 및 장로 등 소수에 의해 움직이는 교회가 아니라, 하느님의 백성 모두가 교회의 모든 과정에 주체적으로 참여하며 사도로서 예배 속에 주체적으로 참여할 수 있는 길이 마련되어야 한다. 우리나라 교회 목회는 안수받은 목회자들에 의해 이뤄지고 있다. 평신도들은 단순한 객체로서 목회자가 베푸는 사랑의 대상이 되고 있다. 이러한 교회는 평신도의 교회가 아니라 평신도를 위한 교회다. 이러한 목회자 중심의 교회 생활을 타파하기 위해서는 교회 속에 공동체성이 회복되지 않으면 안 된다.

② 사회 발전, 인권과 정의에의 공헌이 지속적으로 이뤄져야 한다. 현재의 기성 제도교회들은 인건비를 비롯해서 자체를 유지하고 운영하기 위해 대부분의 재정을 사용하고 있고, 사회선교와 이웃을 위한 봉사를 위해서는 극히 적은 예산만을 배정하고 있을 뿐이다. 사회선교비는 대체로 현재 교회의 예산의 5~7% 수준에 머무르고 있다고 한다. 최근에 많이 논의되고 있는 '작은 교회'는 교인의 숫자가 작다고 작은 교회가 아니라, 인건비 및 교회의 유지·관리에 드는 비용을 최대한으로 줄이고 사회선교나 구제를 위해 예산을 되도록 많이 쓰는 교회를 말한다. 이것은 교회에서 이루어지는 모든 과제나 일과들은 '자원봉사'의 차원에서 이루어져야 한다는 원칙과 연결된다.

③ 첫 번째의 이상과 관련된 것으로, 구성원의 '참여'가 보장되고 구성원 모두의 주체적인 참여를 통해 '공동체성'을 확보해나가야 한다. 교회 목회의 기본 방향을 비롯하여 운영에 관한 모든 의사 결정과정에 몇몇 사람만이 참여하는 것이 아니라, 구성원 모두가 참여할 수 있도록 해야 한다. 이러한 참여를 통해서만이 공동체 안에 사랑과 신뢰가 존재

할 수 있다.

④ 공동체성의 회복이 이뤄져야 한다. 참여는 공동체에서만 진정으로 보장된다. 공동체는 그 구성원의 숫자가 작아야 한다. 공동체의 내적인 의미는 '서로 잘 아는 사람들'의 모임이다. 공동체의 성원들은 서로 잘 알아야 한다. 우리나라 대부분의 교회 안에서는 서로가 서로를 모른다. 일주일에 한 번 만나서 서로 묵묵히 인사만 나누고 씁쓸하게 웃고 헤어지는 차디찬 분위기가 대부분의 교회의 모습이다. 따뜻한 온기가 흐르는 교회가 되어야 한다. 그러기 위해서는 교회 내에 공동체성이 회복되어야 한다. 그러나 우리나라 대부분의 대형교회는 구조적으로 공동체성을 가질 수 없게 되어 있다. 이러한 상황 속에서 새로운 교회의 형식으로서 기초공동체가 대안으로 나오게 된 것이다.

⑤ 새로운 인간상이 태어나는 교회여야 한다. 현재의 잘못된 세상은 그릇된 인간을 양산한다. 즉, 현대의 교회는 자본주의적이며, 비공동체적이고, 비주체적이며, 비연대적인, 자기중심적인 인간을 양산하고 있다. 새로운 교회는 이러한 경향에 역류하여 새로운 미래지향적 인간상을 창조해내야 한다. 이것은 새로운 영성을 통해서 가능하며, 교회의 새로운 프락시스에 의해서만 가능하다. 현재의 계급적·위계적인 교회 속에서는 이러한 인간상이 태어날 수 없다. 이러한 교회는 교회 밖의 세상과 본질적인 면에서 차이가 없기 때문이다. 이러한 교회에서의 경험은 진정한 복음적 경험일 수 없다.

평신도의 '목회', 그 가능성은?

교회 운영, 목회자만의 몫인가?

최형묵 천안살림교회 담임목사

평신도의 '목회'?

평신도의 '목회'란 가능할까? 이 물음의 의미를 어떻게 파악하느냐에 따라 그 답은 엇갈릴 수밖에 없다.

순전히 사전적 의미로 따지면 '평신도의 목회'는 불가능하다. '목회'란 기본적으로 위계화된 교회 질서 안에서 의미를 지니는 말이기 때문이다. 목회란 목회자와 평신도가 분명하게 구분된 교회 질서 안에서 목회자가 평신도를 양육하는 일을 말한다. '목자'와 '양떼'의 관계를 비유한 데서 나온 이 말은 그 실제적 의미에서도 목자/목회자가 양떼/평신도를 '양육' 하는 것을 말한다. '평신도의 목회'가 불가능하다는 것은 그런 맥락에서 하는 말이다. 이 경우 '목회'는 특정한 지도자에게만 허용되는 매우 한정 적이고 배타적인 일일 뿐이다. 만일 이 경우에 '평신도의 목회'가 가능하 려면 그것은 안수를 받은 목회자 대신 평신도가 그 배타적 지도력을 대신하는 경우여야 한다. 하지만 지도자의 이름만 바뀌었을 뿐 지도자와 일반 회중의 관계가 기존의 교회 구조와 동일하다면 그것을 과연 '평신도의 목회'라고 할 수 있을지 의문스러워진다.

그러나 '목회'는 그 사전적 의미에서 벗어나 폭넓게 사용되기도 한다. 이 강의의 부제가 말하듯 교회 안에서 일어나는 전반적인 일, 특별히 '교회 운영'이라는 의미로도 통용된다. 그런 뜻이라면 '평신도의 목회'는 가능하다. 양육의 구조 안에서 능동적 주체와 피동적 대상의 관계를 벗어나 교회공동체의 동등한 주체로서 목회자와 평신도의 관계, 특히 교회 운영 전반에 관한 평신도의 능동적 주체성 모색을 의미하는 '평신도의 목회'라면 가능하다. 그러니까 역할상의 차이는 인정하되 그 역할들이 위계관계 안에서 배분되는 것이 아니라, 다양한 역할들의 공평한 배분의 차원에서 평신도의 역할을 모색하는 것이라면 가능한 것이다. 우리의 문제의식은 바로 이 경우에 해당한다.

현실 교회 구조의 상대성

오늘 교회 안에서 평신도 주체성이 문제되는 것은 현실의 교회가 평신도의 주체성을 보장하지 못하고 있기 때문이다. '목회'라는 개념 자체가 시사하듯 오늘 우리가 경험하는 교회 현실은 능동적 주체로서의 목회자와 피동적 대상으로서의 평신도의 관계를 당연시하는 구조를 갖추고 있다. 우리의 문제의식은 과연 그와 같은 교회 구조가 교회의 본질적 요건인가 하는 것이다. 현실의 교회들은 각기 나름대로의 교회법적 규정을 근거로 그러한 구조가 마치 항구 불변의 정당성을 갖는 것처럼 간주한다. 예컨대 가톨릭교회는 사도직의 적법한 계승자로서 성직자의 역할을 강조하고 성직자 중심의 위계적 교회 구조를 정당화한다. 개신교의 경우는 매우 다양한 교회 구조를 갖추고 있지만 평신도의 대표권을 '인정'한다는 점에서 대동소이하다. 이러한 교회 구조의 가장 전형적인 형태로 장로교를 들 수 있다. 장로교는 평신도의 대표성을 반영한 당회를 갖췄다는 점에서 확실히 성직자 중심의 가톨릭교회 구조에 비해 진일보했지만, 여전히 소수의 권한을 보장하는 과점 체제를 구축하고 있다. 성직자 중심의 독점 체제에서 소수 대표의 과점 체제로의 변화는 진일보한 것임에도 사실상 넓은 의미에서 독점 체제의 문제를 벗어나지 못한다. 게다가 그 안에서 목회자 중심주의 문제는 여전히 제기된다.

우리는 이와 같은 현실 교회의 구조를 상대화하여 바라봐야 한다. 영속할 수 있는 교회 구조란 없다. 현실의 교회 구조는 시대적 산물일 뿐이다. 예컨대 가톨릭교회는 봉건적 위계구조를 그대로 재현하고 있고, 개신교는 근대의 대의정치 구조를 재현하고 있다. 봉건적 위계구조는 더 말할 것도 없거니와 근대 대의정치의 문제도 오늘날 심각하게 지적되고 있다. 이른바 절차적 민주주의를 넘어 실질적 민주주의로, 또 간접 민주주의가 아니라 직접 민주주의로의 전환에 관한 모색은 오늘날 대의정치가 위기에 처해 있다는 것을 말해준다. 2004년 3월 대통령 탄핵으로 인한 탄핵 정국에서 우리는 대표권 없는 대의정치의 허구를 뼈아프게 경험하지 않았던가! 그래서 오늘날 시민사회에서는 대표권 없는 대의정치의 폐단을 극복하고 실질적인 참여 정치를 이루는 과제가 초미의 관심사로 떠오르고 있다. 평신도의 주체성 강화를 통한 수평적 교회 구조를 만들고 누구나 동등한 참여를 보장하는 교회 공동체를 일구는 과제는 오늘의 시대적 요청이다.

그러나 교회 구조 개혁이라는 과제는 비단 시대적 요청만은 아니다.

교회 본연의 존재 의의라는 측면에서도 교회는 끊임없이 자기를 갱신해야 한다. 본래 교회란 기존의 세계 질서를 지탱하는 주체들과는 명백히 구별되는 새로운 세계의 주체 형식이었다. 그리스도인들의 공동체, 그것이 교회다. 그리스도인이란 기존의 세계 질서를 좇는 사람들이 아니라 하느님 나라를 보여주었던 그리스도를 따르는 사람들이다. 이런 의미에서 교회는 '하느님의 백성'이다. 스스로 그 안에 하느님 나라를 구현할 뿐 아니라 이 세계에 하느님 나라를 확장해가는 공동체다. 그 공동체 안에 하느님의 백성으로서의 삶을 저해하는 어떤 질서가 허용될 여지는 없다. 예컨대 불평등한 위계구조가 정당화될 수는 없다. 스스로 하느님 나라를 구현함으로써 세계에 하느님 나라를 확장하는 사명을 맡고 있는 까닭에 그 목적은 순수하게 구현되어야 한다. 따라서 '하느님의 백성'으로서 교회 공동체에 어떤 위기가 발생한다면 마땅히 교회는 그 위기를 넘어서기 위한 대안을 스스로 찾아야 한다. 교회의 갱신, 교회 구조의 개혁은 그와 같은 의미를 지닌다 할 것이다.

그런데 문제는 본연의 교회와 현실의 교회가 항상 동일하지 않다는 데 있다. 교회는 '하느님의 백성'의 공동체인가 하면 엄연히 하나의 사회적 실체로서 인간의 집단이라는 이중적 성격을 가지고 있다. 역사적으로 존재하는 교회의 건강성은 바로 이 관계를 어떻게 설정하느냐에 따라 좌우된다. 오래전부터 기독교 신학은 이 문제를 숙고해왔다. '보이지 않는 교회'를 본연의 교회로, '보이는 교회'를 현실의 교회로 보아왔다. 이러한 신학적 태도는 교회 자체를 하나의 위기 구조로 본다는 것을 의미한다. 즉, 현실의 보이는 교회는 오류가 있을 수 있는 반면 본연의 교회는 순수한 교회의 원형에 해당하므로, 보이는 교회는 끊임없이 보이지 않는 교회의 기준에 따라 갱신되어야 한다는 것이다. 그 긴장을 잃어

버리고 현실의 교회 자체를 곧바로 본연의 교회와 동일시했을 때 교회는
강력한 권력 체제가 되었다. 중세의 가톨릭교회가 그 전형이다. 반면
종교개혁으로 등장한 개신교회는 현실의 교회를 상대화함으로써, 곧
현실의 교회와 본연의 교회를 분리함으로써 새로운 대안이 되었다. 모든
교회 개혁 운동은 그와 같은 인식에서 가능했다. 그러나 오늘날은 유감
스럽게도 개신교회마저도 현실의 교회를 본연의 교회와 동일시하는
과오를 범하고 있다. 현실의 교회 자체를 '하느님의 나라'로 등식화했던
중세의 가톨릭교회와 마찬가지로 오늘 개신교회들도 현실의 교회를
'구원의 방주'로 등식화하고 있다. 바로 여기에서 역사적으로 상대적일
뿐인 교회의 구조가 절대화되는 현상이 발생한다. 오늘날 평신도의 주체
성을 보장하지 않는 교회 구조는 바로 그와 같은 인식에서 정당화되고
절대화된다.

우리의 과제는 교회 자체를 위기 구조로 인식한 신학적 전통을 되살리
고, 현실적으로 바람직한 교회의 구조를 찾는 것이다. 현실적으로 찾은
그 대안이 어느 순간에 또 낡은 퇴물이 될지언정, 당장 의미 있는 대안을
찾으려는 것이다. 우리의 대안 추구는 처음부터 그 대안이 항구적일
수 없다는 인식을 분명히 해야 한다. 그래야 되풀이되는 오류에서 자유
로울 수 있다.

은사의 동등한 배분과 평신도의 주체성

교회를 하나의 위기 구조로 인식하고 대안을 찾으려는 노력은 이미
초대교회부터 있어왔다. 처음 예수 운동은 교회를 필요로 하지 않았다.
역사 자체를 위기로 보았기에 예수 운동의 주체들은 현재 역사 안에서

스스로의 존립 방식에 대한 고민을 하지 않았다. 예수 운동은 곧 해방의 사건 그 자체였고 그 사건에 동참함으로써 역사의 종국을 기다릴 뿐이었다. 그러나 종말은 지연되었고, 따라서 예수 운동 주체들의 존립이 문제가 되기 시작했다. 거기에서 등장한 것이 교회였다. 하지만 그 교회는 여전히 예수 운동의 연장선상에 있었고 하느님 나라를 이루는 주체로서 역사 안의 세계 질서를 지탱하는 주체들과 다른 형식을 취했다. 그러나 역사 안에 발을 딛고 있다는 불가피성 때문에 현실적인 문제들이 제기되었다. 여기서 교회의 직제가 등장한다. 그러나 적어도 초대교회는 그 직제를 위계적 관계로 설정하지 않았다. 하느님께서 주신 다양한 은사의 공평한 배분 차원에서 이해했다. 바울로서신에서 자주 등장하는 그리스도의 몸과 그 지체의 비유는 그와 같은 초대교회의 교회관을 말한다. 현실 존립의 요건으로서 직제의 분할을 선택할 수밖에 없었지만 그 직제의 분할이 배타적인 권위의 독점 현상을 정당화하는 위계구조로 귀결됨을 막고자 했던 것이다. 그 의도와는 상반되게 위계화된 교회 구조의 재편을 바라는 오늘 우리의 관점 또한 그와 다를 바 없다. 역할의 배분이 은사의 차등화를 정당화하는 위계구조가 아니라 공평한 수평적 구조 안에서 재정립될 수 없겠는가 하는 것이 우리의 관심사다.

과연 가능한 일일까? 그 가능성에 대한 판단 여부는 객관적 법칙과 관련된 영역의 문제가 아니다. 그것은 그 가능성을 바라는 주체의 의지와 관련된 문제다. 인간 스스로의 의지와 무관한 역사적·객관적·합법칙성이란 없다. 특정한 시대의 특정한 사회적 관계와 제도는 인간의 선택적 행위의 결과다. 위계화된 권위 구조의 재편과 동등한 은사의 배분을 가능하게 하는 교회의 구조를 만드는 것도 그 의지의 문제다.

그러나 그것을 가능하게 하는 현실적 전략을 선택하는 문제에서는 다소 다른 입장들이 제기될 수 있다. 그 다른 입장들을 대별해본다면 크게 '교회 해체 전략'과 '교회 재구성 전략'으로 나눠볼 수 있다. 해체의 대상이든 재구성의 대상이든 여기서 말하는 '교회'가 현실의 교회라는 것은 두말할 것도 없다.

교회 해체 전략은 현재의 교회 존립 조건을 근본적으로 문제시하여 현실 기성 교회의 해체를 의도함과 동시에 탈교회적 주체의 형성을 의도한다. 엄연히 교회가 현실적으로 존재하는 현실에서 탈교회적 주체의 형식이 어떤 모습을 취할지는 열려 있다. 그러나 이와 같은 급진적인 전략은 일체의 교회중심주의를 부정하며, 탈교회적인 기독교인의 존재 방식에 중요한 의미를 둔다. 더불어 교회가 진정한 소통의 구조를 갖추는 것을 지향한다.

교회 재구성 전략은 교회 해체 전략의 모호성을 극복해보려는 시도에 해당한다. 현실의 권력에 포박되어 있을 뿐 아니라 스스로 그 권력을 재현하고 있는 현실 교회의 해체를 지향한다는 점에서 해체의 전략과 재구성의 전략이 근본적인 입지점을 달리하는 것은 아니다. 하지만 이 전략은 엄연히 교회가 존재하고 있다는 사실을 유념하여 그 구체적인 대안을 찾으려 한다.

우리 현실에서 대안을 추구하는 많은 실천 사례들의 유형을 대별해 각기 어느 사례가 해체의 전략에 입각해 있고 어느 사례가 재구성의 전략에 입각해 있는가를 구분하는 것은 매우 미묘한 문제다. 굳이 말한 다면 아마도 많은 실천 사례들이 재구성의 전략을 구사하고 있다고 잠정적으로 평가할 수 있을 것이다. 그러나 굳이 그 초점의 차이를 다시 한 번 대별해본다면, 여전히 미묘하지만, 이렇게 이야기해볼 수 있다. 해체의 전략이 오늘 기독교인의 다양한 존재 방식을 강조하고 따라서 교회적 존재 방식을 그 가운데 하나로 평가한다면, 재구성의 전략은 기독교인의 그 다양한 존재 방식 가운데서도 교회적 존재 방식이 여전히 유력한 형태라는 점을 유념하여 그 변화를 시도한다는 것이다.

지금 우리의 관심사인 교회 안에서의 평신도의 주체성 제고 문제는 확실히 교회 재구성 전략의 범주로 평가받을 수 있다. 교회적 존재 방식을 부정한다면 이미 '평신도'라는 말과 그 지위 자체가 무의미해지기 때문이다.

평신도의 주체성을 저해하는 구체적 요인과 그 대안

교회 본연의 요청이자 동시에 시대적 요청에도 현실의 교회 구조가 쉽사리 변하지 않고 권위적인 위계 구조를 여전히 유지하고 있는 까닭은 무엇일까? 대안의 요청이 절박하다는 것은 그만큼 현실의 구조 자체가 강고하다는 것을 말한다. 위계적인 교회 구조를 강화하는 요인들은 교회 안팎으로 강고하게 자리하고 있다.

① 우선 교회의 위계적 구조는 현실 사회의 재현이라는 측면을 갖고 있다. 외적 규모를 중시하는 일반적 현실, 효율적인 능력 배분이라는 측면을 중시하는 일반 사회의 인사 관리와 지도력 설정 방식은 교회 안에서도 그대로 재현된다. 거시적 차원에서 사회적 관계를 재현할 뿐만 아니라 매우 구체적인 일상의 생활 방식마저도 교회는 일반 사회의 그것을 그대로 재현하고 있다.

② 그와 같은 재현은 대개 개별 교회 단위에서나 상층의 교단 차원에서도 그대로 나타난다. 평신도의 주체성, 또는 교회 운영에서의 평신도의 능동적 참여를 말할 때, 흔히 개별 교회 차원의 문제로만 생각하기

쉽지만 현실을 움직이는 힘의 관계는 그 문제를 개별 교회 단위에서만
생각할 문제가 아님을 보여준다. 어떤 교회들에서 개혁적인 조치들을
취할 때 그것이 교단의 법에 위배된다 하여 문제시하는 경우가 심심치
않게 발생한다. 교단 상층의 의사결정 구조가 어떻게 구성되는지를 보면
그런 현상은 당연하다. 평신도의 교회 운영 참여는 개별 교회 현장에서
의 문제만은 아닌 것이다. 교단 상층의 의사결정 구조를 바꾸는 것도
평신도의 능동적 참여를 가능하게 하는 필수 요건이다.

③ 개별 교회 안에서의 목회자 중심 구조의 문제는 새삼스러운 문제가
아니다. 현재의 교회 질서에서는 신학적·제도적으로 목회자 중심의
교회 구조가 보장되어 있다. 전임 사역자로서 목회자가 교회 운영의
중심이 되는 것은 불가피하다. 그리고 그 자체로 문제가 되는 것은 아니
다. 그러나 목회자 중심 구조가 사실상 목회자와 교회를 동일시하는
결과를 가져온다는 데 문제가 있다. 교회가 마치 목회자의 소유처럼
되기도 한다. 여기서 목회자는 마치 주인처럼 평신도는 손님처럼 되는
현상이 나타난다. 앞에서부터 계속 지적해온 것처럼 역할의 분담, 또는
은사의 배분이 차별적인 위계구조의 정당화로 귀결되어서는 안 됨에도
사실상 그렇게 귀결되고 있는 셈이다. 현재 교회 구조에서 목회자의
역할은 신학적·제도적 요건 때문에 중요성을 갖는 것만은 아니다. 전임
사역자라는 조건은 교회 밖에서 일상의 삶을 영위하는 평신도의 조건과
결정적으로 구분된다. 그렇다면 목회자도 다른 직업을 갖고 평신도와
생활상의 동일한 조건을 갖추어야 목회자와 평신도의 동등성이 실현되
는 것일까? 그것도 하나의 방안이 될 것이다. 그러나 목회가 교회 안의
임무에 국한된다는 조건이 교회 운영에 관한 모든 권한을 배타적으로
독점할 수밖에 없는 필연적인 조건은 아닐 것이다. 현실의 교회가 전문

사역자로서 목회자를 필요로 한다면 그 조건 안에서 대안을 찾아야
한다.

④ 마지막으로 교회 안에서 평신도의 주체성을 저해하는 또 하나의
이유이자 사실상 가장 중요한 이유는 평신도 자신들의 비주체성이다.
목회자가 평신도의 주체성을 적극 옹호하는 입장에 선다 하더라도 목회
자로서 이 문제는 가장 풀기 어려운 난제다. 교회 안에서 평신도의 수동
성, 또는 비주체성은 앞서 말한 여러 조건들 때문에 내면화된 결과일
수 있다. 그러나 내면화란 일방적 강요의 결과는 아니다. 스스로 동의하
지 않고서는 내면화가 이루어지지 않는다. 쉽게 말해 교회에 가면 위로
를 받고 쉬고 싶다. 누군가에게 의존하고 싶어진다. 그러한 기대는 소위
보수적 신앙의 열정을 가진 이들에게만 나타나는 것은 결코 아니다.
오히려 어떤 면에서는 진보적인 사회 활동을 하는 사람들에게서도 강하
게 나타난다. 교회에서만큼은 번잡한 문제로 고통받고 싶어 하지 않는
다. 목회자가 '양육하는 목회'의 유혹(?)을 받는 것은 신학적·제도적
정당성 때문만이 아니다. 바로 이와 같은 평신도들의 기대(?)를 저버릴
수 없기 때문이기도 하다. 사실 평신도들의 그와 같은 기대(?)는 단순히
정신적으로 미숙한 의존 감정의 발로만은 아니다. 지치고 고단한 심신의
휴식을 누리고 싶은 것은 누구나 마찬가지다. 어쩌면 그것은 보편적인
정서다. 그 보편적 정서에서 비롯되는 욕구를 권위에 대한 순종과 일방
적 의존의 관계 안에서만 충족시키려는 교회의 구조와 기풍이 문제일
것이다. 교회는 동등한 관계 안에서 형성되는 친밀함의 구조를 통해
그 욕구를 충족시킴으로써 평신도를 건강한 주체로서 세울 수 있는
대안을 찾아야 한다. 그것은 물론 평신도 자신의 뚜렷한 자의식을 전제
로 한다.

　이상과 같은 문제를 진단하는 것으로 교회 안에서 평신도의 주체성을 강화할 방안이 저절로 마련되는 것은 아니다. 그 구체적인 실천적 대안을 찾아 나설 때 우리는 그 목표에 도달할 수 있을 것이다.

일하는 평신도가 변혁의 주체들!

하종강 한울노동문제연구소 소장

내 신앙의 분기점

1980년 9월, 어느 종교단체로부터 자원봉사 부탁을 받았다. 노동자들이 일주일에 한 번씩 모여서 성서 연구를 하는데, 나더러 그 내용을 빠짐없이 녹음하고 기록하는 자원봉사를 해달라는 것이었다. 기쁘게 하겠다고 했다.

모임 첫날, 루가복음에 나오는 '탕자의 비유'를 공부했다. 모임의 정식 구성원이 아니라 어디까지나 '서기'에 불과했던 나는 한 마디도 끼어들지 못한 채 열심히 받아 적기만 했다. 성서 구절을 읽고 인도자의 간단한 설명을 들은 후 각자의 느낌을 자유롭게 이야기해보거나 토론을 하는 식으로 진행되었다. 그날 토론 중에 "영화든 소설이든 어느 이야기에나 클라이맥스가 있지요. 탕자의 비유에서는 어느 대목을 클라이맥스라고 할 수 있을까요?" 하는 말이 나왔다.

나는 그 질문의 대답을 잘 알고 있었다. 어릴 때부터 목사님의 설교에서 수십 번도 더 들었으니까. 허랑방탕한 생활로 재산을 모두 탕진하고 돌아오는 아들을 먼발치서부터 맨발로 달려 나가 환영하는 아버지…….그 아버지처럼 우리의 모든 죄를 용서하시고 품어주시는 하느님의 크고도 넓은 사랑……, 잃었던 죄인을 되찾는 기쁨……, 더 이상의 정답은 있을 수 없었다.

그런데 고아원에서 자랐다는 어느 여성노동자가 자기 순서가 되었을 때 말했다.

"재산을 모두 탕진한 아들이 돼지먹이로나 쓰이는 쥐엄나무 열매를 먹으려 하다가 '아, 이제 아버지가 계신 집으로 돌아가야겠다'고 깨닫는 장면, 저는 이 대목이 클라이맥스라고 봅니다. 굶주려본 사람만이 발길을 진리로 돌립니다. 그것이 정신적인 것이든 물질적인 것이든…….고통을 당해본 사람만이 발길을 진리로 돌리게 되는 것이거든요."

그 소녀의 말은 커다란 망치가 되어 내 머리를 때렸다. 별 고생 없이 자란 소년의 20년에 걸친 신앙이 처음으로 크게 흔들렸다. 세상에는 이런 사람들이 있구나……. 똑같은 성경 구절을 그렇게 이해하는 사람들이 내 바로 옆 가까운 곳에서 살아가고 있었구나……. 눈물에 젖은 빵을 먹어본 사람만이 그 고통을 아는 것일진대, 나는 그동안 세상의 절반만 알고 나머지 절반을 까맣게 모른 채 살아왔구나……. 그런 생각이 떠나지 않았다. 그러한 충격은 그 모임에 참석할 때마다 거의 매번 이어졌다.

그날 그 여성노동자의 말은, 이를테면 내 신앙의 분기점이 되었다. 그날 이후 나의 신앙은 내가 미처 모르고 있던 세상의 나머지 절반으로 걸어 들어가는 노정이었다고 해도 틀린 말은 아니다.

굳이 갖다 붙이자면, 오늘날 이런 일을 하게 된 데는 보수적인 기독교 신앙의 뿌리가 전혀 없지는 않았다는 것이다. 내 홈페이지에 "하 집사의 신앙고백"이라는 게시판이 하나 있는 것도 그 때문이다. 그 뿌리—어린 나이에 일찍이 "당신께 나를 바치겠습니다"라고 섣불리 했던 서언—때문에 결국 나이 마흔에 신학대학원 시험을 본 적도 있다. 다행히 하느님이 떨어뜨려주셨다. 그때 만일 붙었다면 일생 최대의 고민에 빠졌을 것이다. '내가 지금까지 했던 일을 포기하고 새 길을 선택해야 하나…….' 한번 시험을 봤다가 떨어진 것으로 이다음에 죽어서 하느님 만났을 때 할 말이 생긴 셈이다.

역사 발전 과정과 한국 사회의 정체성

유럽을 비롯한 선진국에서는 봉건 사회 해체 과정에서 시민계급이 형성되고, 이들이 자본을 축적하여 물적 토대를 마련하면서 시민 혁명을 지나 자본주의로 이행했다. 봉건 사회의 엄격한 신분제도를 해체한 이념의 기초는 '인간은 평등하다'는 생각이었다. 시민혁명이란 현실 사회의 구성원들이 공동의 이익을 추구하면서 평등하게 살아가기 위한 시민적 권리를 깨닫는 과정 자체였다.

우리나라는 역사 발전 과정에서 그 중요한 단계가 생략되었다. 일제 식민지라는 기형적 방식으로 봉건 사회가 무너지면서 우리의 의지와 무관하게 갑자기 자본주의 사회로 편입되었다. 조선이라는 봉건 사회 신분제도의 모순을 스스로 깨닫고 자신의 노력으로 사회를 변화시킬 수 있는 소중한 기회를 상실한 것이다. 그 기형적 역사 발전 과정에서 실리를 택한 친일파와 그 자손들이 사회 상층부로 진입하여 우리 사회를 지배하는 세력이 되었다. 친일파의 전통은 군사 독재 정권에게 고스란히 이어졌다. 해방 이후 수십 년간 우리 사회를 지배해온 세력의 주류는 도덕적 우월성을 상실한 집단이었다.

'식민지' 외에 우리 사회가 겪어야 한 또 다른 혹독한 조건은 '분단'이었다. 식민과 분단이라는 이중의 악조건을 경험한 나라는 별로 많지 않다. 그동안 우리 사회는 '분단'이라는 상황을 실제보다 더욱 과장함으로써 부정한 권력과 자본이 자신의 기득권을 확보하고 노동자의 권리를 규제할 수 있는 이유를 합리화해왔다.

지금 기득권 세력, 또는 보수 세력으로 불리는 사람들의 공통점은 바로 그 친일파와 군벌 세력에 기대어 자신의 재산을 불리거나 권력을 가지게 된 사람들이다. 우리 경제가 눈부신 발전을 하는 동안 그들은 자신의 잇속을 챙긴 반면 노동자들은 철저하게 희생당했다. 그 왜곡되고 비틀린 역사가 어느덧 반세기를 넘었다. 우리 사회는 수십 년 세월 동안 노동자들에게 희생을 강요하는 잘못된 구조를 갖고 있었다. 손해 배상 청구, 가압류와 비정규직 노동자 차별은 그 잘못된 구조의 한 단면이다.

노동 문제를 올바로 이해하기 불가능한 사회

우리 사회는 노동자, 노동조합, 노동 운동 등에 대한 그릇된 혐오감을 수십 년 세월 국민에게 주입시켜온 나라다. 문제는 그 잘못된 시스템을 대한민국에서 수십 년 세월을 살아온 사람들이 거의 느끼지 못한다는 것이다.

공화국 시민의 권리의식을 함양하는 선진국 교육과정과 달리 우리나라의 제도권 교육에서는 노동자의 권리와 노동조합의 사회적 기능, 역할에 대해 올바로 가르치지 않았다. 그뿐 아니라 매스컴의 정보 전달이나 간접적인 사회 경험 등을 통해 노동조합은 뭔가 대단히 불순하거나 불온한 단체인 것처럼 인식하도록 길들여져 왔다. 대부분의 학생들은 '노동'에 대한 아무런 개념 정리도 없이 노동자가 된다. 대부분 노동자가 되거나 노동자의 가족으로 살아갈 수밖에 없는 학생들이 노동 문제를 자신과 관계없는 문제라고 생각한다. 노동자들의 조직인 노동조합은 우리 사회에서 이러한 비정상적 상황을 해소하는 중요한 준거틀로서의 보편타당성을 갖는다.

국민들 대부분이 노동자이거나 그 가족으로 살아갈 수밖에 없는 사회에서, 그 어떤 제도권 교육과정에서도 노동자의 권리와 노동조합의 역사에 대해서 가르치지 않는다는 것은 합리적인 설명이 불가능하다. 그렇게 성장한 우수한 인재들이 대기업 노무관리자가 되면 아무런 죄책감도 없이 노동조합을 탄압한다. 헌법이 보장한 노동자의 신성한 권리, 노동조합을 짓밟으면서 이 사람들이 죄의식을 느끼지 못한다. 세상에 이런 나라는 없다.

언론 종사자 역시 노동 운동에 대한 왜곡된 인식을 배우며 성장했다는 점에서 예외일 수는 없다. 그렇게 언론 노동자가 된 사람들이 노동 문제를 취재하고 보도한다. 30년 전, 전태일 열사가 분신했을 때, 사회부 사건기자들은 그 사건을 개인적인 비관 자살이라고 보도하기도 했다. 한 달에 네 명씩이나 되는 노동자가 스스로 죽음을 선택하는 지금도 그 상황은 크게 달라지지 않았다. 방송사나 신문사 내부에서 노동 문제를 특별히 중요하게 취급하는 언론인은 동료들 사이에서도 편협한 세계관을 가진 이상한 사람 취급을 받는다. 이것은 결코 정상적인 상황이 아니다.

노동문제연구소의 소장으로 일하는 사람이기에 "우리 사회 노동 문제가 심각하다"라고 말하는 것이 아니다. 나도 사람들이 별로 좋아하지도 않는, 때로 살벌하게 느껴지기까지 하는 노동 문제만 이야기할 것이 아니라 아름다운 자연과 문화와 예술의 향기에 대해서도 이야기하고 싶다. 그러나 나 같은 사람까지 자연의 아름다움을 이야기하기에는 우리나 노동자들이 처해 있는 현실이 너무 척박하다.

생각해보자. 일제 식민지 40년, 분단 60년이라는 비틀리고 왜곡된 역사를 겪고, 지금은 누구나 다 군사 독재 정권이었다고 인정하는 암흑의 세월 30년을 겹치기로 겪으면서 자본주의를 건설한 나라다. 그렇게 건설된 자본주의가 정상적일 수 있겠는가?

노동자들이 연이어 자살, 분신하는 이 심각한 사태의 원인을 그 특별한 사건에서만 찾으려고 한다면 그것은 사물을 이해하는 올바른 태도가 아니다. 이것이 스스로 죽음을 선택한 네 명의 노동자가 속해 있는 한진중공업, 세원테크, 근로복지공단 비정규직 노동자들만의 특별한 문제라고 파악하는 것은, 30년 전 전태일 열사 사건을 개인적인 비관 자살이라고 보도했던 사회부 사건기자의 잘못을 되풀이하는 것과 같다. 사회부 사건기자의 눈으로만 봐서는 우리 노동 문제를 절대로 올바르게 파악할 수 없다. 우리나라 노동 문제를 볼 때는 그 비틀리고 왜곡된 역사 과정을 통찰할 수 있는 역사학자의 눈을 가져야 한다.

노동자들의 권리가 확대되는 것이 마치 사회 전체에 불이익을 미치는 것처럼 국민들을 속여온 수십 년 세월 동안 형성된 기형적 사회 구조를 바꾸지 않는 한, 우리 사회 노동자들의 문제는 해결되지 않는다. 사회 전체에 만연한 노동조합 또는 노동 운동에 대한 그릇된 혐오감을 걷어내는 일이야말로 전태일 열사를 기억하는 우리들에게 맡겨진 몫이다.

시민법 이념과 사회법 이념

사람들은 보통 "법 앞에서 만인은 평등하다"라는 것이 진리라고 생각한다. 그러나 그 말은 어디까지나 '시민법' 체계에서만 진리일 뿐, '사회법' 체계에도 똑같이 적용되는 것은 아니다.

봉건 사회 신분제도가 무너지면서 "사람은 평등하다"라는 신념이 체계화된 것이 바로 민법, 상법 등 '시민법'이다. 그러나 사회가 발전하면서 형식적으로는 법 앞에 평등한 인간이 현실적으로는 평등하지 않다는 것을 점차 깨닫게 되었다. 실제로 평등을 실현하기 위해 새로운 법률체계가 요구되었고 그래서 새롭게 체계화된 것이 바로 노동법, 사회보장법 등 이른바 '사회법'이다. 불평등하게 적용함으로써 평등을 실현한다는 것이 사회법 이념이다.

같은 사건을 시민법 관점으로 보느냐, 또는 사회법 관점으로 보느냐에 따라 다른 결론에 도달한다. 예를 들어, 셰익스피어의 '베니스의 상인'에 나오는 "돈을 갚지 못하면 살을 1파운드 베어가겠다"라는 계약은 시민법 이념의 계약 자유 원칙에서는 유효하지만 사회법 이념에서는 사회정의에 반하기 때문에 당연히 무효가 된다.

노동자가 자유롭게 언제라도 근로 계약을 해지하고 회사를 떠날 수 있는 것처럼, 자본가도 자유롭게 언제라도 근로 계약을 해지하고 노동자를 해고할 수 있도록 해서는 안 된다. 같은 '근로계약 해지 권리'라도 노동자는 보호하고 자본가는 규제해야 한다. 불평등하게 적용해야 오히려 평등해지는 것이다.

조세법도 마찬가지다. 한 달에 1억 원 버는 사람에게도 세금을 10만 원 걷고, 한 달에 100만 원 버는 사람에게도 세금을 10만 원 걷으면

이건 절대로 공정한 것이 아니다. 돈을 많이 버는 사람에게는 세금을 왕창 많이 걷고 돈을 적게 버는 사람에게는 걷지 말아야 한다. 불평등하게 적용해야 그것이 오히려 평등해지는 길이다.

핀란드 회사 '노키아'의 부회장이 수도 헬싱키에서 오토바이를 타고 시속 50킬로미터 도로에서 75킬로미터로 달리다가 과속 스티커를 뗐는데, 당시 그 사람에게 부과된 범칙금액이 1억 3,000만 원이었다. 그 나라에서는 재산과 수입 상태에 따라 벌금을 차등 부과하는 제도를 가지고 있다. 참 이상한 나라라고 생각하겠지만 그 나라 사람이 볼 때는 한 달에 수억 원을 버는 사람이나 한 달에 50만 원밖에 못 버는 비정규직 노동자나 똑같은 금액의 범칙금을 내는 우리나라가 비정상적인 나라다.

우리나라 국민들은 어릴 때부터 시민법 이념에 익숙하게 훈련받는다. 유치원부터 시작되는 교통신호 지키기 교육이 대표적인 시민법 훈련이다. 부자나 가난한 사람이나 다 같이 지켜야 하는 원칙이다.

반면 사회법에 대해서는 배울 기회가 거의 없다. 대부분의 법과대학에서 사회법은 선택과목이다. 사법 시험에도 사회법은 거의 출제되지 않으니 공부하는 학생들이 많지 않다. 사법연수원에서도 대부분 선택과목이다. 특히 노동법이 그렇다. 학교에서 가르치지 않고, 사법 시험에 출제되지 않고, 사법연수원에서도 공부하는 사람이 많지 않다. 사법연수원 노동법 세미나에서 몇 차례 강의를 한 적이 있었는데, 첫날 근로기준법 강의를 마치고 강의 평가를 하는 자리에서 한 연수원생이 이렇게 말했다. "저희들이 뭔가 알고 있을 거라고 짐작하지 마십시오. 오늘 소장님 강의를 들은 연수원생들 중에서 90% 이상이 근로기준법을 오늘 이 자리에서 처음 보는 사람들입니다." 이제 곧 판사, 검사, 변호사가 될 사람들인데, 그중에서 90% 이상이 근로기준법을 그날 그 자리에서 처음 들어봤다는 것이다. 이것은 거의 공포영화에 가까운 상황이다. 노동법에 무지한 법조인들을 만들어내는 완벽한 시스템이다. 이러한 과정을 거쳐 배출된 법조인이 노동법 사건을 올바르게 사회법 관점으로 판단하는 것은 불가능할 수밖에 없다. 사회법 사건을 계속 시민법 관점으로 판단하게 된다. 국회 공청회에 나온 검사들이 당당하게 "(원인을 불문하고) 우리 검찰은 불법 파업에 대해서는 엄정하게 대처한다"라고 목소리를 계속 높일 수밖에 없는 것은 그 때문이다.

배달호 열사가 분신했을 때, 한 대학교수는 그 사건에 대해 "돈을 빌려준 채권자와 그 돈을 빌려간 채무자가 있는데, 채무자인 노동자가 그 빚을 갚지 못한 것이 부담스러워 자살한 사건에 대해서 왜 채권자인 회사가 책임을 져야 합니까? 나는 이 사건을 그렇게 봅니다"라고 아무런 부끄러움도 없이 당당하게 말했다. 참 한심하고 딱한 교수다. 사회법 이데올로기에 대해 단 한 번도 배울 기회가 없었던 것이다.

우리나라의 법원 역시 대표적인 사회법 사건인 노동 사건을 일반 민·형사사건과 똑같이 시민법 관점으로 판단한다. 사람들끼리 서로 돈을 빌려주고 돌려받지 못한 경우에 흔히 '가압류'라는 방법을 사용하는데, 노동자들이 헌법상의 기본권인 단체행동권을 사용하여 회사에 재산상의 손해를 끼친 사건을 노동자들이 그만큼의 돈을 회사에서 빌렸다가 갚지 못한 것과 똑같이 취급한다. 파업에 참여한 노동자 한 사람에게 102억 원씩 가압류 결정을 하는 비상식적인 일이 우리나라 법원에서 가능한 이유는 바로 그 때문이다. 우리 사회에 구조적으로 정착된 사회법에 대한 '기아' 상태가 노동자들을 죽음으로 내몰고 있다. 이러한 노동법 문제 말고도 우리 사회 노동자들이 처한 기형적 상황은 수도 없이 많다.

비정규직 노동자 차별을 철폐해야 하는 이유

국제통화기금(IMF)은 한국 정부에 대해 "비정규직 노동자를 줄이라"라고 요구했다. 한국 정부와 연례정책협의를 가진 뒤 발표한 「한국경제 주요 현안 보고서」를 통해 우리나라 노동시장이 과도하게 비정규직화하고 있는 위험을 경고한 것이다. 참 이상한 일이다. 신자유주의 경제 이데올로기의 총본산인 국제 금융자본이 어째서 한국 정부에 그런 요구를 한 것일까?

몇 년 전에도 이와 비슷한 일이 있었다. 국제통화기금이 한국 정부에 "재벌을 개혁하라"라고 요구한 것이다. 세계에서 가장 보수적인 집단이 한국 땅에 들어오면 진보적인 요구를 하는 코미디 같은 일이 벌어지는 이유가 무엇일까?

이와 같은 일은 한마디로 한국 자본의 행태가 얼마나 비정상적인지를 보여준다. 국제 금융자본이 한국 비정규직 노동자의 처지를 걱정하거나 한국 국민의 복지를 고려해 그와 같은 요구를 할 리는 없다. 한국 경제가 정상적으로 운영되어야 자신들이 투자한 만큼 이익을 얻을 수 있기 때문일 뿐이다. 국제통화기금의 이러한 요구는 우리나라의 노동자 비정규직화가 세계에서 가장 빠른 속도로 진행되면서 사회 불안이 급증하고 그것이 경제 발전에 저해요소가 된다고 판단했기 때문이다. 우리나라는 OECD 30개 회원국 중 비정규직 노동자의 비율이 가장 높다. 국제통화기금은 "2002년에 이뤄진 신규 고용의 70%가 비정규직 노동자"라고 지적하면서 "이 같은 이중 구조의 한국 노동시장은 2003년 한국 경제를 저해했고, 향후 발전도 제약할 것"이라고 경고했다.

반면 한국경영자총협회는 산하 4,000개 사업장에 비정규직과 정규직 노동자의 차별을 줄이기 위한 노동조합의 요구를 거부하라는 내용의 「2004년도 단체협약 체결 지침」을 배포했다. 경총은 이 지침에서 비정규직 노동자 채용 시 노사가 합의하거나, 비정규직 노동자를 정규직화하거나, 비정규직과 정규직 노동자에게 동등한 대우를 보장하라는 노동조합의 요구를 거부하도록 권고하고 있다. 그뿐 아니라, 비정규직 노동자의 처우를 개선할 때는 정규직 노동자의 노동 조건을 지금보다 낮추고, 노동자에 대한 해고를 지금보다 더욱 쉽게 할 수 있게 하는 고용유연성 조치가 선행돼야 한다는 내용도 포함시켰다.

경총은 이러한 주장을 오래전부터 되풀이했다. 참고로, 2001년에 3,000여 개 사업장에 배포한 「단체협약 체결 지침」에도 거의 같은 내용이 들어 있었다. "비정규직 근로자의 사용기간 및 채용에 관한 문제는 단체교섭 대상이 될 수 없다", "반드시 정규직으로 채용해야 한다는 강제규정은 받아들여서는 안 된다", "특수업무 종사자나 파견근로자의 단체교섭 요구에는 응하지 않도록 한다"라는 것 등이다.

이러한 지침의 내용은 우리나라 경영자들의 기업가 정신이 몇 년 동안 전혀 변하지 않고 있다는 것을 보여준다. 노동 운동이 변해야 한다고 노동자들에게는 여러 차례 훈계를 하면서 정작 경제인 자신들은 변화하는 시대의 흐름을 따라잡지 못하고 있다.

비정규직 노동자를 지금보다 더욱 증가시키는 결과를 불러올 수밖에 없는 경총의 지침은 초등학교 도덕 교과서의 원칙에도 어긋날 뿐만 아니라, 한국 경제에도 해롭기 때문에 옳지 않다. 이는 오로지 기업의 인건비 부담을 줄이는 데에 기여할 뿐이다.

평등 추구 원칙이 인류 사회에 자리 잡은 것은 그것이 공동체 전체에 유익하다는 것을 인류가 오랜 역사를 통해 체득했기 때문이다. 동일

노동에 대한 동일 임금 원칙은 인도주의적 정신에 부합할 뿐만 아니라 한국 경제에 유익한 영향을 미치기 때문에 옳은 것이다. 기업의 이익이 마치 나라 전체의 이익과 일치하는 것처럼 오랜 세월 국민들을 훈련시켜 온 그릇된 담론에서 깨어나야 한다.

노동자의 권리와 한국 경제

몇 년 전 대우경제연구소가 「한국 경제 연구」라는 조사연구 결과를 발표했을 때, 한 중앙일간지는 1면 톱기사의 제목을 "소득 늘었으나 빈부 격차 더 심해져"라고 뽑았다. 노동자 임금이 인상되면서도 국민이 행복해지지 않는 우리 사회의 기묘한 현상의 이유는 바로 그것이다. 한국 정부 수립 이래 우리 사회 불평등 구조가 더욱 심화됨을 보여주는 그래프의 방향은 지금까지 바뀐 적이 없다. 우리나라 경제가 '한강의 기적'이라고 불렸을 정도로 높은 성장률을 기록했음에도 실패할 수밖에 없었던 이유가 경제 성장과 아울러 사회 불평등 구조가 심화됐기 때문임은 한국 경제를 조금이라도 공부한 사람들에게 이미 상식이다.

작년 말, LG경제연구원은 우리 사회 각종 양극화 현상이 경기 회복이나 경제 성장의 성과를 무위로 돌리고 있으며 많은 사람들이 경기 회복을 체감하지 못하는 이유는 우리 사회 소득 격차가 좀처럼 개선되지 않기 때문이라는 연구 결과를 발표했다.

그동안 세계 여러 나라가 이념과 사회 체제에 따라 다양한 형태로 시도해왔던 경제 발전 모델이 인류에게 남긴 공통적 교훈은 사회 양극화 현상이 심각해지면 그 어떤 놀라운 경제 성장의 성과도 하루아침에 무너질 수밖에 없다는 것이다.

"어떤 경제학도 휴머니즘 위에 있을 수 없다"라는 말이 있다. 다수의 가난한 사람들이 인간답게 행복을 누리며 살 수 있도록 하는 것이 올바른 경제 정책이란 뜻이다. 이러한 명제들이 사회에 확립된 것은 단순히 "약자의 권리를 보호해야 한다"라거나 "인간으로서 최소한의 행복이 보장돼야 한다"라는 고전적 휴머니즘의 차원이 아니라, 평등을 구현하는 것이 공동체의 발전에 유익하기 때문이다.

한국은행 금융경제연구원의 「성장잠재력 변동요인 분석」 보고서에 따르면, 소비의 성장기여율이 1988년부터 1997년까지 64%였다가 1998년부터 2002년까지는 66%로 높아진 것을 알 수 있다. 다시 말해, 국민들의 소비가 경제 성장에 미치는 영향이 갈수록 커진다는 뜻이다.

'부가가치 유발계수'란 지표도 있다. 부가가치란 일정기간의 생산, 유통 등 산업 활동으로 만들어진 새로운 가치를 말한다. 부가가치가 높을수록 적은 자본과 노동으로도 많은 이익을 얻을 수 있다. 2000년을 기준으로 '소비'의 부가가치 유발계수는 0.79, '투자'의 유발계수는 0.65, '수출'의 유발계수는 0.63이었다. 이 수치들의 의미는 우리가 그토록 중요하게 여기는 '수출'이나 '투자'보다 '소비'가 부가가치를 만들어내는 능력이 훨씬 크다는 것이다. "우리나라 사람들이 얼마나 많이 돈을 쓰느냐" 하는 것이 "우리나라 기업이 얼마나 많이 수출을 하느냐" 하는 것보다 훨씬 더 중요하다는 뜻이다. 기업의 수출이 아무리 늘어도 국민이 쓸 돈이 없으면 우리 경제는 발전할 수 없다.

이제 아주 쉬운 산수를 해보자. 국민 대부분이 노동자와 그 가족으로 구성돼 있는 사회에서는 소수의 부자가 빨리 많은 돈을 버는 것보다 노동자들의 소득을 높이는 것이 건전한 소비를 창출하는 지름길이다. 그런 의미에서 노동자들의 임금이 인상되는 것은 우리 경제에 절대적으로 유익한 측면을 갖는다. 경총은 대기업 노동자의 임금을 동결하는 것이 우리 경제를 살릴 수 있는 애국적인 결단인 양 주장하지만, 그것은 기업의 인건비 부담을 줄이기 위한 얄팍한 속임수에 지나지 않는다. 기업의 이익이 나라 전체의 이익과 일치하는 것은 아니다.

노동자의 적정 임금 수준을 유지하면서 기업의 경쟁력을 높이는 것이야말로 지금 우리나라 기업 경영자들이 해내야 할 일이다. 그 책임을 감당하지 못하는 경영자가 무능한 경영자다. 노동 비용을 줄이는 것 외에는 경쟁력을 전혀 가질 수 없는 기업, 노동자들이 임금 인상을 요구하면 회사를 중국으로 옮길 수밖에 없다고 위협하는 기업들은 빨리 도태되는 것이 오히려 한국 경제에 유익하다.

아무리 임금이 인상돼도 갈수록 가난해질 수밖에 없는 기현상으로부터 해방될 수 있는 직장인들은 거의 없다. 대기업 관리직이나 임원이라해도 이 기형적 구조로부터 도망칠 수는 없다. 사회 불평등 구조가 심화되는 이 현상을 바로잡지 못하면 우리 경제는 언젠가 또다시 회복 불가능한 경제 위기 국면을 맞이할 수밖에 없다. 더불어, 쉽게 돈 버는 사람들의 소득이 증가하는 속도를 붙들어 매야 한다. 아파트 하나로 한 달 사이에 7억의 소득을 올리는 사람들이 더 이상 생기지 않도록 구조적으로 막아야 한다.

부채감은 우리의 무기

1980년 5월에, 나는 수배된 학생이었다. 부천 원미동 석유가게에 취업해서 숨어 있었다. 그렇게 숨어서 석유 배달을 다니던 그때……. 골목에서 중국 음식점 철가방 소년을 만나면 즐거운 수다를 떨기도 했던 그때에……. 다방에 석유 배달을 가서 종업원들과 희희덕거리기도 했던 그때에……. 한가할 때면 서점에 들어가 만화책을 수십 권씩 키득키득 웃으며 읽기도 했던 그때에…….

나의 친구 김의기(당시 22세, 서강대생)는 종로 5가 기독교방송국 8층 난간에서 아스팔트 위로 투신했다. 그가 뿌린 유인물의 제목은 이랬다. "동포여, 무엇을 하고 있는가!" 광주에서는 수백 명의 시민들이 죽어가고 있는데, 동포라는 당신은 도대체 어디서 무엇을 하고 있는가? 그는 어떻게 하라고 주장한 것이 아니다. 단지 당신이 그들의 동포냐고 물은 것이다.

그 질문에 뭐라고 답할 수 있을까? 그래, 나는 원미동 골목의 석유가게에 잘 숨어 있었다……. 네가 기독교방송국 8층 난간에서 한 떨기 꽃처럼 아스팔트 위로 몸을 날리고 있을 때, 나는 부천 원미동 어느 골목에 잘 숨어 있었다……. 나는 그렇게 답할 수밖에 없다.

김의기의 장례식을 치렀던 선배 목사님이 몇 달 뒤 나를 만났을 때 말했다. "똑똑한 놈들은 다 숨어버리고 멍청한 놈들만 남아서 의기의 장례를 치렀다. 애새끼들하고 얼마나 꼭꼭 숨었는지 의기 관을 운구할 놈이 없는 거야. 너는 인마, 나쁜 놈이야."

아무 말도 할 수 없었다. 김의기가 처절하게 절규하며 아스팔트 위로 몸을 날리는 동안 나는 무엇을 하고 있었는가……. 그 부채감은 아직까지도 나를 가위눌리게 한다. 굳이 '역사'와 '운동'을 이야기하지 않더라도 인간이라면 그 부채감에 답할 수 있는 삶을 살아야 한다는 것, 그것이 최소한 인간의 모습을 하고 살아가는 길이라 생각한다.

어쩌면 사람들에게 이런 '부채감'은 자신을 옥죄고 있는 어떤 '과거의 사슬'이 아니라 스스로 올바른 길을 선택하기 위해, 인간으로서 부끄럽

지 않은 삶을 살기 위해 끊임없이 되묻고 또 되묻는 자신에 대한 '채찍질'
인지도 모른다. 오늘도 수많은 '부채'를 스스로 만들어가면서 살아가는
사람들이 있다.

만나는 노동자들 중에서 많은 사람들이 싸우다가 해고되고 구속된다.
열심히 도와준 것이 결국 감옥 가는 데 보태주는 것밖에 안 될 때가
많다. 그때마다 그 엄청난 부채감을 감당할 수 없다. 내가 맛있는 밥을
먹고 좋은 옷을 입고 다닐 때도, 길거리에 나앉아 끼니조차 제대로 챙기
지 못하는 수많은 노동자들이 있다는 것을 생각하면 길을 걷다가도
목이 잠긴다. 우리 모두 그 부채감에서 벗어나지 말자. 부채감은 우리의
생명력이다. 굴하지 않는 신념의 뿌리다.

앞에서 말한 노동자들과의 성경공부에서 나왔던 이야기 한 대목을
소개하는 것으로 어쭙잖은 말을 마치겠다.

"민중의 각성의 곧 예수님의 부활이라고 생각합니다. 예수님이 다시
살아났을 때, 그 예수님을 굳이 빈민 지역 갈릴래아에 가서 다시 만나자
고 하는, 마르코복음에 나오는 제자들의 말은 그런 뜻이라고 생각합니
다. 죽었다가 새로운 세계에 다시 살아나는 '부활'이나 죽음 이후에 하느
님의 품 안에서 살아가는 '영생'이나 결국은 같은 소리 아닐까요? 전태일
열사의 경우에도 한 사람의 정신이 현재에도 계속 살아서 다른 사람들을
각성시키고 변화시키고 있는데, 그것이 바로 영원히 살아 있는 '영생'
아닙니까? 그렇다면 부활이나 영생은 서로 같은 것 아닐까요?"

교회와 기독교 운동의 새로운 패러다임을 위하여

목회자와 평신도의 토론

발제 1 김경호 _ 들꽃향린교회 목사

목회자가 평신도에게 바라는 것

꿈이 없고 패배의식을 갖기 쉽다

믿음이란 것은 지금 이루어지지 않는 것들에 대한 꿈이다. 그런데 우리는 항상 합리적인 생각을 한답시고 도전하거나 꿈을 꾸거나 모험하지 않는다. 그러니 기적과 같은 일들이 일어날 수도 없고 바라지도 않는다. 진보적인 기독교인이 갖는 꿈은 사회적이고 구조적인 꿈이다 보니 쉽게 이루어질 수도 없다. 항상 현상 유지에 머무르면 잘하는 일이 되기 쉽다. 또 이것이 만성화되어 우리 안에 패배의식이 자리 잡기도 한다.

"진보적인 교회는 잘 안 돼, 수적으로 적을 수밖에 없어……." 우리는 이런 말을 잘한다.

그러나 어떤 공동체고 그 공동체의 으뜸가는 사기의 바탕은 숫자다. 주일에 서너 명만 더 오면 사기충천하고 서너 명만 적게 오면 기가 떨어진다. 그것을 항상 경험하면서도 "숫자가 중요한 것 아니다" 이렇게 도사처럼 이야기할 필요는 없다. 그리고 내게 참 가치 있는 것이라면 남에게 전하고 인도할 생각을 가지는 것이 당연한 것이다.

우리가 이웃과 민중에 대한 사랑을 크게 외치지만 사실 그들을 위해 무엇 하나 크게 내놓지도 못하면서 내가 소중하다고 생각하는 것 한 번 전하지 못한다면, 나는 도대체 무엇일까 하는 생각이 든다.

한국 교회가 전도한다고 서로 교인 빼앗기 경쟁을 하고, 지하철에서 전도한다고 시비 걸듯 소란을 피우고, 띠 두르고 노래하며 소음 일으키는 행위 등등에 대해 눈살을 찌푸리는 경우가 많다. 그러나 그들이 자신의 신앙을 전달하는 열정, 기쁨을 보면서 참 느끼는 것이 많다. 비난할 것이 아니라 그들의 잘못된 방식에서나마 중요한 것을 배워야 한다. 그것은 그들이 가지고 있는 자기 복음에 대한 자부심과 열정이다. "저들이 낯간지러운 전도를 하니 우리는 전도 안 한다"라고 한다면 이것은 벼룩 태우려다 초가삼간 태우는 격이다. 전하지 않는 교회가 어찌 성장할 수 있겠는가? 모든 생명체는 성장하는 것이 그 본질이다. 살아 있다는 것은 자란다는 것이요, 이것은 매우 중요하다. 자라지 않고 멈춰 있는 공동체, 그것은 이미 생명력 자체가 다한 것이다. 이 모든 것 뒤에 있는 가장 근본적인 것은 패배주의다. "내가 아무리 전해도 저들은 미동도 안 해. 해봤자 소용없어. 진보적인 교회는 적어……."

우리 교회 한 집사님께서는 사업을 하시는 분이신데, "내가 보기에 이 교회에서 선포하는 복음은 아주 놀라운 것입니다. 이제까지 듣던 것과 전혀 다른 진리가 있습니다. 정말 새로운 것이고 놀라운 복음입니다. 이것을 막 전하고 싶습니다. 그런데 이 교회는 전하질 않네요. 교회를 알리는 것도 없습니다. 이건 마치 생산은 하는데 마케팅이 없는 기업과 같습니다"라고 하셨다.

합리적이지만 순진성이 적다

보수적인 분들은 성수주일을 중요하게 생각한다. 물론 부흥회 때마다 주일 예배 안 나가고 낚시 갔다가 물에 빠져 죽은 예, 벼락 맞아 죽은 예들을 하도 많이 듣다 보니 예배에 안 나가며 버틸 만큼 심장이 강하지 못할 수도 있다. 그러나 벼락 맞을까봐 교회 나오는 사람이나 교회 안 나가도 벼락 안 맞을 것을 알아서 안 나오는 사람이나, 그 둘의 신앙 구조는 똑같은 것이다. 그래도 교회 나오는 사람은 오히려 순진하다.

보수적인 교인들은 "목사님, 제가 퇴직금 받아서 십일조 했고 지금은 그 이자로 살아가는데, 그 이자에서 또 십일조를 해야 됩니까?", "제가 봉급 타서 십일조 하고 아이들은 제게 받아 용돈 쓰는데 그 아이도 또 십일조 해야 됩니까?" 이런 것을 물어본다. 그런데 진보적인 기독교인은 "옛날은 제정일치 사회라서 십일조 했지만 요즈음은 국가에 세금 내는데, 또 교회에 십일조 해야 합니까? 구약에는 십일조 이야기가 있지만 예수님은 그런 이야기하지 않으셨는데, 그래도 십일조 해야 합니까?"라고 질문한다. 어느 교회가 흥하겠는가?

예수님은 십일조 하란 말씀을 하지 않으셨다. 끼니도 못 잇는 민중에게 십일조는 무슨 십일조인가? 그러나 부자가 왔을 때 시시하게 십일조 하라고 하지 않으셨다. "너 가진 것을 다 팔아서 나누어주고 나를 따르라"라고 하셨고 "네 가족, 네 친척, 네 목숨까지도 버리고 나를 따르라"라고 하셨다.

본래 십일조의 정신은 하느님의 것을 하느님께 돌리는 것이다. 다 드려야 하지만 나도 먹고살아야 하니까 그중에 1/10만 상징으로 드림으로써 나머지 9/10는 하느님께 받아서 쓰는 것이다.

적어도 내 수입의 1/10은 나누는 데 쓰겠다 하는 정신이 중요한 것이다. 이스라엘 12지파 중 나머지 지파는 다 땅을 가졌지만 레위인만은 땅을 분배받지 못했다. 그들마저 땅을 나눠 가지고 자기 땅을 일궈 먹고 산다면 이스라엘 12지파는 각자가 따로 사는 부족에 불과했을 것이다. 레위 지파는 땅 없이 각 지파에 흩어져서 그들에게 야훼 신앙을 가르치고 제사 드리는 일 등을 주관했다. 그래서 그들을 위해 십일조 제도가 생겼다. 바로 이 십일조 때문에 그들에게 야훼 신앙이 유지되고 전파되었다. 그리고 그것이 유대교뿐만 아니라 기독교 교회로 이어졌다.

그래도 십일조 제도로 교회가 2,000년 세월을 유지해오게 된 것이다. 우리가 바치지 않고 내 것이라며 아까워할 때, 어디 하느님의 교회가 설 자리가 있겠는가? 자기 수입의 1/10은 이유를 묻지 않고 하느님을 위해서 떼어놓는 훈련이 필요하다. 그런 것이 되지 않으면 이웃을 위해서 베풀지 못한다.

보수적인 교회는 항상 물질이 차고 넘치는데 진보적인 교회는 남에게 꾸어야 하고……. 이것은 어딘가 문제가 있다. 우리 자신에게 중요한 결함이 있는 것이다. 우리에게 이런 순진성이 필요하다. 덮어놓고 계산하지 않고 그 말씀을 지키려는 순진성이 필요하며 이것을 어렸을 때부터 훈련하지 않으면 안 된다. 이 우직해보이는 1/10 제도가 없었다면 각자가 자기 몫을 다 써버리고 교회도 없고, 이웃도 없고, 나눔도 없는 삭막한 세상이 되었을 것이다.

물론 1/10이란 매우 높은 수치다. 수입이 적은 사람은 절대 생존의 비용이고, 수입이 많은 사람은 액수가 많기에 하기 어렵다. 그래서 어려서부터 훈련해야 한다. 그렇지 않으면 우리는 절대로 내 것을 남과 나눌 수 없다.

아는 것은 너무나 많은데 실천이 없다

어느 진보적인 교회에서는 "우리는 모여서 예배할 때는 금방 세상이라도 뒤집어엎을 듯 온갖 것을 다 파헤치고 예배드리지만 예배 후 하는 일은 오직 국수를 같이 삶아 먹고 집에 가는 일이다"라고 냉소적으로 말했다.

우리 삶의 실천으로 신앙생활이 이루어져야 진보적인 교회가 되지, 말씀의 자극의 강도로 묶이려고 하면 자꾸 위선이 될 뿐이다. 또는 매일 그 얼굴이 그 얼굴인 사람들이 자기끼리 만나기 좋은 맛으로 교회 생활하는 것도 기독교인으로서의 직무유기다.

우리 교회가 내가 생각하고 꿈꾸는 것을 이루는 도구가 되게 하려고 정말 성심껏 애쓰고 있는가 반성해야 할 것이다. 의식은 저만치 앞서가고 교회에 온갖 주문을 다 한다. 보수적 교인들이 바라는 10배 이상은 교회에 거는 기대가 높다. 그러면서도 정작 자기 자신의 몸은 보수적인 교인들이 교회에 쏟는 열정의 십분의 일에도 미치지 못한다면 우리들 각자가 얼마나 기만적인 모습을 하고 있는가를 먼저 직시해보아야 할 것이다.

권리에서는 평신도 중심, 의무는 아직 목회자나 당회 중심

"평신도 중심"을 말하지만 아직도 많은 면에서 편리하게 사용되는 측면이 있다. 권리 면에서는 평신도 중심이요, 의무를 말할 때는 아직도 자신이 주인임을 자각하지 못한다. 예를 들면, 교회 내에서 중요한 의사 결정을 할 때 "평신도 중심"이란 주로 당회나 또는 드물게 제직회를 배제한 단위를 일컫는다. 그럴 때는 당회에 강하게 거부감을 갖지만 막상 필요한 기금을 조성하거나 어떤 일을 분담할 때는 "당회원들이 솔선수범하고 앞장서야지"라고 말하며 한걸음 물러선다. 평신도에 대한 정의가 때에 따라 다르다.

평신도 중심성을 열심히 이야기하다가도 잘못된 교회 운영의 책임을 따질 때는 목회자 탓이요, 당회 탓으로 돌아간다. 지나간 일에 함께 책임지는 자세가 필요하고, 평신도들이 방기함으로 그 일이 목사나 당회 원에게 넘어오지는 않았는가 반성해야 한다.

진보적인 교회에서 사회 참여는 갑절의 헌신을 요구한다

진보적인 교회는 사회 참여나 구제 활동에 상대적으로 많은 열정을 가지고 있다. 그런 교회의 목회자들은 물론 누구보다 높은 사회의식을 가지고 있다. 그러나 교회의 고유 활동은 기본이고, 거기에 덧붙여 이러한 사회적 참여들을 이루어가려고 하면 평신도의 참여도가 그만큼 배로 높아야 가능하다. 과거에 민중교회 운동이 쇠퇴하게 된 원인도 목회자는 앞서 갔지만 그 목회자만큼 평신도들이 따라가지 못했기 때문이다. 목회 자가 사회운동가나 사회사업가의 역할로 물러나고 더 이상 그에게서 어떤 목회적 영성이나 지도력을 찾기 어렵게 되었기 때문이다. 목회자가 사회운동하다가 자신의 능력을 다 소진해버리게 된 것도 중요한 이유 중 하나다. 진보적인 교회가 사회 참여에 성실하게 임하려면 교우들이 앞장서서 참여하는 구조가 되어야 한다. 자신은 보수적인 교회 교인들만 큼도 의무를 다하지 않으면서 교회가 사회 참여에 무관심하다고만 비판하는 것은 자기모순이다. 물론 목회자 자신도 자신이 급해서 혼자 사회 운동에 나가지 않도록 해야 할 것이다. 교우들이 자발적으로 참여할 수 있도록 이끌어내고, 교육하고, 자극해야 하며 그때까지 끈질기게 기다려야 할 것이다.

목회자의 생활비, 복지는 교인들이 챙겨야

진보적 교회의 평신도라면 더욱 자기 교회의 목회자들(목사, 전도사 또는 직원)이 그 연령 정도의 평균 임금 수준을 받고 있는가에도 관심을 가져야 한다. 그리고 정해진 날에 어김없이 약속한 생활비를 제공하고 있는가도 관심을 두어야 할 것이다. 목회자는 급한 일이 있어도 돈을 차용할 곳이 마땅치 않다. 교인들에게도 불가능하다. 왜냐하면 교인들이 목사의 개인적인 청을 거절할 수 없기 때문이다. 이미 세상에서의 인연, 친구, 향우회, 동우회, 동창회 등과도 관계가 대부분 끊겨 있다. 목회자란 신분으로 상대가 함께 어울리기 불편해하는 점도 있고 경제적 이유도 한몫하기 때문이다. 그리고 그들이 모임을 갖는 날이 목회자는 가장 바쁜 날이기도 하다. 목회자가 경제적 이유로 고통을 받게 되면 참 난감해진다. 그들은 대개 항상 최소생계비로 지내왔기에 저축한 것도 보험을 든 것도 없다. 하느님이 직접 데려가시거나 아니면 교우들이 챙겨야 할 것이다. 이 둘 다 이뤄지지 않으면 목사가 이런저런 교회 이권에 관여하게 되고 좀스러워지고 치사해지는 것이다.

평신도에 의한 목회와 평신도 운동

평신도 예수, 평신도 예언자들: 성서와 교회사에서 본 평신도

구약의 유명한 선지자들은 대부분 평신도들이었다. 선지자 아모스는 유대의 목자, 이사야는 예루살렘의 시민, 미가는 유대의 농민이었으며. 예레미야는 제사장 가문에서 태어난 예루살렘 시민이고 에제키엘은 제사장이었다. 또한 예수님 자신도 제사장 가문의 출신이 아닌, 비천한 신분 출신의 평신도다. 초대교회 제자공동체도 직업적인 성직자(사제)가 아니었으므로 평신도 공동체(운동)였다고 할 수 있다.

그러므로 목회자와 평신도 사이의 무리한 분리는 교회의 제도화에 따른 결과지 본래 성서에는 없던 것이었다. 이러한 평신도 예수, 평신도 예언자라는 말을 교회에서 들어본 적 있었던가? 평신도 예수에게서 오늘날 평신도들의 민중적 삶과 고통을 일치시킬 수 있고 평신도 예언자들에게서 하느님께서 평신도를 통해 말씀하시는 것이 무엇인지를 새롭게 알 수 있다. 또한 신약 성서의 교회들은 사도적 지도자들뿐만 아니라 평신도 지도자들에 의해 지속되었음을 알 수 있다.

평신도를 깨운다? '신앙적 문맹인' 평신도

한국 교회의 평신도들은 목회자 중심인 '닫혀 있는 교회'에서 목회자의 말을 앉아서 듣는 일에 만족하는 심리적 수동성과 타율성에 오랫동안 길들여져 왔다. 그 결과 배움과 새로운 변화를 거부하면서 배움이란 신앙과 무관한 세속적 영역으로 방치해왔다. 따라서 그들은 '신앙적 문맹'으로, 교회와 사회생활과의 이중적 문화 사이에서 무기력한 기독교인으로 전락하고 말았다. 목회자들은 교회 강단에서 한결같이 신앙을 강조하지만 평신도들의 신앙문맹화는 더욱 가속화되었다.

평신도의 삶의 현장과 고민에서 비켜나 있는 목회자들이 서 있는 곳, 교회 강단은 낮아지거나 혹은 평신도의 눈높이로 내려와야 한다. 목회자들도 스스로 평신도라고 생각하고 행동해야 한다. 평신도는 사회와 역사, 직장, 생활, 가정으로 파송된 선교사들이다. 그렇다면 그들의 사회적 관심과 참여, 성례전적 기능 등을 다루는 전문적인 신학교육이 같이 있어야 한다. 이것이 바로 오늘날 필요한 에큐메니컬 리더십이다.

오늘날 평신도 신학의 새 기원을 마련한 가톨릭 신학자 콩가르는 교회를 평신도 전원이 소속되고 그들로 구성되어 있는 '인류를 향하신 하느님의 계획'으로 규정했다. 그리고 평신도는 인류와 세계를 향하신 하느님의 계획 안에서 그리스도의 목회에 참여하여 영적인 봉사의 사명을 감당해야 할 것을 강조했다. 그는 평신도의 봉사를 제사장적 기능(예배, 성례전 참여), 예언자적 기능(교육), 그리고 왕권적 기능(청지기직)으로 해석했다.[1]

이런 관점에서 그동안 평신도들에게 맡기지 못한 기능은 무엇인지, 평신도들이 스스로 부족하다고 생각하는 것은 무엇인지를 판단하여 평신도의 것으로 되돌려주는 목회자들의 깨어 있는 자세가 요구된다. 평신도를 깨울 뿐만 아니라 이제는 목회자를 깨울 차례다.

---

1 Yves Congar, *Lay People in the Church: A Study for a Theology of Laity* (Christian Classics, 1985).

독점의 해체와 동반자적 목회

평신도란 하나의 직분으로서 그리스어의 라오스(*laos*)에서 나온 말이다. 이 어원은 '하느님의 백성'을 뜻한다. '하느님의 백성'은 교회 전체를 의미했고, 그들은 유기적으로 연결된 '그리스도의 몸'의 개념으로 정의될 수 있다. '하느님의 백성'은 섬김을 위하여 부르심을 받아 교회의 목적, 선교를 달성하기 위해 존재한다.

교회에서 평신도라는 개념은 이러한 의미에서 '교회 전체이며 하느님의 전 백성'이다. 평신도란 역사적으로 목회자의 성직과의 이원적 분리로 그 기능을 구분하는 것이 아니라, 하느님을 섬기며 이웃을 섬기기 위해 부르심을 받은 하느님의 백성으로 강조되어왔던 것이다. 그러므로 목회자도 성직의 기능을 수행하는 평신도로서 평신도의 신분을 가지고 있다는 새로운 인식과 태도를 가질 수 있다. 따라서 평신도의 개념은 기능에 관한 구별일 뿐 그들이 수행하는 기독교 봉사의 본질적 성격에 관한 구별이 아니다. 평신도와 목회자는 교회를 통하여 '그리스도의 목회'를 대행하는 '그리스도의 종들'이며 모든 것을 헌신한 자발적 봉사자들이다.

대부분의 교회가 평신도의 존재와 역할에 대한 신학적 해석을 소홀히 한 채 목회자 중심의 교회로 성장해왔다. 이와 같은 교회를 닫힌 교회라 한다면, 열린 교회는 목회자와 평신도들이 동일한 '선택된 하느님의 백성'으로서 하느님의 선교에 함께 동참하며 사회에 새로운 기독교적 비전을 제시할 수 있는 신앙공동체라 할 수 있다.

열린 교회의 목회는 목회자와 평신도가 함께하는 사역이다. 그동안 평신도들은 항상 목회자가 이끌어주기를 기대하며 목회자의 모든 것이 자신들보다 항상 우월하다고 생각했다. 그리고 목회자의 목회는 비판될 수 없었고 목회자의 것으로만 여겨졌다. 비판에서 제외된 목회는 평신도와 목회자 간의 건강하고 생산적인 소통 구조를 만들지 못하고 교회 내 권력 다툼과 대립을 초래하거나 분열과 갈등의 원인이 되었다.

평신도 중심 교회의 모색

그렇다면 목회자의 독점적인 구조로 운영되는 교회가 아니라 모든 구성원이 주체적으로 참여하는 민주적인 신앙공동체는 어떻게 가능한가? 즉, '평신도 중심의 교회'를 이루는 방안은 무엇인가?

우선 '만인사제설'에 따른 새로운 평신도 목회를 시도해야 한다. 개혁교회 전통과 함께 회중교회로서의 교회의 내용과 성격을 바꿔나가는 것이다. 종교개혁자들은 누구든지 하느님 앞에서 사제로서 직접 행동할 수 있음을 역설했다. 그러므로 예배에서 사도 신경 등 교리화되고 규격화된 신앙과 신조들이 일방적이고 절대적인 것으로 표현되는 것을 벗어나 평신도의 다양한 삶의 모습과 고백이 담긴 신앙 표현의 다양성을 인정하고, 개교회 스스로의 새로운 역사적 신앙고백문들이 제정·사용되어야 한다. 또한 예배의 인도, 설교, 성만찬 집례 등에 대해서도 평신도의 참여가 직접적으로 이루어져야 한다.

교회 생활에서도 모든 면에서 목회자의 권위가 우선하는 관행과 의식을 바꿔야 한다. 우선 교회 안에서 목회자와 교인들이 서로를 부르는 호칭부터 바꿔보자. '목사님', '장로님', '집사님', 그리고 직분이 없는 교인들의 '누구 씨'……. 호칭이 교회 내 권위의 서열로서 사용되고 있다. 교회 구성원 전체가 나이와 성별, 직분에 관계없이 이름과 함께 평등한 존칭으로 부르게 될 때 목회자와 평신도 간의, 교회구성원 전체의 공동체적 친밀감과 결속은 더욱 높아질 것이다.

교회의 중심은 목사가 아니라 평신도다. 평신도가 중심이 된 개교회가 교회의 가장 근본적인 단위다. 그러므로 평신도가 중심이 되는 교회 운영, 민주적이며 새로운 패러다임의 시스템이 필요하다. 목회자와 평신도 간의 새로운 역할 나눔을 모색해야 한다. 영적 지도자로서의 목회자는 예배의 설계, 설교, 목회적 돌봄, 목회 상담 등에 집중하고 교회의 행정·재정에는 관여하지 않는 것이다. 이것은 목회자의 권한과 역할을 축소하는 것으로 볼 수 있지만, 목회자의 개념을 하나의 기능, 즉 교회를 유지해나가는 하나의 직분으로 이해한다면 교회행정은 평신도 대표들이 맡는 것이 더 적합할 수도 있다.

그리고 목회자의 개념을 넓게 볼 필요가 있다. 아직도 안수받은 목회자만이 성례전을 집행할 수 있고, 설교할 수 있으며, 무엇보다 예배를 끝맺음하는 축도를 드릴 수 있다고 생각하고 있다. 목사만이 복을 기원할 수 있다는 것이 우리들의 이해 수준이다. 안수받은 목회자만이 독점적으로 인도하는 예배에 안수받지 않는 목회자들, 평신도들의 새로운 역할과 참여가 적극적으로 필요하다.

누가 교회의 주인인가? (물론 신학적으로는 예수 그리스도지만) 목회자인가 평신도인가? 목회자와 평신도를 이분법적으로 나누는 것은 옳지 않다. 그러나 목회자들에게 부여되어 있는(목회자 스스로든 평신도들이 만든 것이든) 비상식적인 신적 권위와 지위는 새롭게 해석되고 목회에서 극복되어야 한다. 목사가 없어도 교회는 존재할 수 있지만, 평신도가 없이 교회는 존재하지 못한다. 그러므로 평신도들은 보다 적극적인 주체의식으로 교회를 이끌어가야 한다. 또한 안수받은 목회자들은 영적 지도자로서 더욱 존경받고 인정받아야 한다. 그러나 우리가 예수를 생각해보면, 가난한 민중의 아들로 태어나 유대교의 종교적 권위 구조에 도전하며 그 자신은 교권 제도를 만들지 않았다. 이런 관점에서 목회자와 목회에 대한 개념과 이해를 새롭게 할 필요가 있다.

기독교 운동의 새로운 접근, 평신도 운동

교회뿐만 아니라 모든 교단의 기구, 단체, 기관에서 대부분의 목사들이 대표자나 중요한 직책을 맡고, 평신도들은 주변적이고 실무적이며 대체로 낮은 지위에서 일하고 있는 것을 볼 수 있다.

세계와 사회에서 하느님 나라 건설을 위해 진보적 예수 운동을 지향하는 기독교 운동에서도 목회자 중심의 구조와 활동 양식은 거의 당연한 것처럼 되어 있다. 목회자 단체도 아닌데도 대부분의 단체와 조직이 목회자 리더로 구성되어 있는 것은 쉽게 볼 수 있다. 그러다 보니 모든 모임과 행사는 목회자들에게 편리한 시간에 이루어진다. 여기에 다른 목소리를 낸다는 것은 매우 눈치 보이는 일이다. 기도회나 연합예배 등에서도 목회자 중심 구조는 극복되지 않는다. 목회자가 설교하고 축도하고, 목회자 중심의 순서로 짜인다.

이러한 관행적 구조에 평신도 운동단체인 기독인연대는 변화를 만들어내고 있다. 모임과 회의가 평신도들이 활동 가능한 시간에 해야 한다는 오래된 생각을 현실화하고 있다. 그러나 모임 시간만 달라지는 것이 아니라 기독교 운동 전반에 평신도들의 직접적인 참여와 지도력의 개발이 실질적으로 확대되도록 노력해야 한다.

아직도 평신도는 동원의 대상이자 대중일 뿐이며, 보조자라는 무의식적 태도를 벗어버리지 않는 한 기독교 운동은 새로운 패러다임을 만들 수 없을 것이며 또한 운동으로서의 생명력을 가질 수 없다. 새로운 형태의 기독교 운동은 평신도가 주체가 되고 중심을 이루어 목회자들과 함께 만들어나가야 한다.

평신도의 삶의 정황에서 출발하는 평신도 운동은 기독교 운동을 더욱 풍부하게 하고 자극할 것이며 진보시킬 것이다. 사회적 공공성을 거의 상실한 한국 교회의 위기 상황에 대해 기독교 사회 운동이 평신도 중심으로 대처하는 계기가 될 것이다.

신자유주의 시대를 사는 평신도의 삶과 기독교 운동

신자유주의 세계 구조는 노동자들의 삶의 조건과 민주주의를 위협하고 있다. 신자유주의 정책으로 끝없이 양산되는 피해자들은 대부분 노동자들이다. 전체 노동자들이 처한 고통스러운 현실은 교회 안에 있는 평신도들에게도 마찬가지다. 일하는 사람들인 평신도들은 사회적 삶에서의 고통과 교회 내에 존재하는 비본질적 신앙 행태(교회 권력, 지위, 부 등), 물량적 성공주의 신앙 형태로 인해 이중 삼중의 고통을 받고 있다.

교회는 이제 노동자로 이 시대를 살고 있는 교회 평신도들의 삶의 자리에 주목하고 이것을 목회와 선교의 새로운 목표와 과제로 적극적으로 설정해야 한다. 신자유주의 세계화 광풍에 아무런 방어 장치 없이 내몰리고 있는 평신도 노동자들의 삶에 대해 한국 교회와 기독교, 특히 기독교 운동이 구체적인 행동과 프로그램을 가져야 할 때다. 민중교회는 물론, 진보적 교회들이 이 문제에 대해 목회적 관심을 갖고 활동하며 평신도를 조직해야 한다. 이렇게 될 때 평신도 교인들이 현실의 고통을 이길 수 있는 신앙의 힘을 경험하고 민중(노동) 선교의 주체로서 소중한 자원이 될 것이다.

비정규직 평신도, 이중의 차별에 힘들어하는 비정규직 여성 평신도

노동자, 실업 상태에 있는, 특히 중장년층의 평신도, 구조조정의 위협을 안고 불안하게 생활하는 평신도, 더 나아가 빈곤층으로 내몰리는 평신도 교인들의 삶의 처지를 목회와 선교적 주제로 삼아야 한다.

생활세계에서 일(노동)하며 살아가는 '평신도들'의 삶의 현실을 보며 교회와 기독교 운동은 이를 신학적 주제로 삼고 실천적 프로그램을 제시하는 노력을 할 때다. 이러한 과제에 참여하고 새롭게 변화한 평신도들은 신자유주의에 저항하면서 고통받는 이들과의 연대를 만들어낼 것이며 기독교 운동의 중심적인 일꾼들로 부름받게 될 것이다.

목회자와 평신도 어떻게 연대할 것인가

에큐메니컬 운동의 역사와 평신도

지난 세기 에큐메니컬 운동은 에릭 홉스봄(Eric Hobsbawm)이 말한 '극단의 세기(20세기)'가 던져준 많은 과제들을 해결하고자 노력했다. 에큐메니컬 운동은 각 시기별로 제3세계 민주화, 인권 회복, 환경 보전과 생명 운동, 양성평등 운동, 반전평화 운동에 적극 참여했다.

초기 에큐메니컬 운동을 주도한 인물들은 평신도였다. 국제적으로 에큐메니컬 운동이 태동하기 시작한 20세기 초반, 서구에서는 18세기 이래의 계몽주의의 영향으로 종교의 권위가 추락하고 개인주의에 기반한 시민사회가 활성화되었다. 신학적으로는 물론 자유주의 신학이 지배했다.

구체적으로 기독청년학생운동(WSCF, YWCA 등)이 국제 에큐메니컬 운동을 주도했는데, 이는 19세기 말 서구 자본주의가 제국주의적으로 팽창하는 과정에 전 세계적으로 민중에 대한 수탈이 강화되고 각종 사회적 이슈가 폭발하는 상황에서 이에 대응하가 위해 진보 또는 자유주의적 입장을 가진 청년·학생 지도자들이 참여한 결과였다.

우리나라에서도 에큐메니컬 운동을 주도한 인사 중에 많은 이들이 평신도였다. 초기 인물 중에는 이상재, 신흥우, 남궁억, 조만식 등이 대표적이다. 이들은 황성기독교청년회(YMCA), 수양동우회 활동을 통해 민족주의 운동에 가담했고, 이상재는 1927년 좌우합작운동인 신간회 운동에도 적극 참여해 회장으로 추대되기도 했다.

해방 이후 1960~1980년대 에큐메니컬 운동은 '하느님의 선교신학 (Missio Dei)'과 민중신학의 영향을 받아 박정희 군부독재하에 고통받는 노동자, 농민, 도시 빈민들의 고난과 투쟁에 동참하고 민주화 운동의 중심적 역할을 담당했다. 이 당시 많은 목회자와 평신도들이 독재 정권 의 탄압으로 큰 고초를 겪었는데, 대표적 사건이 1971년에 일어난 민청학 련 사건이었다. 이 사건으로 많은 기독청년학생운동 관계자들이 내란음 모 혐의로 구속되기도 했다.

이 시기는 박정희·전두환 정권이라는 거대한 적 앞에 목회자와 평신 도들이 동등한 입장에서 서로 연대하고 투쟁했다. 그것은 운동 공간 내에서 평신도들을 담보할 물적 토대(해외 원조와 국내외 기관 활동의 확대 등)와 청년학생운동이 활성화되었기 때문에 가능했다.

에큐메니컬 운동의 쇠퇴와 평신도 운동

1980년대에 들어 국내외 에큐메니컬 운동은 급격히 쇠퇴했다. 세계적 으로는 미국과 영국을 중심으로 전개된 신보수주의의 확산(이는 상대적 으로 기독교 보수주의와 오순절의 팽창으로 이어졌다), 1989년 현실사회주 의 패배, 독일 통일 등 역사적 변화에 직면하면서 세계교회협의회(WCC) 를 중심으로 전개된 국제 에큐메니컬 운동은 급속히 위축되었다. 재정의 대부분을 미국과 독일교회의 지원에 의존했던 WCC는 예산이 거의 1/10(10년 전 약 1억 스위스프랑에서 2004년 현재는 1,000만 스위스프랑에도 못 미친다)로 줄었고, 연쇄적으로 제3세계 에큐메니컬 운동도 힘을 잃기 시작했다.

우리나라 에큐메니컬 운동 역시 비슷한 시점에서 영향력을 잃기 시작 했다. 일반 사회운동의 성장과 재정적 어려움은 기독교 사회운동에 타격을 주었다. 초기에는 NCC 등 여러 연합기관이 취약한 운동을 보호하고 확산시켜 운동의 결과가 교단에 의해 건강하게 수렴이 되면서 교회의 사회적 역할을 새롭게 하기도 했지만, 1980년대 말부터 급격하게 교단 또는 교회와 관계가 커지면서 기존 교회를 변화시키기보다는 그 동력이 교권 싸움 속에 함몰되거나 행정적인 통제를 받는 식으로 변질되어 운동이 축소되고 내부 재생산 구조가 소멸하기 시작했다.

이러한 변화에서 가장 큰 희생양은 청년학생과 평신도들이었다. NCC 등 교단연합조직들이 기성 교회와 연대를 강화한다는 명분하에 목회자 중심으로 급격히 재편되면서 다년간 에큐메니컬 운동에 복무했던 평신도 지도자들이 교회연합운동에서 배제되었다.[2] 에큐메니컬 운동 조직(기농·기빈·WSCF·EYC 등)들도 해외 원조 축소와 재생산 구조의 취약으로 많은 활동가들이 다른 운동(주로 시민사회운동)으로 가거나 목회자가 되는 길을 선택했다.

현재 기독교 운동은 에큐메니컬 운동이 화려했던 시대의 잔해 위에서 관료화된 NCC와 기독교서회, CBS 같은 연합기구를 차지하기 위해 교단 정치의 막후에서 활동하는 연합운동 출신 중견 목회자 세력, 민중운동에 복무하고 있는 소장파 목회자, 교회를 거점으로 활동하는 소수의 평신도 운동그룹, 기구로만 존재하는 청년학생운동이 거의 전부가 아닌가 생각된다.

목회자와 평신도, 수평적 연대는 가능하다

① 동지적 또는 동반자적 관계를 회복하자

---

2 몇 년 전, NCC 총무 자격은 수년간 목회 경력이 있는 목사로 바뀌었다.

지난 시기 에큐메니컬 운동은 목회자와 평신도라는 차별적 지위에서 펼쳐진 것이 아니라 동지적 관계로 자기 영역에서 적절하게 역할 분담을 하면서 어려운 상황을 돌파했다. 이것이 가능했던 것은 1970~1980년대라는 엄혹한 상황에서 서로 긴밀하게 연대할 수밖에 없었기 때문이다. 그렇다고 동지적 연대의 가능성이 줄어든 것은 아니다. 정권의 극심한 탄압은 없어졌지만 여전히 이라크 파병 문제, 경제적인 불평등, 빈부 격차, 생명공학, 환경, 남북통일, 외국인노동자 문제, 정치 개혁 등 산적한 문제가 많기 때문에 문제 해결을 위한 연대와 협력은 더욱 필요하다.[3]

② 낮은 수준이라도 공동의 실천방안을 만들자

기독교 운동 내부에서 평신도 운동, 평신도 독립이라는 말이 나오는 것은 운동 내부에서 균열이 왔다는 것을 의미한다. 그것은 기독교 운동이 급격하게 목회자 중심으로 운영되면서 나오는 폐해다. 많은 평신도 운동가들이 현장을 떠나면서 시간적으로나 삶의 연속성에서 우위에 있는 목회자들이 운동을 주도하고 있기 때문이다. 그러나 교회로 가면 여전히 평신도들이 다수를 이루고, 최근 들어 운동과 직장 활동을 병행하는 기독청년학생 출신 평신도들이 전국적으로 조직화되고 있는 현실을 인식할 필요가 있다. 이 같은 상황을 감안해 목회자들도 기독교 운동의 발전을 위해 서로의 상황을 이해하면서 공동으로 실천할 수 있는 연대 방안을 모색해야 할 것이다.

---

3 2003년 조직된 반전평화기독인연대나 2004 기독교총선연대의 활동은 좋은 본보기가 될 것이다.

③ 리더십 양성에 노력하자

기독교 운동에서 가장 큰 문제는 목회자와 평신도를 포괄하는 재생산 구조를 만드는 것이다. 어떻게 보면 척박하고 위험하기까지 했던 독재 치하에 비해 현재는 오히려 더 큰 기회다. 힘이 많이 떨어지기는 했지만 운동 이론, 사람, 장소, 재정 등에서 활용가능한 자원이 있기 때문에 현재와 같은 소모적이고 분산적인 자원 동원을 지도력 양성에 집중화하고 전문화할 필요가 있다. 이러한 과정에는 목회자나 신학 전공자뿐만 아니라 일반 성도들도 참여할 수 있는 방안도 모색되어야 할 것이다.

④ 새로운 신학과 이론을 재정비하자

기독교 운동이 재정비되기 위해서는 변화하는 현실에서 목회자와 평신도가 함께할 수 있는 운동신학적 비전과 이론이 필요하다. 신학적인 의제 설정이란 우리 사회와 사람들이 여러 문제에 대해 영적으로나 일상에서 건강한 가치 기준을 제공하는 것을 말한다. 이러한 작업은 단지 전업적 운동가(민중교회 목회자 또는 평신도 실무자 등)뿐만 아니라 진정한 기독교 운동의 근간이 되는 일반 교회와 성도와의 관계 때문이다. 다원화되고 대의정치가 활발해지고 있는 시점에서 구체적 대안에 실패하고 있는 기독교 운동에 성도들의 종교적인 욕구와 심성을 아우를 수 있는 신학과 성서 해석이 절실해지고 있다. 이를 위해 목회자와 평신도들이 공동으로 이러한 작업에 나서야 할 때다.

평신도와 목회자의 바람직한 관계를 위하여

김종원 집사는 평신도로서 자신의 입장을 설득력 있게 기술했다. 김경호 목사는 진보적인 교회를 섬기는 입장에서 목회에서의 고충을 솔직하게 드러냈다. 평신도아카데미가 일반 교회에서의 평신도의 위상에 관한 내용을 상정하고 있지만, 이 토론은 진보적인 교인과 목회자가 만나는 자리인 만큼 일반성을 뛰어넘는 새로운 관계 모색이 이루어져야 할 것이다. 평신도 중심의 새로운 교회를 지향하는 진보적 교회를 담임하고 있는 목회자의 입장에서 평신도와 목회자 상호 간의 바람직한 관계를 중심으로 이야기하고자 한다.

일반화의 문제

기성 교회와 진보적인 교회에서의 목회자의 위치는 사뭇 다를 수밖에 없다. 이 점을 구별하고 상호 관계와 역할을 정교하게 다듬을 필요가 있다. 오히려 진보적인 교회의 목회자 위상이 보존되고 더 지지받아야 할 필요가 있다. 교우들로부터 힘을 받지 못하면 목회자가 설 자리가 없다.

역사와 삶의 현장에 파송된 사역자로서의 평신도 역할을 더 강조해야

지나치게 교회 내부에서의 위치에 집착하다 보면 평신도로서의 본래의 사명이 소홀하게 될 가능성이 있다. 물론 평신도들의 문제 제기는 권력의 차원이 아니지만 그렇게 나아갈 소지가 있다. 평신도 중심이란 말이 진보적인 교회에서의 목회자의 역할을 모호하게 한다든지, 소홀하게 할 수 있는 위험성이 있는 것이다.

기독교 운동의 목표는 하느님 나라 건설이다

이 목표의 달성을 위해 현재의 교회가 무엇이 부족한지 평가하고, 이를 위해 평신도와 목회자가 어떻게 결합하여 활동할 것인지 생각해야 한다. 척박한 상황에서 교회공동체를 세워가는 것이니만큼 평신도와 목회자의 동지적인 결합이 중요하다. 교회는 활동 중심이 아니라 우선적으로 좋은 관계가 중심이 되어야 한다. 하느님과의 관계, 교우들과의 관계가 기초가 될 때, 이를 바탕으로 한 교회 활동이 새로운 비전을 주고 공동체를 활기차게 할 것이다.

교회를 기독교 단체로 생각하는 경향이 있다

교회는 하느님으로부터 부름받은 사람들의 공동체다. 교회는 하느님이 세워주신 영적 기관으로서 예배와 성서 연구, 교육, 친교, 선교 등 다양한 활동을 통해 하느님의 백성(평신도)들이 하느님과 역사 앞에 바로 서도록 하는 과제를 안고 있다. 교회는 특정한 사회적인 과제를 관철시키기 위해 조직된 단체가 아니므로 기본적으로 신앙적인 성장과 영적 기쁨을 담보하지 못하면 생명력을 잃게 된다. 교회가 한 단위가 되어 집회 등에 참여하는 것을 기대함은 무리고, 관심 있는 교우들을 위원회나 소모임으로 묶어서 함께하는 것이 좋을 것이다.

공동체의 성장에 깊은 관심을 가져야 한다

한국 교회의 물량적인 성장제일주의가 문제지 성장 자체가 없어야 한다는 말이 아니다. 진보적인 교회도 성장하지 않으면 공동체는 침체하게 된다. 새로운 신앙의 동지를 확보하는 것은 평신도가 중심적으로 감당해야 할 과제다. 외연의 확대가 아닌 본질적인 부분으로서의 공동체의 성장 문제에 대한 깊은 고민이 필요하다.

평신도는 공동체의 지도자가 되어야 한다

자기의 진보적인 신학이나 주장만을 가지고 지도자가 될 수 없다. 여러 성향의 교우들을 아우르고 미는 지도자, 섬기는 지도자가 될 때, 공동체에서 바른 지도력을 행사할 수 있다. 이 점에서 깨인 평신도들은 우선 자신의 신앙적인 성장을 위해 꾸준히 성서를 연구하고 간절히 기도해야 한다. 진보적인 신학의 한계도 알아야 한다. '흩어지는 교회론'이나 '하느님의 선교'에 대해서는 이미 새로운 접근이 이루어졌다. 옛날 수준의 신앙이나 교과서적인 신학 이론, 주장만을 갖고서는 다른 교우들을 설득할 수 없다.

자기 의가 영적 성장과 공동체를 주춤거리게 한다

바른 비판을 한다는 이유 때문에 하느님 앞에서도 회개할 것이 없다고 한다면 이는 교만이다. 바르게 산다는 것 때문에 예배와 기도에 소홀한 것은 자신의 영적 성장을 가로막는 것이다. 밖을 향하여 비판하고 발언하는 것은 쉬운 일이지만, 자신을 있는 그대로 바라보고 교정하는 것은 용기가 필요하고 모두에게 꼭 필요한 일이다. 자기 생각을 여과 없이 주장하여 다른 교우들에게 상처를 준다면, 자매형제를 시험에 빠뜨리는 큰 죄를 범하는 것이다.

상호책임성이 중요하다

진보적인 교회의 목회자가 목회를 할 때 자신감과 기쁨이 없다면 이론과 현실의 차이를 그대로 보여주는 것이 된다. 서로 존중하고 섬기며 상호책임감이 분명해야 한다. 교회는 평신도와 목회자가 자기의 역량을 잘 발휘할 수 있는 바른 운영시스템을 가져야 하는 동시에 헌신을 통해 감동을 줄 수 있어야 한다. 감동이 없이는 변화도 없다.

한국 교회 정서를 깊이 고려하는 변화가 필요하다

설교, 성만찬 집례에 평신도가 직접 참여해야 한다는 주장은 원론적으로 옳다. 서구 교회는 이미 실행하고 있다. 그러나 이런 외형적인 것에 지나치게 집착할 경우, 기독교 운동이 대중성을 상실할 가능성이 있다. 한국 교회의 정서를 고려하여 좀 느리더라도 목회자와 평신도를 설득하며 함께 나아갈 때 진보적인 교회 운동이 우리 역사에 깊이 뿌리를 내릴 수 있다.

오늘날 한국 교회의 위기는 오히려 평신도의 대표들인 일부 장로들이 담임목사와 한 통속이 되어 교회의 의사결정을 장악하고 독단적으로 교회를 운영한 데 상당 부분 기인한다. 담임목사의 세습 문제도 바로 이 차원에서 진행되고 있다. 바른 신앙을 가진 평신도들이 많아져서 파수꾼이 될 때 목회자와 교회가 바로 서게 된다. 한편 진보적인 교회는 평신도의 위상을 바르게 설정하는 것과 동시에 목회자와 어떻게 동지적으로 결속하여 하느님의 교회를 이 땅에 바르게 세울 것인가 하는 과제를 잊지 말아야 한다. 모쪼록 평신도아카데미가 교회 발전에 새로운 계기가 되길 빈다.

기독인연대 소개

　　정의평화를 위한 기독인연대(이하 '기독인연대')는 갈릴래아 민중과 함께하시다가 십자가에서 처형당하신 예수의 삶을 살고자 하는 기독인들이 연대하여 사회변혁과 교회갱신을 위해 일하고, 실천적인 참여를 통해 정의롭고 평화로운 사회를 만들어가며, 하느님의 창조 질서를 보전하여 더불어 함께 사는 하느님 나라를 이 땅에 실현하는 데 그 목적을 두고 창립되었습니다. 기독인연대는 이러한 목적에 찬동하여 가입하는 평신도 회원들로 구성되며, 회원들의 자발적인 참여로 운영됩니다.

기독인연대가 하는 일

* 회원들의 자기 발전과 신앙 성숙을 위한 평신도아카데미 등 각종 교육
* 한국 교회 갱신을 위한 지속적이고 다양한 실천
* 가난과 소외로 고통받는 사회적 약자에 대한 연대와 지원
* 정의와 평화를 위한 사회 변혁과 창조질서의 보전을 위한 활동
* 민족의 평화와 통일을 위한 활동
* 종교 NGO 네트워크를 통한 종교 간의 화해와 일치
* 인류 사회의 평화와 발전을 위한 국제 교류 및 연대 사업

기독인연대의 발자취

2000. 9. 7	기독시민사회연대 평신도협의회로 출발
2001년	종교 NGO 네트워크 결성, 참여
	(불교, 천주교의 재가, 평신도 단체와 연대)
	제1기 평신도아카데미 개최
	종교 NGO 네트워크(3개 종교 평신도 연대) 워크숍 개최
2002년	기독교평신도연대 결성 준비 활동
2003. 2. 23	정의평화를 위한 기독인연대 창립 총회
2003. 3.	창립과 함께 반전평화기독연대 가입 및 반전평화 활동 전개
	종교 NGO 네트워크 간사 단체로 활동 시작
	반전평화기독연대의 이라크 침략 중단 촉구를 위한 촛불기도회
2003. 4.	평화를 위한 부활절 연합예배
2003. 5.	생명평화를 위한 새만금 삼보일배 참여 및 연대 활동
	'부처님 오신 날' 축하 메시지 발표
	제2기 평신도아카데미 "기독인과 실천적 평화운동"
2003. 7.	정의와 평화를 일구는 어린이 여름들살이
2003. 9.	교회연합주일 기념 '정의평화를 위한 기독인 한마당'
2003. 10.	이라크 파병 반대 기독인연대 성명서 발표
2003. 11.	이라크 파병 반대 연합기도회
	노동탄압 반대 시국기도회
	강철민 이병을 위한 긴급기도회 공동 개최
2003. 12.	고난받는 이들과 함께하는 평화기원 성탄절 연합예배
2004. 2.	2004 기독교총선연대 조직, 참여
2004. 6.	제3기 평신도아카데미. "평신도! 대상에서 주체로!"
2004. 10. 29	종교개혁연합기념제
2005. 6.	제4기 평신도아카데미 "평신도, 금기에 도전한다"
2005. 10.	제1회 한국 교회의 날
2006. 2.	평택 미군기지 확장이전 반대 기독인연대 활동
2006. 4.	강남대 이찬수 교수 부당해직 사태해결을 위한 대책위원회 참여
2006. 5. 3	'부처님 오신 날' 축하메시지 발표
2006. 5. 31	제3회 정의평화를 위한 기독인 한마당
2006. 6.	제5기 평신도아카데미 "평신도, 성전을 헐다"
2006. 9. 4	한미 FTA 기독교공동대책위원회 참여

2007. 5. 24	제5회 기독인 한마당
2007. 6.	제6기 평신도아카데미 "도올과 함께하는 열린 성서마당"
2007. 7.	이랜드 비정규직 문제 해결을 위한 기독교대책위원회 참여
2007. 7. 25	여름들살이 "7·27 한강 하구 평화의 배 띄우기"
2007. 10.	제2회 한국 교회의 날
2008. 4.	운하 백지화를 위한 생명의 강 살리기 기독교행동 참여
2008. 4. 27	제6회 기독인 한마당
2008. 5.	광우병쇠고기국민대책회의 참여
2008. 6.	교단총회공동대책위 참여
	제7기 평신도아카데미 "평신도! 차별을 말하다"
2008. 11.	가을 축구한마당
2008. 12.	올바른 목회자 청빙을 위한 집담회

정의평화를 위한 기독인연대 정관 전문

정의평화를 위한 기독인연대(약칭 '기독인연대')는 7~80년대 한국민주주의와 인권, 평화, 통일을 위한 투쟁의 중심에 있었던 평신도들(전태일 등 민족민주 열사들, 활동가들)의 전통을 이어받아 진보적 평신도 운동을 시작하고자 한다.

지금까지 평신도들의 삶의 현장과는 유리된 교권, 교단정치 운동의 장으로 왜곡되고 명망가, 목회자, 신학자 중심의 기독교 운동의 정착과 폐해를 극복하고자 한다. 또한 기존 교단의 평신도 단체들의 보수성과 교단 정치집단화에 따른 평신도 운동의 왜곡된 모습으로 인해 평신도들이 기독교 운동의 중심으로부터 이탈되어 기독교 운동 전반의 침체를 가져온 지금의 현실을 타파하고자 한다.

이를 위하여 기독교 운동은 다수의 평신도와 목회자가 함께 만들어가는 운동이라는 인식의 변화가 필요하며, 평신도의 삶의 정황에서 출발하는 평신도 운동은 사회적 개입의 지점을 거의 상실한 한국 기독교 사회 운동의 위기 상황을 평신도 중심으로 극복하고자 한다.

기독인연대는 신자유주의 세계화의 최대 피해자인 민중을 21세기 신학의 주요 주제로서 설정된 JPIC(정의, 평화, 창조질서의 보전)을 통하여 세계화에 대응하는 투쟁의 주체로 세워내고, 이웃 종교와의 연대와 협력을 통해 교회개혁과 종교개혁의 중심에 설 것이다. 또한 기독교 운동의 각 영역과의 관계 설정을 통해 평신도 운동의 정체성을 확립하고 사회운동의 한 축이 될 수 있도록 노력할 것이다.

　기독인연대는 오만한 제국 미국과 군수 자본의 이해에 따라 민족의 생존이 위협받고 있는 이때에 민족의 주권과 자주권을 지키고 평화와 통일을 이루기 위해 적극 노력할 것이다. 또한, 자신의 이익을 위해서 진실을 왜곡하는 이 땅의 언론 권력과 민족의 문제를 자신들의 기득권 유지의 수단으로 삼는 이 땅의 수구 세력을 향한 싸움도 결코 멈추지 않을 것이다.

　일생을 통해 꾸준히 진보하는 삶을 실천하는 것이 제자된 삶의 자세이다. 진보의 가치와 참여의 끈을 놓지 않고 사는 좋은 방법은 연대이다. 이에 기독인연대는 교회를 바로 세우고 역사와 민족 앞에 책임적인 존재로 살고자 다짐하며, '교권과 교리로부터 자유로운' 평신도 조직으로서 갈릴래아 민중과 함께 사시다가 십자가에서 처형당하신 예수의 삶을 살기 위해 최선을 다할 것이다.

주소: 서울시 중구 을지로 2가 164-11
전화: 0505-505-3542, 팩스: 0505-515-3542
이메일: csjp3542@hanmail.net
홈페이지: http://www.csjp.or.kr

평신도, 성전을 헐다 2001~2008 평신도아카데미 강의 모음집

ⓒ 정의평화를 위한 기독인연대, 2009

엮은이 | 정의평화를 위한 기독인연대
펴낸이 | 김종수
펴낸곳 | 도서출판 한울
편집책임 | 김경아
편 집 | 박록희

초판 1쇄 인쇄 | 2009년 1월 30일
초판 1쇄 발행 | 2009년 2월 6일

주소 | 413-832 파주시 교하읍 문발리 507-2(본사)
        121-801 서울시 마포구 공덕동 105-90 서울빌딩 3층(서울 사무소)
전화 | 영업 02-326-0095, 편집 02-336-6183
팩스 | 02-333-7543
홈페이지 | www.hanulbooks.co.kr
등록 | 1980년 3월 13일, 제406-2003-051호

Printed in Korea.
ISBN 978-89-460-3993-3 03230

* 가격은 겉표지에 표시되어 있습니다.